U0216101

吉林人民出版社

简体字本二十六史

元史

卷七六——卷一一〇

（三）

［明］ 宋濂等 撰

余大钧 标点

元史卷七六
志第二七

祭祀五

太社太稷　　先农　　宣圣　　岳镇海渎
郡县社稷　　郡县宣圣庙
郡县三皇庙　　岳镇海渎常祀
风雨雷师　　武成王　　古帝王庙
周公庙　　名山大川忠臣义士之祠
功臣祠　　大臣家庙

　　至元七年十二月，有诏岁祀太社太稷。三十年正月，始用御史中丞崔彧言，于和义门内少南，得地四十亩，为墙垣，近南为二坛，坛高五丈，方广如之。社东稷西，相去约五丈。社坛土用青赤白黑四色，依方位筑之，中间实以常土，上以黄土覆之。筑必坚实，依方面以五色泥饰之。四面当中，各设一陛道。其广一丈，亦各依方色。稷坛一如社坛之制，惟土不用五色，其上四周纯用一色黄土。坛皆北向，立北墉于社坛之北，以砖为之，饰以黄泥；瘗坎二于稷坛之北，少西，深足容物。

　　二坛周围墙垣，以砖为之，高五丈，广三十丈，四隅连饰。内墙垣棂星门四所，外垣棂星门二所，每所门三，列戟二十有四。外墙内北垣下屋七间,南望二坛,以备风雨,曰望祀堂。堂东屋五间,连厦三间,曰齐班厅。厅之南,西向屋八间,曰献官幕。又南,西向屋三间,曰院官斋所。又其南,屋十间,自北而南,曰祠祭局,曰仪鸾库,曰法物库,曰都监库,曰雅乐库。又其南,北向屋三间,曰百官厨。外垣南门西壖垣西南,北向屋三间,曰大乐署。其西,东向屋三间,曰乐工房。又其北,北向屋一间,曰馔幕殿。又北,南向屋三间,曰馔幕。又北稍东,南向门一间。院内南,南向屋三间,曰神厨。东向屋三间,曰酒库。近北少却,东向屋三间,曰牺牲房。并有亭。望祀堂后自西而东,南向屋九间,曰执事斋郎房。自北折而南,西向屋九间,曰监祭执事房。此坛壝次舍之所也。

社主用白石,长五尺,广二尺,剡其上如钟。于社坛近南,北向,埋其半于土中。稷不用主。后土氏配社,后稷氏配稷。神位版二,用栗,素质黑书。社树以松,于社稷二坛之南各一株。此作主树木之法也。

祝版四,以楸木为之,各长二尺四寸,阔一尺二寸,厚一分。文曰:"维年月日,嗣天子敬遣某官某,敢昭告于太社之神。"配位曰后土之神。稷曰太稷之神,配位曰后稷之神。玉币,社稷皆黝圭一,缫藉,瘗玉一,以黝石代之,玄币一。配位皆玄币一,各长一丈八尺。此祝文玉币之式也。

牛一,其色黝,其角握,有副。羊四,野豕四。笾之实皆十,无糗饵、粉餈。豆之实亦十,无饱食、糁食。簠簋之实皆四,铏之实和羹五,齐皆以尚酝代之。香用沉龙涎。神席一,缘以黑绫,黑绫褥方七尺四寸。太尊、著尊、牺尊、山罍各二,有坫,加勺幂。象尊、壶尊、山罍各二,有坫幂,设而不酌。笾豆各十有一,其一设于馔幕。铏三,簠三,簋三,其一设于馔幕。俎八,其三设于馔幕。盘一,毛血豆一,爵一,有坫。沙池一,玉币篚一,木柶一,勺一,香鼎一,香盒一,香案一,祝案一,皆有衣。红髹器一,以盛马涹。盥洗位二,罍二,洗二。白罗巾四,实以篚。朱漆盘五。已上,社稷皆同。配位有象尊,无太尊。设而不酌者,无象尊,馀皆与正位同。此牲齐祭器之等也。

馔幕、省馔殿、香殿，黄罗幕三，黄罗额四，黄绢帷一百九十五幅，献摄版位三十有五，紫绫拜褥百，蒲、苇席各二百，木灯笼四十，绛罗灯衣百一十，红挑灯十，剪烛刀二，铁粃盆三十有架，黄烛二百，杂用烛二百，麻粃三百，松明、清油各百斤。此馔幕版位烛燎之用也。

初献官一，亚献官一，终献官一，摄司徒一，助奠官二，太常卿一，光禄卿一，廪牺令一，太官令一，巾篚官四，祝史四，监祭御史二，监礼博士二，司天监二，良酝令一，奉爵官一，司尊罍二，盥洗官二，爵洗官二，太社令一，太社丞一，太乐令一，太乐丞一，协律郎二，奉礼郎二，读祝官一，举祝官二，奉币官四，剪烛官二，太祝七，斋郎四十有八，赞者一，礼直官三，与祭官无定员。此献摄执事之人也。

凡祭之日，以春秋二仲月上戊。延佑六年改用中戊。其仪注之节有六：

一曰迎香。前一日，有司告谕坊市，洒扫经行衢路，设香案。至日质明，有司具香酒楼轝，三献官以下及诸执事官各具公服，五品以下官、斋郎等皆借紫，诣崇天门。三献官及太常礼仪院官入，奉祝及御香、尚尊酒、马湩自内出。监祭御史、监礼博士、奉礼郎、太祝分左右两班前导。控鹤五人，一人执伞，四人执仪仗，由大明门正门出。教坊大乐作。至崇天门外，奉香、酒、马湩者各安置于舆，导引如仪。至红门外，百官乘马分班行于仪仗之外，清道官行于仪卫之先，兵马司巡兵夹道次之，金鼓又次之，京尹仪从左右成列又次之，教坊大乐一队次之。控鹤弩手各服其服，执仪仗左右成列次之。拱卫使行其中，仪凤司细乐又次之。太常卿与博士、御史导于舆前，献官、司徒、助奠官从于舆后。若驾幸上都，三献官以下及诸执事官则诣健德门外，皆具公服于香舆前北向立，异位重行。俟奉香酒官驿至，太常官受而奉之，各置于舆。礼直官赞：班齐，鞠躬，再拜兴，平立。班首稍前搢笏跪，众官皆跪，三上香，出笏就拜兴，平立退复位，北向立，鞠躬，再拜兴，平立。众官上马，分班前导如仪。至社稷坛北神门外皆下马，分左右入自北门，序立如仪。太常卿、博士、御史前导，献官、司徒、助奠等官后从。至望祀堂下，三献奉香、酒、马湩升阶，置于堂中黄罗幕下。礼直官引三献官以次而出，各诣斋次，释服。

二曰斋戒。前期三日质明，有司设三献官以下行事执事官位于中书省。太尉南向，监祭御史位二于其西，东向，监礼博士位二于其东，西向，俱北上。司徒、亚献、终献位于其南，北向。次助奠，稍却。次太常卿、光禄卿、太官令、司尊彝、良酝令、太社令、廪牺令、光禄丞、太乐令、太社丞。次读祝官、奉爵官、太祝、祝史、奉礼郎、协律郎、司天生、诸执事斋郎。每等异位重行，俱北向，西上。赞者引行事执事官各就位，立定。礼直官引太尉、初献就位，读誓曰：某年某月某日上戊日，祭于太社太稷，各扬其职，其或不敬，国有常刑。散斋二日，宿于正寝，致斋一日于祠所。散斋日治事如故，不吊丧问疾，不作乐，不判署刑杀文字，不决罚罪人，不与秽恶事。致斋日，惟祭事得行，其馀悉禁。凡与祭之官已斋而阙者，通摄行事。七品以下官先退，馀官对拜。守壝门兵卫与大乐工人，俱清斋一日。行礼官，前期习仪于祠所。

三曰陈设。前其三日，所司设三献以下行事执事官次于斋房之内，又设馔幕四于西神门之外，稍南，西向，北上。今有馔幕殿在西壝门外，近北，南向。陈设如仪。前祭二日，所司设兵卫，各以其方色器服守卫壝门，每门二人，每隅一人。太乐令帅其属设登歌之乐于两坛上，稍北，南向。磬簴在东，钟簴在西，柷一在钟簴南稍东，敔一在磬簴南稍西。搏拊二，一在柷南，一在敔南，东西相向。歌工次之，馀工位在县后。其匏竹者位于坛下，重行南向，相对为首。太社令帅其属扫坛之上下，为瘗坎二于壬地，方深足以容物，南出陛。前祭一日，司天监、太社令帅其属升，设太社、太稷神座各于坛上，近南，北向。设后土神座于太社神座之左，后稷神座于太稷神座之左，俱东向。席皆以莞，裀褥如币之色，设神位版各于座首。奉礼郎设三献官位于西神门之内道南，亚献、终献位稍却。司徒位道北，太常卿、光禄卿次之，稍却。司天监、光禄丞又次之。太社令、太官令、良酝令、廪牺令、太社丞、读祝官、奉爵官、太祝以次位于其北，诸执事者及祝史、斋郎位于其后。每等异位重行，俱东向，南上。又设监祭御史位二，监礼博士位二，于太社坛子陛之东北，俱西向，南上。设奉礼郎位于稷坛之西北隅，赞者位于北稍却，俱东向。协律郎位二，于各坛下乐簴东北，俱西向。太乐令位于两坛乐簴之间南向，司尊彝位于酌尊所，俱南向。设望瘗位于坎之南，北向。又设牲榜于西神门外，东向。诸太祝位于牲西，祝史次之，东向。太常卿、光禄卿、太官令位在南，北向东上。监祭、监礼位于太常卿之东稍却，俱北向，东上。廪牺令位于牲东北，南向。又设礼馔于牲东，设省馔于礼馔之北，今有省馔殿设位于其北，东西相向，南上。太常卿、光禄卿、太官令位于西，东向，监祭、监礼位于东，西向，俱南上。礼部设版案各于神位之侧，司尊彝、奉礼郎帅执事者设玉币篚于酌尊所。次设笾豆之位，每位各笾十、豆十、簠二、簋二、铏三、俎五、盘一。又各设笾一、豆一、簠一、簋一、俎三于馔幕内。毛血别置一豆。设尊罍之位，社稷正位各太尊二、著尊二、牺尊二、山罍二于坛上酉陛之西北隅，南向，东上。设配位各著尊二、牺尊二、象尊二、山罍二，在正位酒尊之西，俱南向，东上。又设正位各象尊二、壶尊二、山罍二，于坛下子陛之东，南向，东上。配位各壶尊二、山罍二，在卯陛之南，西向，南上。又设洗位二，于各坛子陛之西北，南向。篚在洗东北肆，执罍篚者各位于其后。

祭日丑前五刻，司天监、太社令各服其服，帅其属升，设正配位神位版于坛上。又陈玉币，正位礼神之玉一，两圭有邸，置于匣。正配位币皆以玄，各长一丈八尺，陈于篚。太祝取瘗玉加于币，实于篚，瘗玉以玉石为之，及礼神之玉各置于神座前。光禄卿帅其属，入实笾豆簠簋。每位笾三行，以右为上。第一行，乾蔂在前，乾枣、形盐、鱼鱐次之。第二行，鹿脯在前，榛实、乾桃次之。第三行，菱在前，芡、栗次之。豆三行，以左为上。第一行，芹菹在前，荀菹、葵菹、菁次之。第二行，韭菹在前，鱼醢、兔醢次之。第三行，豚拍在前，鹿臡醯醢次之。簠实以稻粱,簋实以黍稷,钡实以羹。良酝令帅其属,入实尊罍。正位太尊为上,实以泛齐,著尊实以醴齐,牺尊实以盎齐,象尊实以粢齐,壶尊实以沈齐,山罍实以三酒。配位著尊为上,实以泛齐,牺尊实以醴齐,象尊实以盎齐,壶尊实以醍齐,山罍实以三酒。凡齐之上尊实以明水,酒之上尊实以玄酒,酒齐皆以尚酝代之。太常卿设烛于神座前。

四曰省牲器。前期一日午后八刻,诸卫之属禁止行人。未后二刻,太社令帅其属,扫除坛之上下。司尊彝、奉礼郎帅执事者,以祭器入设于位。司天监、太社令升,设神位版及礼神之玉币如仪。俟告洁毕,权彻,祭日重设。未后二刻,廪牺令与诸太祝、祝史以牲就位,礼直官、赞者分引太常卿、监祭、监礼、太官令于西神门外省牲位,立定。礼直官引太常卿,赞者引监祭、监礼,入自西神门,诣太社坛,自西陛升,视涤濯于上,执事者皆举幂曰洁。次诣太稷坛,如太社之仪讫,降复位。礼直官稍前曰告洁毕,请省牲,引太常卿稍前省牲讫,退复位。次引廪牺令出班巡牲一匝,东向折身曰“充”,复位。诸太祝俱巡牲一匝,上一员出班东向折身曰“腯”,复位。礼直官稍前曰省牲毕,请就省馔位,引太常卿以下各就位,立定。省馔毕,还斋所。廪牺令与太祝、祝史以次牵牲诣厨,授太官令。次引光禄卿以下诣厨省鼎镬,视涤溉毕,乃还斋所。晡后一刻,太官令帅宰人以鸾刀割牲,祝史以豆取毛血各置于馔幂。祝史又取瘗血贮于盘,遂烹牲。

五曰奠玉币。祭日丑前五刻,三献官以下行事执事官,各服其服。有司设神位版,陈玉币,实笾豆簠簋尊罍。俟监祭监礼按视坛之上下,及彻去盖幂。未明二刻,太乐令帅工人入,奉礼郎、赞者入就位。礼直官、赞者分引监祭、监礼、诸太祝、祝史、斋郎及诸执事官,自西神门南偏门入,当太社坛北墉下,重行南向立,以东为上。奉礼曰再拜,赞者承传,监祭、监礼以下皆再拜。次赞者分引各就坛上下位,祝史奉盘血,太祝奉玉币,由西阶升坛,各于尊所立。次引监祭、监礼按视坛之上下,纠察不如仪者,退复位。质明,礼直官、赞者各引三献以下行礼执事官入就位，皆由西神门南偏门以入。礼直官进初献之左，曰"有司谨具，请行事"，退复位。协律郎跪，俯伏，举麾兴，工鼓柷，乐作八成，偃麾，戛敔乐止。礼直官引太常卿瘗血于坎讫，复位，祝史以盘还馔幕，以俟奉毛血豆。奉礼曰众官再拜，在位者皆再拜。又赞诸执事者各就位，礼直官、赞者分引执事官各就坛上下位。诸太祝各取玉币于长篚，立于尊所。礼直官引初献诣太社坛盥洗位，乐作，至位南向立，乐止。搢笏，盥手，帨手，执笏诣坛，乐作，升自北陛，至坛上，乐止。诣太社神座前，南向立，乐作，搢笏跪。太祝加玉于币，东向跪以授初献，初献受玉币奠讫，执笏俯伏兴，少退，再拜讫，乐止。礼直官引初献降自北陛，诣太稷坛盥洗位，乐作，至位乐止。盥洗讫，升坛奠玉币，并如太社后土之仪。奠毕，降自北陛，乐作，复位乐止。初献尊玉币将毕，祝史各奉毛血豆立于西神门外，俟奠玉币毕，乐止。祝史奉正位毛血入自中门，配位毛血入自偏门。至坛下，正位者升自北陛，配位者升自西陛，诸太祝迎取于坛上，各进奠于神位前，太祝、祝史俱退立于尊所。

　　六曰进熟。初献既奠玉币，有司先陈鼎八于神厨，各在于镬右。太官令出，帅进馔者诣厨，以匕升羊豕于镬，各实于一鼎，幂之。祝史以扃对举鼎，有司执匕以从，各陈于馔幕内。俟光禄卿出，帅其属实笾豆簠簋讫，乃去鼎之扃幂，匕加于鼎。太官令以匕升羊豕，各载于俎，俟初献还位，乐止。礼直官引司徒诣馔所，帅进馔者各奉正配位之馔，太官令引以次自西神门入。正位之馔入自中门，配位之馔入自偏门。馔初入门，乐作，馔至陛，乐止。祝史俱进，彻毛血豆，降自西陛以出。正位之馔升自北陛，配位之馔升自西陛，诸太祝迎取于坛上，各跪奠于神座前讫，俯伏兴。礼直官引司徒、太官令及进馔者，自西陛各复位。诸太祝还奠所，赞者曰"太祝立茅苴于沙池"。礼直官引初献官诣太社坛盥洗位，乐作，至位南向立，乐止。搢笏，盥手，帨手，执笏诣爵洗位，至位南向立，搢笏，洗爵、拭爵，以爵授执事者，执笏诣坛，乐作，升自北陛，至坛上，乐止。诣太社酌尊所，东向立，执事者以爵授初献，初献搢笏执爵，司尊者举幂，良酝令跪酌太尊之泛齐,乐作。初献以爵授执事者,执笏诣太社神座前,南向立,搢笏跪。执事者以爵授初献,初献执爵三祭酒,奠爵,执笏俯伏兴,少退立,乐止。举祝官跪,对举祝版。读祝官西向跪,读祝文。读讫,俯伏兴,举祝官奠祝版于案,兴。初献再拜讫,乐止。次诣后土氏酌尊所,东向立。执事者以爵授初献,初献搢笏执爵,司尊彝举幂,良酝令跪酌著尊之泛齐,乐作。初献以爵授执事者,执笏诣后土神座前,西向立,搢笏跪。执事者以爵授初献,初献执爵三祭酒,奠爵讫,执笏俯伏兴,少退立,乐止。举祝官跪,对举祝版。读祝官南向跪,读祝文。读讫,俯伏兴,举祝官奠祝版于案,兴。初献再拜讫,乐止。降自北陛,诣太稷坛盥洗位,乐作,至位,乐止。盥洗升献并如太社后土之仪。降自北陛,乐作,复位,乐止。读祝、举祝官亦降复位。亚献诣两坛盥洗升献,并如初献之仪。终献盥洗升献,并如亚献之仪。终献奠献毕,降复位,乐止,执事者亦复位。太祝各进彻笾豆,乐作,卒彻,乐止。奉礼曰“赐胙,众官再拜。”赞者承传,在位者皆再拜讫,送神乐作,一成止。礼直官进初献之左,曰请诣望瘗位,御史、博士从,乐作,至位北向立,乐止。初在位官将拜,诸太祝各执篚进于神座前,取瘗玉及币,斋郎以俎载牲体并黍稷爵酒,各由其陛降,置于坎讫,赞者曰可瘗,东西各二人置土半坎。礼直官进初献之左,曰礼毕,礼直官各引献官以次出。礼直官引监祭、太祝以下执事官,俱复于坛北墉下,南向立定。奉礼曰再拜,监祭以下皆再拜讫,出。祝史、斋郎及工人以次出。祝版燔于斋所。光禄卿、监祭、监礼展视酒胙讫,乃退。

　　其告祭仪,告前三日,三献官以下诸执事官,各具公服,赴中书省受誓戒。告前一日,省牲器。告日质明,三献官以下诸执事各服其服,礼直官引监祭、监礼以下诸执事官入自北墉下,南向立定。奉礼郎赞曰再拜。在位官皆再拜讫,奉礼郎赞曰:各就位,立定。监祭、监礼视陈设毕,复位立定。礼直官引三献、司徒、太常卿、光禄卿入就位,立定。礼直官赞:有司谨具,请行事。降神乐作,八成止。太常卿瘗血,复位立定。奉礼郎赞再拜。皆再拜讫,礼直官引初献官诣盥洗位,盥手讫,诣社坛正位神座前南,搢笏跪,三上香,奠玉币,执笏俯伏兴。再拜讫,诣配位神座前西向,搢笏跪,三上香,奠币,执笏俯伏兴。再拜讫,诣稷坛盥洗位,盥手讫,升坛,并如上仪。俱毕,降复位。司徒率斋郎进馔,奠讫,降复位。礼直官引初献官诣盥洗位,盥手讫,诣爵洗位,洗爵讫,诣酒尊所酌酒讫,诣社坛神位座前,南向立,搢笏跪,三上香,执爵,三祭酒于茅苴,爵授执事者,执笏俯伏兴。俟读祝官读祝文讫,再拜兴,诣酒尊所酌酒讫,诣配位神座前,西向,搢笏跪,三上香,执爵,三祭酒于茅苴,爵授执事者,执笏俯伏兴。俟读祝文讫,再拜兴,诣稷坛盥洗位,盥手,洗爵,酌献,并如上仪。俱毕,降复位。礼直官引亚献,并如初献之仪,惟不读祝。俱毕,降复位。礼直官引终献,并如亚献之仪。俱毕,降复位。太祝彻笾豆讫,奉礼郎赞赐胙。众官再拜讫,礼直官引三献、司徒、太常卿诣瘗坎位,南向立定。礼直官赞可瘗,礼毕出。礼直官引监祭、监礼太祝、斋郎至北墉下,南向立定。奉礼赞再拜,皆再拜讫,出。

先农之祀,始自至元九年二月,命祭先农如祭社之仪。十四年二月戊辰,祀先农东郊。十五年二月戊午,祀先农,以蒙古胄子代耕籍田。二十一年二月丁亥,又命翰林学士承旨撒里蛮祀先农于籍田。武宗至大三年夏四月。从大司农请,建农、蚕二坛。博士议:二坛之式与社稷同,纵广一十步,高五尺。四出陛,外墙相去二十五步,每方有棂星门;今先农、先蚕坛位在籍田内,若立外墙,恐妨千亩,其外墙勿筑。是岁命祀先农如社稷,礼乐用登歌,日用仲春上丁,后或用上辛或甲日。祝文曰:"维某年月日,皇帝敬遣某官,昭告于帝神农氏。"配神曰"于后稷氏"。

祀前一日未后,礼直官引三献、监祭礼以下省牲馔如常仪。祀日丑前五刻,有司陈灯烛,设祝币,太官令帅其属入实笾豆尊罍。丑正,礼直官引先班入就位,立定,次引监祭礼按视坛之上下,纠察不如仪者。毕,退复位,东向立。奉礼曰再拜。赞者承传再拜讫,奉礼又赞诸执事各就位。礼直官各引执事官各就位,立定。次引三献官并与祭等官以次入就位，西向立。礼直官于献官之右，赞请行事，乐作三成止。奉礼赞再拜，在位者皆再拜。太祝跪取币于篚，立于尊所。礼直官引初献官诣盥洗位，北向立，盥手帨手毕，升自东阶，诣神位前北向立，搢笏跪，三上香，受币奠币，执笏俯伏兴，少退，再拜讫，降复位，立定。太官令率斋郎设馔于神位前毕，俯伏兴，退复位。礼直官引初献再诣盥洗位，北向立。盥手、帨手，诣爵洗位，洗爵、拭爵，诣酒尊所酌酒毕，诣正位神位前，北向立。搢笏跪，三上香，三祭酒于沙池，爵授执事者，执笏俯伏兴，北向立。俟读祝毕，再拜兴。次诣配位酒尊所，酌酒讫，诣神位前，东向立。搢笏跪，三上香，三祭酒于沙池，爵授执事者，执笏俯伏兴，东向立。俟读祝毕，再拜，退复位。次引亚终献行礼，并如初献之仪，惟不读祝，退复位，立定。礼直官赞彻笾豆，乐作，卒彻，乐止。奉礼赞赐胙，众官再拜。赞者承传，在位者皆再拜讫，乐作送神之曲，一成止。礼直官引斋郎升自东阶，太祝跪取币祝，斋郎捧俎载牲体及笾、豆、簠、簋，各由其阶至坎位，北向立。俟三献毕，至立定。各跪奠讫，执笏俯伏兴。礼直官赞可瘗。乃瘗。焚瘗毕，三献以次诣耕地所，耕讫而退。此其仪也。先蚕之祀未闻。

　宣圣庙，太祖始置于燕京。至元十年三月，中书省命春秋释奠，执事官各公服如其品，陪位诸儒襕带唐巾行礼。成宗始命建宣圣庙于京师。大德十年秋，庙成。至大元年秋七月，诏加号先圣曰大成至圣文宣王。延佑三年秋七月，诏春秋释奠先圣，以颜子、曾子、子思、孟子配享。封孟子父为邾国公，母为邾国宣献夫人。皇庆二年六月，以许衡从祀，又以先儒周惇颐、程颢、程颐、张载、邵雍、司马光、朱熹、张栻、吕祖谦从祀。至顺元年，以汉儒董仲舒从祀。齐国公叔梁纥加封启圣王，鲁国太夫人颜氏启圣王夫人；颜子，兖国复圣公；曾子，郕国宗圣公；子思，沂国述圣公；孟子，邹国亚圣公；河南伯程颢，豫国公；伊阳伯程颐，洛国公。

　其祝币之式，祝版三，各一尺二寸，广八寸，木用楸梓柏，文曰：

"维年月日,皇帝敬遣某官等,致祭于大成至圣文宣王。"于先师曰:
"维年月日,某官等致祭于某国公。"币三,用绢,各长一丈八尺。

其牲齐器皿之数,牲用牛一、羊五、豕五。以牺尊实泛齐,象尊
实醴齐,皆三,有上尊,加幂有勺,设堂上。太尊实泛齐,山罍实醴
齐,有上尊。著尊实盎齐,牺尊实醴齐,象尊实沈齐,壶尊实三酒,皆
有上尊,设堂下。盥洗位,在阼阶之东。以象尊宝醴齐,有上尊,加
幂有勺,设于两庑近北。盥洗位,在阶下近南。笾十,豆十,罍二,簠
二,登三,铏三,俎三,有毛血豆,正配位同。笾豆皆二,簠一,簋一,
俎一,从祀皆同。凡铜之器六百八十有一,宣和爵坫一,豆二百四十
有八,簠簋各一百一十有五,登六,牺尊、象尊各六,山尊二,壶尊
六,著尊、太尊各二,罍二,洗二,龙杓二十有七,坫二十有八,爵一
百一十有八。竹木之器三百八十有四,笾二百四十有八,篚三,俎百
三十有三。陶器三,瓶二,香炉一。笾巾二百四十有八,簠簋巾二百
四十有八,俎巾百三十有三,黄巾蒙单十。

某乐用登歌。其日用春秋二仲月上丁,有故改用中丁。

其释尊之仪,省牲前期一日晡时,三献官、监祭官各具公服,诣
省牲所阼阶,东西向立,以北为上。少顷,引赞者引三献官、监祭官
巡牲一匝,北向立,以西为上。侍礼牲者折身曰"充",赞者曰"告
充"毕,礼牲者又折身曰"腯",赞者曰"告腯"毕,赞者复引三献官、
监祭官诣神厨,视涤溉毕,还斋所,释服。释奠,是日丑前五刻,初献
官及两庑分奠官二员,各具公服于幕次,诸执事者具儒服,先于神
门外西序东向立,以北为上。明赞、承传赞先诣殿庭前再拜毕,明赞
升露阶东南隅西向立,承传赞立于神门阶东南隅西向立。掌仪先引
诸执事者各司其事,引赞者引初献官、两庑分奠官点视陈设。引赞
者进前曰请点视陈设。至阶,曰升阶,至殿簷下,曰:"诣大成至圣文
宣王神位前",至位,曰:北向立。点视毕,曰:诣衮国公神位前。至
位,曰东向立。点视毕,曰:诣邹国公神位前。至位,曰:西向立。点
视毕,曰:诣东从祀神位前。至位,曰:东向立。点视毕,曰:诣西从
祀神位前。至位,曰:西向立,点视毕,曰:诣酒尊所。曰:西向立。点

视毕，曰：诣三献爵洗位。至阶，曰：降阶，至位，曰：北向立。点视毕，曰：诣三献官盥洗位。至位，曰：北向立。点视毕，曰：请就次。

方初献点视时，引赞二人各引东西庑分奠官曰：请诣东西庑神位前，至位东曰东，西曰西向立。点视毕，曰：诣先儒神位前。至位，曰：南向立。点视毕，曰：退诣酒尊所。至酒尊所，东西向立。点视毕，曰：退诣分奠官爵洗位。至位，曰：南向立。点视毕，曰：请就次。两庑分奠官点视毕，引赞曰：请诣望瘗位。至位，曰：北向立。点视毕，曰：请就次。初献官释公服，司钟者击钟，初献已下各服其服，齐班于幕次。

掌仪点视班齐，诣明赞报知，引礼者引监祭官、监礼官就位。进前曰：请就位。至位，曰：就位，西向立。明赞唱曰：典乐官以乐工进，就位。承传赞曰：典乐官以乐工进，就位。明赞唱曰：诸执事者就位，承传赞曰：诸事者就位。明赞唱曰：诸生就位，承传赞曰：诸生就位，引班者引诸生就位。明赞唱曰：陪位官就位，承传赞曰：陪位官就位，引班者引陪位官就位。明赞唱曰：献官就位，承传赞曰：献官就位，引赞者进前曰：请就位，至位，曰：西向立。明赞唱曰：辟户，俟户辟，迎神之曲九奏。

乐止，明赞唱曰：初献官以下皆再拜，承传赞曰：鞠躬，拜，兴，拜，兴，平身。明赞唱曰：诸执事者各司其事。俟执事者立定，明赞唱曰：初献官奠币。引赞者进前曰：请诣盥洗位。盥洗之乐作，至位，曰：北向立。搢笏，盥手、帨手，出笏，乐止。及阶，曰：升阶。升殿之乐作。乐止，入门，曰：诣大成至圣文宣王神位前。至位，曰：就位，北向立，稍前。奠币之乐作。搢笏跪，三上香，奉币者以币授初献，初献受币奠讫，出笏就拜兴，平身少退，再拜，鞠躬，拜兴，拜兴，平身。曰：诣兖国公神位前。至位，曰：就位，东向立，奠币如上仪。曰：诣邹国公神位前。至位，曰：就位，西向立，奠币如上仪。乐止，曰：退复位。及阶，降殿之乐作。乐止，至位，曰：就位，西向立。

俟立定，明赞唱曰：礼馔官进俎。奉俎之乐作，乃进俎，乐止，进俎毕。明赞唱曰：初献官行礼，引赞者进前曰：请诣盥洗位。盥洗之

乐作,至位,曰:北向立。搢笏,盥手、帨手,出笏。请诣爵洗位,至位,
曰:北向立。搢笏,执爵、涤爵、拭爵,以爵授执事者,如是者三,出
笏。乐止,曰:请诣酒尊所。及阶,升殿之乐作,曰:升阶。乐止,至
酒尊所,曰:西向立。搢笏,执爵举幂,司尊者酌牺尊之泛齐,以爵授
执事者,如是者三,出笏。曰:诣大成至圣文宣王神位前。至位,曰:
就位,北向立。酌献之乐作,稍前,搢笏跪,三上香,执爵三祭酒,奠
爵,出笏,乐止。祝人东向跪读祝,祝在献官之左。读毕兴,先诣左
配位,南向立。引赞曰:就拜兴,平身,少退,再拜,鞠躬,拜,兴,拜,
兴,平身。曰:诣兖国公神位前。至位曰:就位,东向立,酌献之乐作。
乐止,读祝如上仪。曰:诣邹国公神位前,至位,曰:就位,西向立;酌
献之乐作。乐止,读祝如上仪。曰:退复位。至阶,降殿之乐作。乐
止,至位,曰:就位,西向立。

　　俟立定,明赞唱曰:亚献官行礼,引赞者进前曰:请诣盥洗位。
至位,曰:北向立。搢笏,盥手,出笏。请诣爵洗位,至位,曰:北向立。
搢笏,执爵、涤爵、拭爵,以爵授执事者,如是者三,出笏。请诣酒尊
所,曰:西向立。搢笏,执爵举幂,司尊者酌象尊之醴齐,以爵授执事
者,如是者三,出笏。曰:诣大成至圣文宣王神位前。至位,曰:就拜,
北向立。酌献之乐作。稍前,搢笏跪,三上香,执爵三祭酒,奠爵出
笏,就拜兴,平身少退,鞠躬,拜兴,拜兴,平身。曰:诣兖国公神位
前。至位,曰:东向立。酌献如上仪。曰:诣邹国公神位前。至位,
曰:西向立。酌献如上仪。乐止。曰:退,复位。及阶,曰:降阶。至
位,曰就位,西向立。

　　明赞唱曰:终献官行礼,引赞者进前曰:请诣盥洗位。至位,曰:
北向立。搢笏,盥手、帨手,出笏。请诣爵洗位,至位,曰:北向立。搢
笏,执爵、涤爵、拭爵,以爵授执事者,如是者三,出笏。请诣酒尊所,
至阶,曰:升阶。至酒尊所,曰:西向立。搢笏,执爵举幂,司尊者酌
象尊之醴齐,以爵授执事者,如是者三,出笏。曰:诣大成至圣文
宣王神位前。至位,曰:就位,北向立,稍前。酌献之乐作。搢笏跪,三
上香,执爵三祭酒,奠爵,出笏,就拜兴,平身少退,鞠躬,拜兴,拜

兴,平身。曰:诣兖国公神位前。至位,曰:东向立,酌献如上仪。曰:诣邹国公神位前。至位,曰:西向立;酌献如上仪。乐止,曰:退复位。及阶,曰:降阶;至位,曰:就位,西向立。

俟终献将升阶,明赞唱曰:分献官行礼。引赞者分引东从祀分献官进前曰:诣盥洗位。至位,曰:北向立。搢笏,盥手、帨手,出笏,诣爵洗位,至位曰:北向立。搢笏,执爵、涤爵、拭爵,以爵授执事者,出笏,诣酒尊所。至阶,曰:升阶;至酒尊所,曰:西向立。搢笏,执爵举幂,司尊者酌象尊之醴齐,以爵授执事者,出笏,诣东从祀神位前。至位,曰:就位,东向立,稍前。搢笏跪,三上香,执爵三祭酒,奠爵,出笏,就拜兴,平身少退,鞠躬,拜兴,拜兴,平身,退复位。及阶,曰:降阶;至位,曰:就位,西向立。

引西从祀分献官同上仪,唯至神位前东向立。俟十哲分献官离位,明赞唱曰:两庑分奠官行礼。引赞者进前曰:诣盥位,至位,曰:南向立。搢笏,盥手、帨手,出笏,诣爵洗位。至位,曰:南向立。搢笏,执爵、涤爵、拭爵,以爵授执事者,出笏。曰:诣东庑酒尊所。及阶,曰:升阶,至酒尊所,曰:北向立。搢笏,执爵举幂,酌象尊之醴齐,以爵授执事者,出笏,诣东庑神位前。至位,曰:东向立,稍前。搢笏跪,三上香,执爵三祭酒,奠爵,出笏,就拜兴,平身稍退,鞠躬,拜兴,拜兴,平身,退复位。至阶,曰:降阶,至位,曰:就位,西向立。

引西庑分奠官同上仪,唯至神位前,东向立作西向立。俟终献十哲,两庑分奠官同时复位。明赞唱曰:礼馔者彻笾豆。彻豆之乐作,礼馔者跪,移先圣前笾豆,略离席,乐止。明赞唱曰:诸执事者退复位。俟诸执事者至版位立定,送神之乐作。明赞唱曰:初献官以下皆再拜,承传赞曰:鞠躬,拜,兴,拜,兴,平身。乐止。明赞唱曰:祝人取祝,币人取币,诣瘗坎。俟彻祝币者出殿门,北向立。望瘗之乐作。明赞唱曰:三献官诣望瘗位,引赞者进前曰:请诣望瘗位。至位,曰:就位北向立,曰:可瘗。埋毕,曰:退,复位。至殿庭前,候乐止,明赞唱曰:典乐官以乐工出就位,明赞唱曰:阖户。又唱曰:初献官以下退诣圆揖位,引赞者引献官退诣圆揖位。至位,初献在西,亚终献及分献已下在东,陪位官东班在东,西班在西。俟立定,明赞唱曰:圆揖。礼毕,退复位,引赞者各引献官诣幕次更衣。

其饮福受胙,除国学外,诸处仍依常制。

阙里之庙,始自太宗九年,令先圣五十一代孙袭封衍圣公元措修之,官给其费。而代祠之礼,则始于武宗。牲用太牢,礼物别给白金一百五十两,彩币表里各十有三匹。四年冬,复遣祭酒刘赓往祀,牲礼如旧。延祐之末,泰定、天历初载,皆循是典,锦币杂彩有加焉。

岳镇海渎代祀,自中统二年始。凡十有九处,分五道。后乃以东岳、东海、东镇、北镇为东道,中岳、淮渎、济渎、北海、南岳、南海、南镇为南道,北岳、西岳、后土、河渎、中镇、西海、西镇、江渎为西道。既而,又以驿骑迂远,复为五道,道遣使二人,集贤院奏遣汉官,翰林院奏遣蒙古官,出玺书给驿以行。中统初,遣道士,或副以汉官。至元二十八年正月,帝谓中书省臣言曰:"五岳四渎祠事,朕宜亲往,道远不可。大臣如卿等又有国务,宜遣重臣代朕祠之,汉人选名儒及道士习祀事者。"

其礼物,则每处岁祀银香合一重二十五两,五岳组金幡二、钞五百贯,四渎织金幡二、钞二百五十贯,四海、五镇销金幡二、钞二百五十贯,至则守臣奉诏使行礼。皇帝登宝位,遣官致祭,降香幡合如前礼,惟各加银五十两,五岳各中统钞五百贯,四渎、四海、五镇各中统钞二百五十贯。或他有祷,礼亦如之。

其封号,至元二十八年春二月,加上东岳为天齐大生仁圣帝,南岳司天大化昭圣帝,西岳金天大利顺圣帝,北岳安天大贞玄圣帝,中岳中天大宁崇圣帝。加封江渎为广源顺济王,河渎灵源弘济王,淮渎长源溥济王,济渎清源善济王,东海广德灵会王,南海广利灵孚王,西海广润灵通王,北海广泽灵佑王。成宗大德二年二月,加封东镇沂山为元德东安王,南镇会稽山为昭德顺应王,西镇吴山为成德永靖王,北镇医巫闾山为贞德广宁王,中镇霍山为崇德应灵王,敕有司岁时与岳渎同祀。

至元十年八月甲辰朔,颁诸路立社稷坛壝仪式。十六年春三月,中书省下太常礼官,定郡县社稷坛壝、祭器制度、祀祭仪式,图写成书,名《至元州郡通礼》。元贞二年冬复下太常,议置坛于城西南二坛,方广视太社、太稷,杀其半。壶尊二,笾豆皆八,而无乐。牲用羊豕,馀皆与太社、太稷同。三献官以州长贰为之。

中统二年夏六月,诏宣圣庙及所在书院有司,岁时致祭,月朔释奠。八月丁酉,命开平守臣释奠于宣圣庙。成宗即位,诏曲阜林庙,上都、大都诸路府州县邑庙学、书院,赡学土地及贡士庄,以供春秋二丁、朔望祭祀,修完庙宇。自是天下郡邑庙学,无不完葺,释奠悉如旧仪。

元贞元年,初命郡县通祀三皇,如宣圣释奠礼。太皞伏羲氏以勾芒氏之神配,炎帝神农氏以祝融氏之神配,轩辕黄帝氏以风后氏、力牧氏之神配。黄帝臣俞跗以下十人,姓名载于医书者,从祀两庑。有司岁春秋二季行事,而以医师主之。

至元三年夏四月,定岁祀岳镇海渎之制。正月东岳、镇、海渎,土王日祀泰山于泰安州,沂山于益都府界,立春日祀东海于莱州界,大淮于唐州界。三月南岳、镇、海渎,立夏日遥祭衡山,土王日遥祭会稽山,皆于河南府界,立夏日遥祭南海、大江于莱州界。六月中岳、镇,土王日祀嵩山于河南府界,霍山于平阳府界。七月西岳、镇、海渎,土王日祀华山于华州界,吴山于陇县界,立秋日遥祭西海、大河于河中府界。十月北岳、镇、海渎,土王日祀恒山于曲阳县界,医巫闾于辽阳广宁路界,立冬日遥祭北海于登州界,济渎于济源县。祀官,以所在守土官为之。既有江南,乃罢遥祭。

风、雨、雷师之祀，自至元七年十二月，大司农请于立春后丑日，祭风师于东北郊；立夏后申日，祭雷、雨师于西南郊。仁宗延佑五年，乃即二郊定立坛壝之制，其仪注阙。

武成王立庙于枢密院公堂之西，以孙武子、张良、管仲、乐毅、诸葛亮以下十人从祀。每岁春秋仲月上戊，以羊一、豕一、牺尊、象尊、笾、豆、俎、爵，枢密院遣官，行三献礼。

尧帝庙在平阳。舜帝庙，河东、山东济南历山、濮州、湖南道州皆有之。禹庙在河中龙门。至元元年七月，龙门禹庙成，命侍臣持香致敬，有祝文。十二年二月，立伏羲、女娲、舜、汤等庙于河中解州、洪洞、赵城。十五年四月，修会川县盘古王祠，祀之。二十四年闰二月，敕春秋二仲丙日祀帝尧庙。致和元年，礼部移太常送博士议，舜、禹之庙合依尧祠故事，每岁春秋仲月上旬卜日，有司蠲洁致祭，官给祭物。至顺元年三月，从太常奉礼郎薛元德言，彰德路汤阴县北故羑里城周文王祠，命有司奉祀如故事。

周公庙在凤翔府岐山之阳。天历二年六月，以岐阳庙为岐阳书院，设学官，春秋释奠周文宪王如孔子庙仪。凡有司致祭先代圣君名臣，皆有牲无乐。

凡名山大川、忠臣义士在祀典者，所在有司主之。惟南海女神灵惠夫人，至元中，以护海运有奇应，加封天妃神号，积至十字，庙曰灵慈。直沽、平江、周泾、泉、福、兴化等处，皆有庙。皇庆以来，岁遣使赍香遍祭，金幡一合，银一铤，付平江官漕司及本府官，用柔毛酒醴，便服行事。祝文云："维年月日，皇帝特遣某官等，致祭于护国庇民广济福惠明著天妃。"

功臣之祠，惟故淮安忠武王立庙于杭，春秋二仲月次戊，祀以少牢，用笾豆簠簋，行酌献礼。若魏国文正公许衡庙在大名，顺德忠献王哈剌哈孙庙在顺德、武昌者，皆岁时致祭。自古帝王而下，祭器不用笾豆簠簋，仪非酌奠者，有司便服行礼，三上香奠酒而已。

　　大臣家庙，惟至治初右丞相拜住得立五庙，同堂异室，而牲器仪式未闻。

元史卷七七
志第二七下

祭礼六

至正亲祀南郊　　至正亲祀太庙
三皇庙祭祀礼乐　　颜子考妣封谥
宋五贤从祀
朱熹加封齐国父追谥献靖
国俗旧礼

　　至正三年十月十七日，亲祀昊天上帝于圆丘，以太祖皇帝配享，如旧行仪制。右丞相脱脱为亚献官，太尉、枢密知院阿鲁秃为终献官，御史大夫伯撒里为摄司徒，枢密知院汪家奴为大礼使，中书平章也先帖木儿、铁木儿达识二人为侍中，御史大夫也先帖木儿、中书右丞太平二人为门下侍郎，宣徽使达世帖睦尔、太常同知李好文二人为礼仪使，宣徽院使也先帖木儿执劈正斧，其馀侍祀官依等第定拟。

　　前期八月初七日，太常礼仪院移关礼部，具呈都省，会集翰林、集贤、礼部等官，讲究典礼。九月内，承奉班都知孙玉铉具录《亲祀南郊仪注》云：致斋日停奏刑杀文字，应享执事官员莅誓于中书省。享前一日质明，所司备法驾仪仗暨侍享官分左右叙立崇天门外，太仆卿控御马立于大明门外，侍仪官、导驾官各具公服，备擎执，立于

致斋殿前。通事舍人二员引门下侍郎、侍中入殿相向立。侍中跪奏
请皇帝中严,就拜兴,退出。少顷,引侍中跪奏外办,就拜兴。皇帝
出致斋殿,侍中跪奏请皇帝升舆,侍仪官、导驾官引擎执前导,巡辇
路至大明殿酉陛下。侍中跪奏请皇帝降舆升殿,就拜兴。皇帝入殿,
即御座。舍人引执事等官,叙于殿午陛下,相向立。通班舍人赞起
居,引赞鞠躬平身。舍人引门下侍郎、侍中入殿至御座前,门下侍
郎、侍中相向立。侍中跪奏请皇帝降殿升舆,就拜兴。侍仪官前导,
至大明殿门外,侍中跪奏请皇帝升舆,就拜兴。至大明门外,侍中跪
奏请皇帝降舆乘马,门下侍郎跪奏请车驾进发,就拜兴,动称警跸。
至崇天门外,门下侍郎跪奏请车驾少驻,敕众官上马,就拜兴。侍中
承旨,退称曰制可,门下侍郎退传制,敕众官上马,赞者承传,敕众
官于棂星门外上马。少顷,门下侍郎跪奏请车驾进发,就拜兴,动称
警跸。华盖伞扇仪仗百官左右前导,教坊乐鼓吹不作。至郊坛南棂
星门外,门下侍郎跪奏请皇帝权停,敕众官下马,侍中传制,敕众官
下马,自卑而尊与仪仗倒卷而左右驻立。驾至内棂星门,侍中跪奏
请皇帝降马,步入棂星门,由右偏门入。稍西,侍中跪奏请皇帝升
舆,就拜兴。侍仪官暨导驾官引擎执前导。至大次殿门前,侍中跪
奏请皇帝降舆,入就大次殿,就拜兴。皇帝入就大次,帘降,宿卫如
式。侍中入跪奏,敕众官各退斋次,就拜兴。通事舍人承旨,敕众官
各还斋次。尚食进膳讫,礼仪使以祝册奏御署讫,奉出,郊祀令受而
奠于坫。

　　其享日丑时二刻,侍仪官备擎执,同导驾官列于大次殿前。通
事舍人引侍中、门下侍郎入大次殿。侍中跪奏请皇帝中严,服衮冕,
就拜兴,退。少顷,舍人再拜,引侍中跪版奏外办,就拜兴,退出。礼
仪使入跪奏请皇帝行礼,就拜兴,帘卷出大次,侍仪官备擎执,同导
驾官前导。皇帝至西壝门,侍仪官、导驾官擎执止于壝门外,近侍
官、代礼官皆后从入。殿中监跪进大圭,礼仪使跪请皇帝执大圭,皇
帝入行礼,礼节一如旧制。行礼毕,侍仪官备擎执,同导驾官前导,
皇帝还至大次。通事舍人引侍中入跪奏,请皇帝解严,释衮冕。停

五刻顷，尚食进膳如仪。所司备法驾仪仗，同侍享等官分左右，叙立于郊南棂星门外，以北为上。舍人引侍中入跪奏，请皇帝中严，就拜兴，退。少顷，再引侍中跪版奏外办，就拜兴。皇帝出大次，侍中跪奏请皇帝升舆，侍仪官备擎执，同导驾官前导，至棂星门外，太仆卿进御马，侍中跪奏请皇帝降舆乘马，就拜兴。门下侍郎跪奏请车驾进发，就拜兴，动称警跸。至棂星门外，门下侍郎跪请皇帝少驻，敕众官上马，就拜兴。侍中承旨退称曰制可，门下侍郎传制，敕众官上马，赞者承传，敕众官上马。少顷，门下侍郎跪奏请车驾进发，就拜兴。侍仪官备擎执，同导驾官前导，动称警跸，华盖仪仗伞扇众官左右前导，教坊乐鼓吹皆作。至丽正门里石桥北，引门下侍郎下马，跪奏请皇帝权停，敕众官下马，赞者承传，敕众官下马，舍人引众官分左右，先入红门内，倒卷而北驻立。引甲马军士于丽正门内石桥大北驻立，依次倒卷至棂星门外，左右相向立。仗立于棂星门内，倒卷亦如之。门下侍郎跪奏请车驾进发，侍仪官备擎执，导驾官导由崇天门入，至大明门外。引侍中跪奏请皇帝降马升舆，就拜兴。至大明殿，引众官相向立于殿陛下。俟皇帝入殿升座，侍中跪奏请皇帝解严，敕众官皆退，通事舍人承旨敕众官皆退，郊祀礼成。

至元六年六月，监察御史呈：

　　尝闻《五行传》曰，简宗庙，废祭祀，则水不润下。近年雨泽愆期，四方多旱，而岁减祀事，变更成宪，原其所致，恐有感召。钦惟国家四海乂安，百有余年，列圣相承，典礼具备，莫不以孝治天下。古者宗庙四时之祭，皆天子亲享，莫敢使有司摄也。盖天子之职，莫大于礼，礼莫大于孝，孝莫大于祭。世祖皇帝自新都城，首建太庙，可谓知所本矣。《春秋》之法，国君即位，逾年改元，必行告庙之礼。伏自陛下即位以来，于今七年，未尝躬诣太庙，似为阙典。方今政化更新，并遵旧制，告庙之典，理宜亲享。

时帝在上都，台臣以闻，奉旨若曰："俟到大都，亲自祭也。"

　　九月二十七日,中书省奏以十月初四皇帝亲祀太庙,制曰可。前期,告示以太师、右丞相马扎儿台为亚献官,枢密知院阿鲁秃为终献官,知院泼皮、翰林承旨老章为助奠官,大司农爱牙赤为七祀献官,侍中二人,门下侍郎二人,大礼使一人,执劈正斧一人,礼仪使四人,馀各如故事。

　　有司具仪注云:享前一日质明,所司备法驾于崇天门外,侍仪官引擎执,同导驾官具公服,于致斋殿前左右分班侍立。承奉舍人引门下侍郎、侍中入殿门下,侍郎相向立,侍中跪奏臣某等官请皇帝中严,就拜兴,退出。少顷,引侍中版奏外办,就拜兴,退。皇帝出斋室,侍中跪奏请皇帝升舆,巡辇路,由正门至大明殿酉陛下。侍中跪奏请皇帝降舆升殿,就拜兴,引皇帝即御座。执事官于午陛下起居讫,舍人引侍中、门下侍郎入殿,至御榻前,门下侍郎相向立。侍中跪奏请皇帝降殿升舆,就拜兴,导至大明殿外。侍中跪奏请皇帝升舆,就拜兴。至大明门外,太仆卿进御马。侍中跪奏请皇帝降舆乘马讫,门下侍郎跪奏请车驾进发,就拜兴,进发时称警跸。至崇天门外,门下侍郎跪奏请车驾少驻,敕众官上马,就拜兴。侍中承旨退称曰制可,赞者承传,敕众官上马。少顷,门下侍郎跪奏请车驾进发,就拜兴,进发时称警跸。导至太庙外红门内,门下侍郎跪奏请车驾权停,敕众官下马,就拜兴。赞者承传,敕众官下马。门下侍郎跪奏请车驾进发,至石桥南,侍中跪奏请皇帝下马,步入神门,就拜兴。皇帝下马,侍仪官同导驾官前导,皇帝步入神门稍西,侍中跪奏请皇帝升舆,就拜兴。至大次殿门前,侍中跪奏请皇帝降舆,入就大次,就拜兴。帘降,宿卫如式。侍中入跪奏,敕众官各还斋次,承旨赞者承传,敕众官各还斋次。俟行礼时至丑时二刻顷,侍仪官备擎执,同导驾官于大次殿门前,舍人引侍中、门下侍郎入大次座前,侍中跪奏请皇帝中严,服衮冕,就拜兴,退。少顷,再引侍中跪奏外办,就拜兴,退。礼仪使跪奏请皇帝行礼,侍仪官同导驾官导引皇帝至西神门,擎执侍仪官同导架官止。行礼毕,皇帝由西神门出,侍仪官备擎执,同导驾官引导皇帝还至大次。舍人引侍中入跪奏,请皇帝

解严，释衮冕。尚食进膳如式毕，侍中跪版奏外办，就拜兴，退。导
皇帝出大次，侍中跪奏请皇帝升舆，就拜兴。侍仪同导驾官前导，至
神门外，太仆卿进御马，侍中跪奏请皇帝降舆乘马，就拜兴。乘马
讫，门下侍郎跪奏请车驾进发，就拜兴，退。进发时，称警跸。至棂
星门外，门下侍郎跪奏请车驾少驻，敕众官上马，就拜兴。侍中承旨
退称曰制可，赞者承传，敕众官上马。少顷，门下侍郎跪奏请车驾进
发，就拜兴，进发时称警跸，教坊乐振作。至丽正门里石桥北，引门
下侍郎跪奏请车驾权停，敕众官下马，就拜兴。赞者承传，敕众官下
马。门下侍郎跪奏请车驾进发，侍仪官引擎执，同导驾官前导，执事
官后从，皇帝由红门里辇路至大明门外。侍中跪奏请皇帝降马乘
舆，就拜兴。侍仪官擎执，同导驾官导至大明殿，诸执事殿下相向
立。俟皇帝入殿升座，侍中跪奏敕众官皆退，赞者承传，敕众官皆
退。

　　至正九年，御史台以江西湖东道肃政廉访使文殊讷所言具呈
中书。其言曰："三皇开天立极，功被万世。京师每岁春秋祀事，命
太医官主祭，揆礼未称。请如国子学、宣圣庙春秋释奠，上遣中书省
臣代祀，一切仪礼仿其制。"中书付礼部集礼官议之。是年十月二十
四日，平章政事太不花、定住等以闻，制曰可。于是命太常定仪式，
工部范祭器，江浙行省制雅乐器。后命太常博士定乐曲名，翰林国
史院撰乐章十有六曲。明年，祭器、乐器俱备，以医籍百四十有八户
充庙户礼乐生。御药院大使卢亨素习音律，受命教乐工四十有二
人，各执其技，乃季秋九月九日蒇事。宣徽供礼馔，光禄勋供内酝，
太府供金帛，广源库供苎炬，大兴府尹供牺牲、制币、粢盛、殽核。中
书奏拟三献官以次定，诸执事并以清望充。前一日，内降御香，三献
官以下公服备大乐仪仗迎香，至开天殿庋置。退习明日祭仪，习毕
就庙斋宿。京朝文武百司与祭官如之，各以礼助祭。翰林词臣具祝
文，曰"皇帝敬遣某官某致祭"。

乐章前卷祀社稷乐章,俱在礼乐类中,今附于此。

降神,奏《咸成之曲》:

黄钟宫三成

于皇三圣,神化无方。继天立极,垂宪百王。聿崇明祀,率由旧章。灵兮来下,休有烈光。

降神,奏《宾成之曲》:

大吕角二成

帝德在人,日用不知。神之在天,矧可度思。辰良日吉,蒇事有仪。感以至诚,尚右享之。

降神,奏《顾成之曲》:

太簇徵二成

大道之行,肇自古先。功烈所加,何千万年。是尊是奉,执事孔虔。神哉沛兮,泠风驭然。

降神,奏《临成之曲》:

应钟羽二成

雅奏告成,神斯降格。妥安有位,清庙奕奕。肸蚃潜通,丰融烜赫。我其承之,百世无斁。

初献盥洗,奏《蠲成之曲》:

姑洗宫

灵旆戾止,式燕以宁。吉蠲致享,惟寅惟清。挹彼注兹,沃盥而升。有孚颙若,交于神明。

初献升殿,奏《恭成之曲》:

南吕宫

齐明盛服,恪恭命祀。洋洋在上,匪远具迩。左右周旋,陟降庭止。式礼莫愆,用介多祉。

奠币,奏《祗成之曲》:

南吕宫

骏奔在列,品物咸备。礼严载见,式陈量币。惟兹筐实,肃将忱意。灵兮安留,成我熙事。

初献降殿。与升殿同。

捧俎,奏《阙成之曲》:

姑洗宫

我祀如何,有牲在涤。既全且洁,为俎孔硕。以将以享,其仪不忒。神其迪尝,纯嘏是锡。

初献盥洗。与前同。

初献升殿。与前同。

大皞宓牺氏位,酌献,奏《阙成之曲》:

南吕宫

五德之首,巍巍圣神。八卦有作,诞开我人。物无能称,玄酒在尊。歆监在兹,惟德是亲。

炎帝神农氏位,酌献,奏《阙成之曲》:

南吕宫

耒耜之利,人赖以生。鼓腹含哺,帝力难名。欲报之德,黍稷非馨。眷言顾之,享于克诚。

黄帝有熊氏位,酌献,奏《阙成之曲》:

南吕宫

为衣为裳,法乾效坤。三辰顺序,万国来宾。典祀有常,多仪具陈。纯精邕达,匪籍弥文。

配位酌献,奏《阙成之曲》:

南吕宫

三圣俨临,孰侑其食。惟尔有神,同功合德。丕拥灵休,留娱嘉席。历世昭配,永永无极。

初献降殿。与前同。

亚献,奏《阙成之曲》:终献同。

姑洗宫

缓节安歌,载升贰觞。礼成三终,申荐令芳。凡百有职,罔敢急遑。神具醉止,欣欣乐康。

彻豆,奏《阙成之曲》:

南吕宫

笾豆有践,殷荐宣时。礼文疏洽,废彻不迟。慎终如始,进退无违。神其祚我,绥以繁厘。

送神,奏《阙成之曲》:

黄钟宫

夜如何其,明星煌煌。灵逝弗留,飚举云翔。瞻望靡及,德音不忘。庶回景贶,发为祯祥。

望瘗,奏《阙成之曲》:

姑洗宫

工祝致告,礼备乐终。加牲兼币,吃蕴愈恭。精神斯馨,惠泽无穷。储休锡美,万福来崇。

至顺元年冬十一月望,曲阜兖国复圣公新庙落成。元统二年,改封颜子考曲阜侯为杞国公,谥文裕;妣齐姜氏为杞国夫人,谥端献;夫人戴氏兖国夫人,谥贞素。又割益都邹县牧地三十顷,征其岁入,以给常祀。

至正十九年十一月,江浙行省据杭州路申备本路经历司呈,准提控案牍兼照磨承发架阁胡瑜牒,尝谓:

文治兴隆,宜举行于旷典;儒先褒美,期激励于将来。凡在闻知,讵容缄默。盖国家化民成俗,莫先于学校。而学校之设,必崇先圣先师之祀者,所以报功而示劝也。

我朝崇儒重道之意,度越前古。既已加封先圣大成之号,又追崇宋儒周敦颐等封爵,俾从祀庙庭,报功示劝之道,可谓至矣。然有司讨论未尽,尚遗先儒杨时等五人,未列从祀,遂使盛明之世,犹有阙典。惟故宋龙图阁直学士、谥文靖、龟山先生杨时,亲得程门道统之传,排王氏经义之谬,南渡后,朱、张、吕氏之学,其源委脉络,皆出于时者也。故宋处士、延平先生李侗,传河洛之学,以授朱熹,凡《集注》所引师说,即其讲论之旨也。故宋中书舍人、谥文定胡安国，闻道伊洛，志在《春秋》，纂为《集传》，羽翼正经，明天理而扶世教，有功于圣人之门者也。故宋处士、赠太师荣国公、谥文正、九峰先生蔡沈，从学朱子，亲承指授，著《书集传》，发明先儒之所未及，深有功于圣经者也。故宋翰林学士、参知政事、谥文忠、西山先生真德秀，博学穷经，践履笃实。当时立伪学之禁，以锢善类，德秀晚出，独以斯文为己任，讲习躬行，党禁解而正学明。此五人者，学问接道统之传，著述发儒先之秘，其功甚大。况科举取士，已将胡安国《春秋》、蔡沈《尚书集传》表章而尊用之，真德秀《大学衍义》亦备经筵讲读，是皆有补于国家之治道者矣。各人出处，详见《宋史》本传，俱应追锡名爵，从祀先圣庙庭，可以敦厚儒风，激劝后学。如蒙备呈上司，申达朝省，命礼官讨论典礼，如周敦颐等例，闻奏施行，以补阙典，吾道幸甚。

本省以其言具咨中书省，仍遣胡瑜赴都投呈。至正二十一年七月，中书判送礼部，行移翰林、集贤、太常三院会议，俱准所言，回呈中书省。二十二年八月，奏准送礼部定拟五先生封爵谥号。俱赠太师。杨时追封吴国公，李侗追封越国公，胡安国追封楚国公，蔡沈追封建国公，真德秀追封福国公。各给词头宣命，遣官赍往福建行省，访问各人子孙给付。如无子孙者，于其故所居乡里郡县学，或书院祠堂内，安置施行。

至正二十二年十二月，追谥朱熹父为献靖，其制词云：

考德而论时，灼见风仪之后；观子而知父，追闻《诗》、《礼》之传。久闷幽堂，丕昭公论。故宋左承议郎、守尚书吏部员外郎、兼史馆校勘、累赠通议大夫朱松，仕不躁进，德合中行。逆邹鲁之渊源，式开来学；开图书之蕴奥，妙契玄机。奏对虽忤于权奸，嗣续笃生于贤哲。化民成俗，著书满家。既继志述事之光前，何节惠易名之孔后。才高弗展，嗟沉滞于下僚；道大莫容，竟昌明于永世。神灵不昧，休命其承。可谥献靖。

其改封熹为齐国公制词云：

　　圣贤之蕴载诸经，义理实明于先正；风节之厉垂诸世，褒崇岂间于异时。不有钜儒，孰膺宠数。故宋华文阁待制、累赠宝谟阁直学士、太师、追封徽国公、谥文朱熹，挺生异质，蚤擢科名。试用于郡县，而善政孔多；回翔于馆阁，而直言无隐。权奸屡挫，志虑不回。著书立言，嘉乃简编之富；爱君忧国，负其经济之长。正学久达于中原，涣号申行于仁庙。询诸佥议，宜易故封。国启营丘，爰锡太公之境土；壤邻洙泗，尚观尼父之宫墙。缅想英风，载钦新命。可追封齐国公，余并如故。

　　每岁，太庙四祭，用司禋监官一员，名蒙古巫祝。当省牲时，法服，同三献官升殿，诣室户告腯，还至牲所，以国语呼累朝帝后名讳而告之。明旦，三献礼毕，献官、御史、太常卿、博士复升殿，分诣各室，蒙古博儿赤跪割牲，太仆卿以朱漆盂奉马乳酌奠，巫祝以国语告神讫，太祝奉祝币诣燎位，献官以下复版位载拜，礼毕。

　　每岁，驾幸上都，以六月二十四日祭祀，谓之洒马妳子。用马一，羯羊八，彩段练绢各九匹，以白羊毛缠若穗者九，貂鼠皮三，命蒙古巫觋及蒙古、汉人秀才达官四员领其事，再拜告天。又呼太祖成吉思御名而祝之，曰：托天皇帝福荫，年年祭赛者。礼毕，掌祭官四员，各以祭币表里一与之；馀币及祭物，则凡与祭者共分之。

　　每岁，九月内及十二月十六日以后，于烧饭院中，用马一，羊三，马湩，酒醴，红织金币及里绢各三匹，命蒙古达官一员，偕蒙古巫觋，掘地为坎以燎肉，仍以酒醴、马湩杂烧之。巫觋以国语呼累朝御名而祭焉。

　　每岁，十二月下旬，择日，于西镇国寺内墙下，洒扫平地，太府监供彩币，中尚监供细毯铖线，武备寺供弓箭环刀，束秆草为人形一,为狗一,剪杂色彩段为之肠胃,选达官世家之贵重者交射之。非别速、札剌尔、乃蛮、忙古台、列班、塔达、珊竹、雪泥等氏族,不得与列。射至糜烂,以羊酒祭之。祭毕,帝后及太子嫔妃并射者,各解所服衣,俾蒙古巫觋祝赞之。祝赞毕,遂以与之,名曰脱灾。国俗谓之射草狗。

每岁,十二月十六日以后,选日,用白黑羊毛为线,帝后及太子,自顶至手足,皆用羊毛线缠系之,坐于寝殿。蒙古巫觋念咒语,奉银槽贮火,置米糠于其中,沃以酥油,以其烟薰帝之身,断所系毛线,纳诸槽内。又以红帛长数寸,帝手裂碎之,唾之者三,并投火中。即解所服衣帽付巫觋,谓之脱旧灾、迎新福云。

凡后妃妊身,将及月辰,则移居于外毡帐房。若生皇子孙,则锡百官以金银彩段,谓之撒答海。及弥月,复还内寝。其帐房,则以颁赐近臣云。

凡帝后有疾危殆,度不可愈,亦移居外毡帐房。有不讳,则就殡殓其中。葬后,每日用羊二次烧饭以为祭,至四十九日而后已。其帐房亦以赐近臣云。

凡宫车晏驾,棺用香楠木,中分为二,剜肖人形,其广狭长短,仅足容身而已。殓用貂皮袄、皮帽,其靴袜、系腰、盒钵,俱用白粉皮为之。殉以金壶瓶二,盏一,碗碟匙箸各一。殓讫,用黄金为箍四条以束之。舆车用白毡青缘纳失失为帷,覆棺亦以纳失失为之。前行,用蒙古巫媪一人,衣新衣,骑马,牵马一匹,以黄金饰鞍辔,笼以纳失失,谓之金灵马。日三次,用羊奠祭。至所葬陵地,其开穴所起之土成块,依次排列之。棺既下,复依次掩覆之。其有剩土,则远置他所。送葬官三员,居五里外。日一次烧饭致祭,三年然后返。

　　世祖至元七年，以帝师八思巴之言，于大明殿御座上置白伞盖一，顶用素段，泥金书梵字于其上，谓镇伏邪魔护安国刹。自后每岁二月十五日，于大殿启建白伞盖佛事，用诸色仪仗社直，迎引伞盖，周游皇城内外，云与众生祓除不祥，导迎福祉。岁正月十五日，宣政院同中书省奏，请先期中书奉旨移文枢密院，八卫拨伞鼓手一百二十人，殿后军甲马五百人，抬舁监坛汉关羽神轿军及杂用五百人。宣政院所辖官寺三百六十所，掌供应佛像、坛面、幢幡、宝盖、车鼓、头旗三百六十坛，每坛擎执抬舁二十六人，钹鼓僧一十二人。大都路掌供各色金门大社一百二十队，教坊司云和署掌大乐鼓、板杖鼓、筚篥、龙笛、琵琶、筝、篆七色，凡四百人。兴和署掌妓女杂扮队戏一百五十人，祥和署掌杂把戏男女一百五十人，仪凤司掌汉人、回回、河西三色细乐，每色各三队，凡三百二十四人。凡执役者，皆官给铠甲袍服器仗，俱以鲜丽整齐为尚，珠玉金绣，装束奇巧，首尾排列三十馀里。都城士女，闾阎聚观。礼部官点视诸色队仗，刑部官巡绰喧闹，枢密院官分守城门，而中书省官一员总督视之。先二日，于西镇国寺迎太子游四门，舁高塑像，具仪仗入城。十四日，帝师率梵僧五百人，于大明殿内建佛事。至十五日，恭请伞盖于御座，奉置宝舆，诸仪卫队仗列于殿前，诸色社直暨诸坛面列于崇天门外，迎引出宫。至庆寿寺，具素食，食罢起行，从西宫门外垣海子南岸，入厚载红门，由东华门过延春门而西。帝及后妃公主，于玉德殿门外，搭金脊吾殿彩楼而观览焉。及诸队仗社直送金伞还宫，复恭置御榻上。帝师僧众作佛事，至十六日罢散。岁以为常，谓之游皇城。或有因事而辍，寻复举行。夏六月中，上京亦如之。

元史卷七八
志第二八

舆服一 仪卫附

冕服 舆辂

　　若稽往古，黄帝、尧、舜垂衣裳而天下治，盖取诸乾坤；服牛乘马，引重致远，盖取诸大壮。冕服车舆之制，其来尚矣。《虞书》舜作十二章，五服以命有德，车服以赏有功。《礼记》虞鸾车，夏钩车，商大辂。至周，损益前代，弁师掌王之五冕，巾车掌王之五辂，而仪文始备。然孔子论治天下之大法，于殷辂取基质而得中，周冕取其文而得中也。至秦并天下，兼收六国车旗服御，穷极侈靡，有大驾、法驾以及卤簿。汉承秦后，多因其旧。由唐及宋，亦效秦法，以为盛典。于文质适中之义，君子或得而议焉。

　　元初立国，庶事草创，冠服车舆，并从旧俗。世祖混一天下，近取金、宋，远法汉、唐。至英宗亲祀太庙，复置卤簿。今考之当时，上而天子之冕服，皇太子冠服，天子之质孙，天子之五辂与腰舆、象轿，以及仪卫队仗，下而百官祭服、朝服，与百官之质孙，以及于士庶人之服色，粲然其有章，秩然其有序。大抵参酌古今，随时损益，兼存国制，用备仪文。于是朝廷之盛，宗庙之美，百官之富，有以成一代之制作矣。作《舆服志》，而仪卫附见于后云。

　　天子冕服：衮冕，制以漆纱，上覆曰綖，青表朱里。綖之四周，匝以云龙。冠之口围,萦以珍珠。綖之前后,旒各十二,以珍珠为之。綖之左右,系黈纩二,系以玄纮,承以玉瑱,纩色黄,络以珠。冠之周围,珠云龙网结,通翠柳调珠。綖上横天河带一,左右至地。珠钿窠网结,翠柳朱丝组二,属诸笄,为缨络,以翠柳调珠。簪以玉为之,横贯于冠。

衮龙服,制以青罗,饰以生色销金帝星一、日一、月一、升龙四、复身龙四、山三十八、火四十八、华虫四十八、虎蜼四十八。

裳,制以绯罗,其状如裙,饰以文绣,凡一十六行。每行藻二、粉米一、黼二、黻二。

中单,制以白纱,绛缘,黄勒帛副之。

蔽膝,制以绯罗,有褾。绯绢为里,其形如褾,袍上着之,绣复身龙。

玉佩,珩一、琚一、瑀一、冲牙一、璜二。冲牙以系璜,珩下有银兽面,涂以黄金,双璜夹之。次又有衡,下有冲牙。傍别施双的以鸣,用玉。

大带,制以绯白二色罗,合缝为之。

玉环绶,制以纳石失。金锦也。上有三小玉环,下有青丝织网。

红罗靴,制以红罗为之,高靿。

履,制以纳石失,有双耳二,带钩,饰以珠。

袜,制以红绫。

右按《太常集礼》,至元十二年十一月,博士议拟:冕天板长一尺六寸,广八寸,前高八寸五分,后高九寸五分,身围一尺八寸三分,并纳言,用青罗为表,红罗为里,周回缘以黄金。天板下四面,珠网结子,花素坠子,前后共二十有四旒,以珍珠为之。青碧线织天河带,两头各有珍珠金翠旒三节,玉滴子节花全。红线组带二,上有珍珠金翠旒,玉滴子,下有金铎二。梅红绣款幔带一,黈纩二,珍珠垂系,上用金萼子二。簪窠款幔组带钿窠各二,内组带窠四,并镂玉为之。玉簪一,顶面镂云龙。衮衣,用青罗夹制,五采间金,绘日、月、星辰、山、龙、华虫、宗彝。正面日一,月一,升龙四,山十二,上下襟

华虫、火各六对,虎蜼各阙对,背星一,升龙四,山十二,华虫、火各
十二对,虎蜼各六对。中单,用白罗单制,罗领襈裾。裳一,带襈裾
全,红罗八幅夹造。上绣藻、粉米、黼、黻,藻三十三,粉米十六,黼三
十二,黻三十二。蔽膝一,带襈裾,红罗夹造八幅,上绣升龙二。绶
一幅,六采织造,红罗托里。小绶三,色同大绶,销金黄罗绶头全,上
间施三玉环,并碾云龙。绯白大带一,销金黄带头,钿窠二十有四。
红罗勒帛一,青罗抹带一。佩二,玉上、中、下璜各一,半月各二,并
碾玉为云龙文。玉滴子各二,并珍珠穿造。金篦钩,兽面,水叶环钉
全。凉带一,红罗里,镂金为之;上为玉鹅七,挞尾束各一,金攀龙
口,玳瑁衬钉。舄一,重底,红罗面,白绫托里,如意头,销金黄罗绿
口,玉鼻,人饰以珍珠。金绯罗锦袜一两。

大德十一年九月,博士议:唐制,天子衮冕,垂白珠十有二旒,
以组为缨,色如其绶,黈纩充耳,玉簪导。玄衣纁裳,凡十二章。八
章在衣,日、月、星辰、山、龙、华虫、火、宗彝;四章在裳,藻、粉米、
黼、黻。襈领为升龙,皆织成之。龙章以下,每章一行,每行十二。白
纱中单,黼领,青襈襈裾,黻加龙、山、火三章。鷩冕以上,火、山二
章。绣冕,山一章。玄冕无章。革带、大带、玉佩、绶、袜,与上同。舄
加金饰。享庙、谒庙及朝遣上将、征远饮至、践阼加元服、纳后、元日
受朝及临轩册拜王公则服之。又宋制,天子服有衮冕,广尺二寸,长
四寸前后十有二旒,二纩,并贯珍珠。又有珠旒十二,碧凤衔之,在
珠旒外。冕板,以龙鳞锦表,上缀玉为七星,傍施琥珀饼、犀各二十
四,周缀金丝网钿,以珍珠杂宝玉,加紫云白鹤锦里。四柱饰以七
宝,红绫里。金饰玉簪导,红丝绦组带。亦谓之平天冠。衮服青色,
日、月、星、山、龙、雉、虎蜼七章。红裙,藻、火、粉米、黼、黻五章。红
蔽膝,升龙二,并织成,间以云彩,饰以金钑花钿窠,装以珍珠、琥
珀、杂宝玉。红罗襦裙,绣五章,青襈襈裾。六采绶一,小绶三,结三,
玉环三。素大带,朱里。青罗四绅带二,绣四绅盘结。白带中单,青
罗抹带,红罗勒帛,鹿卢玉具剑,玉缥首镂白玉双佩,金饰,贯珍珠。
金龙凤革带,红袜赤舄,金钑花,四神玉鼻。祭天地宗庙、受册尊号、

元日受朝、册皇太子则服之。事未果行。

至延祐七年七月，英宗命礼仪院使八思吉斯传旨，令省臣与太常礼仪院速制法服。八月，中书省会集翰林、集贤、太常礼仪院官讲议，依秘书监所藏前代帝王衮冕法服图本，命有司制如其式。

镇圭，制以玉，长一尺二寸，有袋副之。

皇太子冠服：衮冕，玄衣，纁裳，中单，蔽膝，玉佩，大绶，朱袜，赤舄。

按《太常集礼》，至元十二年，博士拟衮冕制，用白珠九旒，红丝组为缨，青纩充耳，犀簪导。青衣、朱裳，九章。五章在衣，山、龙、华虫、火、宗彝；四章在裳，藻、粉米、黼、黻。白纱中单，青襈襈裾。革带，涂金银钩䩞。蔽膝，随裳色，为水、山二章。瑜玉双佩，四采织成大绶，间施玉环三。白袜朱舄，舄加金涂银扣。

大德十一年九月，照拟前代制度。唐制，皇太子衮冕，垂白珠九旒，红丝组为缨，青纩充耳，犀簪导。玄衣、纁裳，九章。五章在衣，龙、山、华虫、火、宗彝；四章在裳，藻、粉米、黼、黻，织成之，每行一章，黼、黻重以为等，每行九。白纱中单，黼领，青襈襈裾。革带，金钩䩞，大带。蔽膝，随裳色，火、山二章。玉具剑，金宝饰玉缥首，瑜玉双佩。朱组带大绶，四采赤白缥绀，纯朱质，长丈八尺，首广九寸。小双绶，长二尺六寸，色同大绶，而首半之，间施玉环三。朱袜赤舄，加金饰。侍从祭祀及谒庙、加元服、纳妃服之。宋制，皇太子衮冕，垂白珠九旒，红丝组为缨，青纩充耳，犀簪导。青衣、朱裳，九章。五章在衣，山、龙、华虫、火、宗彝；四章在裳，藻、粉米、黼、黻。白纱中单，青襈襈裾。革带，涂金银钩䩞。蔽膝，随裳衣，火、山二章。瑜玉双佩，四采织成大绶，间施玉环三。白袜、朱袜，舄加涂金银饰。加元服、从祀、受册、谒庙、朝会服之。已拟其制，未果造。

三献官及司徒、大礼使服：笼巾貂蝉冠五，青罗服五，领、袖、襕俱用皂绫。红罗裙五，皂绫为襕。红罗蔽膝五，其罗花样俱系牡丹。白纱中单五，黄绫带。红组金绶绅五，红组金译语曰纳石失，各佩玉环二。象笏五，银束带五，玉佩五，白罗方心曲领五，赤革履五对，白绫袜五对。

助奠以下诸执事官冠服：貂蝉冠、獬豸冠、七梁冠、六梁冠、五梁冠、四梁冠、三梁冠、二梁冠二百，青罗服二百，领、袖、襕俱用皂绫。红绫裙二百，皂绫为襕。红罗蔽膝二百，紫罗公服二百，用梅花罗。白纱中单二百，黄绫带。织金绶绅二百，红一百九十八，青二，各佩铜环二。铜束带二百，白罗方心曲领二百，铜佩二百，展角幞头二百，涂金荔枝带三十，乌角带一百七十，皂靴二百对，赤革履二百对，白绫袜二百对，象笏三十，银杏木笏一百七十。

凡献官诸执事行礼，俱衣法服。惟监察御史二，冠獬豸，服青绶。凡迎香、读祝及祀日遇阴雨，俱衣紫罗公服。六品以下，皆得借紫。

都监库、祠祭局、仪鸾局、神厨局头目长行人等：交角幞头五十，窄袖紫罗服五十，涂金束带五十，皂靴五十对。

初宪宗壬子年秋八月，祭天于日月山，用冕服自此始。成宗大德六年春三月，祭天于丽正门外丙地，命献官以下诸执事，各具公服行礼。是时，大都未有郊坛，大礼用公服自此始。九年冬至祭享，用冠服，依宗庙见用者制。其后节次祭祀，或合祀天地，增配位从祀，献摄职事，续置冠服，于法服库收掌。法服二百九十有九，公服二百八十，窄紫二百九十有五。至大间，太常博士李之绍、王天祐疏陈，亲祀冕无旒，服大裘而加衮，裘以黑羔皮为之。臣下从祀冠服，历代所尚，其制不同。集议得依宗庙见用冠服制度。

社稷祭服：青罗袍一百二十三，白纱中单一百二十三，红梅花罗裙一百二十三，蓝织锦铜环绶绅二，红织锦铜环绶绅一百一十七，红织锦玉环绶绅四，红梅花罗蔽膝一百二十三，革履一百二十三，白绫袜一百二十三，白罗方心曲领一百二十三，黄绫带一百二十三,佩一百二十三,铜珩璜者一百一十九,玉珩璜者四,蓝素绉丝带一百二十三,银带四,铜带一百一十九,冠一百二十三,水角簪金梁冠一百七,纱冠一十,獬豸冠二,笼巾纱冠四,木笏一百二十三,紫罗公服一百二十三,黑漆幞头一百二十三,展角全二色罗插领一百二十三,镀金铜荔枝带一十,角带一百一十三,象笏一十三枝,木笏一百一十枝,黄绢单包复一百二十三,紫绉丝抹口青毡袜一百二十三,皂靴一百二十三,窄紫罗衫三十,黑漆幞头三十,铜束带三十,黄绢单包复三十,皂靴三十,紫绉丝抹口青毡袜三十。

宣圣庙祭服:

献官法服,七梁冠三,簪全。鸦青袍三,绒锦绶绅三,各带青绒网并铜环二。方心曲领三,蓝结带三,铜佩三,红罗裙三,白绢中单三,红罗蔽膝三,革履三。白绢袜全。

执事儒服,软角唐巾,白襕插领,黄鞓角带,皂靴,各九十有八。

曲阜祭服,连蝉冠四十有三,七梁冠三,五梁冠三十有六,三梁冠四,皂绉丝鞋三十有六鞹,舒角幞头二,软角唐巾四十,角簪四十有三,冠缨四十有三副,凡八十有六条。象牙笏七,木笏三十有八,玉佩七,凡十有四系。铜佩三十有六,凡七十有二系。带八十有五,蓝鞓带七,红鞓带三十有六,乌角带二,黄鞓带、乌角偏带四十,大红金绶结带七,上用玉环十有四。青罗大袖夹衣七,紫罗公服二,褐罗大袖衣三十有六,白罗衫四十,白绢中单三十有六,白纱中单七,大红罗夹蔽膝七,大红夹裳、绯红罗夹蔽膝三十有六,绯红夹裳四,黄罗夹裳三十有六,黄罗大带七,白罗方心曲领七,红罗绶带七,黄绢大带三十有六,皂靴、白羊毳袜各四十有二对,大红罗鞋七鞹,白绢夹袜四十有三鞹。

质孙,汉言一色服也,内庭大宴则服之。冬夏之服不同,然无定制。凡勋戚大臣近侍,赐则服之。下至于乐工卫士,皆有其服。精粗之制,上下之别,虽不同,总谓之质孙云。

天子质孙,冬之服凡十有一等,服纳石失、金锦也。怯绵里,襄茸也。则冠金锦暖帽。服大红、桃红、紫蓝、绿宝里,宝里,服之有襕者也。则冠七宝重顶冠。服红黄粉皮,则冠红金答子暖帽。服白粉皮,则冠白金答子暖帽。服银鼠,则冠银鼠暖帽,其上并加银鼠比肩。俗称曰襻子答忽。夏之服凡十有五等,服答纳都纳石失,缀大珠于金锦。则冠宝顶金凤钹笠。服速不都纳石失,缀小珠于金锦。则冠珠子卷云冠。服纳石失,则帽亦如之。服大红珠宝里红毛子答纳,则冠珠缘边钹笠。服白毛子金丝宝里,则冠白藤宝贝帽。服驼褐毛子,则帽亦如之。服大红、绿、蓝、银褐、枣褐、金绣龙五色罗,则冠金凤顶笠,各随其服之色。服金龙青罗,则冠金凤顶漆纱冠。服珠子褐七宝珠龙答子,则冠黄牙忽宝贝珠子带后檐帽。服青速夫金丝阑子,速夫,回回毛布之精者也。则冠七宝漆纱带后檐帽。

百官质孙,冬之服凡九等,大红纳石失一,大红怯绵里一,大红官素一,桃红、蓝、绿官素各一,紫、黄、鸦青各一。夏之服凡十有四等,素纳石失一,聚线宝里纳石失一,枣褐浑金间丝蛤珠一,大红官素带宝里一,大红明珠答子一,桃红、蓝、绿、银褐各一,高丽鸦青云袖罗一,驼褐、茜红、白毛子各一,鸦青官素带宝里一。

百官公服:

公服,制以罗,大袖,盘领,俱右衽。一品紫,大独科花,径五寸。二品,小独科花,径三寸。三品,散答花,径二寸,无枝叶。四品、五品,小杂花,径一寸五分。六品、七品,绯罗小杂花,径一寸。八品、九品,绿罗,无文。

幞头,漆纱为之,展其角。

笏,制以牙,上圆下方。或以银杏木为之。

偏带,正从一品以玉,或花,或素。二品以花犀。三品、四品以黄金为荔枝。五品以下以乌犀。并八胯,鞓用朱革。

靴,以皂皮为之。

仪卫服色：

交角幞头，其制以巾后交折其角。

凤翅幞头，制如唐巾，两角上曲，而作云头，两旁覆以两金凤翅。

学士帽，制如唐巾，两角如匙头下垂。

唐巾，制如幞头，而随其角，两角上曲作云头。

控鹤幞头，制如交角，金缕其额。

花角幞头，制如控鹤幞头，两角及额上，簇象生杂花。

锦帽，制以漆纱，后幅两旁，前拱而高，中下，后画连钱锦，前额作聚文。

平巾帻，黑漆革为之，形如进贤冠之笼巾，或以青，或以白。

武弁，制以皮，加漆。

甲骑冠，制以皮，加黑漆，雌黄为缘。

抹额，制以绯罗，绣宝花。

巾，制以缯，五色，画宝相花。

兜鍪，制以皮，金涂五色，各随其甲。

衬甲，制如云肩，青锦质，缘以白锦，衷以毡，里以白绢。

云肩，制如四垂云，青缘，黄罗五色，嵌金为之。

裲裆，制如衫。

衬袍，制用绯锦，武士所以裼裲裆。

士卒袍，制以绢缯，绘宝相花。

窄袖袍，制以罗或缯。

辫线袄，制如窄袖衫，腰作辫线细摺。

控鹤袄，制以青绯二色锦，圆答宝相花。

窄袖袄，长行舆士所服，绀缎色。

乐工袄，制以绯锦，明珠琵琶窄袖，辫线细摺。

甲，覆膊、掩心、扞背、扞股，制以皮，或为虎文、狮子文，或施金铠锁子文。

臂鞲,制以锦,绿绢为里,有双带。

锦螣蛇,束麻长一丈一尺,裹以红锦。

束带,红鞓双獭尾,黄金涂铜胯,余同腰带而狭小。

絛环,制以铜,黄金涂之。

汗胯,制以青锦,缘以银褐锦,或绣扑兽,间以云气。

行縢,以绢为之。

鞋,制以麻。

鞨鞋,制以皮为履,而长其靿,缚于行縢之内。

云头靴,制以皮,帮嵌云朵,头作去云象,鞨束于胫。

服色等第:仁宗延祐元年冬十有二月,定服色等第,诏曰:"比年以来,所在士民,靡丽相尚,尊卑混淆,僭礼费财,朕所不取。贵贱有章,益明国制,俭奢中节,可阜民财。"命中书省定立服色等第于后。

一,蒙古人不在禁限,及见当怯薛诸色人等,亦不在禁限,惟不许服龙凤文。龙谓五爪二角者。

一,职官除龙凤文外,一品、二品服浑金花,三品服金答子,四品、五品服云袖带襕,六品、七品服六花,八品、九品服四花。职事散官从一高。系腰,五品以下许用银,并减铁。

一,命妇衣服,一品至三品服浑金,四品、五品服金答子,六品以下惟服销金,并金纱答子。首饰,一品至三品许用金珠宝玉,四品、五品用金玉珍珠,六品以下用金,惟耳环用珠玉。同籍不限亲疏,期亲虽别籍,并出嫁同。

一,器皿,谓茶酒器。除钑造龙凤文不得使用外,一品至三品许用金玉,四品、五品惟台盏用金,六品以下台盏用镀金,余并用银。

一,帐幕,除不得用赭黄龙凤文外,一品至三品许用金花刺绣纱罗,四品、五品用刺绣纱罗,六品以下用素纱罗。

一,车舆,除不得用龙凤文外,一品至三品许用间金妆饰银螭头、绣带、青幔,四品、五品用素狮头、绣带、青幔,六品至九品用素云头、素带、青幔。

一，鞍辔，一品许饰以金玉，二品、三品饰以金，四品、五品饰以银，六品以下并饰以鍮石铜铁。

一，内外有出身，考满应入流，见役人员服用，与九品同。

一，授各投下令旨、钧旨，有印信，见任勾当人员，亦与九品同。

一，庶人除不得服赭黄，惟许服暗花纻丝绸绫罗毛毳，帽笠不许饰用金玉，靴不得裁制花样。首饰许用翠花，并金钗𨥇各一事，惟耳环用金珠碧甸，余并用银。酒器许用银壶瓶台盏盂镟，余并禁止。帐幕用纱绢，不得赭黄，车舆黑油，齐头平顶皂幔。

一，诸色目人，除行营帐外，其余并与庶人同。

一，诸职官致仕，与见任同。解降者，依应得品级。不叙者，与庶人同。

一，父祖有官，既没年深，非犯除名不叙之限，其命妇及子孙与见任同。

一，诸乐艺人等服用，与庶人同。凡承应装扮之物，不拘上例。

一，皂隶公使人，惟许服绸绢。

一，娼家出入，止服皂褙子，不得乘坐车马，余依旧例。

一，今后汉人、高丽、南人等投充怯薛者，并在禁限。

一，服色等第，上得兼下，下不得僭上。违者，职官解见任，期年后降一等叙，余人决五十七下。违禁之物，付告捉人充赏。有司禁治不严，从监察御史、廉访司究治。

御赐之物，不在禁限。

玉辂。青质，金装，青绿藻井，栲栳轮盖。外施金装雕木云龙，内盘碾玉福海圆龙一，顶上匝以金涂鍮石耀叶八十一。上围九者二，中围九者三，下围九者四。顶轮衣三重，上二重青绣云龙瑞草，下一重无文。轮衣内黄屋一，黄素纻丝沥水，下周垂朱丝结网，青纻丝绣小带四十八，带头缀金涂小铜铃，青纻丝绣络带二。顶轮平素面夹用青纻丝。盖四周垂流苏八，饰以五色茸线结网五重，金涂铜钣五，金涂木珠二十有五。又系玉杂佩八，珩璜冲瑀全，金涂输石钩挂十六，黄茸贯顶天心直下十字绳二，各长三丈。盖下立朱漆柱四。柱下直平盘，虚柜，中棋三十，下外桃二。漆绘犀、象、鹦鹉、锦雉、孔雀，隔窠嵌装花板。柜周朱漆勾阑，云拱地霞叶百七十有九，下垂牙护泥虚板，并朱漆画瑞草。勾阑上玉行龙十，碾玉蹲龙十，孔雀羽台九，水精面火珠七，金圈焰铜照八。舆下周垂朱丝结网，饰以金涂输石铎三百，彩画输石梅蕚嵌网眼中。舆之长辕三，界辕勾心各三，上下龙头六。前辕引手玉螭头三，并系以蹲龙。后辕方罨头三，桃头十六，绖以蹲龙三。辕头衡一，两端玉龙头二，上列金涂铜凤十二，含以金涂铜铃。舆之轴一，轮二。轴之掣罗二，明辖蹲龙绖，并青漆。轮之辐各二十四，毂首压贴金涂铜毂叶八十一，金涂输石擎耳恋攀四。柜之前，朱漆金装云龙辂牌一，牌字以玉装缀。辂之箱，四壁雕镂漆画填心隔窠龟文华板。上层左画青龙，右画白虎，前画朱雀，后画玄武。辂之前额，玉行龙二，奉一水精珠，后额如之。前两柱青茸铃索五，贴金鸾和大响铜铃十，金涂输石双鱼五。下朱漆轼柜一，柜上金香球、金香宝、金香合、银灰盘各一，并黄丝绥带。辂之后，朱漆后轼一，金涂曲戌，黄纻丝销金云龙门帘一，绯纻丝绣云龙带二。辂之中，金涂输石较碾玉龙椅一，靠背上金涂圈焰玉明珠一。左建太常旗，十有二斿，青罗绣日、月、五星、升龙。右建阘戟一，九斿，青罗绣云龙。中央黄罗绣青黑黼文两旗，绸杠，并青罗，旗首金涂输石龙头二，金涂铜铃二，金涂输石钣青缨绥十二重，金涂木珠流苏十二重。龙椅上，方坐一，绿褥一，皆锦。销金黄罗夹帕一，方舆地褥二，勾阑内褥八，皆用杂锦绮。青漆金涂输石铰叶踏道一，小褥五重。青漆雕木涂金龙头行马一，小青漆梯一，青漆柄金涂长托叉二，短托叉二，金涂首青漆推竿一，青茸引辂索二，各长六丈余，金涂铜环二，黄茸绥一。辂马、诞马，并青色。鞍辔鞦勒缨拂鞦，并青韦，金饰。诞马青织金纻丝屉四。青罗销金绢里笼鞍六。盖辂黄绢大蒙帕一，黄油绢帕一。驾士平巾大袖，并青绘纻丝为之。

至治元年，英宗亲祀太庙，诏中书及太常礼仪院、礼部定拟制卤簿五辂。以平章政事张珪、留守王伯胜、将作院使明里董阿、侍仪使乙剌徒满董其事。是年，玉辂成。明年，亲祀御之。后复命造四辂，工未成而罢。

金辂。赤质，金妆，青绿藻井，栲栳轮盖。外施金妆雕木云龙，内盘真金福海圆龙一，顶上匝以金涂输石耀叶八十一。上围九者二，中围九者三，下围九者四。顶轮衣三重，上二重大红绣云龙瑞草，下一重无文。轮衣内黄屋一，黄素纻丝沥水，下垂朱丝结网一周，大红纻丝绣小带四十八，带头缀金涂小铜铃三百，大红纻丝绣络带二。顶轮平素面夹用绯纻丝。盖之四周垂流苏八，饰以五色茸线结网五重，金涂输石杂佩八，珩璜冲瑀全，金涂输石钩挂十有六，黄绒贯顶天心直下十字绳二。盖下立朱漆柱四，柱下直平盘，虚柜，中棋三十，其下外栿二，漆绘犀、象、鹦鹉、锦雉、孔雀，隔寔嵌妆花板。柜上周遭朱漆勾阑，云拱地霞叶一百七十有九，下垂牙护泥虚板，并朱漆画瑞草。勾阑上金涂输石行龙十二，金涂输石蹲龙十，孔雀羽台九，水精面火珠七，金圈焰铜照八。舆下垂朱丝结网一遭，饰以金涂输石铎子三百，彩画输石梅蕚嵌网眼中。舆之长辕三，界辕勾心各三，上下龙头六。前辕引手金涂输石螭头三，并系以蹲龙。后辕方罨头三，栿头十六，系以蹲龙三。辕头衡一，两端金涂输石龙头二，上列金涂铜凤十二，含以金涂铜铃。舆之轴一，轮二。轴之挈罗二，明辖蹲龙綖，并漆以赤。轮之辐各二十有四，毂首压贴金涂铜毂页八十有一，金涂输石擎耳恋攀四。柜之前，朱漆金妆云龙辂牌一，金涂铁曲戌。辂之箱，四壁雕镂漆画填心隔寔龟文花板，上层左画青龙，右画白虎，前画朱雀，后画玄武。辂之前额，金行龙二，奉一水精珠，后额亦如之。前两柱绯绒铃索五，贴金鸾和大响铜铃十，金涂输石双鱼五。下朱漆轼柜一，柜上金香球一，金香宝一，金香合银灰盘一，并黄纻丝绶带。辂之后，朱漆后轼一，金涂曲戌，黄纻丝销金云龙门帘一，绯阔丝绣云龙带二。辂之中黄金妆铰龙椅一，靠背上金涂圈焰玉明珠一。左建太常旗，十有二旒，绯罗绣日、月、五星、升龙。右建阆戟一，九旒，绯罗绣云龙。中央黄罗绣青黑黼文两旗，褐

杠，并大红罗。旗首金涂输石龙头二，金涂铜铃二，金涂输石钹朱缨
緌十二重，金涂木珠流苏十二重。龙椅上，金锦方坐子一，绿可贴金
锦也。褥一，销金黄罗夹帕一，方舆地金锦褥一，绿可贴褥一。勾阑
内，可贴条褥四，蓝纻丝条褥四，朱漆金涂输石铰叶踏道一，小可贴
条褥五重。朱漆雕木涂金龙头行马一，小朱漆梯一，朱漆柄金涂长
托叉二，短托叉二，金涂首朱漆推竿一，红绒引辂索二，金涂铜环
二，黄绒执绥一。辂马、诞马，并赤色。鞍鞴鞦勒缨拂套项，并赤韦，
金妆。诞马红织金纻丝屈四副，红罗销金红绢里笼鞍六。盖辂黄绢
大蒙帕一，黄油绢帕一。驾士平巾大袖，并绯绣纻丝为之。

象辂。黄质，金妆，青绿藻井，栲栳轮盖。外施金妆雕木云龙，
内盘描金象牙雕福海圆龙一，顶上匝以金涂输石耀叶八十有一。上
围九者二，中围九者三，下围九者四。顶轮衣三重，上二重黄绣云龙
瑞草，下一重无文。轮衣内黄屋一，黄素纻丝沥水，下垂朱丝结网一
遭，黄纻丝绣小带四十有八，带头缀金涂小铜铃三百，黄纻丝绣络
带二。顶轮平素面夹用黄纻丝。盖之四周垂流苏八，饰以五色茸线
结网五重，金涂铜钹五，金涂木珠二十有五。又系金涂输石杂佩八，
珩璜冲瑀全，金涂输石钩挂十有六，黄绒贯顶天心直下十字绳二。
盖下立朱漆柱四，柱下直平盘，虚柜，中桱三十，下外桃二，漆绘犀、
象、鹦鹉、锦雉、孔雀，隔窠嵌妆花板。柜上周遭朱漆勾阑，云拱地霞
叶百七十有九，下垂牙护泥虚板，并朱漆画瑞草。勾阑上描金象牙
雕行龙十，蹲龙十，孔雀羽台九，水精面火珠七，金圈焰铜照八。舆
下垂朱丝结网一遭，饰以金涂输石铎子三百，采画输石梅萼嵌网眼
中。舆之长辕三，界辕勾心各三，上下龙头六。前辕引手描金象牙
雕螭头三，并系以蹲龙。后辕方罨头三，桃头十有六，系以蹲龙三。
辕头衡一，两端描金象牙雕龙头二，上列金涂铜凤十二，含以金涂
铜铃。舆之轴一，轮二。轴之掌罗二，明辖蹲龙铨，并漆以黄。轮之
辐各二十有四，毂首压贴金涂铜毂叶八十有一，金涂输石擎耳恋攀
四。柜之前，朱漆金妆云龙辂牌一，金涂铁曲戌。辂之箱，四傍雕镂
漆画填心隔窠龟文花板，上层左画青龙，右画白虎，前画朱雀，后画

玄武。辂之前额，描金象牙雕行龙二，奉一水精珠，后额如之。前两柱黄绒铃索五，贴金鸾和大响铜铃十，金涂錀石双鱼五。下朱漆轼柜一，柜上金香球一，金香宝一，金香合一，银灰盘一，并黄纻丝绶带。辂之后，朱漆后轫一，金涂曲戌，黄纻丝销金云龙门帘一，绯纻丝绣云龙带二。辂之中，黄金妆铰描金象牙雕龙椅一，靠背上金涂圈焰玉明珠一。左建太常旗一，十有二斿，黄罗绣日、月、五星、升龙。右建阘戟一，九斿，黄罗绣云龙。中央黄罗绣青黑黼文两旗，绸杠，并黄罗。旗首涂錀石龙头二，金涂铜铃二，金涂錀石钹黄缨绥十二重，金涂木珠流苏十二重。龙椅上，金锦方坐一，绿可贴褥一。勾阑内，可贴条褥四，蓝纻丝条褥四，黄漆金涂錀石铰叶踏道一，小可贴条褥五重。黄漆木涂金龙头行马一，小黄漆梯一，黄漆柄金涂长托叉二，短托叉二，金涂首黄漆推竿一，黄绒引辂索二，金涂铜环二，黄绒执绥一。辂马、诞马，皆黄色。鞍辔鞦勒缨拂套项，并金妆，黄韦。诞马银褐织金纻丝屉四副，黄罗销金黄绢里笼鞍六。盖辂黄绢大蒙帕一，黄油绢帕一。驾士平巾大袖，并黄绣纻丝为之。

革辂。白质，金妆，青绿藻井，栲栳轮盖。外施金妆雕木云龙，内盘描金白檀雕福海圆龙一，顶上匝以金涂錀石耀叶八十有一。上围九者二，中围九者三，下围九者四。顶轮衣三重，上二重素白绣云龙瑞草，下一重无文。轮衣内黄屋一，黄素地纻丝沥水，下垂朱丝结网一遭，素白纻丝绣小带四十有八，带头缀金涂小铜铃三百，素白纻丝绣络带二。顶轮平素面夹用白素纻丝。盖之四周垂流苏八，饰以五色绒线结网五重，金涂铜钹五，金涂木珠二十有五。又系金涂錀石杂佩八，珩璜冲瑀全，金涂錀石钩挂十有六，黄绒贯顶天心直下十字绳二。盖下立漆柱四，柱下直平盘，虚柜，中椂三十，下外桄二，漆绘革鞔犀、象、鹦鹉、锦雉、孔雀，隔窠嵌妆花板。柜上周遭朱漆勾阑，云拱地霞叶百七十有九，下垂牙护泥虚板，并朱漆画瑞草。勾阑上描金白檀行龙十，摆白蹲龙十，孔雀羽台九，水精面火珠七，金圈焰铜照八。舆下垂朱丝结网一遭，饰以金涂錀石铎子三百，彩画錀石梅萼嵌网眼中。舆之长辕三，界辕勾心各三，上下龙头六。前辕引手摆白螭头三,并系以蹲龙。后辕方罨头三,桃头十有六,系以蹲龙三。辕头衡一,两端摆白龙二,上列金涂铜凤十二,含以金涂铜铃。舆之轴一,轮二,轴之掣罗二,明辖蹲龙绖,皆漆以白。其轮之辐各二十有四,毂首压贴金涂铜毂叶八十有一,金涂鍮石擎耳恋攀四。柜之前,朱漆金妆云龙辂牌一,金涂铁曲戍。辂箱之四傍,雕镂革鞦漆画填心,隔窠龟文花板,上层左画青龙,右画白虎,前画朱雀,后画玄武。辂之前额,白檀行龙二,奉一水精珠,后额如之。前两柱素白绒铃索五,贴金鸾和大响铜铃十,金涂鍮石双鱼五。下朱漆革鞦轼柜一,柜上金香球一,金香宝一,金香合一,银灰盘一,皆黄绒丝绶带。辂之后,朱漆革鞦后轼一,金涂曲戍,黄绒丝销金云龙门帘一,绯绒丝绣云龙带二。辂之中,金妆铰白檀雕龙椅一,靠背上金涂圈焰玉明珠一。左建太常旗一,十有二旒,白罗绣日、月、五星、升龙。右建阘戟一,九旒,素白罗绣云龙。中央黄罗绣青黑黼文两旗,绸杠,并素白罗,旗首金涂鍮石龙头二,金涂铜铃二,金涂鍮石钹素白缨绥十有二重,金涂木珠流苏十有二重。龙椅上,金锦方座一,绿可贴褥一,销金黄罗夹帕一,方舆地金锦褥一,绿可贴褥一。勾阑内,可贴条褥五重。素白漆雕木涂金龙头行马一,小白漆梯一,白漆柄金涂长托叉二,短托叉二,金涂首白漆推竿一,白绒引辂索二,金涂铜环二,黄绒执绥一。辂马、诞马,皆白色。鞍辔鞦勒缨拂套项,皆白韦,金妆。诞马白织金绒丝屉四副,白罗销金白绢里笼鞍六。盖辂黄绢大蒙帕一,黄油绢帕一。驾士平巾大袖,皆白绣绒丝为之。

木辂。黑质,金妆,青绿藻井,栲栳轮盖。外施金妆雕木云龙,内盘描金紫檀雕福海圆龙一,顶上匝以金涂鍮石耀叶八十有一。上围九者二,中围九者三,下围九者四。顶轮衣三重,上二重皂绣云龙瑞草,下一重无文。轮衣内黄屋一,黄素绒丝沥水,下垂朱丝结网一遭,皂绒丝绣小带四十有八,带头缀金涂小铜铃三百,皂绒丝绣络带二。顶轮平素面夹用檀褐绒丝。盖之四周垂流苏八,饰以五色绒线结网五重,金涂铜钹五,金涂木珠二十五。又系金涂鍮石杂佩八,珩璜冲瑀全，金涂输石挂钩十有六，黄绒贯顶天心直下十字绳二。盖下立朱漆柱四，柱下直平盘，虚柜，中棋三十，下外桄二，漆绘犀、象、鹦鹉、锦雉、孔雀，隔窠嵌妆花板，柜上周遭朱漆勾阑，云拱地霞叶百七十有九，下垂牙护泥虚板，皆朱漆画瑞草。勾阑上金嵌镔铁行龙十，蹲龙十，孔雀羽台九，水精面火珠七，金圈焰铜照八。舆下垂朱丝结网一遭，饰以金涂输石铎子三百，彩画输石梅萼嵌网眼中。舆之长辕三，界辕勾心各三，上下龙头六。前辕引手金嵌镔铁螭头三，皆绘以蹲龙。后辕方罨头三，桄头十有六，系以蹲龙三。辕头衡一，两端金嵌镔铁龙头二，上列金涂铜凤十二，含以金涂铜铃。舆之轴一，轮二。轴之挚罗二，明辖蹲龙绖，并漆以黑。轮之辐各二十有四，毂首压贴金涂铜毂叶八十有一，金涂输石擎耳恋攀四。柜之前，朱漆金妆云龙辂牌一，金涂铁曲戌。辂之箱，四傍雕镂漆画填心，隔窠龟文花板，上层左画青龙，右画白虎，前画朱雀，后画玄武。辂之前额，金嵌镔铁行龙二，奉一水精珠，后额如之。前两柱皂绒铃索五，贴金鸾和大响铜铃十，金涂输石双鱼五。下朱漆轵柜一，柜上金香球一，金香宝一，金香合一，银灰盘一，皆黄纻丝绶带。辂之后，朱漆后轵一，金涂曲戌，黄纻丝销金云龙门帘一，绯纻丝绣云龙带二。辂之中，金妆乌木雕龙椅一，靠背上金涂圈焰玉明珠一。左建太常旗一，十有二旒，皂罗绣日、月、五星、升龙。右建阇戟一，九轵，皂罗绣云龙。中央黄罗绣青黑黼文两旗，绸杠，并皂罗，旗首金涂石输铍紫缨绥十有二重，金涂流苏十有二重。龙椅上，金锦方座一，绿可贴褥一，销金黄罗夹帕一，方舆地金锦褥一，绿可贴褥一。勾阑内，可贴条褥四，蓝纻丝条褥四，黑漆金涂输石铰叶踏道一，小可贴条褥五重。黑漆雕木涂金龙头行马一，小黑漆梯一，黑漆柄金涂长托叉二，短托叉二，金涂首黑漆推竿一，皂绒引辂索二，金涂铜环二，黄绒执绥一。辂马、诞马，并黑色。鞍辔绥勒缨拂套项，皆以浅黑韦，金妆。诞马紫织金纻丝屈四副，紫罗销金紫绢里笼鞍六。盖辂黄绢大蒙帕一，黄油绢帕一。驾士平巾大袖，皆紫绣纻丝为之。

　　腰舆。制以香木。后背作山字牙，嵌七宝妆云龙屏风，上施金圈焰明珠，两傍引手。屏风下施雕镂云龙床。坐前有踏床，可贴锦褥一。坐上貂鼠缘金锦条褥，绿可贴方坐。

象轿。驾以象。凡巡幸则御之。

元史卷七九
志第二九

輿服二

仪仗　崇天卤簿　外仗

皂纛，国语读如秃。建缨于素漆竿。凡行幸，则先驱建纛，夹以马鼓。居则置纛于月华门西之隅室。

绛麾，金涂竿，上施圆盘朱丝拂，三层，紫罗袋韬之。

金节，制如麾，八层，韬以黄罗云龙袋。又引导节，金涂龙头朱漆竿，悬五色拂，上施铜钹。

朱雀幢，制如节而五层，韬以红绣朱雀袋。

青龙幢，制如前，韬以碧绣青龙袋。

白虎幢，制如前，韬以素绣白虎袋。

玄武幢，制如前，韬以皂绣玄武袋。

𫐓稍，制如节，顶刻𫐓牛首，有袋，上加碧油。

绛引幡，四角，朱绿盖，每角垂罗文杂佩，系于金铜钩竿，竿以朱饰，悬五色间晕罗，下有横木板，作碾玉文。

告止幡，绯帛错彩为告止字，承以双凤，立仗者红罗销金升龙，余如绛引。

传教幡，制如告止幡，错彩为传教字，承以双白虎，立仗者白罗绘云龙。

信幡，制如传教幡，错彩为信字，承以双龙，立仗者绘飞凤。

黄麾幡,制如信幡,错彩为黄麾篆。

龙头竿绣氅,竿如戟,无钩,下有小横木,刻龙头,垂朱绿盖,每角缀珠佩一带,带末有金铜铃。

围子,制以金涂攒竹杖,首贯铜钱,而以紫绢冒之。

副竿,制以木,朱漆之。

火轮竿,制以白铁,为小车轮,建于白铁竿首。轮及竿皆金涂之,上书西天咒语,帝师所制。常行为亲卫中道,正行在劈正斧之前,以法佛卫,以袪邪僻,以镇轰雷焉。盖辟恶车之意也。

豹尾竿,制如戟,系豹尾,朱漆竿。

宝舆方案,绯罗销金云龙案衣,绯罗销金蒙衬复,案旁有金涂铁鞠四,龙头竿结绶二副之。

香蹬朱漆案,黄罗销金云龙案衣,上设金涂香炉一、烛台二,案旁金涂铁鞠四,龙头竿结绶二副之。

香案朱漆案,绯罗销金云龙案衣,上设金香炉、合各一,余同香蹬,殿庭陈设,则除龙头竿结绶。

诏案,制如香案。

册案,制如前。

宝案,制如前。

表案,制如香案,上加矮阑,金涂铁鞠四,竿二副之,绯罗销金蒙复。

礼物案,制如表案。

交椅,银饰之,涂以黄金。

杌子,四脚小床,银饰之,涂以黄金。

鸣鞭,绿柄,鞭以梅红丝为之,梢用黄茸而渍以腊。

鞭桶,制以紫绐表,白绢里,皮缘两末。

蒙鞍,青锦缘,绯锦复。

水瓶,制如汤瓶,有盖,有提,有觜,银为之,涂以黄金。

鹿卢,制如乂字,两头卷,涂金装钑,朱丝绳副之。

水盆,黄金涂银粧钑为之。

净巾,绯罗销金云龙,有里。

香球,制以银,为座上插莲花炉,炉上罩以圆球,镂细缊旋转文于上,黄金涂之。

香合,制以银,径七寸,涂黄金钑云龙于上。

金拂,红犛牛尾为之,黄金涂龙头柄。

唾壶,制以银,宽缘,虚腹,有盖,黄金涂之。

唾盂,制以银,形圆如缶,有盖,黄金涂之。

外办牌,制以象牙,书国字,背书汉字,填以金。

外备牌,制如前。

中严牌,制如前。

时牌,制同外备,而小。

版位,制以木,长一尺二寸,阔一尺,厚六分,白髹黑字。

大伞,赤质,正方,四角铜螭首,涂以黄金,紫罗表,绯绢里。诸伞盖,宋以前皆平顶,今加金浮屠。

紫方伞,制如大伞,而表以紫罗。

红方伞,制如大伞,而表以绯罗。

华盖,制如伞,而圆顶隆起,赤质,绣杂花云龙,上施金浮屠。

曲盖,制如华盖,绯沥水,绣瑞草,曲柄,上施金浮屠。

导盖,制如曲盖,绯罗沥水,绣龙,朱漆直柄。

朱伞,制如导盖而无文。

黄伞,制如朱伞而色黄。

葆盖,金涂龙头竿,悬以缨络,销金圆裙,六角葆盖。

孔雀盖,朱漆,竿首建小盖,盖顶以孔雀毛,径尺许,下垂孔雀尾,簪下以青黄红沥水围之,上施金浮屠,盖居竿三之一,竿涂以黄金,书西天咒语,与火轮竿义同。

朱团扇,绯罗绣盘龙,朱漆柄,金铜饰,导驾团扇,蹙金线。

大雉扇,制稍长,下方而上椭,绯罗绣象雉尾,中有双孔雀,间以杂花,下施朱漆横木连柄,金铜装。

中雉扇,制如大雉扇而减小。

小雉扇,制如中雉扇而减小。

青沥水扇,制圆而青色,四周沥水以青绢。

罕,朱縢结网,二螭首,衔红丝拂,中有兽面。朱漆柄,金铜装。

罼,制形如扇,朱縢网,中有兽面,朱漆柄,金铜装。

旗、扇锜,即坐也。旗锜,制十字木于下,上四枝交拱,置窍于其上以树旗。扇锜,制如梔,形小,六木拱于上,而制作精于旗锜,并漆以朱。

风伯旗,青质,赤火焰脚,画神人,犬首,朱发,鬼形,豹汗胯,朱袴,负风囊,立云气中。

雨师旗,青质,赤火焰脚,画神人,冠五梁冠,朱衣,黄袍,黑襕,黄带,白袴,皂舄,右手杖剑,左手棒钟。

雷公旗,青质,赤火焰脚,画神人,犬首,鬼形,白拥项,朱犊鼻,黄带,右手持斧,左手持凿,运连鼓于火中。

电母旗,青质,赤火焰脚,画神人为女子形,缥衣,朱裳,白袴,两手运光。

金星旗,素质,赤火焰脚,画神人,冠五梁冠,素衣,皂襕,朱裳,秉圭。

水星旗,黑质,赤火焰脚,画神人,冠五梁冠,皂衣,皂襕,绿裳,秉圭。

木星旗,青质,赤火焰脚,画神人,冠五梁冠,青衣,皂襕,朱裳,秉圭。

火星旗,赤质,青火焰脚,画神人,冠五梁冠,朱衣,皂襕,绿裳,秉圭。

土星旗,黄质,赤火焰脚,画神人,冠五梁冠,黄衣,皂襕,绿裳,秉圭。

摄提旗,赤质,赤火焰脚,画神人,冠五梁冠,素中单,黄衣,朱蔽膝,绿裳,杖剑。

北斗旗,黑质,赤火焰脚,画七星。

角宿旗,青质,赤火焰脚,画神人为女子形,露发,朱袍,黑襕,立云气中,持莲荷,外仗角、亢以下七旗,并青质,青火焰脚。角宿绘二星,下绘蛟。

亢宿旗,青质,赤火焰脚,画神人,冠五梁冠,素衣,朱袍,皂襕,皂带,黄裳,持黑等子,外仗绘四星,下绘龙。

氐宿旗,青质,赤火焰脚,画神人,冠小冠,衣金甲,朱衣,绿包肚,朱拥项,白裤,左手杖剑,乘一鳖。外仗绘四星,下绘貉。

房宿旗,青质,赤火焰脚,画神人,乌巾,白中单,碧袍,黑襕,朱蔽膝,黄带,黄裙,朱舄,左手杖剑。外仗绘四星,下绘兔。

心宿旗,青质,赤火焰脚,画神人,冠五梁冠,朱袍,皂襕,右手持杖。外仗绘三星,下绘狐。

尾宿旗,青质,赤火焰脚,画神人,冠束发冠,素衣,黄袍,朱裳,青带,右手杖剑,左手持弓。外仗绘九星,下绘虎。

箕宿旗,青质,赤火焰脚,画神人,乌巾,衣浅朱袍,皂襕,杖剑,乘白马于火中。外仗绘四星,下绘豹。

斗宿旗,青质,赤火焰脚,画神人,被发,素腰裙,朱带,左手持杖。外仗斗牛以下七旗,并黑质,黑火焰脚,斗宿绘六星,下绘獬。

牛宿旗,青质,赤火焰脚,画神人,牛首,皂襕,黄裳,皂舄。外仗绘六星,下绘牛。

女宿旗,青质,赤火焰脚,画神人,乌牛首,衣朱服,皂襕,黄带,乌靴,左手持莲。外仗绘四星,下绘蝠。

虚宿旗,青质,赤火焰脚,画神人,被发裸形,坐于瓮中,右手持一珠。外仗绘二星,下绘鼠。

危宿旗,青质,赤火焰脚,画神人,虎首,金甲,衣朱服,貔皮汗胯,青带,乌靴。外仗上绘三星,下绘燕。

室宿旗,青质,赤火焰脚,画神人,丫发,朱服,乘舟水中。外仗绘二星,下绘猪。

壁宿旗,青质,赤火脚,绘神人为女子形,被发,朱服,皂襕,绿带,白裳,乌舄。外仗绘二星,下绘狢。

奎宿旗,青质,赤火焰脚,绘神人,狼首,朱服,金甲,绿包肚,白汗胯，黄带，乌靴，杖剑。外仗奎、娄以下七旗，并素质，素火焰脚。奎宿绘十六星，下绘狼。

娄宿旗，青质，赤火焰脚，绘神人，乌巾，素衣，皂袍，朱蔽膝，黄带，绿裳，乌舄，左手持乌牛角，右手杖剑。外仗绘三星，下绘狗。

胃宿旗，青质，赤火焰脚，绘神人，被发，裸形，披豹皮白腰裙，黄带，右手杖剑。外仗绘三星，下绘雉。

昴宿旗，青质，赤火焰脚，绘神人，黄牛首，朱服，皂襕，黄裳，朱舄，左手持如意。外仗绘七星，下绘鸡。

毕宿旗，青质，赤火焰脚，绘神人，作鬼形，朱裩，持黑杖，乘赤马，行于火中。外仗上绘八星，下绘乌。

觜宿旗，青质，赤火焰脚，绘神人，冠缁布冠，朱服，皂襕，绿裳，持一莲，坐于云气中。外仗绘三星，下绘猴。

参宿旗，青质，赤火焰脚，绘神人，被发，衣黄袍，绿裳，朱带，朱舄，左手持珠。外仗上绘十星，下绘猿。

井宿旗，青质，赤火焰脚，绘神人，乌巾，素衣，朱袍，皂襕，坐于云气中，左手持莲。外仗井、鬼以下七旗，并赤质，赤火焰脚。井宿绘八星，下绘犴。

鬼宿旗，青质，赤火焰脚，绘神人作女子形，被发，素衣，朱袍，黄带，黄裳，乌舄，右手持杖。外仗绘五星，下绘羊。

柳宿旗，青质，赤火焰脚，绘神人作女子形，露髻，朱衣，黑襕，黄裳，皂舄，抚一青龙。外仗绘八星，下绘獐。

星宿旗，青质，灵火焰脚，绘神人，冠五梁冠，浅朱袍，皂襕，青带，黄裳，乌舄，持黄称。外仗绘七星，下绘马。

张宿旗，青质，赤火焰脚，绘神人，衣豹皮，朱带，素靴，右手杖剑，坐于云气中，外仗绘六星，下绘鹿。

翼宿旗，青质，赤火焰脚，绘神人，冠道冠，皂袍，黄裳，朱蔽膝，杖剑，履火于云气中。外仗绘二十二星，下绘蛇。

轸宿旗，青质，赤火焰脚，绘神人，冠道冠，衣朱袍，黄带，黄裳，左手持书。外仗绘四星，下绘蚓。

日旗,青质,赤火焰脚,绘日于上,奉以云气。

月旗,青质,赤火焰脚,绘月于上,奉以云气。

祥云旗,青质,赤火焰脚,绘五色云气。

合璧旗,青质,赤火焰脚,绘云气日月。

连珠旗,青质,赤火焰脚,绘五星。

东岳旗,青质,赤火焰脚,绘神人,冠七梁冠,黄襕,青袍,绿裳,白中单,素蔽膝,执圭。

南岳旗,赤质,青火焰脚,绘神人,冠七梁冠,黑襕,绯袍,绿裳,黄中单,朱蔽膝,执圭。

中岳旗,黄质,赤火焰脚,绘神人,冠七梁冠,皂襕,黄袍,绿裳,白中单,朱蔽膝,执圭。

西岳旗,白质,赤火焰脚,绘神人,冠七梁冠,青襕,白袍,绯裳,白中单,素蔽膝,执圭。

北岳旗,黑质,赤火焰脚,绘神人,冠七梁冠,红襕,皂袍,绿裳,白中单,素蔽膝,执圭。

江渎旗,赤质,青火焰脚,绘神人,冠七梁冠,青襕,朱袍,跨赤龙。

河渎旗,黑质,赤火焰脚,绘神人,冠七梁冠,皂襕,黄袍,跨青龙。

淮渎旗,素质,赤火焰脚,绘神人,冠七梁冠,皂襕,素袍,乘青鲤。

济渎旗,青质,赤火焰脚,绘神人,冠七梁冠,皂襕,青袍,乘一鳖。

天下太平旗,赤质,青火焰脚,错采为字。

皇帝万岁旗,赤质,青火焰脚,错采为字。

吏兵旗,黑质,赤火焰脚,绘神人,具甲兜鍪、绿臂韝,杖剑。

力士旗,白质,赤火焰脚,绘神人,武士冠,绯袍,金甲,汗胯,皂履,执戈盾。

东天王旗,青质,赤火焰脚,绘神人,武士冠,衣金甲,绯裲裆,右手执戟,左手捧塔,履石。

南天王旗,赤质,青火焰脚,绘神人,冠服同前。

西天王旗,白质,赤火焰脚,绘神人,冠服同前。

北天王旗,黑质,赤火焰脚,绘神人,冠服同前。

大神旗,黄质,黄火焰脚,详见牙门旗下。

牙门旗,赤质,赤火焰脚,绘神人,冠武士冠,铠甲,裲裆,衬肩,包脚,汗胯,束带,长带,大口裤,执戈戟。

金鼓旗,黄质,黄火焰脚,书金鼓字。

朱雀旗,赤质,赤火焰脚,绘朱雀,其形如鸾。

玄武旗,黑质,黑火焰脚,绘龟蛇。

青龙旗,青质,赤火焰脚,绘蹲龙。

白虎旗,白质,赤火焰脚,绘蹲虎。

龙君旗,青质,赤火焰脚,绘神人,冠通真冠,服青绣衣,白裙,朱履,执戟,引青龙。

虎君旗,白质,赤火焰脚,绘神人,冠流精冠,服素罗绣衣,朱裙,朱履,执斩蛇剑,引白虎。

大黄龙负图旗,青质,青火焰脚,绣复身黄龙,背八卦。

小黄龙负图旗,赤质,青火焰脚,绘复身黄龙,背八卦。

五色龙旗,五色质,五色直脚,无火焰。

大四色龙旗,青、赤、黄、白四色质,具火焰脚。

小四色龙旗,制同大四色,直脚,无火焰脚。

应龙旗,赤质,赤火焰脚,绘飞龙。

金鸾旗,赤质,赤火焰脚,绘鸾而金色。

鸾旗,制同前,而绘以五采。

金凤旗,赤质,青火焰脚,绘凤而金色。

凤旗,制同前,而绘以五采。

五色凤旗,五色质,五色直脚,无火焰。

大四色凤旗,青、赤、黄、白四色质,火焰脚,色随其质,绘凤。

小四色凤旗,制同前,直脚,无火焰。

玉马旗,赤质,青火焰脚,绘白马,两膊有火焰。

駃騠旗,赤质,青火焰脚,绘白马。

飞黄旗,赤质,赤火焰脚,形如马,色黄,有两翼。

驰骟旗,青质,青火焰脚,绘兽形如马,白首,虎文,赤尾。

龙马旗,赤质,青火焰脚,绘龙马。

麟旗,赤质,青火焰脚,绘麒麟。

飞麟旗,赤质,青火焰脚,绘飞麟,其形五色身,朱翼,两角,长爪。

黄鹿旗,赤质,青火焰脚,绘兽如鹿,而色深黄。

兕旗,赤质,青火焰脚,绘兽似牛,一角,青色。

犀牛旗,赤质,青火焰脚,绘犀牛。

金牛旗,赤质,青火焰脚,绘兽形如牛,金色。

白狼旗,赤质,青火焰脚,绘白狼。

辟邪旗,赤质,赤火焰脚,绘兽形似鹿,长尾,二角。

赤熊旗,赤质,赤火焰脚,绘兽如熊,色黄。

三角兽旗,赤质,赤火焰脚,绘兽,其首类白泽,绿发,三角,青质,白腹,跋尾绿色。

角端旗,赤质,赤火焰脚,绘兽如羊而小尾,顶有独角。

骁牙旗,赤质,青火焰脚,绘兽形似麋,齿前后一齐。

太平旗,赤质,青火焰脚,金描莲花四,上金书天下太平字。

鸂鸡鸡旗,赤质,青火焰脚,绘鸟似山鸡而小,冠背黄,腹赤,项绿,尾红。

苍乌旗,赤质,青火焰脚,绘鸟如乌而色苍。

白泽旗,赤质,赤火焰脚,绘兽虎首朱发而有角,龙身。

东方神旗,绿质,赤火焰脚,绘神人,金兜牟,金铠甲,杖剑。已下四旗,所绘神同。

西方神旗,白质,赤火焰脚。

中央神旗,黄质,赤火焰脚。

南方神旗,赤质,青火焰脚。

北方神旗,黑质,赤火焰脚。

凡立仗诸旗,各火焰脚三条,色与质同,长一丈五尺杠长二丈一尺。牙门、太平、万岁,质长一丈,横阔五尺。日、月、龙君、虎君,横竖并八尺。余旗并竖长八尺,横阔六尺。

车辐,朱漆,八棱,施以铜钉,形如柯舒。

吾杖,朱漆,金饰两末。

镫杖,朱漆棒首,标以金涂马镫。

殳,制如稍而短,黑饰两末,中画云气,上缀朱丝拂。

骨朵,朱漆棒首,贯以金涂铜锤。

列丝骨朵,制如骨朵,加纽丝丈。

卧瓜,制形如瓜,涂以黄金,卧置,朱漆棒首。

立瓜,制形如瓜,涂以黄金,立置,朱漆棒首。

长刀,长丈有奇,阔上窄下,单刃。

仪刀,制以银,饰紫丝纷锗。

横刀,制如仪刀而曲,鞘以沙鱼皮,饰脩革纷锗。

千牛刀,制如长刀。

剑,班鞘,饰以沙鱼皮,剑口两刃。

班剑,制剑,鞘黄质,紫班文,金铜装紫丝纷锗。

刀盾之刀,制如长刀而柄短,木为之,青质有环,紫丝纷锗。

刀盾之盾,制以木,赤质画异兽,执人右刀左盾。

朱滕络盾,制同而朱其质。

绿滕络盾,制同而绿其质。

戟,制以木,有枝,涂以黄金,竿以朱漆。

小戟飞龙掌,制如戟,画云气,上缀飞掌,垂五色带,末有铜铃,掌下方而上两角微椭,绘龙于其上。

钑戟,制如戟,无飞掌,而有横木。

稍,制以木,黑质,画云气,上刻刃,涂以青,五色稍并同而质异。

䂮,制如戟,锋两旁微起,下有镈锐。

叉，制如戟而短，青饰两末，中白，画云气，上缀红丝拂。

斧，双刃，斧贯于朱漆竿首。

钺，金涂铁钺，单刃，脑后系朱拂，朱漆竿。

劈正斧，制以玉，单刃，金涂柄，银镈。

仪锽斧，制如斧，刻木为之，柄以朱，上缀小锦幡，五色带。

弓矢。

弩，制如弓而有臂。

服，制以虎豹皮，或暴绿丈，金铜装。

韣，制以黑革。

簾，弩矢室。

象鞴鞍，五采装明金木莲花座，绯绣攀鞍絛，紫绣襜襦红锦屉，鍮石莲花跋尘，锦缘毡盘，红牦牛尾缨拂，并胸攀鞦。攀上各带红牦牛尾缨拂，鍮石胡桃钑子，杏叶铰具，绯皮辔头铰具。莲花座上，金涂银香炉一。元初，既定占城、交趾、真腊，岁贡象，育于析津坊海子之阳。行幸则蕃官骑引，以导大驾，以驾巨辇。

驼鼓，设金装铰具，花罽鞍褥橐簋，前峰树皂蠹，或施采旗，后峰树小旗，络脑、当胸、后鞦并以毛组为辔勒，五色璊玉，毛结缨络，周缀铜铎小镜，上施一面有底铜搁小鼓，一人乘之，系以毛绳。凡行幸，先鸣鼓于驼，以威振远迩，亦以试桥梁伏水而次象焉。

骡鼓，制似驼而小。

马鼓，辔勒、后勒、当胸，皆缀红缨拂铜铃，杏叶铰具，金涂钯，上插雉尾，上负四足小架，上施以革鼓一面，一人前引。凡行幸，负鼓于马以先驰，与蠹并行。

诞马，缨辔绯凉铁。

御马，鞍辔缨复全。

珂马，铜面，雉尾鼻拂，胸上缀铜杏叶、红丝拂，又胸前腹下，皆有攀，缀铜铃，后有跋尘，锦包尾。

中道。

顿递队：象六，饰以金装莲座，香宝鞍鞯鞦䩞鞴勒，牦牛尾拂，跋尘，铰具。导者六人，驭者南越军六人，皆弓花角唐帽，绯䌷销金褾衫，镀金束带，乌靴，横列而前行。次驼鼓九，饰以镀金铰具，䌷饰鞴笼旗鼓缨枪。驭者九人，服同驭象者，中道相次而行。次舍人二人，四品服，骑分左右，夹驼而行。次青衣二人，武弁，青䌷衫，青勒帛，青靴，执青杖。次清道官四人，本品服，骑。次信幡二，执者二人，引护者四人，武弁，黄䌷生色宝相花袍，黄勒帛，黄鞴。次骡鼓六，饰骡以镀金铰具，䌷鞴笼旗鼓缨枪。驭者六人。次告止幡二，执者二人，引护者四人，武弁，绯䌷生色宝相花袍，红勒帛，红靴。次传教幡二，执者二人，引护者四人，武弁，黄䌷生色宝相花袍勒，黄勒帛，黄靴，并分左右。次桥道顿递使一人，本品服，骑。中道，舍人、清道官、桥道顿递使从者凡七人，锦帽，紫褾衫，小银束带，行縢鞋袜。后凡后者之服，皆同此。

纛矟队：金吾将军二人，交角幞头，绯罗绣抹额，紫罗绣辟邪裲裆，红锦衬袍，锦螣蛇，金带，乌靴，横刀，佩符，骑，分左右。次弩而骑者五人，锦帽，青䌷生色宝相花袍，铜带，绿云靴。次矟而骑者五人，锦帽，绯䌷生色宝相花袍，铜带，朱云靴。次纛一，执者一人，夹者四人，护者二人，皆锦帽，紫生色宝相花袍，镀金带，紫云靴。押纛官二人，皆骑，本品服。次马鼓四，饰如骡鼓，驭者四人，服同御骡。次佩弓矢而骑者五人，服同执弩者。押衙四人，骑而佩剑，锦帽，紫䌷生色宝相花袍，镀金带，云头靴。纛矟者四人，骑，锦帽，绯䌷生色宝相花袍，铜带，朱靴。控马八人，锦帽，紫衫，银带，乌靴。次矟而骑者五人，服佩同执弩者。金吾将军、押纛官从者四人，服同前队。

朱雀队：舍人一人，四品服，骑而前。次朱雀旗一，执者一人，引护者四人，锦帽，绯䌷生色凤花袍，铜带，朱云靴，皆佩剑而骑，护者加弓矢。次金吾折冲一人，交角幞头，绯䌷绣抹额，紫罗绣辟邪裲裆，红锦衬袍，金带，锦螣蛇，乌靴，横刀，佩弓矢而骑，帅甲骑凡二十有五，弩五人，次弓五人，次矟五人，次弓五人，次矟五人，皆冠甲骑冠，朱画甲，青勒甲縧，镀金环，白绣汗胯，束带，红靴，带弓箭器仗,马皆朱甲、具装珂饰全。舍人、金吾折冲从者凡二人,服同前队。

十二旗队:舍人一人,四品服,骑而前。金吾果毅二人,交角幞头,绯罗绣抹额,紫罗绣辟邪裲裆,红锦衬袍,金带,锦䗍蛇,乌靴,横刀,佩弓矢,骑分左右。帅引旗骑士五,皆锦帽,黄生色宝相花袍,银带,乌靴。次风伯旗左,雨师旗右,雷公旗左,电母旗右,执者四人,骑,青甲骑冠,绿甲,青勒甲絛,镀金环,白绣汗胯,束带,青云靴,马皆青甲珂饰。次五星旗五,执者五人,甲骑冠,五色画甲,青勒甲絛,镀金环,白绣汗胯,束带,五色靴,马甲如其甲之色,珂饰。次北斗旗一,执者一人,甲骑冠,紫画甲,青勒甲絛,镀金环,白绣汗胯,束带,紫云靴,马甲随其甲之色,珂饰。左右摄提旗二,执者二人,甲骑冠,朱画甲,青勒甲絛,镀金环,白绣汗胯,束带,红云靴,马朱甲,珂饰。执副竿者二人,骑,锦帽,黄生色宝相花袍,银带,乌靴。执稍而护者五人,骑,服同执副竿者。舍人、金吾果毅从者凡三人,服同前队。

门旗队:舍人二人,四品服。监门将军二人,皆交角幞头,绯绅绣抹额,紫罗绣师子裲裆,红锦衬袍,金带,乌靴,横刀,佩弓矢,骑,马甲、珂饰全。次门旗二,执者二人,锦帽,绯绅生色师子文袍,铜革带,红云靴,剑而骑。引护者四人,服佩同执人,而加弓矢,骑。次监门校尉二人,骑,服佩同监门将军,分左右行。次鸾旗一,执者一人,引护者四人,锦帽,五色绅生色瑞鸾花袍,束带,五色云靴,佩剑,护人加弓矢,皆骑。舍人、监门将军、监门校尉从者凡六人,服同前队。

云和乐:云和署令二人,朝服,骑,分左右。引前行,凡十有六人,戏竹二,排箫四,箫管二,龙笛二,板二,歌工四,皆展角花幞头,紫绅生色云花袍,镀金带,紫靴。次琵琶二十,筝十有六,箜篌十有六,篥十有六,方响八,头管二十有八,龙笛二十有八,已上工百三十有二人,皆花幞头,绯绅生色云花袍,镀金带,朱靴。次杖鼓三十,工人花幞头,黄生色花袄,红生色花袍,锦臂鞲,镀金带,乌靴。次板八,工人服色同琵琶工人。次大鼓二,工十人,服色同杖鼓工人。云和署令从者二人,服同前队。

殿中黄麾队:舍人二人,四品服。殿中侍御史二人,本品服,皆骑。次黄麾一,执者一人,夹者二人,骑,武弁,绯绅生色宝相花袍,红勒帛,红云靴。舍人、殿中侍御史从者凡四人,服同前队。

太史钲鼓队:太史一人,本品服,骑。引交龙捆鼓左,金钲右,舁四人,工二人皆武弁,绯绅生色宝相花袍,红勒帛,红靴。次司辰郎一人,左,典事一人,右,并四品服,骑。太史司辰郎、典事从者三人,服同前队。

武卫钑戟队:武卫将军一人,交角幞头,绯罗绣抹额,紫罗绣瑞鹰裲裆,红锦衬袍,锦螣蛇,金带,横刀,骑。领五色绣幡一,金节八,甲右,罕罜、朱雀、青龙、白虎幢三,横布导盖一,中道叉四。武卫果毅二人,服佩同武卫将军。钑二十,戟二十,徒五十有九人,武弁,绯绅生色宝相花袍,红勒帛,红靴。武卫将军、武卫果毅从者凡三人,服同前队。

龙墀旗队:舍人二人,四品服。中郎将二人,服佩同钑戟队武卫将军,骑,分左右。帅骑士凡二十有四人,执旗者八人。天下太平旗,中道,中岳帝旗左,中央神旗右。次日旗左,月旗右。次祥云旗二,分左右。次皇帝万岁旗,中道。执人皆黄绅巾,黄绅生色宝相花袍,黄勒帛,黄云靴,横刀。引者八人,青绅巾,青绅生色宝相花袍,青勒帛,青云靴,横刀,执弓矢。护者八人,绯绅巾,绯绅生色宝相花袍,红勒帛,红云靴,横刀,执弓矢。舍人、中郎将从者凡四人,服同前队。

御马队:舍人二人,四品服。引左右卫将军二人,绯罗绣抹额,紫罗绣瑞马裲裆,红锦衬袍,锦螣蛇,金带,乌靴,横刀,皆骑,分左右行。御马十有二匹,分左右,饰以缨辔鞍复。驭士控鹤二十有四人,交角金花幞头,红锦控鹤袄,金束带,鞲鞋。次尚乘奉御二人,四品服,骑,分左右行。舍人、左右卫将军从者四人,服同前队。

拱卫控鹤第一队:拱卫指挥使二人,本品服,骑,分左右。帅步士凡二百五十有二人,负剑者三十人,次执吾杖者五十人,次执斧者五十人,次执镫杖者六十人,次执列丝骨朵者三十人,皆分左右。

次携金水瓶者一人，左，金盆者一人，右。次执列丝骨朵者三十人，皆分左右，皆金缕额交角幞头，青质孙控鹤袄，涂金荔枝束带，鞴鞋。拱士指挥使从者二人，服同前队。

安和乐：安和署令二人，本品服，骑，分左右行。领押职二人，弓角凤翅金花幞头，红质孙加襕袍，金束带，花靴。次扎鼓八，为二重，次和鼓一，中道，次板二，次龙笛四，次头管二，次羌笛二，次笙二，次篆二，左右行，次云璈一，中道，工二十有四人，皆弓角凤翅金花幞头，红锦质孙袄，金荔枝束带，花靴。从者二人，服同前队。

金吾援宝队：舍人二人，四品服。引金吾将军二人，交角幞头，绯罗绣抹额，紫罗绣辟邪裲裆，红锦衬袍，锦螣蛇，横刀，佩弓矢，皆骑，分左右。前引驾十二重，甲士一十二骑，弩四，次弓四，次鞘四，为三重。次香案二，金炉、合各二，分左右，舁士十有六人，侍香二人骑而从。次典瑞使二人，本品服，骑而左右引八宝。受命宝左，传国宝右，次天子之宝左，皇帝之宝右，次天子行宝左，皇帝行宝右，次天子信宝左，皇帝信宝右。每舆宝盝，销金蒙复，衬复，案舆红销金衣，龙头竿，结绶，舁士八人，朱团扇四人，凡九十有六人，皆交角金花幞头，青红锦质孙袄，每舆前青后红，金束带，鞴鞋。援宝三十人，交角金花幞头，窄紫衫，销金红汗胯，金束带，乌鞋，执金缕黑杖。次符宝郎二人，四品服，骑，分左右。次金吾果毅二人，服佩同金吾将军，骑，分左右。次鞘四人，次弓四人，次弩四人，为三重。舍人、金吾将军、侍香、典瑞使、符宝郎、金吾果毅从者凡十有二人，服同前队。

殿中伞扇队：舍人二人，四品服，骑，分左右。领骑而执旗者四人，日月合壁旗左，五星连珠旗右，次金龙旗左，金凤旗右，黄绌巾，黄绌生色宝相花袍，黄勒帛，黄靴，佩剑。骑而引旗者四人青绌巾，青绌生色宝相花袍，青勒帛，青靴，佩剑，执弓矢。骑而护旗者四人，红绌巾，红绌生色宝相花袍，红勒帛，红靴，佩剑，执弓矢。次朱团扇十有六人，次小雉扇八，次中雉扇八，次雉扇八，为十重，重四人。次曲盖二，红方伞二，次紫方伞二，次华盖二，次大伞二，执者五十人，武弁,红绉生色宝相花袍,红勒帛,红靴。舍人从者二人,服同前队。

控鹤围子队:围子头一人,执骨朵,由中道,交角幞头,绯锦质孙袄,镀金荔枝带,鞬鞋。领执围子十有六人,分左右,交角金花幞头,白衬肩,青锦质孙袄,镀金荔枝带,鞬鞋。次朱伞,中道,次金脚踏左,金椅右,服如围子头。拱卫指挥使一人,本品服,骑,中道。控鹤二十人,服同上。拱卫指挥使从者二人,服同前队。

天乐一部:天乐署令二人,本品服,骑,分左右。领押职二人,弓角凤翅金花幞头,红锦质孙袄,加襕,金束带,花靴。次琵琶二,箜篌二,火不思二,板二,筝二,胡琴二,笙二,头管二,龙笛二,响铁一,工十有八人,徒二人,皆弓角凤翅金花幞头,红锦质孙袄,镀金束带,花靴。

控鹤第二队:金拱卫司事二人,本品服,骑,分左右。帅步士凡七十有四人,执立瓜者三十有六人,分左右,次捧金杌一人左,鞭桶一人右,次蒙鞍一人左,伞手一人右,次执立瓜者三十有四人,分左右,皆交角金花幞头,绯锦质孙袄,镀金荔枝带,鞬鞋。金拱卫司事从者二人,服同前队。

殿中导从队:舍人二人,四品服,骑,左右。引香镫案一,黄销金盘龙衣,金炉合,结绶,龙头竿,舁者十有二人,交角金花幞头,红锦质孙控鹤袄,镀金束带,鞬鞋。侍香二人,骑,分左右。次警跸三人,交角幞头,紫窄袖衫,镀金束带,乌靴。次舍人二人,四品服,骑。引天武官二人,执金钺,金凤翅兜牟,金锁甲,青勒甲縧,金环绣汗胯,金束带,马珂饰。次金骨朵二,次幢二,次节二,分左右。次金水盆左,金椅右,次蒙复左,副执椅右,次金水瓶、鹿卢左,销金净巾右。次金香球二,金香合二,分左右。次金唾壶左,金唾盂右。金拂四,扇十,分左右。次黄伞,中道,伞衣从。凡骑士三十人,服如警跸,加白绣汗胯。步卒四人,执椅二人,蒙复一人,伞衣一人。服如舁香镫徒。舍人、天武官从者凡六人,服同前队。

控鹤第三队:拱卫直钤辖二人,本品服,骑。引执卧瓜八十人,服如第二队。

　　导驾官：引进使二人，分左右前行。次给事中一人左，起居注一人右，侍御史一人左，殿中侍御史一人右。次翰林学士一人左，集贤学士一人右，次御史中丞一人左，同知枢密院事一人右，次御史大夫一人左，知枢密院事一人右。次侍仪使四人，中书侍郎二人，黄门侍郎二人，侍中二人，皆分左右。次仪使一人左，卤簿使一人右。次礼仪使二人，分左右。持劈斧一人，中道。次大礼使一人左，太尉一人右，皆本品服，骑。从者三十人，惟执劈正斧官从者二人，服同前队。

　　羽林宿卫：舍人二人，四品服，前行。次羽林将军二人，交角幞头，绯罗绣抹额，紫罗绣瑞鹰裲裆，红锦衬袍，锦螣蛇，金带，乌靴，横刀，佩弓矢，皆骑，分左右。领宿卫骑士二十人，执骨朵六人，次执短戟六人，次执斧八人，皆弓角金凤翅幞头，紫袖细摺辫线袄，束带，乌靴，横刀。舍人、羽林将军从者凡四人，服同前队。

　　检校官：分布中道之外，外仗之内。顿递队，监察御史二人，本品服。次蠹稍队，循仗检校官二人。次朱雀队，金吾中郎将二人，皆交角幞头，绯罗绣抹额，紫罗绣辟邪裲裆，红锦衬袍，锦螣蛇，金带，乌靴，佩仪刀，加弓矢。次十二旗队，兵部侍郎二人，本品服。次门旗队，纠察仪仗官二人，本品服。次云和乐部，金吾将军二人，服佩如金吾中郎将。知队仗官二人，本品服。次武卫钑戟队，监察御史二人，本品服，次外道左右牙门巡仗，监门中郎将二人，交角幞头，绯罗绣抹额，紫罗绣狮子裲裆，红锦衬袍，锦螣蛇，金带，乌靴，佩仪刀，弓矢。次金吾援宝队，兵部尚书二人，次循仗检校官二人。次殿中伞扇队，监察御史二人，次礼部尚书二人，皆本品服。次围子队，知队仗官二人。次金吾大将军二人，服同金吾将军，各犦稍从。次殿中导从队，纠察仪仗官二人。次循仗检校官二人。次羽林宿卫队，左点检一人左，右点检一人右，紫罗绣瑞麟裲裆，余同金吾大将军。领大黄龙负图旗二，执者二人，夹者八人，骑，锦帽，五色绚巾，五色绚生色云龙袍，涂金束带，五色云靴，佩剑，夹者加弓矢，并行中道。控鹤外，外仗内。前后检校，仗内知班六人，展角幞头，紫窄衫，涂金束带，乌靴。承奉班都知一人，太常博士一人，皆朝服，骑，同检校官。前后巡察宿直将军八人，服佩同左右点检，夹辂检校三卫。

陪辂队：延马二匹，珂饰，缨辔，青鞊。乘黄令二人，本品服，分左右。次殿前将军二人，交角幞头，绯罗绣抹额，紫罗绣辟邪裲裆，红锦衬袍，锦膆蛇，金带，乌靴，横刀，骑。玉辂，太仆卿驭，本品服。千牛大将军骖乘，交角幞头，红抹额，绣瑞牛裲裆，红锦衬袍，锦膆蛇，金带，乌靴，横刀。左右卫将军，服如千牛大将军，惟裲裆绣瑞虎文。陪辂马六匹，珂饰，缨辔，青鞊，牵套鞶带。步卒凡八十有二人，驭士四人，驾士六有四人，行马二人，踏道八人，推竿二人，托叉一人，梯一人，皆平巾，青帻，青绣云龙花袍，涂金束带，青靴。教马官二人，进辂职长二人，皆本品服。夹辂将军二人，金凤翅兜牟，金锁甲，絛环，绣汗胯，金束带，绿云花靴。青沥水扇二。次千牛备身二人，皆分左右，交角幞头，绯罗绣抹额，紫罗绣瑞牛裲裆，红锦衬袍，金带，乌靴，横刀，佩弓矢。献官二人，殿中监六人，内侍十人，皆本品朝服，骑，分左右。千牛备身后，骑而执弓矢者十人，尚衣奉御四人，尚食奉御二人，尚药奉御二人，皆骑，本品服。次腰舆，黄𦈐丝销金云龙蒙复，步卒凡十有三人，舁八人，道扇四人，黄伞一人，皆交角金花幞头，红质孙控鹤袄，金束带，靸鞋。尚舍奉御二人，骑，尚辇奉御二人，骑右，皆朝服。从者三十有四人，服同前队。

大神牙门旗队：都点检一人，骑，交角幞头，绯罗绣抹额，紫罗绣瑞麟裲裆，红锦衬袍。次监门大将军二人，分左右，骑，服如都点检，惟裲裆紫绣狮文。门凡三重。亲卫郎将帅甲士，分左右，夹辂而阵，绕出辂后，合执氅者二，为第一门。翊卫郎将帅护尉，夹亲卫而阵，绕出辂后，合为第二门，监门校尉二人，骑。左右卫大将军帅甲士，执五色龙凤旗，夹护尉而阵，绕出辂后，合牙门旗二，为第三门，监门校尉二人主之。服色详见外仗。

云和乐后部：云和署丞二人，本品服，骑，分左右。领前行，戏竹二，排箫二，箫管二，歌工二，凡十人，皆骑，花幞头，紫绝生色花袍，涂金带，乌靴。次琵琶四，筝四，箜篌四，纂四，头管六，方响二，龙笛六，杖鼓十，工四十人，皆骑，服同上，惟绝色红。从者二人，服同前队。

后黄麾队：玄武幢一，绛麾二，徒三人，皆武弁，紫絁生色龟云花袍，紫罗勒帛，紫靴。次黄麾，执者一人，夹者二人，皆骑。豹尾一，执者一人，夹者二人，皆骑，武弁，紫生色宝相花袍，紫勒帛，紫靴。

玄武黑甲掩后队：金吾将军一人，骑，中道，交角幞头，绯罗绣抹额，紫罗绣辟邪裲裆，红锦衬袍，金带，锦螣蛇，乌靴，佩刀。后卫指挥使二人，骑，分左右，服同各卫指挥使，帅甲骑五十有七人。玄武旗一，执者一人，夹者二人。小金龙凤黑旗二，执者二人，皆黑兜牟，金饰，黑甲絛环，汗胯，束带，靴，带弓矢器仗，马黑金色狮子甲，珂饰。矟四十人，弩十人，黑兜牟，黑甲絛环，汗胯，束带，靴，带弓矢器仗，马黑甲，珂饰。执卫司犦矟二人，锦帽，紫生色辟邪文袍，镀金带，乌靴。从者三人，服同前队。

金鼓队：金鼓旗二，执者二人，引护者八人，皆五色絁巾，生色宝相花五色袍，五色勒帛，靴，佩剑，引护者加弓矢，分左右。次折冲都尉二人，交角幞头，绯罗绣抹额，紫罗绣辟邪裲裆，红锦衬袍，金带，锦螣蛇，骑。帅步士凡百二十人，鼓二十四人，钲二十四人，并黄絁巾，黄絁生色宝相花袍，黄勒帛，黄靴。角二十四人，红絁巾，红絁生色宝相花袍，红勒帛，红靴。车辐棒二十四人，长刀二十四人，并金饰青兜牟，青甲絛环，白绣汗胯，束带，青云靴。

清游队：舍人二人，四品服，骑导。金吾折冲二人，交角幞头，绯罗绣抹额，紫罗绣辟邪裲裆，红锦衬袍，金带，锦螣蛇，横刀，佩弓矢，骑，分左右，帅步士凡百有十人。白泽旗二，执者二人，引护者八人。次执弩二十人，次执矟二十人，次执弓二十人，次执矟二十人，次执弓二十人，皆甲骑冠，金饰，绿画甲絛环，白绣汗胯，束带，绿云靴，佩弓矢器仗，马金饰朱画甲，珂饰，分左右。

佽飞队：铁甲佽飞，执矟者十有二人，甲骑冠，铁甲，佩弓矢器仗，马铁甲，珂饰。次金吾果毅二人，交角幞头，绯絁绣抹额，紫罗绣辟邪裲裆,红锦衬袍,金带,锦螣蛇,横刀,弓矢,骑。次虞候欤飞,执弩二十人,锦帽,红生色宝相花袍,涂金带,乌靴。

殳仗队:领军将军二人,交角幞头,绯绝绣抹额,紫罗绣白泽裲裆,红锦衬袍,金带,锦螣蛇,乌靴,横刀,骑。帅步士五十人,执殳二十五人,执叉二十五人,错分左右,皆五色绝生色巾,宝相花五袍,五色勒帛,五色云头靴。领军将军从者二人,锦帽,紫裰衫,小银束带,行滕修,鞋袜。

诸卫马前队:舍人二人,四品服,骑导。左右卫郎将二人,交角幞头,绯绝绣抹额,紫绣瑞马裲裆,红锦衬袍,金带,锦螣蛇,乌靴,横刀,佩弓矢,骑,分左右,帅骑士百五十有六人。前辟邪旗左,应龙旗右,次玉马旗左,三角旗右,次黄龙负图旗左,黄鹿旗右,次飞麟旗左,驶骟旗右,次鸾旗左,凤旗右,次飞黄旗左,麒麟旗右。执旗十有二人,生色黄袍,巾,勒帛,靴。引旗十有二人,服同执人,惟袍色青。护旗十有二人,生色红袍,巾,勒帛,靴。执弓六十人,锦帽,青生色宝相花袍,涂金带,乌靴。执稍六十人,服如执弓者,惟袍色红。每旗,弓五,稍五。从者四人,服同前队。

二十八宿前队:舍人二人,四品服,骑导。领军将军二人,紫罗绣白泽裲裆,余如前队。左右卫郎将皆骑,帅步士百十有二人。前井宿旗左,参宿旗右,各五盾从。次鬼宿旗左,觜宿旗右,各五弓从。次柳宿旗左,毕宿旗右,各五盾从。次星宿旗左,昴宿旗右,各五盾从。次张宿旗左,胃宿旗右,各五弓从。次翼宿旗左,娄宿旗右,各五耰从。次轸宿旗左,奎宿旗右,各五盾从。执旗十有四人,生色黄袍,巾,勒帛,靴。引旗十有四人,服如执人,惟袍巾色青。护旗十有四人,服如执人,惟袍巾色红。执刀盾者三十人,弓矢者二十人,耰者二十人,皆五色兜牟,甲,修环,白绣汗胯,束带,五色云靴。舍人、领军将军从者四人,服同前队。

领军黄麾仗前队:舍人二人,四品服,骑导。领军将军二人,服佩如二十八宿旗队领军将军,骑,分左右,帅步士凡一百五十人。绛引幡十,次龙头竿绣氅十,皆分左右,次江渎旗左,济渎旗右。次小戟十,次弓十,皆分左右。次南方神旗左,西方神旗右。次锽十,次绿縢络盾加刀十,皆分左右。次南岳帝旗左,西岳帝旗右。次龙头竿氅十,次朱縢络盾加刀十,皆分左右。次南天王旗左,西天王旗右。次小戟十,次弓十,皆分左右。次龙君旗左,虎君旗右。次锽十,次绿縢络盾加刀十,皆分左右。执人一百三十人,武弁,五色生色宝相花袍,勒帛,靴。引旗十人,青生色宝相花袍,巾,勒帛,靴。护旗十人,服同,惟袍巾色红。

叉仗后队:领军将军二人,骑,帅步士凡五十人。叉二十有五,又二十有五,错分左右,服佩同前队。

左右牙门旗队:监门将军二人,骑,紫绣狮子裲裆,余如叉仗队领军将军之服佩。次牙门旗四,每旗执者一人,引夹者二人,并黄绅巾,黄绅生色宝相花袍,黄勒帛,黄云靴,皆骑。次监门校尉二人,骑,服佩同监门将军。从者四人,服同前队。

左右青龙白虎队:舍人二人,四品服,骑导。领军将军二人,服佩同叉仗队之领军将军,骑,分左右,帅甲士凡五十有六人,骑。青龙旗左,执者一人,夹者二人,从以执弩五人,弓十人,矟十人,皆冠青甲骑冠,青铁甲,青绦金环,束带,白绣汗胯,青云靴。白虎旗右,执者一人,夹者二人,从以执弩五人,弓十人,矟十人,皆冠白甲骑冠,白铁甲,青绦金环,束带,白绣汗胯,白云靴。舍人、领军将军从者四人,服同前队。

二十八宿后队:舍人二人,四品服,骑导。领军将军二人,骑,分左右,帅步士百十有二人。角宿旗左,壁宿旗右,从以执弓者五人。次亢宿旗左,室宿旗右,各从以执稬者五人。次氐宿旗左,危宿旗右,各从以执盾者五人。次房宿旗左,虚宿旗右,各从以执弓者五人。次心宿旗左,女宿旗右,各从以执稬者五人。次尾宿旗左,牛宿旗右,各从以执盾者五人。次箕宿旗左,斗宿旗右,各从以执弓者五人。舍人、领军将军从者四人,执夹、引从服佩,皆同前队。

诸卫马后队:舍人二人,四品服,骑导。左右卫果毅都尉二人,骑,分左右,帅卫士百五十有六人。角端旗左,赤熊旗右,次兕旗左,太平旗右,次虦騧旗左,駍牙旗右,次犀牛旗左,鶄鸡旗右,次苍乌旗左,白狼旗右,次龙马旗左,金牛旗右。舍人、左右卫果毅都尉从者四人,执夹、引从服佩,同前队。

左右领军黄麾后队:舍人二人,四品服,骑导。领军将军二人,骑,分左右,帅步士百六十人。龙头氅十,次朱滕络盾加刀十,皆分左右。次吏兵旗左,力士旗右。次小戟十,次弓十,皆分左右。次东天王旗左,北天王旗右。次镗十,次绿滕络盾加刀十,皆分左右。次东岳帝旗左,北岳帝旗右。次龙头竿氅十,次朱滕络盾加刀十,皆分左右。次东方神旗左,北方神旗右。次小戟十,次弓十,皆分左右。淮渎旗左,河渎旗右。次镗十,次绿滕络盾加刀十,皆分左右。次绛引幡十,分左右,掩后。舍人、领军将军从者四人,执夹服佩,并同前队。

左右卫仪刀班剑队:舍人二人,四品服,骑导。左右卫中郎将二人,交角幞头,绯罗绣抹额,紫罗绣瑞马裲裆,红锦衬袍,锦螣蛇,金带,乌靴,骑,分左右。帅步士凡四十人,班剑二十人,仪刀二十人,并锦帽,红生色宝相花袍,涂金束带,乌靴。舍人、左右卫中郎将从者四人,服同前队。

供奉宿卫步士队:供奉中郎将二,交角幞头,绯缯绣抹额,紫罗绣瑞马裲裆,红锦衬袍,锦螣蛇,金带,乌靴,横刀,佩弓矢,骑,分左右,帅步士凡五十有二人,执短戟十有二人,次执列丝十有二人,次叉戟十有二人,次斧十有六人,分左右,夹玉辂行。皆弓角金凤翅幞头,紫细摺辫线袄,涂金束带,乌靴。

亲卫步甲队:亲卫郎将二人,服同供奉中郎将,骑,分左右,帅步士凡百四十有八人。执龙头竿氅四人,次小戟十人,次氅二人,次仪镗十人,次氅二人,次小戟十人,次氅二人,次仪镗十人,次氅二人,次小戟十人,次氅二人,次仪镗十人,次氅二人,次小戟十人,次氅二人,次仪镗十人,次氅二人,次小戟十人,皆分左右,夹供奉宿卫队。次氅二人,次仪镗十人,次氅二人,次小戟十人,次氅二人,次仪镗十人,次氅二人,折绕宿卫队后,而合其端为门。士皆金兜牟,甲,青勒甲縧,金环,绿云靴。

翊卫护尉队:翊卫郎将二人,服同亲卫郎将,骑。帅护尉骑士百有二人,皆交角金花幞头,窄袖紫衫,红销金汗胯,涂金束带,乌靴。执金装骨朵,分左右,夹亲卫队行,折绕队后,而合其端为第二门。

左右卫甲骑队:左右卫大将军二人,服如翊衙郎将,帅骑士百人。执青龙旗五人左,青凤旗五人右。次赤龙旗五人左,赤凤旗五人右。次黄龙旗五人左,黄凤旗五人右。次白龙旗五人右,白凤旗五人右。次黑龙旗五人左,黑凤旗五人右。次五色凤旗二十五居左,五色龙旗二十五居右,曲绕辂后,合牙门旗为第三门。士皆冠甲骑冠,金饰,朱画甲,青勒甲縧,镀金环,白绣汗胯,红靴,佩弓矢器仗,马青金毛狮子甲,珂饰。

左卫青甲队:左卫指挥使二人,骑,服紫罗绣雕虎裲裆,余同左右卫大将军,帅骑士三十人八人。执大青龙旗一人左,大青凤旗一人右,次小青龙旗一人左,小青凤旗一人右,次大青凤旗一人左,大青龙旗一人右,每旗从以持青稍者四人。次小青凤旗一人左,小青龙旗一人右。皆从以持青稍者三人。皆青兜牟,金饰青画甲,青縧,涂金环,汗胯,束带,靴,佩弓矢器仗,马青金毛狮子甲,珂饰。折绕陪门。

前卫赤甲队:前卫指挥使二人,骑,服佩同左卫指挥使,帅骑士凡四十有八人。执大赤凤旗一人左,大赤龙旗一人右。次小赤凤旗一人左,小赤龙旗一人右,次大赤龙旗一人左,大赤凤旗一人右,次小赤龙旗一人左,小赤凤旗一人右,每旗从以持朱稍者四人。次执大赤凤旗一人左,大赤龙旗一人右,皆从以持朱稍者三人。皆朱兜牟,金饰朱画甲,縧縧,汗胯,束带,靴,佩弓矢器仗,马朱甲,珂饰。从者二人,服同前队。折绕陪门。

中卫黄甲队:中卫指挥使二人,骑,服同前卫指挥使,帅骑士凡五十有八人。执大黄龙旗一人左,大黄凤旗一人右,次小黄龙旗一人左,小黄凤旗一人右,次大黄凤旗一人左,大黄龙旗一人右,次小黄凤旗一人左,小黄龙旗一人右,次大黄龙旗一人左,大黄凤旗一人右,每旗从以持黄稍者四人。次小黄龙旗一人左,小黄凤旗一人右,皆从以持黄稍者三人。皆黄兜牟,金饰黄甲,絛环,汗胯,束带,靴,佩弓矢器仗,马甲,珂饰。从者二人,服同前队。折绕陪门。

右卫白甲队:右卫指挥使二人,骑,服同中卫指挥使,帅骑士凡七十有四人。执大白凤旗一人左,大白龙旗一人右,次小白凤旗一人左,小白龙旗一人右,次大白龙旗一人左,大白凤旗一人右,次小白龙旗一人左,小白凤旗一人右,次大白凤旗一人左,大白龙旗一人右,每旗从以持白稍者四人。次小白凤旗一人左,小白龙旗一人右,次大白龙旗一人左,大白凤旗一人右,皆从以持白稍者五人。皆兜牟,金饰白甲,絛环,汗胯,束带,靴,佩弓器仗,马白甲,珂饰。从者二人,服同前队。折绕陪门。

牙门四:监门中郎将二人,服佩同各卫指挥使,骑,分左右。次左卫,次前卫,次中卫,次右卫。牙门旗各二,色并赤。监门校尉各二人,骑,服佩同各卫之执旗者。从者十人,服同前队。

元史卷八〇
志第三〇

輿服三

仪　卫

殿上执事

挈壶郎二人，掌直漏刻。冠学士帽，服紫罗窄袖衫，涂金束带，乌靴。漏刻直御榻南。

司香二人，掌侍香，以主服御者国语曰速古儿赤。摄之。冠服同挈壶。香案二，在漏刻东、西稍南。司香侍案侧，东西相向立。

酒人，凡六十人，主酒国语曰答剌赤。二十人，主湩国语曰郎剌赤。二十人，主膳国语曰博儿赤。二十人。冠唐帽，服同司香。酒海直漏南，酒人北面立酒海南。

护尉四十人，以质子在宿卫者摄之。质子，国语曰睹鲁花。冠交角幞头，紫梅花罗窄袖衫，涂金束带，白锦汗胯，带弓矢，佩刀，执骨朵，分立东西宇下。

警跸三人，以控鹤卫士为之。冠交角幞头，服紫罗窄袖衫，涂金束带，乌靴，捧立于露阶。每乘舆出入，则鸣其鞭以警众。

殿下执事

司香二人，赤以主服御者摄之。冠服同殿上司香。香案直露阶南，司香东西相向立。

护尉，凡四十人，以户郎国语曰玉典赤。二十人、质子二十人摄之。服同宇一护尉，夹立阶阰。

右阶之下，伍长凡六人，都点检一人，右点检一人，左点检一人。凡宿卫之人及诸门者、户者，皆属焉。如怯薛歹、八剌哈赤、玉典赤之类是也。殿内将军一人，凡殿内佩弓矢者、佩刀者、诸司御者皆属焉。如火儿赤、温都赤之类是也。殿外将军一人，宇下护尉属焉。宿直将军一人，黄麾立仗及殿下护尉属焉。右无常官，凡朝会，则以近侍重臣摄之。服白帽，白衲袄，行縢，履袜，或服其品之公服，恭事则侍立。舍人授以骨朵而易笏，都点检以玉，右点检以玛瑙，左点检以水精，殿内将军以玛瑙，殿外将军以水精，宿直将军以金。

左阶之下，伍长凡三人，殿内将军一人，殿外将军一人，宿直将军一人，冠服同右，恭事则侍立。舍人授以骨朵而易笏，殿内将军以玛瑙，殿外将军以水精，宿直将军以金。

司辰郎二人，一人立左楼上，服视六品，候时，北面而鸡唱，一人立楼下，服视八品，候时捧牙牌趋丹墀跪报。露阶之下，左黄麾仗内，设表案一，礼物案一，舆士凡八人，每案四人。前二人冠缕金额交角襆头，绯锦宝相花窄袖袄，涂金束带，行縢，鞋袜。后二人冠服同前，惟袄色青。

围人十人，国语曰阿塔赤。冠唐巾，紫罗窄袖衫，青锦缘白锦汗胯，铜束带，乌靴，驭立仗马十，覆以青锦缘绯锦鞍复，分左右，立黄麾仗南。

侍仪使二人，引进使一人，通班舍人一人，尚引舍人一人，阅仗舍人一人，奉引舍人一人，先舆舍人一人。纠仪官凡四人，尚书一人，侍郎一人，监察御史二人。知班三人，视班内失仪者，白纠仪官而行罚焉。皆东向，立右仗之东，以北为上。

侍仪使二人，引进使一人，承奉班都知一人，宣表目舍人一人，宣表修撰一人，宣礼物舍人一人，奉表舍人一人，奉币舍人一人，尚引舍人一人，阅仗舍人一人，奉引舍人一人，先舆舍人一人。押礼物官凡二人，工部侍郎一人，礼部侍郎一人。纠仪官凡四人：尚书一

人，侍郎一人，监察御史二人。知班三人，视班内如左右辇路。宣赞
舍人一人，通赞舍人一人户郎二人，承传赞席前，皆西向，立左仗之
西，以北为上。凡侍仪使、引进使、尚书、侍郎、御史，各服其本品之
服。承奉班都知、舍人，借四品服。知班，冠展角幞头，服紫罗窄袖
衫，涂金束带，乌靴。

护尉三十人，以质子在宿卫者摄之，立大明门阑外，冠服同宇
下护尉。

承传二人，控鹤卫士为之，立大明六楹间，以承传于外仗。冠服
同警跸，执金柄小骨朵。

殿下黄麾仗黄麾仗凡四百四十有八人，分布于丹墀左右，各五行。
右前列，执大盖二人，执华盖二人，执紫方盖二人，执红方盖二
人，执曲盖二人，冠展角幞头，服绯绝生色宝相花袍，勒帛，乌靴。

次二列，执朱团扇八人，执大雉扇八人，执中雉扇八人，执小雉
扇八人，执朱团扇八人，冠武弁，服同前执盖者。

次三列，执黄麾幡十人，武弁，青绝生色宝相花袍，青勒帛，乌
靴。执绛引幡十人，武弁，绯绝生色宝相花袍，绯勒帛，乌靴。执信
幡十人，冠服同上，其色黄。执传教幡十人，冠服同上，其色白。执
告止幡十人，冠服同上，其色紫。

次四列以下，执葆盖四十人，服绯，服绯绝生色宝相花袍，勒
帛，乌靴。执仪镗斧四十人，冠服同上，其色黄。执小戟蛟龙掌四十
人，冠服同上，其色青。左列亦如之。皆以北为上。押仗四人，行视
仗内而检校之，冠服同警跸者。

旗仗执护引屏，凡五百二十有八人，分左右以列。
左前列，建天下太平旗第一，牙门旗第二，每旗执者一人，护者
四人，皆五色绯巾，五色绝生色宝相花袍，勒帛，云头靴，执人佩剑，
护人加弓矢；后屏五人，执稍，朱兜鍪，朱甲，云头靴。

左二列，日旗第三，龙君旗第四，每旗执者一人，护者四人，后

屏五人,巾服执佩同前列。

右前列,建皇帝万岁旗第一,牙门旗第二,每旗执者一人,护者四人,后屏五人,巾服执佩同左前列。

右二列,月旗第三,虎君旗四,每旗执者一人,护者四人,后屏五人,巾服执佩同前列。

左次三列,青龙旗第五,执者一人,黄绅巾,黄绅生色宝相花袍,勒帛,花靴,佩剑;护者二人,朱白二色绅巾,二色绅生色宝相花袍,勒帛,花靴,佩剑,加弓矢。天王旗第六,执者一人,巾服同上;护者二人,青白二色绅巾,二色生色宝相花袍,勒帛,花靴,佩剑,加弓矢。后屏五人,执稍,朱兜鍪,朱甲,云头靴。风伯旗第七,执者一人,护者二人,后屏五人,巾服佩执同天王旗。雨师旗第八,执者一人,护者二人,后屏五人,巾服佩执同青龙旗。雷公旗第九,执者一人,巾服佩同上;护者二人,青紫二色绅巾,二色绅生色宝相花袍,勒帛,花靴,佩剑,加弓矢;后屏五人,执稍,白兜鍪,白甲,云头靴。电母旗第十,执者一人,护者二人,后屏五人,巾服执佩同风伯旗。吏兵旗第十一,执者一人,护者二人,巾服佩同雷公旗;后屏五人,执稍,黄兜鍪,黄甲,云头靴。

右次三列,白虎旗第五,执者一人,黄绅巾,黄绅生色宝相花袍,勒帛,花靴,佩剑护者二人,青朱二色绅巾,二色绅生色宝相花袍,勒帛,花靴,佩剑,加弓矢;后屏五人,执稍,朱兜鍪,朱甲,云头靴。江渎旗第七,执者一人,护者二人,后屏五人,巾服执佩同天王旗。河渎旗第八,执者一人,巾服佩同上;护者二人,青紫二色绅巾,二色绅生色宝相花袍,勒帛,花靴,佩剑,加弓矢;后屏五人,执稍,黄兜鍪,黄甲,云头靴。淮渎旗第九,执者一人,巾服佩同上;护者二人,青朱二色绅生色宝相花袍,勒帛,花靴,佩剑,加弓矢;后屏五人,巾服执佩同白虎旗。济渎旗第十,搪者一人,巾服佩同上;护者二人,朱白二色绅巾,二色绅生色宝相花袍,勒帛,花靴,佩剑,加弓矢;后屏五人,执稍,青兜鍪,青甲,云头靴。力士旗第十一,执者一人,护者二人,后屏五人,巾服佩执同河渎旗。二十二旗内,拱卫直指挥使二人,分左右立,服本品朝服,执玉斧。次卧瓜一列,次立瓜一列,次列丝一列,冠缕金额交角幞头,绯锦宝相花窄袖袄,涂金荔枝束带,行縢,履袜。次镫仗一列,次吾仗一列,次班剑一列,并分左右立,冠缕金额交角幞头,青锦宝相花窄袖袄,涂金荔枝束带,行縢,履袜。

　　左次四列,朱雀旗第十二,执者一人,黄绅巾,黄绅色宝相花袍,勒帛,花靴,佩剑;护者二人,青白二色绅巾,二色绅生色宝相花袍,勒帛,花靴,佩剑,加弓矢;后屏五人,执稍,朱兜鍪,朱甲,云头靴。木星旗第十三,执者一人,巾服佩同上;护者二人,青朱二色绅巾,二色绅生色宝相花袍,勒帛,花靴,佩剑,加弓矢;后屏五人,执稍,青兜鍪,青甲,云头靴。荧惑旗第十四,执者一人,巾服佩同上;护者二人,青紫二色绅巾,二色绅生色宝相花袍,勒帛,花靴,佩剑,加弓矢。后屏五人,巾服佩同朱雀旗。土星旗第十五。执者一人,护者二人,巾服佩同荧惑旗;后屏五人,执稍,黄兜鍪,黄甲,云头靴。太白旗第十六,执者二人,护者二人,巾服佩同木星旗;后屏五人,执稍,白兜鍪,白甲,云头靴。水星旗第十七,执者一人,护者二人,服佩同太白旗;后屏五人,执稍,紫兜鍪,紫甲,云头靴。鸾旗第十八,执者一人,巾服佩同上;护者二人,朱白二色绅巾,二色绅生色宝相花袍,勒帛,花靴,佩剑,加弓矢;后屏五人,巾服执同木星旗。

　　右次四列,玄武旗第十二,执者一人,黄绅巾,黄绅生色宝相花袍,勒帛,花靴,佩剑;护者二人,朱白二色绅巾,二色绅生色宝相花袍,勒帛,花靴,佩剑,加弓矢;后屏五人,紫兜鍪,紫甲,云头靴,执稍。东岳旗第十三,执者一人,护者二人,巾服佩同玄武旗;后屏五人,执稍,青兜鍪,青甲,云头靴。南岳旗第十四,执者一人,巾服佩同上;护者二人,青白二色绅巾,二色绅生色宝相花袍,勒帛,花靴,佩剑,加弓矢;后屏五人,执稍,朱兜鍪,朱甲。中岳旗第十五,执者一人,巾服佩同上;护者二人,紫青二色绅巾,二色绅生色宝相花袍,勒帛,花靴,佩剑,加弓矢;后屏五人,执稍,黄兜鍪,黄甲,云头靴。西岳旗第十六,执者一人,巾服佩同上;护者二人,朱青二色绅巾,二色绅生色宝相花袍,勒帛,花靴,佩剑,加弓矢;后屏五人,执梢,白兜鍪,白甲。北岳旗第十七,执者一人,护者二人,巾服佩同南岳旗;后屏五人,巾服执同玄武旗。麟旗第十八,执者一人,护者二人,后屏五人巾服执佩同西岳旗。

左次五列,角宿旗第十九,亢宿旗第二十,氐宿旗第二十一,房宿旗第二十二,心宿旗第二十三,尾宿旗第二十四,箕宿旗第二十五。每旗,执者一人,黄绅巾,黄绅生色宝相花袍,勒帛,花靴,佩剑;护者二人,青朱二色绅巾,二色绅生色宝相花袍,勒帛,花靴,佩剑,加弓矢;后屏五人,青兜鍪,青甲,执梢。

右次五列,奎宿旗第十九,娄宿旗第二十,胃宿旗第二十一,昴宿旗第二十二,毕宿旗第二十三,觜宿旗第二十四,参宿旗第二十五。每旗,执者一人,黄绅巾,黄绅生色宝相花袍,勒帛,花靴,佩剑;护者二人,青朱二色绅巾,二色绅生色宝相花袍,勒帛,花靴,佩剑,加弓矢;后屏五人,执梢,白兜鍪,白甲。

左次六列,斗宿旗第二十六,牛宿旗第二十七,女宿旗第二十八,虚宿旗第二十九,危宿旗第三十,室宿旗第三十一,壁宿旗第三十二。每旗,执者一人,黄绅巾,黄绅生色宝相花袍,勒帛,花靴,佩剑;护者二人,朱白二色绅巾,二色绅生色宝相花袍,勒帛,花靴,佩剑,加弓矢;后屏五人,执梢,紫兜鍪,紫甲。

右次六列,井宿旗第二十六,鬼宿旗第二十七,柳宿旗第二十八,星宿旗第二十九,张宿旗第三十,翼宿旗第三十一,轸宿旗第三十二。每旗,执者一人,黄绅巾,黄绅生色宝相花袍,勒帛,花靴,佩剑;护者二人,朱白二色绅巾,二色绅生色宝相花袍,勒帛,花靴,佩剑,加弓矢;后屏五人,执梢,朱兜鍪,朱甲。

宫内导从

警跸三人,以控鹤卫士为之,并列而前行,掌鸣其鞭以警众。服见前。

天武二人,执金钺,分左右行,金兜鍪,金甲,蹙金素汗胯,金束带,绿云靴。

舍人二人,服视四品。

主服御者凡三十人,速古儿赤也。执骨朵二人,执幢二人,执节二人,皆分左右行。携金盆一人,由左。负金椅一人,由右。携金水瓶、鹿卢一人,由左;执巾一人,由右。捧金香球二人,捧金香合二人,皆分左右行。捧金唾壶一人,由左;捧金唾盂一人,由右。执金拂四人,执升龙扇十人,皆分左右行。冠交角幞头,服紫罗窄袖衫,涂金束带,乌靴。

劈正斧官一人,由中道,近侍重臣摄之。侍仪使四人,分左右行。

佩弓矢十人,国语曰火儿赤。分左右,由外道行,服如主服御者。

佩宝刀十人,国语曰温都赤。分左右行,冠凤翅唐巾,服紫罗辫线袄,金束带,乌靴。

中宫导从

舍人二人,引进使二人,中政院判二人,同佥中政院事二人,佥中政院事二人,中政院副使二人,同知中政院事二人,中政院使二人,皆分左右行,各服其本品公服。内侍二人分左右行,服视四品。

押直二人,冠交角幞头,紫罗窄袖衫,涂金束带,乌靴。小内侍凡九人,执骨朵二人,执葆盖四人,皆分左右行;执伞一人,由中道行;携金盆一人由左,负金椅一人由右。服紫罗团花窄袖衫,冠、带、靴如押直。

中政使一人,由中道,捧外办象牌,服本品朝服。

宫人凡二十人。携水瓶、金鹿卢一人,由右;执销金净巾一人,由左。捧金香球二人,捧金香合二人,分左右。捧金唾壶一人,由左;捧金唾盂一人,由右。执金拂四人,执雉扇十人,各分左右行。冠凤翅缕金帽,销金绯罗袄,销金绯罗结子,销金绯罗系腰,紫罗衫,五色嵌金黄云扇,瓘玉束带。

进发册宝

清道官二人，警跸二人，并分左右，皆摄官，服本品朝服。

云和乐一部，署令二人，分左右。次前行戏竹二，次排箫四，次箫管四，次板二，次歌四，并分左右。前行内琵琶二十，次筝十六，次箜篌十六，次纂十六，次方响八，次头管二十八，次龙笛二十八，为三十三重。重四人。次杖鼓三十，为八重。次板八，为四重。板内大鼓二，工二人，舁八人，乐工服并与卤簿同。法物库使二人，服本品服。次朱团扇八，为二重。次小雉扇八，次中雉扇八，次大雉扇八，分左右，为十二重。次朱团扇八，为二重。次大伞二，次华盖二，次紫方伞二，次红方伞二，次曲盖二，并分左右。执伞扇所服，并同立仗。

围子头一人，中道。次围子八人，分左右。服与卤簿内同。

安和乐一部，署令二人，服本品服。札鼓六，为二重，前四，后二。次和鼓一，中道。次板二，分左右。交龙笛四，次头管四，并为二重。次羌管二，次笙二，并分左右。次云璈一，中道。次纂二，分左右。乐工服与卤簿内同。

伞一，中道，椅左，踏右，执人皂巾，大团花绯锦袄，金涂铜束带，行縢，鞋袜。

拱卫使一人，服本品服。

舍人二人，次引宝官二人，并分左右，服四品服。

香案，中道，舆士控鹤八人，服同立仗内表案舆士。侍香二人，分左右，服四品服。

宝案，中道，舆士控鹤十有六人，服同香案舆士。方舆官三十人，夹香案宝案，分左右而趋，至殿门，则控鹤退，方舆官舁案以升。唐巾，紫罗窄袖衫，金涂铜束带，乌靴。

引册二人，四品服。

香案，中道，舆士控鹤八人，服同宝案舆士。侍香二人，分左右，服四品服。

册案,中道,舆士控鹤十有六人,服同宝案舆士。方舆官三十人,夹香案册案,分左右而趋,至殿门,则控鹤退,方舆官舁案以升。巾服与宝案方舆官同。

葆盖四十人,次阅仗舍人二人,服四品服。次小戟四十人,次仪镗四十人,夹云和乐伞扇,分左右行,服同立仗。

拱卫使二人,服本品朝。次班剑十,次梧杖十二,次斧十二,次镫仗二十,次列丝十,皆分左右。次水瓶左,金盆右。次列丝十,次立瓜十。次金杌左,鞭桶右;蒙鞍左,伞手右。次立瓜十,次卧瓜三十。并夹葆盖、中戟、仪镗,分左右行。服并同卤簿内。

拱卫外舍人二人,服四品服,引导册诸官。次从九品以上,次从七品以上,次从五品以上,并本品朝服。

金吾折冲二人,牙门旗二,每旗引执五人。次青稍四十人,赤稍四十人,黄稍四十人,白稍四十人,紫稍四十人,并兜鍪甲靴,各随稍之色,行导册官外。

册案后,舍人二人,服四品服。次太尉右,司徒左。次礼仪使二人,分左右。次举册官四人右,举宝官四人左;次读册官二人右,读宝官二人左。次阁门使四人,分左右。并本品服。

知班六人,分左右,服同立仗,往来视诸官之失仪者而行罚焉。

册宝摄官

上尊号册宝,凡摄官二百十有六人,奉册官四人,奉宝官四人,捧册官二人,捧宝官二人,读册官二人,读宝官二人,引册官五人,引宝官五人,典瑞官三人,纠仪官四人,殿中侍御史二人,监察御史四人,阁门使三人,清道官四人,点试仪卫五人,司香四人,备顾问七人,代礼三十人,拱卫使二人,押仗二人,方舆一百六十人。

上皇太后册宝,凡摄官百五十人,摄太尉一人,摄司徒一人,礼仪使四人,奉册官二人,奉宝官二人,引册官二人,引宝官二人,举册官二人,举宝官二人,读册官二人,读宝官二人,捧册官二人,捧宝官二人,奏中严一人,主当内侍十人,阁门使六人,充内臣十三人,纠仪官四人,代礼官四十二人,掌谒四人,司香十二人,折冲都尉二人,拱卫使二人,清道官四人,警跸官四人,方舆官百二十人。

太皇太后册宝,摄官同前。

授皇后册宝,凡摄官百八十人,摄太尉一人,摄司徒一人,主节官二人,礼仪使四人,奉册官二人,奉宝官二人,引册官二人,引宝官二人,举册官二人,举宝官二人,读册官二人,读宝官二人,内臣职掌十人,宣徽使二人,阁门使二人,代礼官三十七人,侍香二人,清道官四人,折冲都尉二人,警跸官四人,中宫内臣九人,纠仪官四人,接册内臣二人,接宝内臣二人,方舆官七十四人。

授皇太子册,凡摄官四十有九人,摄太尉一人,奉册官二人,持节官一人,捧册官二人,读册官二人,引册官二人,摄礼仪使二人,主当内持六人,副持节官五人,侍从官十一人,代礼官十六人。

班序

先期,侍仪使纠庀陈设。

殿内两楹北,香案二。

殿门内,殿内将军版位二。其外,殿外将军版位二。宇下,斜界护尉版位二。轩溜前斜外出画白莲六,右点检版位三,左宣徽版位三。莲南一步,横列鸣鞭版位三。左右阶南两隅,天武版位二。宇下左右第二第三重,斜界导从版位二。

殿东门两磌斜界出导从二道三层,各圈十五,先扇锜各五,宝盖锜各二。

殿东阶下各圈十,直至东门阶下,为回倒导从位。

正阶下二十四甓,香案一。护尉席内各庀迤内第四螭首取直,边北,左右护尉第五席相向布席,北二席宿直。次殿中,次典瑞,次起居,每席函丈五尺。设殿前版位八,各以左右庀道内边丹墀迤内第五甓纵直,北空路五丈五尺,东西走路各违四丈九尺,中布席四十,席函九尺,设护尉版位二。

辇路东西各五道,袤二丈一仞五寸。南北两道,广丈有奇。北

至道当中,第一北三南一,自两端各函六丈。第二北起十一,各函丈
呬,南起九,各函丈三尺。第三北起十三,各函丈五尺,南起十二,各
函丈五寸。第四北起十六,各函丈二尺,南起十四,各函九尺。第五
北起,同上南起,各函八尺,北头曲尺路内,各函九尺,设黄麾仗锜
二百二十。仗南画阑约丈许,左右同,中央置席,设尚厕版位二。仗
内丹墀横界一十八道,道函五尺,纵引横引三丈,中设九品版位一
十八。尚厕南左右纵画各一十八道,道函切,左右向,设起居旁折版
位三十六,以内为上。

　　大明门中两楹外,斜界二道,护尉版位二,外设管旗版位二。门
下左右阙边各六丈,南北各画一道,广一引七丈一切六寸,空各二
丈一切,内横二引二丈五寸,空各三丈五尺。每锜后丈五尺屏风渠
一道,长五尺,坐各违四壁丈五尺,设牙旗锜七十四。阙下两观内各
六丈,纵各界一十八道,道违切,左右设外序班版位三十六。自序班
北入阙左右门边两外仗往北折,西至月华门,东至日精门,道中央
入至起居旁折界一道导引。

元史卷八一
志第三一

选举一

科目　学校

选举之法尚矣。成周庠序学校，以乡三物教万民而宾兴之，举于乡，升于司徒、司马论定，而后官之。两汉有贤良方正、孝弟力田等科，或奉对诏策，事犹近古。隋、唐有秀才、明经、进士、明法、明算等科，或兼用诗赋，士始有弃本而逐末者。宋大兴文治，专尚科目，虽当时得人为盛，而其弊遂至文体卑弱，士习习委靡，识者病焉。辽、金居北方，俗尚弓马。辽景宗、道宗亦行贡试，金太宗、世宗屡辟科场，亦粗称得士。

元初，太宗始得中原，辄用耶律楚材言，以科举选士。世祖既定天下，王鹗献计，许衡立法，事未果行。至仁宗延祐间，始斟酌旧制而行之，取士以德行为本，试艺以经术为先，士褒然举首应上所求者，皆彬彬辈出矣。

然当时仕进有多岐，铨衡无定制，其出身于学校者，有国子监学，有蒙古字学、回回国学，有医学，有阴阳学。其策名于荐举者，有遗逸，有茂异，有求言，有进书，有童子。其出于宿卫、勋臣之家者，待以不次。其用于宣徽、中政之属者，重为内官。文荫叙有循常之格，而超擢有选用之科。由直省、侍仪等入官者，亦名清望。以仓庚、赋税任事者，例视冗职。捕盗者以功叙。入粟者以赀进。至工匠皆入班资，而舆隶亦跻流品。诸王、公主，宠以投下，俾之保任。远夷、外徼，授以长官，俾之世袭。凡若此类，殆所谓吏道杂而多端者欤。矧夫儒有岁贡之名，吏有补用之法。曰掾史、令史，曰书写、铨写，曰书吏、典吏，所设之名，未易枚举。曰省、台、院、部，曰路、府、州、县，所入之途，难以指计。虽名卿大夫，亦往往由是跻要官，受显爵；而刀笔下吏，遂致窃权势，舞文法矣。

故其铨选之备，考核之精，曰随朝、外任，曰省选、部选，曰文官、武官，曰考数，曰资格，一毫不可越。而或援例，或借资，或优升，或回降，其纵情破律，以公济私，非至明者不能察焉。是皆文繁吏弊之所致也。

今采摭旧编，载于简牍，或详或略，条分类聚，殆有不胜其纪述者，姑存一代之制，作《选举志》。

太宗始取中原，中书令耶律楚材请用儒术选士，从之。九年秋八月，下诏命断事官术忽䚟与山西东路课税所长官刘中，历诸路考试。以论及经义、词赋分为三科，作三日程，专治一科，能兼者听，但以不失文义为中选。其中选者，复其赋役，令与各处长官同署公事。得东平杨奂等凡若干人，皆一时名士，而当世或以为非便，事复中止。

世祖至元初年，有旨命丞相史天泽条具当行大事。尝及科举，而未果行。四年九月，翰林学士承旨王鹗等，请行选举法，远述周制，次及汉、隋、唐取士科目，近举辽、金选举用人，与本朝太宗得人之效，以为"贡举法废，士无入仕之阶，或习刀笔以为吏胥，或执仆役以事官僚，或作巧贩鬻以为工匠商贾。以今论之，惟科举取士，最为切务，矧先朝故典，尤宜追述"。奏上，帝曰："此良法也，其行之。"中书左三部与翰林学士议立程式，又请"依前代立国学，选蒙古人诸职官子孙百人，专命师儒教习经书，俟其艺成，然后试用，庶几勋旧之家，人材辈出，以备超擢"。十一年十一月，裕宗在东宫时，省臣复启，谓"去年奉旨行科举，今将翰林老臣等所议程式以闻"。奉令旨，准蒙古进士科及汉人进士科，参酌时宜，以立制度。事未施行。至二十一年九月，丞相火鲁火孙与留梦炎等言，十一月中书省臣奏，皆以为天下习儒者少，而由刀笔吏得官者多。帝曰："将若之何？"对曰："惟贡举取士为便。凡蒙古之士及儒吏、阴阳、医术，皆令试举，则用心为学矣。"帝可其奏。继而许衡亦议学校科举之法，罢诗赋，重经学，定为新制。事虽未及行，而选举之制已立。

至仁宗皇庆二年十月，中书省臣奏："科举事，世祖、裕宗累尝命行，成宗、武宗寻亦有旨，今不以闻，恐或有沮其事者。夫取士之法，经学实修己治人之道，词赋乃擒章绘句之学，自隋、唐以来，取人专尚词赋，故士习浮华。今臣等所拟将律赋省题诗小义皆不用，专立德行明经科，以此取士，庶可得人。"帝然之。十一月，乃下诏曰：

惟我祖宗以神武定天下，世祖后帝设官分职，征用儒雅，崇学校为育材之地，议科举为取士之方，规模宏远矣。朕以眇躬，获承丕祚，继志述事，祖训是式。若稽三代以来，取士各有科目，要其本末，举人宜以德行为首，试艺则以经术为先，词章次之。浮华过实，朕所不取。爰命中书，参酌古今，定其条制。其以皇庆三年八月，天下郡县，兴其贤者、能者，充赋有司，次年二月会试京师，中选者朕将亲策焉。具合行事宜于后：

科场，每三岁一次开试。举人从本贯官司于诸色户内推举，年及二十五以上，乡党称其孝悌，朋友服其信义，经明行修之士，结罪保举，以礼敦遣，资诸路府。其或徇私滥举，并应举而不举者，监察御史、肃政廉访司体察究治。

考试程式：蒙古、色目人，第一场经问五条，《大学》、《论语》、《孟子》、《中庸》内设问，用朱氏章句集注。其义理精明，文辞典雅者为中选。第二场策一道，以时务出题，限五百字以上。汉人、南人，第一场明经经疑二问，《大学》、《论语》、《孟子》、《中庸》内出题，并用朱氏章句集注，复以己意结之，限三百字以上；经义一道，各治一经，《诗》以朱氏为主，《尚书》以蔡氏为主,《周易》以程氏、朱氏为主,已上三经,兼用古注疏,《春秋》许用《三传》及胡氏《传》、《礼记》用古注疏,限五百字以上,不拘格律。第二场古赋诏诰章表内科一道,古赋诏诰用古体,章表四六,参用古体。第三场策一道,经史时务内出题,不矜浮藻,惟务直述,限一千字以上成。蒙古、色目人,愿试汉人、南人科目,中选者加一等注授。蒙古、色目人作一榜,汉人、南人作一榜。第一名赐进士及第,从六品,第二名以下及第二甲,皆正七品,第三甲以下,皆正八品,两榜并同。

所在官司迟误开试日期,监察御史、肃政廉访司纠弹治罪。

流官子孙荫叙,并依旧制,愿试中选者,优升一等。

在官未入流品,愿试者听。若中选之人,已有九品以上资级,比附一高,加一等注授。若无品级,止依试例从优铨注。

乡试处所,并其余条目,命中书省议行。

於戏! 经明行修,庶得真儒之用;风移俗易,益臻至治之隆。咨尔多方,体予至意。

中书省所定条目:

乡试中选者,各给解据、录连取中科文,行省移咨都省,送礼部,腹里宣慰司及各路关申礼部,拘该监察御史、廉访司,依上录连科文申台,转呈都省,以凭照勘。

乡试,八月二十日,蒙古、色目人,试经问五条;汉人、南人,明经经疑二问,经义一道。二十三日,蒙古、色目人,试策一道;汉人、南人,古赋诏诰章表内科一道。二十六日,汉人、南人,试策一道。

会试,省部依乡试例,于次年二月初一日试第一场,初三日第二场,初五日第三场。

御试,三月初七日,前期奏委考试官二员、监察御史二员、读卷官二员,入殿廷考试。每举子一名,怯薛歹一人看守。汉人、南人,试策一道,限一千字以上成。蒙古、色目人,时务策一道,限五百字以上成。

选考试官,行省与宣慰司及腹里各路,有行台及廉访司去处,与台宪官一同商议选差。上都、大都从省部选差在内监察御史、在外廉访司官一员监试。每处差考试官、同考试官各一员,并于见任并在闲有德望文学常选官内选差;封弥官一员、誊录官一员,选廉干文资正官充之。凡誊录试卷并行移文字,皆用朱书,仍须设法关防,毋致容私作弊。省部会试,都省选委知贡举、同知贡举官各一员,考试官四员,监察御史二员,弥封、誊录、对读官、监门等官各一员。

乡试,行省一十一:河南、陕西、辽阳、四川、甘肃、云南、岭北、征东、江浙、江西、湖广。宣慰司二;河东、山东。直隶省部路分四:真定、东平、大都、上都。

天下选合格者三百人赴会试,于内取中选者一百人,内蒙古、色目、汉人、南人分卷考试,各二十五人。蒙古人取合格者七十五人:大都十五人,上都六人,河东五人,真定等五人,东平等五人,山东四人,辽阳五人,河南五人,陕西五人,甘肃三人,岭北三人,江浙五人,江西三人,湖广三人,四川一人,云南一人,征东一人。色目人取合格者七十五人:大都十人,上都四人,河东四人,东平等四人,山东五人,真定等五人,河南五人,四川三人,甘肃二人,陕西三人,岭北二人,辽阳二人,云南二人,征东一人,湖广七人,江浙一十人,江西六人。汉人取合格者七十五人:大都一十人,上都四人,真定等十一人,东平等九人,山东七人,河东七人,河南九人,四川五人,云南二人,甘肃二人,岭北一人,陕西五人,辽阳二人,征东一人。南人取合格者七十五人:湖广一十八人,江浙二十八人,江西二十二人,河南七人。

乡试、会试,许将《礼部韵略》外,余并不许怀挟文字。差搜检怀挟官一员,每举人一名差军一名看守,无军人处,差巡军。

提点搦掠试院,差廉干官一员,度地安置席舍,务令隔远,仍自试官入院后,常川妨职,监押外门。

乡试、会试,弥封、誊录、对读官下吏人,于各衙门从便差设。

试卷不考格,犯御名庙讳及文理纰缪,涂注乙五十字以上者,不考。誊录所承受试卷,并用朱书誊录正文,实计涂注乙字数,标写对读无差,将朱卷逐旋送考试所。如朱卷有涂注乙字,亦皆标写字数,誊录官书押。候考校舍格,中选人数已定,抄录字号,索上元卷,请监试官、知贡举官、同试官,对号开拆。

举人试卷,各人自备三场文卷并草卷,各一十二幅,于卷首书三代、籍贯、年甲,前期半月于印卷所投纳。置簿收附,用印钤缝讫,各还举人。

凡就试之日,日未出入场,黄昏纳卷。受卷官送弥封所,撰字号,封弥讫,送誊录所。

科举既行之后,若有各路岁贡及保举儒人等文字到官,并令还赴本乡应试。

倡优之家及患废疾,若犯十恶奸盗之人,不许应试。

举人于试场内,毋得喧哗,违者治罪,仍殿二举。

举人与考试官有五服内亲者,自须回避,仍令同试官考卷。若应避而不自陈者,殿一举。

乡试、会试,若有怀挟及令人代作者,汉人、南人有居父母丧服应举者,并殿二举。

国子监学岁贡生员及伴读出身,并依旧制,愿试者听。中选者,于监学合得资品上从优铨注。

别路附籍蒙古、色目、汉人,大都、上都有恒产、住经年深者,从两都官司,依上例推举就试。其余去处冒贯者,治罪。

知贡举以下官会集至公堂,议拟合行事目云:

诸辄于弥封所取问举人试卷封号姓名及漏泄者,治罪。

诸试题未出而漏泄者,许人告首。

诸对读试卷官不躬亲而辄令人吏对读,其对读讫而差误有碍考校者,有罚。

诸誊录人书写不慎及错误有碍考校者，重事责罚。

诸官司故纵举人私将试卷出院，及祗应人知而为传送者，许人告首。

诸监试官掌试院事，不得干预考校。诸试院官在帘内者，不许与帘外官交语。

诸色人无故不得入试厅。

诸举人谤毁主司，率众喧竞，不服止约者，治罪。

诸举人就试，无故不冠及擅移坐次者，或偶与亲姻邻坐而不自陈者，怀挟代笔传义者，并扶出。

诸拆毁试卷首家状者，推治。

诸举人于试卷书他语者，驳放；涉谤讪者，推治。诸试日，为举人传送文书，及因而受财者，并许人告。

诸举人于别纸上起草者，出榜退落。诸科文内不得自作苦辛门第，委誊录所点检得，如有违犯，更不誊录，移文考试院出榜退落。

诸冒名就试，别立姓名，及受财为人怀挟代笔传义者，并许人告。

诸被黜而妄诉者，治罪。

诸监门官讥察出入，其物应入者，拆封点检。

诸巡铺官及兵级，不得喧扰，及辄视试文，并容纵举人无故往来，非因公事，不得与举人私语。

诸试卷弥封用印讫，以三不成字为号标写，仍于涂注乙处用印。

每举人一名，给祗应巡军一人，隔夜入院，分宿席房。试日，击钟为节。一次，院官以下皆盥漱。二次，监门官启钥，举人入院，搜检讫，就将解据呈纳。礼生赞曰"举人再拜"，知贡举官隔帘受一拜，跪答一拜，试官受一拜，答一拜。钟三次，颁题，就次。日午，赐膳。其纳卷者，赴受卷所揖而退，不得交语。受卷官书举人姓名于历，举人揖而退，取解据出院，巡军亦出。至晚，鸣钟一次，锁院门。第二场，举人入院，依前搜检，每十人一甲，序立至公堂下，作揖毕，颁题就次。第三场，如前仪。

其受卷官具受到试卷，逐旋关发弥封官，将家状草卷，腰封用印，蒙古、色目、汉人、南人分卷，以三不成字撰号。每名累场同用一号，于卷上亲书，及于历内标附讫，牒送誊录官置历，分给吏人，并用朱书誊录正文，乃具元卷涂注乙及誊录涂注乙字数，卷末书誊录人姓名，誊录官具衔书押，用印钤缝，牒送对读所。翰林掾史具誊录讫试卷总数，呈报监察御史。对读官以元卷与朱卷躬亲对读无差，具衔书押，呈解贡院，元卷发还弥封所。各所行移，并用朱书，试卷照依元号附簿。

试官考卷，知贡举居中，试官相对向坐，公同考校，分作三等，逐等又分上中下，用墨笔批点。考校既定，收掌试卷官于号簿内标写分数，知贡举官、同试官、监察御史、弥封官，公同取上元卷对号开拆，知贡举于试卷家状上亲书省试第几名。拆号既毕，应有试卷并付礼部架阁，贡举诸官出院。中书省以中选举人分为二榜，揭于省门之左右。

三月初四日，中书省奏准，以初七日御试举人于翰林国史院，定委监试官及诸执事。初五日，各官入院。初六日，撰策问进呈，俟上采取。初七日，执事者望阙设案于堂前，置策题于上。举人入院，搜检讫，蒙古人作一甲，序立，礼生导引至于堂前，望阙两拜，赐策题，又两拜，各就次。色目人作一甲，汉人、南人作一甲，如前仪。每进士一人，差蒙古宿卫士一人监视。日午，赐膳。进士纳卷毕，出院。监试官同读卷官，以所对策第其高下，分为三甲进奏。作二榜，用敕黄纸书，揭于内前红门之左右。

前一日，礼部告谕中选进士，以次日诣阙前，所司具香案，侍仪舍人唱名，谢恩，放榜。择日赐恩荣宴于翰林国史院，押宴以中书省官，凡预试官并与宴。预宴官及进士并簪华至所居。择日恭诣殿廷，上谢恩表。次日，诣中书省参见。又择日，诸进士诣先圣庙行舍菜礼，第一人具祝文行事，刻石题名于国子监。

　　延祐二年春三月,廷试进士,赐护都答儿、张起岩等五十有六人,及第、出身有差。

　　五年春三月,廷试进士护都达儿、霍希贤等五十人。

　　至治元年春三月,廷试进士达普化、宋本等六十有四人。

　　泰定元年,春三月,廷试进士捌剌、张益等八十有六人。

　　四年春三月,廷试进士阿察赤、李黼等八十有六人。

　　天历三年春三月,廷试进士笃列图、王文烨等九十有七人。

　　元统癸酉科,廷试进士同同、李齐等,复增名额,以及百人之数。稍异其制,左右榜各三人,皆赐进士及第,余赐出身有差。科举取士,莫盛于斯。后三年,其制遂罢。又七年而复兴,遂稍变程式,减蒙古、色目人明经二条,增本经义;易汉、南人第一场《四书》疑一道为本经疑,增第二场古赋外,于诏诰、章表内又科一道。此有元科目取士之制,大略如此。

　　若夫会试下第者,自延祐创设之初,丞相帖木迭儿、阿散及平章李孟等奏:"下第举人,年七十以上者,与从七品流官致仕;六十以上者,与教授;元有出身者,于应得资品上稍优加之;无出身者,与山长、学正。受省札,后举不为例。今有来迟而不及应试者,未曾区用。取旨。"帝曰:"依下第例恩之,勿著为格。"

　　泰定元年三月,中书省臣奏:"下第举人,仁宗延祐间,命中书省各授教官之职,以慰其归。今当改元之初,恩泽宜溥。蒙古、色目人,年三十以上并两举不第者,与教授;以下,与学正、山长。汉人、南人,年五十以上并两举不第者,与教授;以下,与学正、山长。先有资品出身者,更优加之。不愿仕者,令备国子员。后勿为格。"从之。自余下第之士,恩例不可常得,间有试补书吏以登仕籍者。惟已废复兴之后,其法始变,下第者悉授以路府学正及书院山长。又增取乡试备榜,亦授以郡学录及县教谕。于是科举取士,得人为盛焉。

　　世祖至元八年春正月,始下诏立京师蒙古国子学,教习诸生,于随朝蒙古、汉人百官及怯薛歹官员,选子弟俊秀者入学,然未有员数。

以《通鉴节要》用蒙古语言译写教之,俟生员习学成效,出题试问,观其所对精通者,量授官职。

成宗大德十年春二月,增生员廪膳,通前三十员为六十员。武宗至大二年,定伴读员四十人,以在籍上名生员学问优长者补之。仁宗延祐二年冬十月,以所设生员百人,蒙古五十人,色目二十人,汉人三十人,而百官子弟之就学者,常不下二三百人,宜增其廪饩,乃减去庶民子弟一百一十四员,听陪堂学业,于见供生员一百名外,量增五十名。元置蒙古二十人,汉人三十人,其生员纸札笔墨止给三十人,岁凡二次给之。

至元六年秋七月,置诸路蒙古字学。十二月,中书省定学制颁行之,命诸路府官子弟入学,上路二人,下路二人,府一人,州一人。余民间子弟,上路三十人,下路二十五人。愿充生徒者,与免一身杂役。以译写《通鉴节要》颁行各路,俾肄习之。至成宗大德五年冬十月,又定生员,散府二十人,上、中州十五人,下州十人。元贞元年,命有司割地,给诸路蒙古学生员饩廪。其学官,至元十九年,定拟路府州设教授,以国字在诸字之右,府州教授一任,准从八品,再历路教授一任,准正八品,任回本等迁转。大德四年,添设学正一员,上自国学,下及州县,举生员高等,从翰林考试,凡学官译史,取以充焉。

世祖至元二十六年夏五月,尚书省臣言:"亦思替非文字宜施于用,今翰林院益福的哈鲁丁能通其字学,乞授以学士之职,凡公卿大夫与夫富民之子,皆依汉人入学之制,日肄习之。"帝可其奏。是岁八月,始置回回国子学。至仁宗延祐元年四月,复置回回国子监,设监官,以其文字便于关防取会数目,令依旧制,笃意领教。泰定二年春闰正月,以近岁公卿大夫子弟与夫凡民之子入学者众,其学官及生员五十余人,已给饮膳者二十七人外,助教一人、生员二十四人廪膳,并令给之。学之建置在于国都,凡百司庶府所设译史,皆从本学取以充焉。

太宗六年癸巳,以冯志常为国子学总教,命侍臣子弟十八人入学。世祖至元七年,命侍臣子弟十有一人入学,以长者四人从许衡,童子七人从王恂。至二十四年,立国子学,而定其制。设博士,通掌学事,分教三斋生员,讲授经旨,是正音训,上严教导之术,下考肄习之业。复设助教,同掌学事,而专守一斋;正、录,申明规矩,督习课业。凡读书必先《孝经》、《小学》、《论语》、《孟子》、《大学》、《中庸》,次及《诗》、《书》、《礼记》、《周礼》、《春秋》、《易》。博士、助教亲授句读、音训,正、录、伴读以次传习之。讲说则依所读之序,正、录、伴读亦次而传习之。次日,抽签,令诸生复说其功课。对属、诗章、经解、史评,则博士出题,生员具稿,先呈助教,俟博士既定,始录附课簿,以凭考校。其生员之数,定二百人,先令一百人及伴读二十人入学。其百人之内,蒙古半之,色目、汉人半之。许衡又著诸生入学杂仪,及日用节目。七年,命生员八十人入学,俾永为定式而遵行之。

成宗大德八年冬十二月,始定国子生,蒙古、色目、汉人三岁各贡一人。十年冬闰十月,国子学定蒙古、色目、汉人生员二百人,三年各贡二人。

武宗至大四年秋闰七月,定生员额三百人。冬十二月,复立国子学试贡法,蒙古授官六品,色目正七品,汉人从七品。试蒙古生之法,宜从宽,色目生,宜稍加密,汉人生则全科场之制。

仁宗延祐二年秋八月,增置生员百人,陪堂生二十人,用集贤学士赵孟𫖯、礼部尚书元明善等所议国子学贡试之法更定之。

一曰升斋等第。六斋东西相向,下两斋左曰游艺,右曰依仁,凡诵书讲说、小学属对者隶焉。中两斋左曰据德,右曰志道,讲说《四书》、课肄诗律者隶焉。上两斋左曰时习,右曰日新,讲说《易》、《书》、《诗》、《春秋》科,习明经义等程文者隶焉。每斋员数不等,每季考其所习经书课业,及不违规矩者,以次递升。

二曰私试规矩。汉人验日新、时习两斋,蒙古色目取志道、据德两斋,本学举实历坐斋二周岁以上,未尝犯过者,许令充试。限实历坐斋三周岁以上，以充贡举。汉人私试，孟月试经疑一道，仲月试经义一道，季月试策问表章、诏诰科一道，蒙古、色目人，孟、仲月各试明经一道，季月试策问、一道。辞理俱优者为上等，准一分。理优辞平者为中等，准半分。每岁终，通计其年积分，至八分以上者升充高等生员，以四十名为额，内蒙古、色目各十名，汉人二十名。岁终试贡，员不必备，惟取实才。有分同阙少者，以坐斋月日先后多少为定。其未及等，并虽及等无阙未补者，其年积分，并不为用，下年再行积算。每月初二日蚤旦，圆揖后，本学博士、助教公座，面引应试生员，各给印纸，依式出题考试，不许怀挟代笔，各用印纸，真楷书写，本学正、录弥封誊录，余并依科举式，助教、博士以次考定。次日，监官覆考，于名簿内籍记各得分数，本学收掌，以俟岁终通考。

　　三曰黜罚科条。应私试积分生员，其有不事课业及一切违戾规矩者，初犯罚一分，再犯罚二分，三犯除名，从学正、录纠举，正、录知见而不纠举者，从本监议罚之。应已补高等生员，其有违戾规矩者，初犯殿试一年，再犯除名，从学正、录纠举之，正、录知见而不纠举者，亦从本监议罚之。应在学生员，岁终实历坐斋不满半岁者，并行除名。除月假外，其余告假，并不准算。学正、录岁终通行考校应在学生员，除蒙古、色目别议外，其余汉人生员三年不能通一经及不肯勤学者，勒令出学。其余责罚，并依旧规。

　　泰定三年夏六月，更积分而为贡举，并依世祖旧制。其贡试之法，从监学所拟，大概与前法略同，而防闲稍加严密焉。其本学正、录各二员，司乐一员，典籍二员，管勾一员，及侍仪舍人，旧例举积分生员充之，后以积分既革，于上斋举年三十以上、学行堪范后学者为正、录，通晓音律、学业优赡者为司乐，干局通敏者为典籍、管勾。其侍仪舍人，于上、中斋，举礼仪习熟、音吐洪畅、曾掌春秋释奠、每月告朔明赞、众与其能者充之。文宗天历二年春三月，惟伴读员数，自初二十人岁贡二人，后于大德七年定四十人岁贡六人，至大四年定四十人岁贡四人，延祐二年岁贡八人为淹滞，既额设四十名，宜充部令史者四人、路教授者四人。是后，又命所贡生员，每大比选士,与天下士同试于礼部,策于殿廷,又增至备榜而加选择焉。

国初,燕京始平,宣抚王楫请以金枢密院为宣圣庙。太宗六年,设国子总教及提举官,命贵臣子弟入学受业。宪宗四年,世祖在潜邸,特命修理殿廷;及即位,赐以玉斝,俾永为祭器。至元十三年,授提举学校官,六品印,遂改为大都路学,署曰提举学校所。二十四年,既迁都北城,立国子学于国城之东,乃以南城国子学为大都路学,自提举以下,设官有差。仁宗延祐四年,大兴府尹马思忽重修殿门堂庑,建东西两斋。泰定三年,府尹曹伟增建环廊。文宗天历二年,复增广之,提举郝义恭又增建斋舍。自府尹郝朵而别至曹伟,始定生员凡百人,每名月饩,京畿漕运司及本路给之。泰定四年夏四月,诸生始会食于学焉。

太宗始定中原,即议建学,设科取士。世祖中统二年,始命置诸路学校官,凡诸生进修者,严加训诲,务使成材,以佣选用。至元十九年夏四月,命云南诸路皆建学,以祀先圣。二十三年二月,帝御德兴府行宫,诏江南学校旧有学田,复给之以养士。二十八年,令江南诸路学及各县学内,设立小学,选老成之士教之,或自愿招师,或自受家学于父兄者,亦从其便。其他先儒过化之地,名贤经行之所,与好事之家出钱粟赡学者,并立为书院。凡师儒之命于朝廷者,曰教授,路府上中州置之。命于礼部及行省及宣慰司者,曰学正、山长、学录、教谕,路州县及书院置之。路设教授、学正、学录各一员,散府上中州设教授一员,下州设学正一员,县设教谕一员,书院设山长一员。中原州县学正、山长、学录、教谕,并受礼部付身。各省所属州县学正、山长、学录、教谕,并受行省及宣慰司札付。凡路府州书院,设直学以掌钱谷,从郡守及宪府官试补。直学考满,又试所业十篇,升为学录、教谕。凡正、长、谕录、教谕,或由集贤院及台宪等官举充之。谕、录历两考,升正、长。正、长一考,升散府上中州教授。上中州教授又历一考,升路教授。教授之上,各省设提举二员。正提举从五品,副提举从七品,提举凡学校之事。后改直学考满为州吏,例以下第举人充正、长,备榜举人充谕、录,有荐举者,亦参用之。自京学及州县学以及书院，凡生徒之肄业于是者，守令举荐之，台宪考核之，或用为教官，或取为吏属，往往人材辈出矣。

世祖中统二年夏五月，太医院使王猷言：“医学久废，后进无所师授。窃恐朝廷一时取人，学非其传，为害甚大。”乃遣副使王安仁授以金牌，往诸路设立医学。其生员拟免本身检医差占等役，俟其学有所成，每月试以疑难，视其所对优劣，量加劝惩。后又定医学之制，设诸路提举纲维之。凡宫壶所需，省台所用，转入常调，可任亲民，其从太医院自迁转者，不得视此例，又以示仕途不可以杂进也。然太医院官既受宣命，皆同文武正官五品以上迁叙，余以旧品职递升，子孙荫用同正班叙。其掌药，充都监直长，充御药院副使，升至大使，考满依旧例于流官铨注。诸教授皆从太医院定拟，而各路主善亦拟同教授皆从九品。凡随朝太医，及医官子弟，及路府州县学官，并须试验。其各处名医所述医经文字，悉从考校。其诸药所产性味真伪，悉从辨验。其随路学校，每岁出降十三科疑难题目，具呈太医院，发下诸路医学，令生员依式习课医义，年终置簿解纳送本司，以定其优劣焉。

世祖至元二十八年夏六月，始置诸路阴阳学。其在腹里、江南，若有通晓阴阳之人，各路官司详加取勘，依儒学、医学之例，每路设教授以训诲之。其有术数精通者，每岁录呈省府，赴都试验，果有异能，则于司天台内许令近侍。延祐初，令阴阳人依儒、医例，于路府州设教授员，凡阴阳人皆管辖之，而上属于太史焉。

举遗逸以求隐迹之士，擢茂异以待非常之人。世祖中统间，征许衡，授怀孟路教官，诏于怀孟等处选子弟之俊秀者教育之。是年，又诏征金进士李冶，授翰林学士。征刘因为集贤学士，不至。又用平章咸宁王野仙荐，征萧斠不起，即授陕西儒学提举。至元十八年，诏求前代圣贤之后，儒医卜筮，通晓天文历数，并山林隐逸之士。二十年,复召拜刘因右赞善大夫,辞,不允。未几以亲老,乞终养,俸给一无所受。后遣使授命于家,辞疾不起。二十八年,复诏求隐晦之士,俾有司具以名闻。成宗大德六年,征临川布衣吴澄,擢应奉翰林文字,拜命即归。九年,诏求山林间有德行文学、识治道者,遣使征萧𣂏,且曰:"或不乐于仕,可试一来,与朕语而遣归。"至大三年,复召吴澄,拜国子司业,以病还;延祐三年,召拜集贤直学士,以疾不赴;至治三年,召拜翰林学士。武宗、仁宗累征萧𣂏,授集贤学士、国子司业,未赴,改集贤侍讲学士。又以太子右谕德征,始至京师,授集贤学士、国子祭酒,谕德如故。仁宗延祐七年十一月,诏曰:"比岁设立科举,以取人材,尚虑高尚之士,晦迹丘园,无从可致。各处其有隐居行义、才德高迈、深明治道、不求闻达者,所在官司具姓名,牒报本道廉访司,覆奏察闻,以备录用。"又屡诏求言于下,使得进言于上,虽指斥时政,并无谴责,往往采择其言,任用其人,列诸庶位,以图治功。其他著书立言、裨益教化、启迪后人者,亦斟酌录用,著为常式云。

童子举,唐、宋始著于科,然亦无常员。成宗大德三年,举童子杨山童、海童。五年,大都提举学校所举安西路张秦山,江浙行省举张升甫。武宗至大元年,举武福安。仁宗延祐三年,江浙行省举俞传孙、冯怙哥。六年,河南路举张答罕,学士完者不花举丁顽顽。七年,河间县举杜山童,大兴县举陈聃。英宗至治元年,福州路连江县举陈元麟。至治三年,河南行省举张英。泰定四年,福州举叶留畊。文宗天历二年,举杜凤灵。至顺二年,制举答不歹子买来的。皆以其天资颖悟,超出儿辈,或能默诵经文,书写大字,或能缀缉辞章,讲说经史,并令入国子学教育之。惟张秦山尤精篆籀,陈元麟能通性理,叶留畊问以《四书》大义,则对曰:"无过事父母能竭其力,事君能致其身。"时人以远大期之。

元史卷八二

志第三二

选举二

铨法上

凡怯薛出身：元初用左右宿卫为心膂爪牙，故四怯薛子孙世为宿卫之长，使得自举其属。诸怯薛岁久被遇，常加显擢，惟长官荐用，则有定制。至元二十年议："久侍禁闼、门地崇高者，初受朝命散官，减职事一等，否则量减二等。"至大四年，诏蒙古人降一等，色目人降二等，汉人降三等。

凡台宪选用：大德元年，省议："台官旧无选法，俱于民职选取，后互相保选，省、台各为一选。宜令台官，幕官听自选择，惟廉访司官，则省、台共选。若台官于省部选人，则与省官共议之；省官于台宪选人，亦与台官共议之。"至元八年，定监察御史任满，在职无异政，元系七品以下者例加一等，六品以上者升擢。其有不顾权势，弹劾非违，及利国便民者，别议升除。或有不称者，斟酌铨注。

凡选举守令：至元八年，诏以户口增、田野辟、词讼简、盗贼息、赋役均五事备者，为上选。九年，以五事备者为上选，升一等。四事备者，减一资。三事有成者为中选，依常例迁转。四事不备者，添一资。五事俱不举者，黜降一等。二十三年，诏："劝课农桑，克勤奉职者，以次升奖。其怠于事者，笞罢之。"二十八年，诏："路府州县，除达鲁花赤外，长官并宜选用汉人素有声望，及勋臣故家，并儒吏出身，资品相应者，佐贰官遴选色目、汉人参用，庶期于政平讼理，民安盗息，而五事备矣。"

凡进用武官：至元十五年，诏："军官有功而升职者，旧以其子弟袭职，阵亡者许令承袭，若罢去者，以有功者代之。"

十七年，诏："渡江总把、百户有功升迁者，总把依千户降等承袭，百户无递降职名，则从其本等。"

十九年，奏拟："万户、千户、百户物故，视其子孙堪承袭者，依例承袭外，都元帅、招讨使、总管、总把，视其子孙堪承袭者，止令管其元军。元帅、招讨子孙为万户，总管子孙为千户，总把子孙为百户，给元佩金银符。病故者降等，惟阵亡者本等承袭。"

二十年，诏："万户、千户、百户分上中下三等，定立条格，通行迁转。以三年为满，理算资考，升加品级。若年老病故者，令其子弟依例荫叙。"是年，以旧制父子相继，管领元军，不设蒙古军官，故定立资考，三年为满，通行迁转。后各翼大小军官俱设蒙古军官，又兼调遣征进，俱已离翼，难与民官一体迁转荫叙，合将万户、千户、镇抚自奏准日为始，以三年为满，通行迁转。百户以下，不拘此例。凡军官征战有功过者，验实迹升降。又定蒙古奥鲁官，大翼万户下设奥鲁总管府，从四品。小翼万户下设奥鲁官，从五品。各千户奥鲁，亦设奥鲁官，受院札。各千户奥鲁，不及一千户者，或二百户、三百户，以远就近，以小就大，合并为千户翼奥鲁官，受院札。若干碍投下，难以合并，宜再议之。又定首领官受敕牒，元帅、招讨司经历、知事，就充万户府经历、知事，换降敕牒，如元翼该革，别与迁除。若王令旨、并行省札付、枢密院札付经历，充中、下万户府知事。行省诸司札付，充提领案牍，并各翼万户自设经历、知事，一例俱作提控案牍，受院札。又议："随朝各卫千户镇抚所提控案牍，已拟受院札，外任千户镇抚所提控案牍，合从行省许准，受万户府付身。"

二十四年，诏："诸求袭其父兄之职者，宜察其人而用之。凡旧臣勋阀及有战功者，其子弟当先任以小职，若果有能，则大用之。"

二十五年，军官阵亡者，本等承袭。病故者，降二等。虽阵亡，其子弟无能，勿用。虽病故，其子弟果能，不必降等，于本等用之。

大德四年，以上都虎贲司并武卫内万户、千户、百户达鲁花赤亡殁，而无奏准承袭定例，似为偏负。今后各翼达鲁花赤亡殁，宜察其子弟有能者用之，无能则止。五年，诏："军官有不赴任者，有患病因事不行者，有已赴任、被差委而出、公事已办为私事称故不回者，今后宜限以六月。越限者以他人代之，期年后以他职授之。"

十一年，诏："色目镇抚已殁，其子有能，依例用之。子幼，则取其兄弟之子有能者用之，俟其子长，即以其职还之。"

至大二年，议："各卫翼首领官，至经历以上，不得升除，似与官军一体，其子孙乃不得承袭。今后年逾七十，而散官至正从四品者，宜正从五品军官内任用。"

四年，诏："军官有故，令其嫡长子，亡殁，令嫡长孙为之。嫡长孙亡殁，则令嫡长孙之嫡长子为之。若嫡长俱无，则以其兄弟之子相应者为之。"

太禧院。天历元年，罢会福、殊祥二院而立之，秩正二品。其所辖诸司，则从其擢用。

宣徽院。皇庆二年，省臣奏："其所辖仓库、屯田官员，半由都省，半由本院用之。"奉旨，宜俱从省臣用之。

中政院。至大四年言："诸司钱粮选法，悉令中书省掌之，可更选人任用，移文中书，给降宣敕。"延祐七年，院臣启："皇后位下中政院用人，奉懿旨，依枢密院、御史台等例行之。"

直省舍人，内则侍相臣之兴居，外则传省阃之命令，选宿卫及勋臣子弟为之。又择其高等二人，专掌奏事。至元二十五年，省臣奏："其充是职者，俾受宣命。"大德八年，拟历六十月者，始令从政。

凡礼仪诸职：有太常寺检讨，至元十三年，拟历一百月，除从八品。有御史台殿中司知班，十五年，拟历九十月，除正八品。有通事舍人，二十年，议："从本司选已入流品职官为之，考满验应得资品，升一等迁用。未入流官人员，拟充侍仪舍人，受中书省札，一考除从九品。"三十年，议："于二品、三品官子内选用，不限荫叙，两考从七品迁叙。"有侍仪舍人，三十年，议："于四品、五品官子内选用，不限荫叙，一考从九品。"大德三年，议："有阙，宜令侍仪司于到部正从九品流官内选用，仍受省札，三十月为满，依朝官内升转，如不敷，于应得府州儒学教授内选用，历一考，正九品叙。"有礼直管勾，大德三年，省选合用到部人员，俱从太常寺举保，非常选除充者，任回止于本衙门叙用。有郊坛库藏都监二人，至大三年，议："受省札者历一考之上，受部札者历两考之上，再历本院属官一任，拟于从九品内叙。"天历二年，拟在朝文翰衙门，于国子生员内举充。

至元九年，部议："巡检流外职任，拟三十月为一考，任回于从九品迁叙。"

二十年，议："巡检六十月，升从九品。"

大德七年，议："各处所委巡检，自立格月日为始，已历两考之上者，循旧例九十月出职；不及两考者，须历一百二十月，方许出职迁转。"

十年，省奏："奉旨腹里巡检，任回及考者，止于巡检内注授。所历未及者，于钱谷官内定夺，通理巡检月日，各处行省所设巡检考满者，咨省定夺；未及考满者，行省于钱谷官等职内委用，通理月日，依旧升转；不及一考，如系告荫并提控案牍例应转充者，于杂职内委用，考满各理本等月日，依例升转。"

腹里诸路行用钞库。至元十九年，部拟："州县民官内选充，系八品、九品人员，三十月为满，任回验元资品，减一资历，通理迁叙。库使，受都省札付，任满从优迁叙。库副，受本路札付，二十月为满，于本处上户内公选交替。陕西、四川、西夏中兴等路提举司钞库，俱系行省管领,合就令依上选拟库官,移文都省,给降敕牒札付。"省议:"除钞库使副咨各省选拟外,提领省部选注。"

腹里官员,二十六年,定选充仓库等官,拟于应得资品上升一等,通理月日升转。江南官员,若曾腹里历仕,前资相应依例升转。迁去江淮历仕人员,所历月日一考之上者,除一考准为根脚,余有月日,后任通理;不及考者,添一资。若选充仓库等官,拟于应得资品上,例升一等,任回依上于腹里升转。接连官员选充仓库等官,应本地面从七品者,准算腹里从七资品。历过一考者,为始理算月日,后任通理;一考之上,余有月日,后任通理;不及考者,添一资升转。福建、两广官员选充仓库等官,应得本地面从七品者,准算江南从七资品。历过一考者,为始理算月日;一考之上,余有月日,后任通理;不及考者,添一资升转。元系流官,任回,止于流官内任用。杂职者,杂职内迁叙。万亿库、宝钞总库、八作司,以一年满代,钱物甚多,未易交割。宜以二年为满,少者以一年为满。上都税务官,止依上例迁转。都省所辖去处,二周岁为满者:各处都转运使司官、司属官、首领官,各处都漕运使司官、首领官,诸路宝钞都提举司官,腹里、江南随路平准行用库官,印造宝钞库官,铁冶提举司官、首领官,采金提举司官、首领官,银场提举司官、首领官,新旧运粮提举司官、首领官,都提举万亿库、八作司、宝钞总库首领官。一周岁为满者:泉府司所辖富藏库官,廪给司、四宾库、薄敛库官,大都税课提举司官、首领官,酒课提举司官、首领官,提举太仓官、首领官,提举醴源仓官、首领官,大都省仓官,河仓官,通州等处仓官,应受省部札付管钱谷院务杂职等官,大都平准行用库官,烧钞四库官,抄纸坊官,弊源库官。行省所辖去处,二周岁为满者:各处都转运使司官、司属官、首领官,各处都漕运使司官、首领官,行诸路宝钞都提举司官,腹里、江南随路平准行用库官,甘州、宁夏府等处都转运使司官,市舶提举司官、首领官,榷茶提举司官、首领官。一周岁为满者:行泉府司所辖阜通库官,各处行省收支钱帛诸物库官。

三十年,部议:"凡内外平准行用库官,提领从七品,大使从八品,副使从九品。若流官内选充者,任回减一资升转。杂职人员,止理本等月日。"元贞二年,部议:"凡仓官有阙,于到选相应职官,并诸衙门有出身令译史、通事、知印、宣使、奏差两考之上人内选用,依验难易收粮多寡升等,任回于应去地方迁叙。通州、河西务、李二寺等仓官,于应得资品上升一等,任满,交割别无短少,减一资通理。在都并城外仓分,收粮五万石之上仓官,于应得资品上升一等,任满,交割别无短少,依例迁叙;收粮一万石之上仓官,止依应得品级除授,任满,交割别无短少,减一资通理。"

大德元年,省拟:"大都万亿四库、富宁库、宝钞总库、上都万亿库官,止依合得资品选注,须二周岁满日,别无短少,拟同随朝例升一等。"二年,省议:"上都、应昌仓官,比同万亿库官例,二周岁为满,于应得资品上拟升一等。"

六年,部议:"在都平准行用库官,拟合与外路一体二周岁为满,元系流官内选充者,任回减一资升转。万亿四库知事例升一等,提控案牍减资迁转。和林、昔宝赤八剌哈孙、孔古烈仓改立从五品提举司。提举一员,从五品,同提举一员,从六品,副提举一员,从七品,周岁为满,于到选人内选充,应得资品上拟升二等,任回迁用,所历月日通理。甘、肃二路,每处设监支纳一员,正六品,仓使一员,从六品,仓副一员,正七品,二周岁为满,于到选人内铨注,入仓先升一等,任满交割,别无短少,又升一等。受给库提领,从九品,使、副受省札,攒典、合干人各设二名。"七年,部拟:"大都路永丰库提领从七,大使从八,副使从九,于到选相应人内铨注。江西省英德路、河西务两处,设立平准行用库,拟合设官员,系从七以下人员,依例铨注。英德路平准行用库,提领一员,从七,大使一员,从八,副使一员,从九品。河西务行用库,大使一员,从八品,副使一员,吏部札。甘肃行省丰备库,提领一员,从七品,大使一员,正八品,于到选迤西资品人内升等铨注。大同仓官,拟二周岁交代,永盈仓例升一等,其余六仓,任回拟减一资升转。"八年,部议:"湖广行省所辖散府司吏充仓官,依河南行省散府司吏充仓官,比总管府司吏取充者,降等定夺。"

至大二年,部呈:"凡平准行用库设官二员,常平仓设官三员,于流官内铨注,以二年为满,依例减资。"

四年,部议:"上都两仓,二周岁为满,于应得资品上升一等,历过月日,今后比例通理。"

皇庆元年,部议:"上都平盈库,二周岁为满,减一资升转。"

延祐四年,部议:"江浙行省各路见役司吏,已及两考,选充仓官,五万石之上,比同考满出身充典史,一考升吏目。五万石之下者,于典史添一考,依例迁叙。湖广行省仓官,如系路吏及两考,选充仓官一界,同考满出身充典史,一考升吏目,迁叙库官,周岁准理本等月日,考满依例升转。"

凡税务官升转:至元二十一年,省议:"应叙办课官分三等。一百定之上,设提领一员、使一员。五十定之上,设务使一员。五十定之下,设都监一员。十定以下,从各路差人管办。都监历三界,升务使,一周岁为满,月日不及者通理。务使历三界,升提领。提领历三界,受省札钱谷官,再历三界,始于资品钱谷官并杂职任用。各处就差相副官,增及两酬者,听各处官司再差。增及三酬以上及后界又增者,申部定夺。"

二十九年,省判所办诸课增亏分数,升降人员。增六分升二等,增三分升一等。其增不及分数,比全无增者,到选量与从优。亏兑一分,降一等。

三十年,省拟:"提领二年为满,省部于流官内铨注,一万锭之上拟从六品,五千锭之上拟正七品,二千锭之上拟从七品,一千锭之上正八品,五百锭之上从八品。大使、副使俱周岁交代,大使从行省吏部于解由合叙相应人内迁调,副使从各路于本处系籍近上户内公选。"

至大三年,诏定立办课例。一百锭之下院务官分为三等:五十锭之上为上等,设提领一员,受省札,大使一员,受部札;二十锭之上为中等，设大使、副使各一员；二十锭之下为下等，设都监、同监各一员，俱受部札。并以一年为满，齐界交代。都监、同监四界升副使，又四界升大使，又三界升提领，又三界入资品钱谷官并杂职内迁用。行省差设人员，各添两界升转，乃自立界以后为始，理算月日，并于有升转出身人员内定夺，不许滥用白身。议得例前部札，提领于大使内铨注，都监、同监本等拟注，止依历一十二界。至大三年例后，创入钱谷人员，及正从六品七品取荫子孙，亦依先例升转，不须添界外，其余杂进之人，依今次定例迁用，通历一十四界，依上例升转。

至元九年，部议："凡总府续置提控案牍，多系入仕年深，似比巡检例同考满转入从九。缘从九系铨注巡检阙，提领案牍吏员文资出职，难应捕捉，兼从九员多阙少，本等人员不敷铨注。凡升转资考，从九三任升从八，正九两任升从八，巡检提领案牍等考满转入从九，从九再历三考升从八，通理一百二十月升。巡检依已拟，提领案牍权拟六十月正九，再历两任，通理一百二十月升从九，较之升转资考，即比巡检庶员阙易就。都、吏目，拟吏目一考，转充都目，一考转充提领案牍，考满依上转入流品。都、吏目应升无阙，止注本等职名，验理升转。"

二十年，部拟："提控案牍九十月升九品。"

二十五年，部拟："各路司吏实历六十月，吏目两考升都目，历一考升提控案牍，两考升正九。若依路司吏九十月，吏目历一考与都目，余皆依上升转。"省议："江南提控案牍，除各路司吏比附腹里路司吏至元二十五年呈准定例迁除，其余已行直补，并自行踏逐历案牍两考者，再添资迁除。"

三十年，省准："提控案牍补注巡检，升转资品，不相争悬，如已历提控案牍月日者，任回止于提控案牍内迁叙。"

三十一年，省议："都目、巡检员阙，虽不相就，若不从宜调用，似涉壅滞，下部先尽到选巡检，余阙准告铨注，任回各理本等月日。"

大德二年，省准："京城内外省仓典吏，例于大都路州司吏、县典史内勾补，二周岁转升吏目。除行省所辖外，腹裹下州并杂职等衙门，计设吏目一百余处，其籍记未注者，以次铨注，俱拟三十月为满，任回本等内不次铨注。"

三年，部拟："提控案牍、都吏目有三周岁、二周岁、一周岁为满者，俱以三十月为满。"

八年，省准："和林兵马司掌管案牍人等，比依下州，合设吏目一员，于籍记吏目外发补，任回从九品迁用，添一资升转。司吏量拟四名，从本司选补通吏业者，六十月，提控案牍内任用。"

九年，部呈："都、吏目已于典史内铨注，宜将籍记案牍验历仕，以远就近，于吏目阙内参注，各理本等月日。"

十一年，江浙省臣言："各路提控案牍改受敕牒，不见通例。"部照："江北提控案牍，皆自府州司县转充路吏，请俸九十月方得吏目，一考升都目，都目一考，升提控案牍，两考正九品，通理二百一十月入流，其行省所委者，九十月与九品。今议行省委用例革提控案牍，合于散府诸州案牍、都吏目并杂职钱谷官内，行省依例铨注，通理月日升转。之后行省所设提控案牍、都吏目，合依江北由司县府州转充路吏，通理月日，考满方许入流。"

凡选取宣使奏差：至元十九年，部拟："六部奏差额设数目，每一十名内，令各部选取四名，九十月与从九品，余外合设数目，俱于到部巡检、提领案牍、都吏目内选取，候考满日，验下项资品铨注。"省准："解由到部，关会完备人员内选取。应入吏目，选充奏差，三考与从九品，吏目一考应入都目人员，选充奏差，两考与从九品。都目一考应入提领案牍人员，选充奏差，一考与从九品。巡检、提领案牍一考，选充奏差，一考与正九品。"

二十六年，省准："上都留守司兼本路都总管府典吏出身，历九十月，比通政院例，合转补本司宣使，考满依例定夺。"

二十九年，省议："行省、行院宣使于正从九品有解由职官内选取,如是不敷,于各道宣慰司一考之上奏差、本衙门三考典吏内选取。不敷,于各道廉访司三考奏差内并本衙门三考典史内选取,仍须色目、汉人相参选取。自行踏逐者,亦须相应人员,考满例降一等,须历九十月,方许出职。内外诸衙门宣使,以色目、汉人相参,九十月为满。自行踏逐者降一等。凡内外诸衙门宣使、通事、知印、奏差,都省宣使有阙,于台、院等衙门一考之上宣使,并有解由正从八品职官内选补,如系都省直选人员,不拘此例,仍须色目、汉人相参选取。自行踏逐者,考满例降一等,须历九十月,方许出职。枢密院宣使,正从九品职官内选取,仍须色目、汉人相参选用。自行踏逐者,亦须相应人员,考满例降一等,须历九十月,方许出职。御史台宣使,正从九品职官内选取。自行踏逐者,考满例降一等,须历九十月,方许出职。宣政院宣使,选补同。宣慰司奏差,于本衙门三考典吏内选取。自行踏逐者,考满降等叙,须色目、汉人参用,历九十月,方许出职。山东运司奏差,九十月,于近下钱谷官内任用。大都运司,一体定夺。”

七年,省准:“巩昌等处便宜都总帅府令史人等,已拟依各道宣慰司令史人等一体出身,自行踏逐者降等叙,有阙于本司三考典吏内选取。”八年,部呈:“各寺监保本处典吏补奏差,若元系请俸典吏、本把人等补充者,考满同自行踏逐者,降等叙。”九年,拟宣徽院典吏九十月补宣使,并所辖寺监令史。

十年,省拟:“中政院宣使于本衙门三考之上典吏及正从九品职官内选用,以色目、汉人相参,自行踏逐者降等。”

十一年,省拟:“燕南廉访司奏差,州吏内选补,考满于都目内迁用。”

延祐三年,省议:“各衙门典吏,须历九十月,方许转补奏差。”

凡匠官:至元九年,工部验各管户数二千户之上至一百户之上,随路管匠官品级。省议:“除在都总提举司去处,依准所拟。东平杂造提举司并随路织染提举司,二千户之上,提举正五品,同提举从六品,副提举从七品。一千户之上,提举从五品,同提举正七品,副提举正八品。五百户之上至一千户之下,提举正六品,同提举从七品,副提举从八品。三百户之上,大使正七品,副使正八品。一百户之上,大使从七品,副使从八品。一百户之下,院长一员,同院务,例不入流品,量给食钱。凡一百户之下管匠官资品,受上司札付者,依已拟充院长。已受宣牌充局使者,比附一百户之上局使资品递降,量作正九资品。”

二十二年,凡选取升转匠官资格,元定品给员数,提举司二千户之上者,无之。一千户之上,提举从五品,同提举正七品,副提举正八品。五百户之、一千户之下,提举正六品,同提举从七品,副提举从八品。使副,三百户之上,局使正七品,副使正八品。一百户之上,局使从七品,副使从八品。一百户之下,院长一员,比同务院,例不入流品。工部议:“三百户之上局副从八,一百户之上局副正九,遇有阙,于一百户之下院长内选充。院长一百二十月升正九,正九两考升从八,从八三考、正八两考,俱升从七。如正八有阙,别无资品相应人员,于已授从八匠官内选注,通历九十月,升从七。从七三考升正七,正七两考升从六。从六三考、正六两考,俱升从五。为所辖司属无从六,名阙,如已历正七两考,拟升加从六散官,止于正七匠官内迁转,九十月升从五。如正六匠官有阙,于已授从六散官人员内选注,通历九十月升从五。从五三考拟升正五,别无正五匠官,名阙,升加正五散官,止于从五匠官内迁转。如历仕年深,至日斟酌定夺。至元十二年以前受宣敕省札人员,依管民官例,拟准已受资品。十三年以后受宣敕省札人员,若有超升越等者,验实历俸月定拟,合得资品上例存一等迁用。管匠官遇有阙员去处,如无资品相应之人,拟于杂职资品相应到选人内铨注。凡中原、江淮匠官,正从五品子,从九品匠官内荫叙,六品、七品子,于院长内叙用。以匠官无从九,名阙,拟正从五品子应荫者,于正九匠官内铨注,任回,理算从九月日。”

二十三年,诏:“管匠官,其造作有好恶亏少,勿令迁转。”二十四年,部言:"管匠衙门首领官,宜于本衙门内选委知会造作相应人员区用,勿令迁转,合衣旧例,从本部于常选内选差相应人员掌管案牍,任满交代迁叙。"

元贞元年,准湖广行省所拟:"三千户之上提举司从五品,提举从五品,同提举正七品,副提举正八品。二千户之上提举司正六品,提举正六品,同提举从七品,副提举从八品。一千户之上局,局使正七品,副使正八品。五百户之上局,局使从七品,副使正九品。五百户之下,院长一员。"

凡诸王分地与所受汤沐邑,得自举其人,以名闻朝廷,而后授其职。

至元二年,诏以各投下总管府长官不迁外,其所属州县长官于本投下分到城邑内迁转。

四年,省札:"应给印官员,若受宣命及诸王令旨、或投下官员批札、省府枢密院制府左右部札付者,验户给印。"

五年,诏:"凡投下官,必须用蒙古人员。"

六年,以随路见任并各投下创差达鲁花赤内,多女直、契丹、汉人,除回回、畏吾儿、乃蛮、唐兀同蒙古例许叙用,其余拟合革罢,曾历仕者,于管民官内叙用。

十九年,诏:"各投下长官,宜依例三年一次迁转。"省臣奏:"江南诸王分地长官,已令如例迁转,其间若有兼管军镇守为达鲁花赤者,一体代之,似为不宜。合令于投一长官之上署字,一同莅事。"

二十年,议:"诸王各设下千户,于江南分地已于长官内委用,其州县长官亦令如之,似为相宜。"

二十三年,诸王、驸马并百官保送人员,若曾仕者,验资历于州县内相间用,如无历仕,从本投下自用。三十年,各投下州县长官,三年一次给由互相迁转,如无可迁转,依例给由申呈省部,仍牒廉访司体访。

大德元年,诸投下达鲁花赤从七以下者,依例显选。

十年，议："各投下官员，非奉省部明文，毋得擅自离职。"

皇庆二年，诏："各投下分地城邑长官，其常选所用者，居众人之上，投下所委者为添设，其常选内路府州及各县内减一员。"

三年，以中下县主簿、录事司录判掌钱粮捕盗等事，不宜减去，并增置副达鲁花赤一员。

四年，凡投下郡邑，令自置达鲁花赤，其为副者罢之。各投下有阙用人，自于其投下内选用，不许冒用常选内人。

凡壕寨官：至元十九年，省部拟："都水监并入本部，其壕寨官比依各部奏差出身。"大德二年，拟考满除从九品。

凡入粟补官：天历三年，河南、陕西等处民饥。省臣议："江南、陕西、河南等处富实之家愿纳粟补官者，验粮数等第，从纳粟人运至被灾处所，随即出给勘合朱钞，实授茶盐流官，咨申省部除授。凡钱谷官隶行省者行省铨注，腹里省者吏部注拟，考满依例升转。其愿折纳价钞者，并以中统钞为则。江南三省每石四十两，陕西省每石八十两，河南并腹里每石六十两。其实授茶盐流官，如不愿仕而让封父母者听。陕西省：一千五百石之上，从七品。一千石之上，正八品。五百石之上，从八品。三百石之上，正九品。二百石之上，从九品。一百石之上，上等钱谷官。八十石之上，中等钱谷官。五十石之上，下等钱谷官。三十石之上，旌表门间。河南并腹里：二千石之上，从七品。一千五百石之上，正八品。一千石之上，从八品。五百石之上，正九品。三百石之上，从九品。二百石之上，上等钱谷官。一百五十石之上，中等钱谷官。一百石之上，下等钱谷官。江南三省：一万石之上，正七品。五千石之上，从七品。三千石之上，正八品。二千石之上，从八品。一千石之上，正九品。五百石之上，从九品。三百石之，上等钱谷官。二百五十石之上，中等钱谷官。二百石之上，下等钱谷官。

凡先尝入粟遥授虚名者，今再入粟，则依验粮数，照依资品，今实授茶盐流官。陕西省：一千石之上，从七品。六百六十石之上，正八品。三百三十石之上，从八品。二百石之上，正九品。一百三十石之上，从九品。河南并腹里：一千三百石之上，从七品。一千石之上，正八品。六百六十石之上，从八品。三百三十石之上，正九品。二百石之上，从九品。江南三省：六千六百六十石之上，正七品。三千三百三十石之上，从七品。二千石之上，正八品。一千三百三十石之上，从八品。六百六十石之上，正九品。三百三十石之上，从九品。先尝入粟实授茶盐流官者，今再入粟，则依验粮数，加等升职。陕西省：七百五十石之上，五百石之上，二百五十石之上，一百五十石之上，一百石之上。河南并腹里：一千石之上，七百五十石之上，五百石之上，二百五十石之上，一百五十石之上。

僧道能以自己衣钵济饥民者，三百石之上，六字师号，都省出给。二百石之上，四字师号；一百石之上，二字师号；俱礼部出给。四川省所辖地分富实民户，有能入粟赴江陵者，依河南省入粟补官例行之。其粮合用之时，从长处置。江浙、江西、湖广三省已枭官粮，见在价钞于此差人赴河南省别与收贮，合用之时，从长处置。”

凡获盗赏官：大德五年，诏：“获强盗五人，与一官。捕盗官及应捕人，本境失盗而获他境盗者，听功过相补。获强盗过五人，捕盗官减一资，至十五人升一等，应捕人与一官，不在论赏之列。”

凡控鹤伞子：至元二十二年，拟：“控鹤受省札，保充御前伞子者，除充拱卫都直指挥使司钤辖，官进义副尉。”

二十八年，控鹤提控受敕进义副尉，管控鹤百户，及一考，拟元除散官从八，职事正九，于从八内迁注。

元贞元年，控鹤提控奉旨充速古儿赤一年，受省札充御前伞子，历三百三十二月，诏于从六品内迁用。

大德六年，控鹤百户，部议于巡检内任用。其离役百户人等拟从八品，伞子从七品。

延祐三年,控鹤百户历两考之上,拟于正九品迁用。

凡玉典赤:至元二十七年,定拟历三十月至九十月者,并与县达鲁花赤、进义副尉。一百月以上者,官敦武校尉。至大二年,令玉典赤权于州判、县丞内铨注。三年,令依旧例,九十月除从七下县达鲁花赤,任回添一资。

凡蛮夷官:议:"播州宣抚司保蛮夷军民副长官,系远方蛮夷,不拘常调之职,合准所保。其蛮夷地分,虽不拘常调之处,而所保之人,多有泛滥。今后除袭替土官外,急阙久任者,依例以相应人举用,不许预保,违者罪及所由官司。"

元史卷八三
志第三三

选举三

铨法中　铨法下

至元四年,诏:"诸官品正从分等,职官用荫,各止一名。诸荫官不以居官、去任、致仕、身故,其承荫之人,年及二十五以上者听。诸用荫者,以嫡长子。若嫡长子有废疾,立嫡长子之子孙,曾玄同。如无,立嫡长子同母弟,曾玄同。如无,立继室所生。如无,立次室所生。如无,立婢子。如绝嗣者,傍荫其亲兄弟,各及子孙。如无,傍荫伯叔及其子孙。诸用荫者,孙降子、曾孙降孙、婢生子及傍荫者,皆于合叙品从降一等。诸荫子入品职,循其资考,流转升迁。廉慎干济者,依格超升。特恩擢用者,不拘此例。其有不务廉慎,违犯礼法者,依格降罚,重者除名。诸自九品依例迁至正三品,止于本等流转,二品以上选自特旨。诸职官荫子之后,若有余子,不得于诸官府自求职事,诸官府亦不许任用。"

五年,诏:"诸荫官各具父祖历仕缘由、去任身故岁月并所受宣敕札付、彩画宗支,指实该承荫人姓名年甲,本处官司体勘房亲,揭照籍册,别无诈冒,及无废疾过犯等事,上司审验相同,保结申覆,令亲赍文解赴部。诸荫叙人员,除蒙古及已当秃鲁花人数别行定夺外,三品以下、七品以上、年二十五之上者,当傜使一年,并不支俸。满日,三品至五品子孙量材叙用外,六品七品子准上铨注监当差使,已后通验各界增亏定夺。"

十六年,部拟:"管匠官止于管匠官内迁用。其身故匠官之子,若依管民官品级承荫,缘匠官至正九品以下,止有院长、同院务,例不入流品,似难一例荫用。比附承荫例,量拟正从五品子于九品匠官内叙,六品、七品子于院长内叙。凡儤直曾当怯薛身役,已经历仕及止有一子,五十以上者,并免。"

二十七年,诏:"凡军民官阵亡,军官袭父职,民官阵亡者,其子比父职降二等叙,其孙若弟复降一等。"大德四年,省议:"诸职官子孙荫叙,正一品子,正五品叙。从一品子,从五品叙。正二品子,正六品叙。从二品子,从六品叙。正三品子,正七品叙。从三品子,从七品叙。正四品子,正八品叙。从四品子,从八品叙。正五品子,正九品叙。从五品子,从九品叙。正六品子,流官于巡检内用,杂职于省札钱谷官内用。从六品子,近上钱谷官。正七品子,酌中钱谷官。从七品子,近下钱谷官。诸色目人比汉人优一等荫叙,达鲁花赤子孙与民官子孙一体荫叙,傍荫照例降叙。"

至大四年,诏:"诸职官子孙承荫,须试一经一史,能通大义者免儤使,不通者发还习学,蒙古、色目愿试者听,仍量进一阶。"

延祐六年,部呈:"福建、两广、海北、海南、左右两江、云南、四川、甘肃等处荫叙之人,如父祖始仕本处,止以本地方叙用。据腹里、江南历仕升等迁往者,其子孙弟侄承荫,又注远方,诚可怜悯。今将承荫人等量拟叙用,福建、两广、八番官员拟江南荫叙,海北、海南、左右两江官员拟接连荫叙,云南官员拟四川荫叙,四川、甘肃官员拟陕西荫叙。"

凡迁调闽广、川蜀、云南官员:

每三岁,遣使与行省铨注,而以监察御史往莅之。

至元十九年,省议:"江淮州郡远近险易不同,似难一体,今量分为三等,若腹里常调官员迁入两广、福建溪洞州郡者,于本等资历上,例升二等,其余州郡,例升一等。福建、两广官员五品以上,照勘员阙,移咨都省铨注,六品以下,就便委用,开具咨省。"

二十年,部拟:"迁叙江淮官员,拟定应得资品,若于接连福建、两广溪洞州郡任用,升一等。甘肃、中兴行省所辖系西夏边地,除本处籍贯见任官外,腹里迁去甘肃者,拟升二等,中兴府拟升一等。"二十一年,诏:"管民官腹里迁去四川升一等,接连溪洞升二等。四川见任官迁往接连溪洞升一等,若迁去溪洞诸蛮夷,别议定夺。达鲁花赤就彼处无军蒙古军官内选拟,不为常例。"

二十二年,江淮官员迁于龙南、安远县地分者,拟升二等,仍以三十月为满升转。

二十八年,诏:"腹里官员迁去云南近里城邑,拟升二等,若极边重地,更升一等。行省咨保人员,比依定夺。其蒙古、土人及招附百姓有功之人,不拘此例。"省臣奏准:"福建、两广官员多阙,都省差人与彼处行省、行台官,一同以本土周回相应人员委用。"部议:"云南六品以下任满官员,依御史台所拟,选资品相应人,拟定名阙,具历仕脚色,咨省奏准,敕牒到日,许令之任。若有急阙,依上选取,权令之任,历过月日,依上准理。"

二十九年,诏:"福建、两广官员历两任满者,迁于接连去处,一任满日,历江南一任,许入腹里通行迁转,愿于两广、福建者听,依例升等。"至治元年,省臣奏:"江浙、江西、湖广、四川、云南五处行省所辖边远地分官员,三年一次差人与行省、行台官一同迁调。"泰定四年,部拟:"诸职官子孙承荫,已有元定荫叙地方通例,别难议拟,如愿于广海荫叙者,听其所请,依例升等迁叙。其已咨到都省,应合本省地分荫叙而未受除者,依例咨行省,令差去迁调官就便铨注。广海阙官,于任满得代,有由应得路府州县儒学教授、学正、山长内愿充者,借注正九品以下名阙,任回,止理本等月日。广海应设巡检,于本省应得常选上等钱谷官选拟,权设,理本等月日。行省自用并不应之人,不许委用,如受敕巡检到彼,即听交代。"

凡迁调循行:

各省所辖路府州县诸司,应合迁调官员,先尽急阙,次及满任。急阙须凭各官在任解由、依验月日、应得资品、及解由到行省月日,依次就便迁调。若有急阙,委无相应之人,或员阙不能相就者,于应叙职官内选用,验各得资品上,虽有超越,不过一等。本管地面,若有遐荒烟瘴险恶重地,除土官外,依例公选铨注,其有超用人员,多者不过二等。军官、匠官、医官、站官、各投下人等,例不转入流品者,难资品相应,不许铨注。都省已除人员,例应到任,若有违限一年者,听别行补注。应有合就彼迁叙人员,如在前给由已咨都省听除,未经迁注照会,不曾咨到本省者,即听就便开咨。无解由人员,不许铨注。诸犯赃经断应叙人员,照例铨注。令译史、奏差人等,须验实历月日已满,方许铨注。边远重难去处,如委不可阙官,从差去官与本省官公同选注能干人员,开具历仕元由,并所注职名,拟咨都省,候回准明文,方许之任。应迁调官员,三品、四品拟定咨呈,五品以下先行照会之任。

凡文武散官:

多采用金制,建官之初,散官例降职事二等。至元二十年,始升官职对品,九品无散官,谓之平头敕。蒙古、色目,初授散官或降职事,再授职,虽不降,必俟官资合转,然后升职。汉人初授官,不及职,再授则降职授官。惟封赠荫叙官职,各从一高,必历官至二品,则官必从职,不复用理算法矣。至治初,稍改之,寻复其旧。此外月日不及者,惟历繁剧得优,获功赏则优,由内地入边远则优,宪台举廉能政迹则优,以选出使绝域则优,然亦各有其格也。

凡保举职官:

大德二年制:"各廉访司所按治城邑内,有廉慎干济者,岁举二人。"

九年,诏:"台、院、部五品以上官,各举廉能识治体者三人,行省台、宣慰司、廉访司各举五人。"

凡翰林院、国子学官：

大德七年议："文翰师儒难同常调，翰林院宜选通经史、能文辞者，国子学宜选年高德劭、能文辞者，须求资格相应之人，不得预保布衣之士。若果才德素著，必合不次超擢者，别行具闻。"

凡迁官之法：

从七以下属吏部，正七以上属中书，三品以上非有司所与夺，由中书取进止。自六品至九品为敕授，则中书牒署之。自一品至五品为宣授，则以制命之。三品以下用金宝，二品以上用玉宝，有特旨者，则有告词。其理算论月日，迁转凭散官，内任以三十月为满，处任以三岁为满，钱谷典守以二岁为满。而理考通以三十月为则。内任官率一考升一等，十五月进一阶。京官率一考，视外任减一资。外任官或一考进一阶，或两考升一等，或三考升二等。四品则内外考通理。此秋毫不可越。然前任少，则后任足之，或前任多，则后任累之。一考者及二十七月，两考者及五十七月，三考者及八十一月以上，遇升则借升，而补以后任。此又其权衡也。

凡选用不拘常格：省参议、都司郎中、员外高第者，拜参预政事、六曹尚书、侍郎，及台幕官、监察御史出为宪司官。外补官已制授，入朝或用敕除，朝迹秩视六品，外任或为长伯。在朝诸院由判官至使，寺监由丞至卿，馆阁由属官至学士，有递升之法，用人重于用法如此。又覃官，或准实授，或普减资升等，或内升等，或外减资，或外减内不减，斯则恩数之不常有者，惟四品以下者有之。三品则递进一阶，至正议大夫而止。若夫勋臣世胄、侍中贵人，上命超迁，则不可以选格论。亦有传敕中书，送部覆奏，或致缴奏者，斯则历代以来封驳之良法也。

凡吏部月选：

至元十九年议："到部解由即行照勘，合得七品者呈省，从七以下本部注拟,其余流外人员,不拘多寡,并以一月一次铨注。"

凡官吏迁叙:

至元十年,议:"旧以三十月迁转太速,以六十月迁转太迟。"

二十八年,定随朝以三十月为满,在外以三周岁为满,钱谷官以得代为满,吏员以九十月日出职,职官转补,与职官同。

凡覃官:

至大二年,诏:"内官四品以下,普覃散官一等,服色、班次、封荫皆凭散官。三品者递进一阶,至正三品上阶而止。其应入流品者,有出身吏员译史等,考满加散官一等。"

三年,蒙古儒学教授,一体普覃。

四年,诏在任官员,普覃散官一等。

泰定元年,诏:"内外流官已带覃官,准理实授。所有军官及其余未覃人员,四品以下并覃散官一等,三品递进一阶,至三品上阶止,服色、班次、封荫,悉从一高。其有也身应入流品人等,如在恩例之前入役支俸者,考满亦依上例覃授。"

二年,省议:"应覃人员,依例先理月日,后准实授,其正五品任回已历一百三十五月者,九十月该升从四,余有四十五月,既循行旧例,覃官三品,拟合准理实授,月日未及者,依验散官,止于四品内迁用,所有月日,任回,四品内通行理算。"

凡减资升等:

大德九年,诏:"外任流官,升转甚迟,但历在外两任,五品以下并减一资。"部议:"外任五品以下职官,若历过随朝及在京仓库官盐铁等职,曾经升等减资外,以后至大德九年格前,历及在外两任或一任、六十月之上者,并与优减,未及者不拘此格。"至治二年,太常礼仪院臣奏:"皇帝亲祭太庙,恩泽未加。"诏四品以下诸职官,不分内外,普减一资,有出身应入流品者,考满任回,依上优减。天历元年,诏:"以兵兴,内外官吏供给繁劳,在京者升一等,至三品止,在外者减一资。"

凡注官守阙:

至元八年议:"已除员官,无问月日远近,许准守阙外,未奏未注者,许注六月满阙,六月以上不得预注。"

二十二年,诏:"员多阙少,守阙一年,年月满者照阙注授,余无阙者令候一年。"

大德元年,以员多阙少,宜注二年。

凡注官避籍:

至元五年,议:"各路地里阔远,若更避路,恐员阙有所碍,止宜斟酌避籍铨选。"

凡除官照会:

至元十年,议:"受除民官,若有守阙人员,当前官任满,预期一月检举照会。钱谷官候见界官任满,至日行下合属照会。"

二十四年,议:"受除官员省札到部照勘,急阙任满者,比之满期,预先一月照会。"

凡赴任程限:

大德八年,定赴任官在家装束假限,二千里内三十日,三千里内四十日,远不过五十日。马日行七十里,车日行四十里。乘驿者日两驿,百里以上止一驿。舟行,上水日八十里,下水百二十里。职当急赴者,不拘此例。违限百日外,依例作阙。

凡赴任公参:

至元二年,定散府州县赴任官,去上司百里之内者公参,百里之外者申到任月日,上司官不得非理勾扰,失误公事。

凡官员给假:中统三年,省议:"职官在任病假及缘亲病假满百日,所在官司勘当申部作阙,仍就任所给据,期年后给由求叙,自愿休闲者听。"

至元八年,省准:"在任因病求医并告假侍亲者,拟自离职住俸日为始,限一十二月后听仕。其之任官果因病患事故,不能赴任,自受除日为始,限一十二月后听仕。"部拟:"凡外任官日久不行赴任,除行程并装束假限外,违者计日断罪。"

二十七年,议:"祖父母、父母丧亡并迁葬者,许给假限,其限内俸钞,拟合支给,违例不到,停俸定罪。"

二十八年,部议:"官吏远离乡土,不幸患病,难议截日住俸,果有患病官吏,百日内给俸,百日外停俸作阙。"

大德元年,议:"云南官员,如遇祖父母、父母丧葬,其家在中原者,并听解任奔赴。"

二年,诏:"凡值丧,除蒙古、色目人员各从本俗外,管军官并朝廷职不可旷者,不拘此例。"

五年,枢密院臣议:"军官宜限以六月,越限日以他人代之,期年后,授以他职。"

七年,议:"已除官员,若有病故及因事不能赴任者,即牒所在官司,否则亲邻主首,呈报上司,别行铨注。"

八年,吏部言:"赴任官即将署事月日飞申,以凭标附,有犯赃事故,并仰申闻。"

天历二年,诏官吏丁忧,各依本俗,蒙古、色目仿效汉人者不用,蒙古、色目人愿丁父母忧者听。"

凡官员便养:

至大三年,诏:"铨选官员,父母衰老气力单寒者,得就近迁除,尤为便益。果有亲年七十以上,别无以次侍丁,合从元籍官司保勘明白,斟酌定夺。"

凡远年求叙:

元贞元年，部拟："自至元二十八年三月为限，于本处官司明具实迹保勘，申覆上司迁叙。"

大德七年，议："求叙人员，具由陈告，州县体覆相同，明白定夺，依例叙用。"

凡省部令史、译史、通事等：

至元六年，省议："旧例一百二十月出职，今案牍繁冗，难同旧日，会量作九十月为满。其通事、译史繁剧，合与令史一体。近都省未及两考省令史译史授宣，注六品职事，部令史已授省札，注从七品职事。今拟省令译史、通事，由六部转充者，中统四年正月已前，合与直补人员一体，拟九十月考满，注六品职事，回降正七一任，还入六品。中统四年正月已后，将本司历过月日，三折二，验省府月日考满通理，九十月出职，与正七职事，并免回降。职官充省令译史，旧例文资右职参注，一考满，合得从七品，注从六品，未合得从七品，注正七品，如更勒留一考，合同随朝升一等。一考满，未得从七注正七品者，回降从七，还入正七。一考满，合得从七注从六品，合得正七注六品者，免回降。正从六品人员不合收补省令史、译史，如有已补人员，合同随朝一考升一等注授。中统四年正月已前，收补部令史、译史、通事，拟九十月为考满，照依已除部令史例，注从七品，回降正八一任，还入从七。中统四年正月已后，充部令译史、通事人员，亦拟九十月为考满，依旧例正八品职事，仍免回降。省宣使，旧例无此职名，中统以来，初立中书省，曾受宣命充宣使者，拟出职正七品职，外有非宣授人员，拟九十月为考满，与正八品。"

至元二十年，吏部言："准内外诸衙门令译史、通事、知印、宣使、奏差等，病故作阙，未及九十月，并令贴补，值例革者，比至元九年例定夺。"省准："宣使、各部令史出职同，三考从七。一考之上，验月日定夺。一考之下，二十月以上者正九。十五月以上者从九，十五月以下拟充巡检。台院、大司农司译史、令史出身同，三考正七。一考之上，验月日定夺。一考之下，二十月以上从八，十五月以上正九，十五月以下、十月之上从九，添资，十月以下巡检。宣使三考正八品。一考之上，验月日定夺。一考之下，二十月以上从九，十五月以上巡检，十五月以下酒税醋使。部令史、译史、通事三考从七。一考之上，验月日定夺。一考之下，二十月以上者正九，十五月以上从九，十五月以下令史提控案牍，通事、译史巡检。奏差三考从八品。一考之上，验月日定夺。一考之下，二十月以上巡检，十五月之上酒税醋使，十五月之下酒税醋都监。”

大德四年，中书省准：“吏部拟腹里、江南都吏目、提控案牍升转通例，凡腹里提控案牍、都吏目：京畿漕运司令史，元拟六十月考满，今准九十月考满。都漕运司令史九十月。诸路宝钞提举司司吏元拟六十月考满，今准九十月考满。万亿四库司吏，元拟六十月考满，今准九十月考满。大都路令史，元拟六十月考满，任回减资升转，今准六十月考满，不须减资。大都运司令史，九十月考满都目。宝钞总库司吏，元拟六十月都目，九十月提控案牍，今准九十月都目。富宁库司吏，元拟六十月提控案牍，今准九十月都目。左右八作司司吏，元拟六十月，今准九十月都目。”又议：“已经改拟出职人员，各路司吏转充提控案牍、都目，比同升用，其余直补人数，并循至元二十一年之例迁用。江南提控案牍、都目：至元二十五年呈准，各路司吏六十月吏目，两考升都目，一考升提控案牍，两考正九。路司吏九十月吏目，一考转都目，余皆依上升转。江南提控案牍除各路司吏，比腹里路司吏至元二十五年呈准例迁除，其余已行直补，并自行保举，自呈准月日立格，实历案牍两考者，止依至元二十一年定例，九十月入流。未及两考者，再添一资迁除。例后违越创补者，虽历月日不准。”

大德十一年，省臣奏：“凡内外诸司令史、译史、通事、知印、宣使有出身者，一半于职官内选用，依旧一百二十月为满，外任减一资。”又议：“选补吏员，除都省自行选用外，各部依元设额数，遇阙职官，与籍记内相参发补，合用一半职官，从各部自行选用。通事、知印从长官选用。译史则从翰林院试发都省书写典吏考满人内，挨次上名补用，其有不敷，从翰林发补。奏差亦于职官内选一半，余于籍记应例人内发补。岁贡人吏，依已拟在役听候。"省议："六部令史如正从九品不敷，从八品内亦听选取。省掾，正从七品得代有解由并见任未满、已除未任文资流官内选取，考满于应得资品上升一等，除元任地方，杂职不用。院台令史如元系七品之人，亦在选补之例。译史、通事选识蒙古、回回文字，通译语正从七品流官，考满验元资升一等，注元任地方，杂职不预。知印于正从七口流官内选取，考满并依上例注授，杂职不预。宣使于正从八品流官内选取，仍须色目、汉人相参，历一考，于应得资品上升一等，除元任地方，杂职不预。"

凡岁贡吏员：

至元十九年，省议："中书省掾于枢密院、御史台令史内取，台、院令史于六部令史内取，六部令史以诸路岁贡人吏补充，内外职官材堪省掾及院、台、部令史者，亦许擢用。省掾考满，资品既高，责任亦重，皆自岁贡中出，若不教养铨试，必致人材失真，今拟定例于后：诸州府隶省部者，儒学教授选本管免差儒户子弟入学读书习业，非儒户而愿学者听。遇按察司、本路总管府岁贡之时，于学生内选行义修明、文学优赡、通经史、达时务者保申解贡。各路司吏有阙，于所属衙门人吏内选取。委本路长官参佐，同儒学教授考试，习行移算术，字画谨严，语言辩利，《诗》、《书》、《论》、《孟》内通一经者为中式，然后补充。按察司书吏有阙，府州司吏内勾补，至岁贡时，本州本路以上，再试贡解。诸岁贡吏，当该官司于见役人内公选，以性行纯谨、儒吏兼通者为上，才识明敏、吏事熟闲者次之，月日虽多、才能无取者不许呈贡。"

二十二年，省拟："呈试吏员，先有定立贡法，各道按察司上路总管府凡三年一贡，儒、吏各一人，下路二年贡一人，以次籍记，遇各部令史有阙补用。若随路司吏及岁贡儒人，先补按察书吏，然后贡之于部，按察书吏依先例选取考试，唯以经史吏业不失章指者为中选。随路贡举元额,自至元二十三年为始,各道按察司每岁于书吏内,以次贡二名,儒人一名必谙吏事,吏人一名必知经史者,遇各部令史有阙,以次勾补。"

元贞元年,诏:"诸路有儒通吏事、吏通经术、性行修谨者,各路荐举,廉访司试选。每道岁贡二人,省台委官立法考试,必中程式,方许录用。"

大德二年,贡部人吏,拟宣慰司、廉访司每道岁贡二人儒吏兼通者,自大德三年为始,依例岁贡,应合转补各部寺监令史,依《至元新格》发遣,到部之日,公座试验收补。

九年,省判:"凡选府州教授,年四十已下,愿试吏员程式,许补各部令史。除南人已试者,别无定夺到部,未试之人,依例考试。"

至治二年,省准:"各道廉访司书吏,先尽儒人,不敷者吏员内充贡,各历一考,依例试贡。"

凡补用吏员:

至元十一年,省议:"有出身人员,遇省掾有阙,拟合于正从七品文资职官并台、院、六部令史内,从上名转补。翰林两院拟同六部令史,有阙于随路儒学教授通吏事人内选补。枢密院、御史台令史、省掾有阙,从上转补,考满依例除授,又于正从八品文资官及六部令史内转补。省断事官令史与六部令史一体三考出身,于部令史内发补。少府监令史,拟于六部并诸衙门考满典吏内补用。"

十三年,省议:"行工部令史与六部令史一体,于应补人内挨次填补。"

十四年,诏:"诸站都统领使司令史拟同各部令史,今既改通政院,与台院令史一体出身,于各部令史内选补。"

十五年,部拟:"翰林兼国史院令史同台令史一体出身,于各部令史内选取。"

二十一年,省议:"江淮、江西、荆湖等处行省令史,拟捋至元十九年咨发各省贴补人员先行收补,不许自行踏逐,移咨都省,于六部见役令史内补充。或参用职官，则从行省新除正从八品职官内选取，杂职官不预。"

二十二年，宣徽院令史，考满正七品迁叙，于六部请俸令史内选取。总制院与御史台同品，令译史、通事一体如之。

二十四年，省准："大都留守司兼少府监令史，依宣徽院、大司农司例迁。"

二十八年，省议："陕西行省令史，于各部及考令史并正从八品流官内选补。"

二十九年，大司农司令史，于各部一考之上令史及正从八品职官内选取。省掾有阙，于正七品文资出身人员内选。吏员于枢密院、御史台令史元系六部令史内发充，历二十月以上者选，如无，于上名内选。

三十一年，省准："内史府令史，于各部下名令史内选。"

大德三年，省准："辽阳省令史宜从本省选正从八品文资职官补用。复令各部见役令史内，不限岁月，或愿充、或籍贯附近、或选到职官，逐旋选解。国子监令译史，于籍记寺监令史内发补。上都留守司令史，于籍记各部令史内，或于正八品职官内选用，考满从七品迁用。宣徽院阑遗监令史，准本院依验元准月日挨补，考满同，自行踏逐者降等。遇阙如系籍记令史并常调提控案牍内及本院两考之上典吏内补充者，考满依例迁叙，自行选用者，止于本衙门就给付身，不入常调。"

四年，部拟："上都留守司令史，仍听本司于正从八品流官内，或于上都见役寺监令史、河东、山北二道廉访上名书吏内，就便选用。上都兵马司司吏，发补附近隆兴、大同、大宁路司吏相应。"部拟："各处行省令史，除云南、甘肃、征东外，其余合依至元二十一年定例，于六部见役上名令史、或正从八品流官参补。不敷，听于各道宣慰司元系廉访按察司转补见役两考之上令史内选充，以宣慰司役过月日，折半准算，通理一百二十月，方许出职。"

大德五年，拟："檀景等处采金铁冶都提举司人吏，于附近州县司吏内遴选。"

六年，省拟："太医院令史，于各部令史并相应职官内选取。长信寺令史，于元保内选补，考满降等叙用，有阙于籍记令史内发补。"

七年，拟："刑部人吏，于籍记令史内公选，不许别行差补，考满离役，依例选取，余者依次发补。礼部省判，许于籍记部令史内选取儒吏一名，续准一名，于籍记部令史内从上选补。户部令史，于籍记部令史内从上以通晓书算、练达钱谷者发遣，从本部试验收补。"八年，省准："随路补用吏员，令各路先以州吏入役月日籍为一簿。府吏有阙，从上勾补；州吏有阙，则于本州籍记司县人吏内从上勾补。各道宣慰司令史，遇阙以籍记部令史下名发补，新除正从九品流官内选取。"

九年，省准："都城所系在京五品衙门司吏，历两考转补京畿都漕运两司令史。遇阙以仓库攒典历一考者选充，及两考则京畿都漕运两司籍名，遇阙依次收补。上都寺监令史有阙，先侭省部籍记常调人员发补，仍于正从九品流官内、并应得提控案牍内选取。不敷，就取元由路吏考满升充都吏目典史准吏目月日及大同、大宁、隆兴三路司吏历两考之上者参用。"

十年，省准："司县司吏有阙，于巡尉司吏内依次勾补。巡尉司吏有阙，从本处耆老上户循众推举，仍将祗应月日均以岁为满。州吏有阙，县吏内勾补。路吏有阙，州吏内勾补。若无所辖府州，于附近府州吏内勾补，县吏发补附近府州司吏。户、刑、礼部合选令史有阙，于籍记令史上十名内、并职官到选正从九品文资流官内试选。"

十一年，省准："县吏如历一考，取充库子一界，再发县吏，准理州吏月日，路吏有阙，依次勾补。"

至大元年，省准："典宝监令史，就用前典宝署典书蒙古必阇赤一名，例从翰林院试补，知印、通事各一名，从长官选保。"

二年，立资国院二品，及司属衙门令史一十名，半用职官，从本院选，半于上名部令史内补。译史二名，内职官一名，从本院选，外一名翰林院发。通事、知印各一名，从本院长官选。宣使八名，半参用职官，余许本院自用一名，外三名常选相应人内发。典吏六名，从本院选。所辖库二处，每处司库六名，本把四名，于常选人内发。泉货监六处，各设令史八名，于各路上名司吏内选；译史一名，从翰林院发；通事二名，从本监长官选；奏差六名，各州司吏内选；典吏二名，本监选。以上考满，同都漕运司例出身，所辖一十九处，两提举司设吏目一人，常选内选，司吏五名，县司吏内选。

三年，省准："泉货监令史，于各处行省应得提控案牍人内选，参用正从九品流官。山东、河东二监，从本部于相应人内发补，考满依例迁用，见役自用之人，考满降等叙，有阙以相应人补。"

四年，省准："江西等处儒学提举司司吏，旧从本司公选，后从国子监发补，宜从本司选补。典瑞监首领官、令译史等，依典宝监例选用，考满迁叙。"部议："长信寺通事一名，例从所保。译史、知印、令史、奏差，从本衙门选一半职官，余相应人内选，考满同自用迁叙。典吏二名，就便定夺，其自用者降等叙。"

皇庆元年，省准："群牧监令译史、知印、怯里马赤、奏差人等，据诸色译史例，从翰林院发补。知印、通事，长官选。令史、奏差、典吏俱有发补定例。其已选人，考满降等叙，有阙于相应人内选发。大都路令史，历六十月，依至元二十九年例升提控案牍，减一资升转。有过者，虽贴满月日，不减资。遇阙于所辖南北两兵马司并各州见役上名司吏内勾补，有阙从本路于左右巡院、大兴、宛平与其余县吏通籍从上挨补，月日虽多，不得无故替罢，违例补用者不准，除已籍记外，有阙依上勾补。覆实司司吏，于诸州见役司吏内选，不敷则以在都仓库见役上名攒典发充，历九十月除都目，年四十五之下历一考之上，亦许转补京畿都漕运司令史，违例收补，别无定夺。"

二年，省准："中瑞司译史，从翰林院发，知印长官选保，令史、奏差参取职官一半所选相应，考满依例迁叙，奉懿旨委用者，考满本司区用，有阙以相应人补。征东行省令译史、宣使人等，旧考满从本省区用，若经省部拟发，相应之人依例迁用，如不应者，虽省发亦从本省区用。"

延祐二年，省准："河间等路都转运盐使司所辖场，分二十九处，二处改升从七，司吏有阙，依各县人吏，一体于附近各处巡尉捕盗司吏依次以上名勾补，再历一考，与各场邻县吏互相迁调。和林路总管府司吏，以本处兵马司吏历一考者转补，再历一考，转称海宣慰令史，考满除正八品。补不尽者，六十月受部札充提控案牍。沙、瓜二州屯储总管万户府边远比例，一体出身相应。会福院令译史、通事、宣使人等，若省部发去者依例迁叙，自用者考满同二品衙门出身例，降一等添一资升转。于常选教授儒人职官并见役各部令史内取补，宣使于常职官内参补，通事、知印从长官选用，仍须参用职官，典吏从本衙门补用。"

五年，省准："詹事院立家令司、府正司，知印、怯里马赤俱令长官选用。令史六名，内取教授二名，职官二名，廉访司书吏二名。译史一名，于蒙古字教授及都省见役蒙古书写内选补。奏差二名，以相应人补。"

凡宣使、奏差、委差、巡盐官出身：

中书省宣使，至元九年，曾受宣命补充者，九十月考满正七品。省札宣使，九十月考满比依部令史例从七品。其台院宣使、各部奏差，比例定拟。

二十三年，省准："省部台院令译史、通事、宣使、奏差人等，未满九十月，不许预告迁转。都省元定六部奏差迁转格例，应入吏目选充者，三考从八品。应入提控案牍人员选充者，三考从八品，任回减一资升转。巡检提控案牍选充者，一考正九品。"

二十四年，省准："大都留守司兼少府监奏差改充宣使，合于各部奏差内选取，改升宣使月日为始，考满比依宣徽院、大司农司一体出身，自行踏逐者降等迁叙。大司农司所辖各道劝农营田内书吏，于各路司吏内选取，考满提控案牍内任用。奏差就令本司选委。"

二十九年,省准:"各道廉访司通事、译史出身,比依书吏一体,考满正九。奏差考满,依通事、译史降二等量拟,于钱谷官并巡检内任用。"

三十年,省准:"延庆司奏差,比依家令司奏差一体,考满正九品,自行踏逐者降一等。"

大德四年,省准:"诸路宝钞提举司奏差,改称委差,九十月为满,于酌中钱谷官内任用。"

五年,部议:"山东运司奏差,九十月近下钱谷官内任用。大都运司,一体定夺。"

六年,部拟:"河间运司巡盐官,依奏差出身,九十月近下钱谷官内任用。"

七年,部拟:"凡奏差自改立廉访司为始,九十月历巡检三考,转从九。"

皇庆元年,各道廉访司奏差出身,于本道所辖上名州司吏内选取,九十月都目内任用。若有路吏并典吏内取充者,历两考,比依上例,都目内升转。

凡库藏司吏库子等出身:

至元二十六年,省准:"上都资乘库库子、本把,九十月近上钱谷官内任用。卫尉院利器库、寿武库库子,踏逐者九十月近上钱谷官内任用。"

二十八年,省拟:"泉府司富藏库本把、库子,六十月近下钱谷官内任用。大府监行由藏库子,三周年为满,省札钱谷官内迁叙。备用库提控三十月,库子、本把三周岁,近上钱谷官内任用。"

三十年,省准:"大都留守司兼少府监器备库库子、本把,六十月近下钱谷官内任用。"

三十年,省准:"宣徽院生料库库子、本把并太医院所辖御药局院本把出身,例六十月,近上钱谷官一体迁叙。"

大德元年,部拟:"中御府奉宸库库子,以三周岁为满,拟受省札钱谷官。本把六十月，近上钱谷官内任用。”

三年，省拟：“万亿四库、左右八作司、富宁、宝源等库，各设色目司库二名，俱于枢密院各卫色目军内选差，考满巡检内任用，自行踏逐者一考并同，循行如此。又汉人司库，于院务提领、大使、都监内发补，二周岁满日，减一界升转；其色目司库于到选钱谷官内选发，考满优减两界。都提举万亿库提控案牍，比常选人员，任回减一资升用。司吏三十五人，除色目四人外，汉人有阙，于大都总管府、转运司、漕运司下名司吏内选取，三十月拟充吏目，四十五月之上、六十月之下都目，六十月以上转提控案牍。省拟六十月以上、四十五月以下，愿充寺监令史者听。司库五十人，除色目一十四人另行定夺外，汉人于大都路人户内选用，二周岁为满，院务提领内任用；都监内充司库，二年为满，于受省札钱谷官内任用；务使充司库，二年为满，于从九品杂职内任用。秤子五人，于大都人户内选充，二年为满，于近下钱谷官内任用。太医院御药局本把，六十月近上钱谷官内任用。”

四年，受给库依油磨坊设攒典、库子，从工部选。会同馆收支库攒典，与长秋库同。上都广积、万盈二仓，系正六品，永丰系正七品，比之大都平准库品级尤高，拟各仓攒典转寺监本把，并万亿库司吏相应。提举广惠司库子，考满近下钱谷官内任用。侍仪司法物库所设攒典、库子，依平准行用库例补用。

五年，大都尚食局本把，拟于钱谷官内迁叙，本院自行踏逐者，就给付身，考满不入常调。都提举万亿宝源库色目司库，拟于巡检内任用，添一资升转。京畿都漕运司司仓，于到选钱谷官内选发。

六年，部呈：“凡路府诸州提控案牍、都吏目等，诸衙门吏员出身，应得案牍、都吏目，如系路府司吏转充之人，依旧迁除。其由仓库攒典杂进者，得提控案牍改省札钱谷官，都目近上钱谷官，吏目改酌中钱谷官。提控案牍，都吏目月日考满，于流官内迁用。广胜库子，合从武备寺给付身，考满本衙门定夺。大积等仓典吏，与四库案牍所掌事同，任回减一资升用。”

　　七年，各路攒典、库子，部议："江北及行省所辖路分库子，依已拟于司县司吏内差补，周岁发充县司吏，遇州司吏有阙，挨次勾补。诸仓库攒典有阙，于各部籍记典吏内发补。左右八作司等五品衙门内司吏有阙，却于各仓库上名攒典内发补。若万亿库四品衙门司吏有阙，亦于上项司吏内从上转补，将役过五品衙门月日，五折四准算，通理九十月考满，提控案牍内迁用。如转补不尽，五品衙门司吏考满，止于都目内任用。油磨坊、抄纸坊攒典有阙，并依上例。回回药物院本把，六十月酌中钱谷内定夺。"

　　九年，省准："提举和林仓、昔宝赤八剌哈孙仓、孔古列仓司吏，六十月酌中钱谷官内委用。资成库库子出身，部议比依太府、利用、章佩、中尚等监。武备寺库有阙，如系本衙门典吏请俸一考转补者，六十月为近上钱谷官，其余补充之人，九十月依上迁用。和林等处宣慰司都元帅府所辖广济库库子、攒典，自行踏逐者比依三仓例，六十月于近下钱谷官内定夺。"

　　至大二年，省准："广禧库库子，依奉宸库例出身，如系本把一考之上转充者，四十五月受省札钱谷官，其余补充之人，六十月依上例迁用。本把元系本衙门请俸一考典吏转补者，六十月近上钱谷官，其余补充者，九十月亦依上例迁用。上都东西万盈、广积二仓司仓，与仓官一体，二周岁为满。"

　　三年，省准："各路库子于各处钱谷官内发补，拟不减界，考满从优定夺。江北库子，止依旧例。和林设立平准行用库库子，宜从本省相应人内量选二名，二周岁为满，近下钱谷官内定夺。"

　　皇庆元年，部议："文成、供须、藏珍三库本把、库子，依太府监库子例，常选内委用，考满比例迁除，有阙于常调人内发补，自行选用者，考满从本院定夺，若系常选任用者，考满依例迁叙。"

　　二年，殊祥院所辖万圣库库子、攒典，依崇祥院诸物库例出身。部议："如比上例，三十月转补五品衙门司吏，再历三十月，于四品衙门司吏内补用，其库子合于常调籍记仓库攒典人内发补，六十月为满，于务都监内任用，自行委用者，考满本衙门定夺。"

延祐元年,省议:"腹里路分司仓库子,于州县司吏内勾补,满日同旧例升转。"

凡书写、铨写、书吏、典吏转补:

至元二十五年,省准:"通政等二品衙门典吏,九十月补本院宣使。各寺监典吏,比依上例,考满转补本衙门奏差。户部填写勘合典吏与管勘合令史一体,考满从优定夺。参议府、左右司、客省使令史、书写,四十五月转补,如补不尽,于提控案牍内任用,于各部铨写及典吏内收补。会总房、承发司、照磨所、架阁库典吏,各部铨写,六十月转补,已上,都目内任用。各部典吏并左右部照磨所、架阁库典吏,于都省参议府、左右司、客省使令史、书写内以次转补,如补不尽,六十月转补各监令史,已上,吏目内任用。枢密院典吏、铨写,依御史台典吏一体,六十月转部,转补不尽,六十月已上,于都目内任用。御史台典吏,遇察院书吏有阙,从上挨次转补,通理六十月,补各道按察司书吏,部令史有阙,亦行收补。"

二十六年,省准:"上都留守司兼本路都总管府典吏,九十月补本司宣使,考满依例定夺。"

二十七年,省准:"漕运使司令史,九十月提控案牍内任用,如年四十五以下,愿充寺监令史者听。省院台部书写、铨写、典吏人等出身,与各道宣慰司、按察司、随路总管府岁贡吏员一体转部,书写人等止令转寺监等衙门令史。"二十八年,省准:"参议府、左右司、客省使令史,各房书写有阙,拟于都省典吏内选补,五折四令史、书写月日,通折四十月转部。及六部铨写、典吏一考之上选充,三折二令史、书写月日,通折四十五月转补各部令史。如已行选用者,四十五月补寺监令史。参议府、左右司、客省使令史,各房书写有阙,拟于都省典吏内选补,五折四令史、书写月日,通折四十五月转部。及六部铨写、典吏一考之上选充,三折二令史、书写月日,通折四十五月转补各部令史。如自行选用者,四十五月补寺监令史。"部议:"执总会总房、照磨、承发司、架阁库典吏,一考之上转补参议府、左右司、客省使令史,补不尽者,四十五月补寺监令史。有阙,于六部铨写、典吏一考之上选充,三折二省典吏月日,通折六十月转补各部令史。若转充参议府,左右司、客省使令史、都省书写,五折四令史、书写月日,通折四十五月转部。如自行选用者,六十月补寺监令史。六部铨写、典吏并左右部照磨所、架阁库典吏,一考之上,遇省书写、典吏月日补不尽者,六十月转补寺监令史。"省议:"除见役外,后有阙,拟于都省各房写发人内公举发补,除转充参议府、左右司、客省使令史、都省书写、典吏者,依前例转补,不尽者六十月充都目。"

二十九年,部拟:"御史台典吏三十月,依廉访司书吏转补察院,三十月转部,补不尽者,考满从八品迁用外,行台典吏三十月转补行台察院书吏,再历三十月发补各道宣慰司令史。参议府令史,四十五月转部令史。光禄寺典吏,考满转补本衙门奏差。"

元贞元年,省准:"省部见役典吏实历俸月,名排籍记,遇都省书写、典吏有阙,从上挨次发补。枢密院铨写,一考之上补都省书写,通折月日升转外,本院铨写有阙,补请俸上名典吏。"

大德元年,省准:"两淮本道书吏,转补行台察院书吏、江南宣慰司令史。云南、四川、河西三道书吏,在边远者三十月为格,依上迁补。江浙行省检校书吏,于行省请俸典吏内选补,以典吏月日五折四,通折书吏六十月转各道宣慰司。"

四年,省准:"徽政院掌仪、掌膳、掌医署书吏宜从本院通定名排,若本院典吏有阙,以次转补。"

八年,省议:"院台以下诸司吏员,俱从吏部发补,据曾经省发并省判籍定典吏、令史,从吏部依次试补,元籍记典吏,见在写发者,遇各库攒典试补。省掾每名,设贴书二名,就用已籍记者,呈左右司关吏部籍定,遇部典吏阙收补,历两考从上名转省典吏,除一考外,余者折省典吏月日,两考升补参议府、左右司、客省使令史、书写、检校、书吏,通折四十五月。补不尽省典吏,六十月,遇寺监令史、宣慰司令史有阙,依次发补。除宣慰司令史,已有贡部定例,寺监令史历一考，与籍记部令史通籍发补各部令史。寺监见役人等，虽经准设，未曾补阙，不许转部，考满依旧例迁叙，其省部典史、书写人等转入寺监、宣慰司，愿守考满者听。御史台令史一名，选贴书二名，依次选试相应充架阁库子，转补典史，三十月发充各道廉访司书吏，再历一考，依例岁贡。三品衙门典史，历三考升宣使，补不尽，本衙门于相应阙内委用。部典史一考之上，转省令史，补不尽者，三考补本衙门奏差，两考之上发寺监宣慰司奏差外，据六部系名贴书合与都省写发人相参转补各部典史，补不尽者，发各库攒典。都省写发人有阙，于六部系名贴书内参选，不尽者依旧发各库攒典。"

九年，省准："狱典历一考之上，转各部典史。翰林国史院书写考满，除从七品，有阙从本院于籍记教授试准应补部令史内指名选用。太常寺典史，历九十月注吏目。工部符牌局典史，三十月转各部典史。翰林国史院蒙古书写，四十五月转补寺监蒙古必阇赤。宣徽院所辖寺监令史有阙，于到部籍记寺监令史与本院考满典吏挨次发补。"

十年，省准："陕西诸道行御史台察院书吏，若系腹里岁贡廉访司见役书吏选取人数，须历一考，以上名贡部下名转补察院。总管府狱典转州司吏，府州者补县吏，须历一考，方许转补。江浙行省运司书吏，九十月升都目，添一资升转，如非各路散府上州司吏补充，役过月日，别无定夺。"

十一年，省准："左司言照磨所典吏遇阙，宜于左右部照磨所典吏内从上发补。各路府州狱典遇阙，于廉访司写发人及各路通晓刑名贴书内参补。"

至大元年，省准："各部蒙古必阇赤，如系翰林院选发之人，四十五月遇各衙门译史有阙，依次与职官相参补用，不敷从翰林院发补。"

三年，省准："詹事院蒙古书写，如系翰林院选发之人，四十五月遇典用等监衙门译史有阙，依次与职官相参补用，不敷从翰林院选发。和林行省典史，转理问所令史，四十五月发补称海宣慰司令史，转补不尽典史，须历六十月依上发补。中瑞司、掌谒司典书，九十月与寺监令史一体除正八品。行台察院书吏，俱历九十月依旧出身叙，任回添一资升转。内台察院转部、行台察院转江南宣慰司令史，北人贡内台察院各道廉访司书吏，先役书吏历九十月，拟正九品，任回添一资升转。"省议："廉访司书吏，上名贡部，下名转察院，不尽者通九十月，除正九品。察院书吏三十月转部，不尽者九十月除从八品，非廉访司取充则四十五月转部，不尽者考满除正九品。"

二年，议："廉访司书吏、贡察院书吏，不尽者九十月除正九品，行台察院书吏转补不尽者如之。内台察院书吏转部，年高不愿转部者，九十月除从八品。"

皇庆元年，部议："廉访司职官书吏，合依通例选取，不许迁叙，候书吏考满，通理叙用。职官先尝为廉访司书吏者，避元役道分，并其余相应职官，历三十月，减一资。又教授、学正、学录并府州提控案牍、都吏目内委充职官，各理本等月日，其余岁贡儒吏，依例选用。又廉访司奏差、内台行台典史有能者，历一考之上选充书吏，通儒书者充儒人数，通吏业者充吏员数。参议府、左右司、客省使令史、书写、检校书吏，依至元二十八年例，以省典吏选充，五折四令史、书写、书吏月日，通折五十五月转部。省典吏系六部铨写、典吏转充，三折二省典吏月日，通折六十月转各部令史。自用之人并转补不尽省典吏，考满发补寺监、各道宣慰司令史。"

二年，省准："河东宣慰司选河东山西道廉访司书吏充令史，合回避按治道分选取，其余亦合一体。"

延祐三年，部拟："行台察院书吏、各道廉访司掌书，元系吏员出身者，并依旧例，以九十月为满，依汉人吏员降等于散府诸州案牍内选用，任回依例升转。大宗正府蒙古书写，四十五月依枢密院转各卫译史除正八品例，籍定发补诸寺监译史。察院书吏与宣慰司令史，皆系八品出身转部者，宜以五折四理算，宣慰司令史出身正八品，察院从八品，其转补到部者以五折四准算太优，今三折二。其廉访司径发贡部及已除者,难议理算。”

天历元年,台议:“各道书吏,额设一十六人,有阙宜用终场下第举子四人,教授四人,各路司吏四人,通吏职官四人,委文资正官试验相应,方许入部。”

凡卫翼吏员升转:

皇庆元年,枢密院议:“各处都府并总管高丽、女直、汉军万户府及临清万户府秩三品,本府令史有阙,于一考都目、两考吏目并各卫三考典吏内,呈院发补,九十月历提控案牍一任,于各万户府知事内选用。”

延祐六年,枢密院议:“各卫翼都目得代两考者,拟受院札提控案牍内铨注,三考升千户所知事,月日不及者,各卫翼挨次前后得代日期,于都目内贴补。各卫提控案牍,年过五旬已历四考者,升千户所知事。及两考年四十五以下,发补各卫令史。不及两考者,止于案牍内铨注,受院札,通理一百二十,于千户所知事内选用。各处蒙古都元帅府额设令史有阙,于本府所辖万户府并奥鲁府上名司吏年四十以下者选取,呈院准设,历一百二十,再历提控案牍一任,于万户府知事内迁用。”

泰定三年,枢密院议:“行省所辖万户府司吏有阙,于本翼上千户所上名司吏内取补,须行省准设,九十月充吏目,一考转都目,一考除千户所提领案牍,一考升万户府提控案牍,历两考,通历省除一百五十,行省照勘相同,咨院于万户府知事内区用。”

凡各万户府司吏:

蒙古都万户府司吏有阙,于千户所司吏内选补历一百二十月,升千户所提领案牍,一考万户府案牍,通理九十月,转万户府知事。汉军万户府并所辖万户府及奥鲁府司吏,于千户所司吏内补用,呈院准设,九十月充吏目,一考都目,一考升千户所或都千户所、奥鲁府提控案牍,再历万户府或都府、奥鲁府提控案牍两任,于万户府知事内用。各处都府令史,于一考都目、两考吏目并各卫请俸三考典吏内,呈院发补,九十月为满,再历提控案牍一任,于各万户府知事内迁用。各处蒙古军元帅府令史,大德十年拟于本府所辖万户府并奥鲁府上名司吏内,年四十以下者选补,呈院准设,历一百二十月,再历提控案牍一任,于万户府知事内迁用。各省镇抚司令史,于各万户府上名六十月司吏内选取,受行省札,三十月为满,再于各万户府提控案牍内,历一百二十月知事内定夺。各卫翼令史,有出身转补者,九十月正八,无出身者从八内定夺。

　　凡提控案牍、都目:

　　至元二十一年三月已后受院札,九十月为满,行省、行院札一百二十月为满,于万户府知事内用。

　　大德四年,案牍年过五旬,已历四考者,于千户所知事内定夺外,及两考四十五以下发补各卫令史,若不及考者,止于案牍内铨注,受院札,通理一百二十月,于千户所知事内用。

　　各卫翼都目,延祐六年,请俸两考者,院札提控案牍内铨注,历三考,升千户所知事,月日不及者,各卫翼都目内贴补。如各卫典吏转充者,六十月直隶本院万户府提控案牍、弩军屯田千户所、镇抚司提控案牍内铨注。无俸人转充者,九十月依上升转。镇抚司、屯田弩军千户所都目,依中州例,改设案牍,止请都目俸,三十月为满,依例注代。

元史卷八四
志第三四

选举四

考　课

凡随朝职官：

至元六年格，一考升一等，两考通升二等止。六部侍郎正四品，依旧例通理八十月，升三品。左右司郎中、员外郎、都事，考满升二等。六部郎中、员外郎、主事，三十月考满升一等，两考通升二等。

凡官员考数：

省部定拟：从九品拟历三任，升从八。正九品历两任，升从八。正八品历三任，升从七。从七历三任，呈省。正七历两任，升从六。从六品通历三任，升从五。正六历两任，升从五。从五转至正五，缘四品阙少，通历两任，须历上州尹一任，方入四品。内外正从四品，通理八十月，升三品。

凡取会行止：

中统三年，诏置簿立式，取会各官姓名、籍贯、年甲、入仕次第。

至元十九年，诸职官解由到省部，考其功过，以凭黜陟。

大德元年，外任官解由到吏部，止于刑部照过，将各人所历，立行止簿，就检照定拟。

凡职官回降:

至元十九年,定江淮官已受宣敕,资品相应,例升二等迁去。江淮官员依旧于江淮任用。其已考满者,并免回降。不及考者,例存一等。有出身未合入流品受宣者,任回,三品拟同六品,四品拟同七品,正从五品同正八品;受敕者,正从六品同从八品,七品、八品同正从九品,正从九品同提领案牍、巡检。无出身及白身人受宣者,三品同七品,四品同八品,正从五品同正九品;受敕者,正从六品同从九品,七品、八品同提领案牍、巡检,正从九品拟院务监当官。其上项有资品人员,再于接连福建、两广溪洞州郡任用,拟升一等。两广、福建,别议升转。至元十四年,都省未注江淮官已前,创立官府,招抚百姓,实有劳绩者,其见受职名,若应受宣者,三品同七品,四品、五品拟同八品;若应受敕者,正从六品同正从九品,其七品、八品拟同提控案牍、巡检,正从九品拟同院务监当官。无出身不应叙白身人,其见受职名,应受宣者,三品同八品,四品、五品同九品;应受敕者,正从六品同提控案牍、巡检,七品以下拟院务监当官。其上项人员,若再于接连福建、两广溪洞州郡任用,拟升一等。两广、福建,别议升转。至元十四年已后,新收抚州郡、淮上例定夺。前资不应又升二等迁去江淮官员,任回,拟定前资合得品级,于上例升二等,止于江淮迁转,若于腹里任用,并依上例。七品以下,已历三品、四品者,比附上项有出身未入流品人员例,从一高。前三件于见拟资品上增一等铨注。

二十一年,诏:"军官转入民职,已受宣敕不曾之任者,拟自准定资品换授,从礼任月日为始,理算资考升转。若先受宣敕已经礼任,资品相应者,通理月日升转外,据骤升人员前任所历月日除一考外,余月日与后任月日依准定资品通理升转,不及考者;拟自准定资品换授,从礼任月日为始,理算资考升转。腹裹调官,除资品相应者依例升转外,有前资未应入流品受宣敕者,六品以下人员,照勘有无出身,依验职事品秩,自受敕以后历一考者,同江淮例定拟,不及考者，更升一等。五品以上人员，斟酌比附议拟，呈省据在前已经除授者，任回通理定夺。”

凡吏属年劳差等：

至元六年，吏部呈：“省部译史、通事，旧以一百二十月出职，今案牍繁冗，俣以九十月为满。”

十九年，部拟：“行省通事、译史、令史、宣使或经例革替罢，所历月日不等，如元经省掾发去，不及一考者，拟令贴补；及一考之上者，比台院令史出身例定夺。自行踏逐者，降一等叙，不及一考者，发还本省区用。宣慰司人吏，经省院发，不及一考者，拟贴补；及一考之上者，比部令史出身降一等定夺。自行踏逐者，又降一等；不及一考者，别无定夺。”

二十年，省拟：“云南行省极边重地令译史人等，六十月考满。甘肃行省令译史人等，六十五月考满，本土人员，依旧例用。”

二十五年，省准：“缅中行省令史，依云南行省一体出身。”

大德元年，省臣奏：“以省、台、院诸衙门令译史、通事、知印、宣使等，旧以九十月为满，升迁太骤，今以一百二十月为满，于应得职事内升用。又写圣旨、掌奏事选法、应办刑名文字必阇赤等，以八月折十月，今后毋令折算。”

四年，制以诸衙门令译史、宣使人等一百二十月为满。部议：“远方令译史人等，甘肃、福建、四川于此发去，九十月为满。两广、海北海南道于此发去，八十月满。云南省八十月满。土人一百二十月满。”都省议：“俱以九十月为考满，土人依例一百二十月为满。”

至大元年，部议：“和林行省即系远方，其人吏比四川、甘肃行省九十月出职。”

二年，诏：“中外吏员人等，依世祖定制，以九十月满，参详，历一百二十月已受除者，依大德十一年内制，外任减一资。所有诏书已后在选未曾除受，并见告满之人，历一百二十月者，合同四考理算，外任一资不须再减。”省拟：“以九十月为满，余有月日，后任理算。应满而不离役者,虽有役过月日,不准。"

三年,省准河西廉访司书吏人等月日。部议:"合准旧例,云南六十月,河西、四川六十五月,土人九十月为满。"

皇庆二年,部议:"凡内外诸司吏员,旧以九十月为满,大德元年改一百二十月为满,至大二年复旧制。一纪之间,受除者众。其元除有以三十月为一考者,亦有四十月为一考者,以所除不等,往往援例陈诉,有碍选法。拟合依已降诏条为格,系大德元年三月七日以后入役,至未复旧制之前,已除未除俱以四十月为一考,通理一百二十月为满,减资升转。其未满受除者,一体理考定拟,余二十六月已上,准升一等,十五月之上,减外任一资,十五月之下,后任理算。改格之后应满而不离役者,役过月日,别无定夺。"

凡吏员考满授从六品:

至元九年,省准:"省令史出身,中统四年已前,六品升迁,已后七品除授,至元之后,事繁责重,宜依准中统四年已前考满一体注授。"

三十一年,省议:"三师僚属,蒙古必阇赤、掾史、宣使等,依都省设置,若不由台院转补者,降等叙。"

元贞元年,省议:"监修国史僚属,依三师所设,非台院转补者,降等叙。"

大德五年,部呈考满省掾各各资品。省议:"今后院台并行省令史选充省掾者,虽理考满,须历三十月方许出职,仍分省发、自行踏逐者,各部令史毋得直理省掾月日。"

凡吏员考满授正七品:

至元九年,部拟:"院、台、大司农司令史出身,三考正七品。一考之上,验月日定夺。一考之下,二十月以上为从八品;十五月以上正九品;十五月以下,十月之上为从九品,添一资,历十月以下为巡检。"

十一年，部议："扎鲁火赤令史、译史考满，合依枢密院、御史台令史、译史出身，三考出为正七品，自用者降一等，有阙于部令史内选取。"

十四年，部拟："前诸站统领使司令史，同部令史出身，今既改通政院从二品，通事、译史、令史人等，宜同台、院人吏一体出身。"

十五年，翰林国史院言："本院令史系省准人员，其出身与御史台一体，遇阙省掾时，亦合勾补。准吏部牒，本院令史以九十月考满，同部令史出身，本院与御史台皆随朝二品，令史亦合与台令史一体出身，有阙于部令史内选用。"

十九年，部拟："泉府司随朝从二品，令史、译史人等，由省部发者，考满依通政院例定夺，自行用者降一等。"

二十年，定拟安西王王相府首领官令史，与台、院吏属一体迁转。

二十二年，部拟："宣徽院升为二品，与台院品秩相同，令史出身合依正七品迁除贡补，省、院有阙，于部令史内选取。"总制院与御史台俱为正二品，部拟："令译史考满，亦合一体出身。"

二十三年，省准："詹事院掾史，若六部选充者，考满出为正七品，自用者降等。"

二十四年，集贤院言："本院与翰林国史院品级相同。"省议："令史考满，一体定夺。"

二十五年，省议："上都留守司兼本路总管府令史出身，三考正八品，其自部令史内选取者，同宣徽院、太医院令史一体出身。上都留守司升为正二品，见设令史，自行踏逐者，考满不为例，从七品内选用；部令史内选取，考满宣徽院、大司农令史一体出身。"部议："都护府人吏依通政院令译史人等出身，由省部发者，考满出为正七品，自用者降一等。"

二十六年，省准："都功德使司随朝二品，令译史人等，比台、院人吏一体升转。"

二十九年，部呈："大司徒令史，若各部选发者，三考出为正九，自用者降等。崇福司与都护府、泉府司品秩相同，所设人吏，由省发者，考满出为正七品，自用者降一等。福建省征爪哇所设人吏，出征回还，俱同考满。"

三十年，省准："将作院令史，依通政院等衙门令史，考满除正七品。"部议："如系六部选发，考满除正七品，自用者本衙门叙。"

元贞元年，内史府秩正二品，令史亦于部令史内收补，考满除正七品，自用者降等。

大德九年，部拟："阔阔出大司徒令史，若各部选发，考满正七，自用者降等。"

至大四年，省准："会福院令史、知印、通事、译史、宣使、典吏俱自用，前拟不拘常调，考满本衙门区用。隆禧院令史人等，如常选者，考满依例迁叙，自用者不入常调，于本衙门区用。"

皇庆二年，部议："崇祥院人吏，系部令史发补者，依例迁用，不应者降等叙。"

延祐四年，部议："隆禧院令史、译史、通事、知印、典吏同五台殊祥院人吏一体，常选内委付。其出身若有曾历寺监并籍记各部令史人等，考满同二品衙门出身，降等叙，白身者降等，添一资升转，省部发去者，依例迁叙。后有阙，令史须于常选教授儒人职官并部令史见役上名内取补；宣使于职官并相应内参补；通事、知印从长官保选，仍参用职官，违例补充，别无定夺。殊祥院人吏，先未定拟，亦合一体。"

凡吏员考满授从七品：

至元六年，省拟："部令史、译史、通事人等，中统四年正月以前收补者，拟九十月为满，注从七品，回降正八一任，还入从七。以后充者，亦拟九十月为满，正八品，仍免回降。"

九年，吏、礼部拟："凡部令史三考，注从七品。一考之上，验月日定夺。一考之下，二十月以上者正九品。十五月以上从九品，十五月以下，令史提控案牍，通事、译史巡检。太府监改拟正三品，与六部同，人吏自行踏逐，将已历月日准为资考，似为不伦，拟自改升月日为始，九十月为满，同部令史出职，有阙于籍记部令史内挨次收补。”

十一年，省议：“省断事官令史，与六部令史一体出身，若是实历俸月九十，考满迁除，有阙于应补部令史人内挨次补用。”省议：“中御府正三品，拟同太府监令史出身，九十月于从七品内除授，自行踏逐者降一等，歇下名阙，于应补部令史人内补填。”十三年，省议：“行工部令史，与六部令史一体出身。四怯薛令史，九十月同部令史出身，有阙以籍记部令史内补填。”

三十年，部呈：“行省令、译史人等，比台、院一体出身。行台、行院令译史、通事人等，九十月考满，元系都省台院发去及应补之人，合降台院一等。”

二十三年，省判：“大都留守司兼少府监令史，如系省部发去相应人员，同部令史出身，九十月考满，从七品，自行踏逐者降等。”

二十四年，省判：“中尚监令史人等，若系省部发去人员，同太府监令译史等出身，自行踏逐者降等。”太史院令史，部议：“如省部发去人员，从七品内迁除，自行踏逐者，降等叙用。”部拟：“行省台院令史，九十月考满，若系都省台院发去腹里请俸人员，行省令史同台院令史出身，行台、行院降一等，俱于腹里迁用，自行踏逐递降一等，于江南任用。”

二十九年，省判：“巩昌等处便宜都总帅府令史人等出身，拟与各道宣慰司一体，自行踏逐者降等叙用。”

大德三年，省准：“上都留守司令史，旧以见役部令史发补，以籍居悬远，拟于籍记部令史内选发，与六部见役令史一体转升二品衙门令史，转补不尽者，考满从七品叙用。”

八年，部拟：“利用监自大德三年八月已前入役者，若充各衙门有俸令史，及本监奏差、典史转补，则于应得资品内迁用；由库子、本把就升，并白身人，于杂职内通理定夺；自用之人，本监委用。”

皇庆元年，制：“典瑞监人吏俱与七品出身。”部议：“太府、利用等四监同。省发者考满与六部一体叙，其余寺监令译史正八品，奏差正九品。令典瑞监、前典宝监人吏出身同太府等监，系奉旨事理。"省议："已除者，依旧例定夺。"

三年，省准："章庆使司秩正二品，见役人吏，若同随朝二品衙门，考满除正七品，缘系徽政院所辖司属，量拟考满除从七品，自用者降等，如系及考部令史转充，考满正七品，未及考者止除从七品。有阙须依例补，不许自用。"

凡吏员考满授正八品：

至元十一年，省议："秘书监从三品，令史拟九十月出为正八品，自用者降一等，有阙诸衙门考满典吏内补填。"省议："太常寺正三品，令史以九十月出为从八品，有阙于应补监令史取用。"省议："少府监正四品，准军器监令史出身，是省部发去者，三考于正八品任用，自行踏逐人员，考满降一等。"省议："尚牧监正四品，省部发去令史，拟九十月出为正八品，自用者降一等，有阙于诸衙门典吏内选补。"部拟："河南等路宣慰司系外任从二品，与随朝各部正三品衙门相同，准令史以九十月同部令史迁转。开元等路宣抚司外任正三品，令译史比前例降一等，九十月于正八品内迁转。"

十四年，部拟："枢密院断事官令史，拟以九十月出为从八品，有阙于诸衙门考满典吏内补用。"

十六年，部拟："枢密院断事官今改从三品，所设人吏，若系上司发去人员，历九十月，比省断事官令史降等于正八品内迁除，自用者降一等，遇阙于相应人内发遣。"

二十一年，部拟："广西、海北海南道宣慰司令史、译史、奏差人等，与岭南广西道等处按察司书吏人等一体，二十月理算一考，拟六十月同考满。"省准："广东宣慰司其地倚山濒海，极边烟瘴，令史议合优升，依泉州行省令译史等，以二十月理算一考。"

二十二年，省准："詹事院府正、家令二司，给侍宫闱，正班三品，令史即非各司自用人员，俸秩与六部同，若遇院掾史有阙，于两司令史内选补,拟定资品出身,依枢密院所辖各卫令史出身,考满出为正八品。尚酝监令史,与六部令史同议,诸监令史考满,正八品内迁用,及非省部发去者例降一等尚酝监令史亦合一体。"

二十三年,省准:"太常寺令史,历九十月,正八品内任用,有阙于呈准籍记人内选取。云南省罗罗斯宣慰司兼管军万户府首领官、令史人等,依云南行省令史例,六十月考满,首领官受敕,例以三十月为一考。武备寺正三品,令译史等出身,拟先司农寺令译史人等,依各监例,考满出为正八品,武备寺令史亦合依例迁叙。尚舍监令史,拟同诸寺监令史,考满授正八品,自行用者降一等,尚舍监亦如之。陕西四川行省顺元等路军民宣慰司,依云南令译史人等,六十月为满迁转。"

二十四年,部拟:"太史院、武备寺、光禄寺等令史,九十月正八品内迁用,自用者降一等。太医院系宣徽院所辖,令史人等,若系省部发去,考满同诸监令史,拟正八品,自用者降等任用。"

二十六年,省准:"给事中兼修起居注人吏,依诸寺监令史出身例,考满一体定夺。侍仪司令史,依给事中兼起居注人吏迁转。"

二十七年,省准:"延庆司令史,九十月,依已准家令、府正两司例,由省部发者出为正八品,自用者降等叙。"二十八年,省准:"太仆寺拟比尚乘等寺令史,以九十月出为正八品,自用者降一等。拱卫直都指挥使司与武备寺同品,令史考满,出为从八品,自用者降一等迁。蒙古等卫令史,即系在先考满令史,合于正八品内迁叙,各卫令史有阙,由省部籍记选发者,考满出为正八品。枢密院所辖都元帅府、万户府、各卫并屯田等司官吏,俱从本院定夺、迁调,见役令史,自用者考满,合从本院定夺。宣政院断事官令史,与枢密院及蒙古必阇赤,由翰林院发者,以九十月为从七品,通事、令史以九十月为正八品,奏差以九十月为正九品,典吏九十月转本府奏差,自用者降等。"

二十九年,部拟:"左右两江宣慰司都元帅府令译史人等,依云南、两广、福建人吏,六十月为满。两广叙用译史,除从七品,大翰林院选发，别无定夺。令史省发，考满正八品，奏差省发，考满正九品，自用者降等叙。仪凤司令史，比同侍仪司令史，考满为正八品，自用者降一等。哈迷为头只哈赤八剌哈孙达鲁花赤令史，吏部议，与阿速拔都儿达鲁花赤必阇赤考满正八品任用，虽必阇赤、令史月俸不同，各官随朝近侍一体，比依例出身相应。"

三十年，省准："孛可孙系正三品，令译史人等比依各寺监令译史出身相应。都水监从三品，令译史等寺监令译史一体出身，考满正八品叙，自用者降等。只儿哈忽昔宝赤八剌哈孙达鲁花赤本处随朝正三品，与只哈赤八剌哈孙达鲁花赤本处随朝正三品，与哈赤八剌哈孙达鲁花赤令史等即系一体，拟合依例，考满出为正八品。"

元贞元年，省准："阑遗监令译史人等，省部发去者，考满正八品内任用，自行踏逐者降等。家令司、府正司改内宰、宫正，其人吏依元定为当。拱卫直都指挥使司升为正三品，其令译史等俸，俱与光禄寺相同，拟系相应人内发补者考满与正八品，奏差正九，自用者降等叙。"

大德三年，部拟："鹰坊总管府人吏，依随朝三品，考满正八品内迁用。"

五年，部拟："和林宣慰司都元帅府人吏，合与随朝二品衙门一体，及量减月日。"部议："各道宣慰司令史，一百二十月正八品叙，自用者降等迁用。其和林宣慰司无应取司属，又系酷寒之地，人吏已蒙都省从优以九十月为满，今拟考满，不分自用，俱于正八品内迁用。"

八年，部言："行都水监准设人吏，令史八人，奏差六人，壕寨一十人，通事、知印各一人，译史一人，公使人二十人。都水监令译史、通事、知印考满，俱于正八品迁用，奏差考满，正九品，自用者降等，壕寨出身并俸给同奏差。行都水监系江南创立衙门，令史比例，合于行省所辖常调提控案牍内选取，奏差、壕寨人等亦须选相应人，考满比都水监人吏降等江南迁用，典吏公使人，从本监自用。"

九年，部言："尚乘寺援武备寺、太府、章佩等监例，求升加其人

吏出身俸给。议得，各监人吏皆系奉旨升加，尚乘寺人吏合依已
拟。”至大三年，部言：“和林系边远酷寒之地，兵马司司吏历一考
余，转本路总管府司吏。补不尽者，六十月升都目。总管府司吏，再
历一考，转称海宣慰司令史，考满除正八品，不系本路司吏转补者，
降等叙，补不尽者，六十月，部札提控案牍内任用，蒙古必阇赤比上
例定夺。”部议：“晋王位下断事官正三品，除怯里马赤、知印例从长
官所保，蒙古必阇赤翰林院发，令史以内史府考满典吏并籍记寺监
令史发补，九十月除正八品，与职官相参用。奏差亦须选相应人，九
十月依例迁用，自用者，考满本衙门定夺。”

　　皇庆元年，部言：“卫率府勾当人员，令都省与常选出身。议得，
令史系军司勾当之人，未有转受民职定夺，合自奏准日为格，系皇
庆元年二月九日以前者，同典牧监一体迁叙，以后者若系籍记寺监
令史，常选提控案牍补充，依上铨除，自用者不入常调。”部议：“徽政
院缮珍司见役令史，若系籍记寺监令史、常调提控案牍、院两考
之上典吏补充，内宰司令史例，考满除正八，通事、译史、知印亦依
上迁叙，自用者降等。后有阙，须依例发补，违例补充，别无定夺。”

　　二年，部议：“徽政院延福司见役令史，若系籍记寺监令史、常
调提控案牍、本院两考之上典吏补充者，依内宰司令史例，考满除
正八品，通事、译史、知印依上迁叙，自用者降等。后有阙须依例发
补，不许自用。”

　　延祐三年，省准：“徽政院所辖卫候司，奉旨升正三品，与拱卫
直都指挥使司同品，合设令译史，考满除正八，自用者降等。卫候司
就用前卫候司人吏，拟自呈准月日理算，考满同自用迁叙，后有阙，
以相应人补，考满依例叙。徽政院掌饮司人吏，部议常选发补令译
史，考满从八，奏差从九，自用者降等，后有阙须以相应人补，违例
补充，考满本衙门用。”

　　四年，省准：“屯储总管万户府司吏译史出身，至大三年尚书省
札，和林路司吏未定出身，和林系边远酷寒去处，兵马司司吏如历
一考之上，转补本路司吏并总管府司吏，再历一考之上，转补称海

宣慰司令史,考满正八品迁除,补不尽人数,从优,拟六十月于部札提控案牍内任用,蒙古必阇赤比依上例定夺。其沙州、瓜州立屯储总管万户府衙门,即系边远酷寒地面,依和林路总管府司吏人员一体出身。”

凡吏员考满授正九品:

至元二十年,省准:“宫籍监系随朝从五品,令史拟九十月正九品,例革人员,验月日定夺,自行踏逐,降一等。”

二十八年,省拟:“廉访司所设人吏,拟选取书吏,止依按察司旧例,上名者依例贡部,下名转补察院,贡补不尽人数,廉访司月日为始理算,考满者正九品叙,须令回避本司分治及元籍路分。”部议:“察院书吏出身,除见役人三十月,转补不尽者,九十月出为从八品。察院书吏有阙,止于各道廉访司书吏内选取,依上三十月转部,九十月从八品。如非廉访司书吏取充者,四十五月转部,补不尽者,九十月考满,降一等,出为正九品。”

三十年,省准:“行台察院书吏历一考之上者,转江南宣慰司令史、并内台察院书吏,于见役人内用之。若有用不尽人数,以九十月出为正九品。江南有阙,依内台察院书吏,于各道廉访司书吏内选取,依例转补。”

大德四年,省拟:“各道廉访司书吏,至元二十八年七月元定出身,上名贡部,下名转补察院书吏。贡补不尽者,廉访司为始理算月日,考满正九品用。今议廉访司先役书吏,历九十月依已定出身,正九品注,任回,添一资升转。大德元年三月七日已后充廉访司人吏,九十月考满,须历提控案牍一任,于从九品内用。通事、译史,比依上例。察院书吏,至元二十八年十二月元定出身,于各道廉访司书吏内选取,三十月转部,九十月从八品内用。如非廉访司书吏取充者,四十五月转部。补用不尽者,九十月考满,降一等,正九品用。今议先役书吏,九十月依已定出身迁用,任回,添一资升转。大德元年三月七日为始创入役者,止依旧例转部。行台察院书吏,至元三十年正月元定出身，于廉访司书吏内选取，历一考之上，转补江南宣慰司令史、并内台察院书吏，用不尽者，九十月正九品，江南用。省议先役书吏，历俸九十月，依已定出身，任回，添一资升转。大德元年三月七日为始创入者，止依旧例，转补江南宣慰司令史，北人贡内台察院。"

凡吏员考满除钱谷官、案牍、都吏目：

至元十三年，吏、礼部言："各路司吏四十五以下，以次转补按察司书吏。补不尽者，历九十月，于都目内任用；六十月以上，于吏目内任用。"省议："上都、大都路司吏，难同其余路分出身，依按察司书吏迁用。"

十四年，省准："覆实司司吏，俱授吏部札付，如历九十月，拟于中州都目内迁，若不满考及六十月，于下州吏目内任用，有阙以相应人发充。"

二十一年，省准："诸色人匠总管府与少府监不同，又其余相体管匠衙门人吏，俱未定拟出身，量拟比外路总管府司吏，考满于都目内任用。"

二十二年，省准："大都等路都转运使司令史，与河间等路都转运盐使司书吏出身同。外路总管府司吏三名，贡举儒吏二名，贡不尽，年四十五之上，考满都目内任用。"

二十三年，省准："各路司吏、转运司书吏，年四十五以上，历俸六十月充吏目，九十月充都目，余有役过月日不用。奏差宜从行省斟酌月日，量于钱谷官内就便铨用。"省准："覆实司系正五品，令史出身比交钞提举司司吏出身，九十月务使，六十月都监，六十月之下、四十五月之上都监添一界迁用，四十五月之下转补运司令史。"部拟："京畿漕运司司吏转补察院书吏，不尽，四十五以上，九十月依例于都目内任用。"

二十四年，部议："各道巡行劝农官书吏，于各路总管府上名司吏内选取，考满于提控案牍内任用，奏差从大司农司选委。"省准：

"诸司局人匠总管府令史,于都目内任用。"

二十五年,省准:"大护国仁王寺、昭应宫财用规运总管府令译史人等,比大都总管府正三品司史,九十月提控案牍内任用。"部议:"甘肃、宁夏等处巡行劝农司系边陲远地,人吏依甘肃行省并河西陇北道提刑按察司,以二十二月准一考,六十五月为满。"省准:"供膳司司史,比覆实司司史,九十月出身,于务使内任用。"

二十六年,省准:"巡行劝农司书吏,役过路司吏月日,三折二准算,通理九十月,于提控案牍内迁叙。尚书省右司郎中、管领大都等路打捕民匠等户总管令史,比依诸司局人匠总管府令史例,九十月,于都目内任用。"省准:"诸路宝钞都提举司司吏,有阙于诸路转运司、漕运司上名司吏内选取,三十月充吏目,四十五月之上、六十月之下都目,六十月已上转提控案牍,充寺监令史者听。诸路宝钞提举司同。"奏准:"大都路都总管府添设司吏一十名,委差五名。司吏六十月,于提控案牍内任用,委差于近上钱谷官内委用,有阙以有根脚请俸人补充,不及考满,不许无故替换。"

二十七年,省准:"京畿都漕运司令史,九十月充提控案牍,年四十五之上,比依都提举万亿库司吏,愿充寺监令史者听。"

二十九年,部拟:"大都路令史四十五以上,六十月提控案牍内任用,任回减一资升转,四十五以下、六十月之上选举贡部,每岁二名。奏差六十月,酌中钱谷官内任用。"省准:"京畿都漕运司令史,比依诸路宝钞提举司司吏出身例,三十月吏目,四十五月之上、六十月之下都目,六十月之上提控案牍。"

三十年,省准:"提举八作司系正六品,司吏四十五月之上吏目,六十月之上都目。"

元贞元年,省准:"大都等路都转运司令史,九十月提控案牍。"

大德三年,省准:"诸路宝钞提举司、都提举万亿四库司吏,九十月提控案牍内任用,如六十月之上,自愿告叙者,于都目内迁除,有阙于平准行用库攒典内挨次转补。"省准:"宝钞总库司、提举富宁库司俱系从五品,其司吏九十月,都目内任用。如六十月之上,自愿告叙,于吏目内迁除。有阙须于在京五品衙门及左右巡院、大兴、宛平二县,及诸州司吏并籍记各部典吏内选。"省准:"提举左右八作司吏,九十月都目内任用,六十月之上,自愿告叙,于吏目内迁除,有阙于在都诸仓攒典内选补。京畿都漕运使司令史,六十月之上,于提控案牍内用,遇阙于路府诸州并在京五品等衙门上名司吏内选。大都路司吏改为令史,六十月之上,年及四十五以下,贡部不过二名,四十五以上,六十月提控案牍内选用,任回减资升转。大都路都总管府令史,依旧六十月,于提控案牍内迁叙,不须减资,有阙府州兵马司、左右巡院、大兴、宛平二县上名司吏内选补。"

大德五年,省准:"河东宣慰使司军储所司吏、译史,九十月为满,译史由翰林院发补,司吏由州县司吏取充,与各路总管府译史、司吏一体升转,自用译史,别无定夺,司吏除酌中钱谷官,委差近下钱谷官。"

七年,部拟:"济南、莱芜等处铁冶都提举司及广平、彰德等处铁冶都提举司秩四品,司吏九十月比散府上州例,升吏目。蒙古必阇赤拟酌中钱谷官,奏差近下钱谷官,典吏三考,转本司奏差。"省准:"陕西省叙州等处诸部蛮夷宣抚司正三品,其令译史考满,比各路司吏人等一体迁用奏差,行省定夺。"

九年,宣慰司大同等处屯储军民总管万户府从三品,司吏、译史、委差人等,九十月为满,司吏除酌中钱谷官,委差近下钱谷官。

大德十年,省准:"诸路吏六十月,须历五万石之上仓官一界,升吏目,一考升都目,一考升中州案牍或钱谷官,通理九十月入流。五万石之下仓官一界,升吏目,两考都目,一考依上升转。补不尽路吏,九十月升吏目,两考升都目,依上流转,如非州县司吏转补者,役过月日,别无定夺。"

凡通事、译史考满迁叙:

至元二年,部拟:"云南行省极边重地,令译史等人员,拟二十月为一考,历六十月,准考满叙用。"

九年，省准："省部台院所设知印人等，所请俸给，元拟出身，俱在勾当官之上，既将勾当官升作从八品，其各部知印考满，亦合升正八品，据例减知印除有前资人员，验前资定夺，无前资者，各验实历月日，定拟迁叙。"

二十年，各道按察司奏差、通事、译史、奏差已有定例，通事九十月考满，拟同译史一体迁叙。部议："行省、行台、行院五品以下官员并首领官，亦合比依台院例，一考升一等任用。据行省人吏比同台院人吏出身，已有定例，行院、行台令史、译史、通事、宣使人等，九十月满考，元系都省台院发及应补者，拟降台院一等定夺。"部拟："甘肃行省令译史、通事、宣使人等，量拟以六十五月迁叙，若系都省发去人员，如部议，自用者仍旧例。"

二十一年，部拟："四川行省人吏，比甘肃行省所历月日，一体迁除。"

二十三年，部拟："福建、两广行省令译史、通事、宣使人等，拟历六十月同考满，止于江南迁用，若行省咨保福建、两广必用人员，于资品上升一等。"

二十四年，部议："行省、行台、行院令史，九十月考满，若系都省台院发去腹里相应人员，行省令史同台院令史出身，行台、行院降台院一等，俱于腹里迁用，自用者递降一等，止于江南任用。"

二十七年，省议："中书省蒙古必阇赤俱系正从五品迁除，今蒙古字教授拟比儒学教授例高一等，其必阇赤拟高省掾一等，内外诸衙门蒙古译史，一体升等迁叙。"

二十八年，部拟："诸路宝钞都提举司蒙古必阇赤，三十月吏目，四十五月都目，六十月提控案牍，役过月日，拟于巡检内叙用。奏差九十月，近上钱谷官，六十月，酌中钱谷官内任用。翰林院写圣旨必阇赤，比依都省蒙古必阇赤内管宣敕者，八月算十月迁转正六品。"部议："写圣旨必阇赤比依管宣敕蒙古必阇赤一体，亦合八折十准算月日外据出身已有定例。崇福司令译史、知印，省部发补者，考满出为正七品，自用者降一等。宣使省部发去者，考满出为正八品,自用者降一等。各道廉访司通事、译史出身,比依书吏拟合一体考满正九。奏差考满,依通事、译史降二等量拟,于省札钱谷官并巡检内任用。"

三十年,省准:"将作院令译史人等,由省部选发者,考满正七品迁叙,自用者止从本衙门定夺。大都路蒙古必阇赤若系例后入役人员,拟六十月于巡检内迁用,任回减一资升转。"

大德三年,省议:"各路译史如系翰林院选发人员,九十月考满。除蒙古人依准所拟外,其余,其余色目、汉人先历务使一界,升提控一界,于巡检内迁用。"省议:"大都运司通事比依本司令史,满考者于巡检内任用。"

四年,省准:"云南诸路廉访司守白通事、译史出身,比依书吏出身,九十月为满,历巡检一任,转升从九品,云南地面迁用。"

七年,宣慰司奏差,除应例补者,一百二十月考满,依例自行保举者降等,任回,添资定夺任用。廉访司通事、译史,大德元年三月七日已后创入补者,九十月历巡检一任,转从九,如书吏役九十月,充巡检者听,如违不准。各路译史,如系各道提举学校官选发腹里各路译史,九十月考满,先历务使一界升提领,再历一界充巡检,三考从九,违者虽历月日,不准。会同馆蒙古必阇赤,九十月务提领内迁用。

十年,省准:"中政院写懿旨必阇赤,依写圣旨必阇赤一体出身。八番顺元、海北海南宣慰司都元帅府极边重地令译史人等,考满依两广、福建例,于江南迁用。"

凡官员致仕:

至元二十八年,省议:"诸职官年及七十,精力衰耗,例应致仕。今到选官员,多有年已七十或七十之上者,合令依例致仕。"

大德七年,省臣言:"内外官员年至七十者,三品以下,于应授品级,加散官一等,令致仕。"

十年,省臣言:"官员年老不堪仕宦者,于应得资品,加散官、遥授职事，令致仕。”

皇庆二年，省臣言：“蒙古、色目官员所授散官，卑于职事，拟三品以下官员，职事、散官俱升一等，令致仕。”

凡封赠之制：

至元初，唯一二勋旧之家以特恩见褒，虽略有成法，未悉行之。

至元二十年，制：“考课虽以五事责办管民官，为无激劝之方，徒示虚文，竟无实效。自今每岁终考课，管民官五事备具，内外诸司官职任内各有成效者，为中考。第一考，对官品加妻封号。第二考，令子弟承荫叙仕。第三考，封赠祖父母、父母。品格不及封赠者，量迁官品，其有政绩殊异者，不须升擢，仰中书参酌旧制，出给诰命。”

至大二年，诏：“流官五品以上父母、正妻，七品以上正妻，令尚书省议行封赠之制。”礼部集吏部、翰林国史院、集贤院、太常等官，议封赠谥号等第，制以封赠非世祖所行，其令罢之。

至治三年，省臣言：“封赠之制，本以激劝将来，比因泛请者众，遂致中辍。”诏从新设法议拟与行，毋致冗滥。礼部从新分立等第：正从一品封赠三代，爵国公，勋正上柱国，从柱国，母、妻并国夫人。正从二品封赠二代，爵郡公，勋正上护军，从护军，母、妻并郡夫人。正从三品封赠二代，爵郡侯，勋正上轻车都尉，从轻车都尉，母、妻并郡夫人。正从四品封赠父母，爵郡伯，勋正上骑都尉，从骑都尉，母、妻并郡君。正五品封赠父母，爵县子，勋骁骑尉，母、妻并县君。从五品封赠父母，爵县男，勋飞骑尉，母、妻并县君。正从六品封赠父母，父止用散官，母、妻并宜人。正从一品至五品宣授，六品至七品敕牒。如应封赠三代者，曾祖父母一道，祖父母一道，父母一道，生者各号给降。封赠者，一品至五品并用散官勋爵，六品七品止用散官职事，从一高。封赠曾祖，降祖一等，祖降父一等，父母妻并与夫、子同。父母在仕者不封，已致仕并不在仕者封之，虽在仕弃职就封者听。父母应封，而让曾祖父母、祖父母者听。诸子应封父母，嫡母在，所生之母不得封。嫡母亡，得并封。若所生母未封赠者，不得先封其妻。诸职官曾受赃,不许申请,封赠之后,但犯取受之赃,并行追夺。其父祖元有官进一阶,不在追夺之例。父祖元有官者,随其所带文武官上封赠,若已是封赠之官,止于本等官上许进一阶,阶满者更不在封赠之限。如子官至四品,其父祖已带四品上阶之类。或两子当封者,从一高。文武不同者,从所请。妇人因其子封赠,而夫、子两有官者,从一高。封赠曾祖母、祖母并母,生封并加太字,若已亡殁或曾祖、祖父、父在者,不加太字。职官居丧,应封赠曾祖父母、祖父母者听。其应受封之人,居曾祖父母、祖父母、父母、舅姑、夫丧者,服阕申请。应封赠者,有使远死节,有临陈死事者,验事特议加封。应封妻者,止封正妻一人,如正妻已殁,继室亦止封一人,余不在封赠之例。妇人因夫、子得封者,不许再嫁,如不遵守,将所受宣敕追夺,断罪离异。父母曾任三品以上官,亡殁,生前有勋劳,为上知遇者,子孙虽不仕,具实迹赴所在官司保结申请,验事迹可否,量拟封赠。无后者,许有司保结申请。曾祖父母、祖父母、父母曾犯十恶奸盗除名等罪,及例所妻不是以礼娶到正室,或系再醮倡优婢妾,并不许申请。凡告请封赠者,随朝并京官行省、行台、宣慰司、廉访司见任官,各于任所申请。其余官员,见任并已除未任,至得替日,随其解由申请。致仕官于所在官司申请。正从七品至正从六品,止封一次。升至正从五品,封赠一次。升至正从四品,封赠一次。升至正从三品,封赠一次。升至正从二品,封赠一次。升至正从一品,封赠一次。凡封赠流官父祖曾任三品以上者,许请谥。如立朝有大节,功勋在王室者,许加功臣之号。

　　至治三年,诏:“封赠之典,本以激劝忠孝,今后散官职事勋爵,依例加授,外任官员并许在任申请,其余合行事理,仰各依旧制。”

　　泰定元年,诏:“犯赃官员,不得封赠,沉翳既久,宜许自新,有能涤虑改过,再历两任无过者,许所管上司正官从公保明,监察御史、廉访司覆察是实,并听依例申请。”

元史卷八五
志第三五

百官一

　　王者南面以听天下之治,建邦启土,设官分职,其制尚矣。汉、唐以来,虽沿革不同,恒因周、秦之故,以为损益,亦无大相远。大要欲得贤才用之,以佐天子、理万民也。

　　元太祖起自朔土,统有其众,部落野处,非有城郭之制,国俗淳厚,非有庶事之繁,惟以万户统军旅,以断事官治政刑,任用者不过一二亲贵重臣耳。

　　及取中原,太宗始立十路宣课司,选儒臣用之。金人来归者,因其故官,若行省,若元帅,则以行省、元帅授之。草创之初,固未暇为经久之规矣。

　　世祖即位,登用老成,大新制作,立朝仪,造都邑,遂命刘秉忠、许衡酌古今之宜,定内外之官。其总政务者曰中书省,秉兵柄者曰枢密院,司黜陟者曰御史台。体统既立,其次在内者,则有寺,有监,有卫,有府;在外者,则有行省,有行台,有宣慰司,有廉访司。其牧民者,则曰路,曰府,曰州,曰县。官有常职,位有常员,其长则蒙古人为之,而汉人、南人贰焉。于是一代之制始备,百年之间,子孙有所凭藉矣。

　　大德以后,承平日久,弥文之习胜,而质简之意微,侥幸之门多,而方正之路塞。官冗于上,吏肆于下,言事者屡疏论列,而朝廷讫莫正之,势固然也。

　　大抵元之建官，繁简因乎时，得失系乎人，故取其简牍所载，而论次之。若其因事而置，事已则罢，与夫异教杂流世袭之属，名类实繁，亦姑举其大概。作《百官志》。

　　三公，太师、太傅、太保各一员，正一品，银印。以道燮阴阳，经邦国。有元袭其名号，特示尊崇。太祖十二年，以国王置太师一员。太宗即位，建三公，其拜罢岁月，皆不可考。世祖之世，其职常缺，而仅置太保一员。至成宗、武宗而后，三公并建，而无虚位矣。又有所谓大司徒、司徒、太尉之属或，置或不置。其置者，或开府，或不开府。而东宫尝置三师、三少，盖亦不恒有也。

　　中书令一员，银印。典领百官，会决庶务。太宗以相臣为之，世祖以皇太子兼之。至元十年，立皇太子，行中书令。大德十一年，以皇太子领中书令。延祐三年，复以皇太子行中书令。置属，监印二人。

　　右丞相、左丞相各一员，正一品。银印。统六官，率百司，居令之次。令缺，则总省事，佐天子，理万机。国初，职名未创。太宗始置右丞相一员、左丞相一员。世祖中统元年，置丞相一员。二年，复置右丞相二员、左丞相二员。至元二年，增置丞相五员。七年，立尚书省，置丞相三员。八年，罢尚书省，乃置丞相二员。二十四年，复立尚书省，其中书省丞相二员如故。二十九年，以尚书再罢，专任一相。武宗至大二年，复置尚书省，丞相二员。中书丞相二员。四年，尚书省仍归中书，丞相凡二员，自后因之不易。文宗至顺元年，专任右相，其一或置或不置。

　　平章政事四员，从一品。掌机务，贰丞相，凡军国重事，无不由之。世祖中统元年，置平章二员。二年，置平章四员。至元七年，置尚书省，设尚书平章二员。八年，尚书并入中书，平章复设三员。二十三年，诏清冗职，平章汰为二员。二十四年，复尚书省，中书、尚书两省平章各二员。二十九年，罢尚书省，增中书平章为五员，而一员为商议省事。三十年,又增平章为六员。成宗元贞元年,改商议省事为平章军国重事。武宗至大二年,再立尚书省,平章三员。中书五员。四年,罢尚书省归中书,平章仍五员。文宗至顺元年,定置四员,自后因之。

右丞一员,正二品。左丞一员,正二品。副宰相裁成庶务,号左右辖。世祖中统二年,置左、右丞各一员。三年,增为四员。至元七年,立尚书省,中书右丞、左丞仍四员。八年,尚书并入中书省,右、左丞各一员。二十三年,汰冗职,右、左丞如故。二十四年,复立尚书省,右、左丞各一,而中书省缺员。二十八年,复罢尚书省。三十年,设右丞二员,而一员为商议省事。成宗元贞元年,右丞商议省事者,又以昭文大学士与中书省事。武宗至大二年,复立尚书省,右、左丞二员。中书右、左丞五员。四年,罢尚书右、左丞,中书右、左丞止设四员。文宗至顺元年,定置右丞一员、左丞一员,而由是不复增损。

参政二员,从二品。副宰相以参大政,而其职亚于右、左丞。世祖中统元年,始置参政一员。二年,增为二员。至元七年,立尚书省,参政三员。八年,尚书并入中书,参政二员。二十三年,汰冗职,参政二员如故。二十四年,复立尚书省,参政二员。中书参政二员。二十八年,罢尚书省参政。武宗至大二年,复置尚书省,参政二员。中书参政二员。四年,并尚书省入中书,参政三员。文宗至顺元年,定参政为二员,自后因之。

参议中书省事,秩正四品。典左右司文牒,为六曹之管辖,军国重事咸预决焉。中统元年,始置一员。至元二十二年,累增至六员。大德元年,止置四员,后遂为定额。其治曰参议府,令史二人。

左司,郎中二员,正五品;员外郎二员,正六品;都事二员,正七品。中统元年,置左右司。至元十五年,分置两司。左司所掌:吏礼房之科有九,一曰南吏,二曰北吏,三曰贴黄,四曰保举,五曰礼,六曰时政记,七曰封赠,八曰牌印,九曰好事。知除房之科有五,一曰资品,二曰常选,三曰台院选,四曰见阙选,五曰别里哥选。户杂房之科有七,一曰定俸,二曰衣装,二曰羊马,四曰置计,五曰田土,六曰太府监,七曰会总。科粮房之科有六,一曰海运,二曰儹运,三曰边远,四曰账济,五曰事故,六曰军匠。银钞房之科有二,一曰钞法,二曰课程。应办房之科有二,一曰饮膳,二曰草料。令史二人,蒙古书写二十人,回回书写一人,汉人书写七人,典吏十五人。

右司,郎中二员,正五品;员外郎二员,正六品;都事二员,正七品。中统元年,置左右司。至元十五年,分置两司。右司所掌:兵房之科有五,一曰边关,二曰站赤,三曰铺马,四曰屯田,五曰牧地。刑房之科有六,一曰法令,二曰弭盗,三曰功赏,四曰禁治,五曰枉勘,六曰斗讼。工房之科有六,一曰横造军器,二曰常课段匹,三曰岁赐,四曰营造,五曰应办,六曰河道。令史二人,蒙古书写三人,回回书写一人,汉人书写一人,典吏五人。

中书省隶属:

监印二人,掌监视省印,有中书令则置。

知印四人,掌执用省印。

怯里马赤四人。

蒙古必阇赤二十二人:左司十六人,右司六人。

汉人省掾六十人:左司三十九人,右司二十一人。

回回省掾十四人:左司九人,右司五人。

宣使五十人。

省医三人。

玉典赤四十一人。

断事官,秩三品。掌刑政之属。国初,尝以相臣任之。其名甚重,其员数增损不常,其人则皆御位下及中宫、东宫、诸王各投下怯薛丹等人为之。中统元年,一十六位下置三十一员。至元六年,十七位下置三十四员。七年,十八位下置三十五员。八年,始给印。二十七年,分立两省,而断事官随省并置。二十八年,十八位下置三十六员,并入中书。三十一年,增二员。后定置,自御位下及诸王位下共置四十一员。首领官:经历一员,知事一员。吏属:蒙古必阇赤二人,令史一十二人,回回令史一人,怯里马赤二人,知印二人,奏差八人,典吏一人。

客省使,秩正五品。使四员,正五品;副使二员,正六品。令史二人。掌直省舍人、宣使等员选举差遣之事。至元九年,置使二员,一员兼通事,一员不兼。大德元年,增置四员,副二员。直省舍人二员,至元七年始置,后增至三十三员。掌奏事给使差遣之役。

检校官四员,正七品。掌检校左右司、六部公事程期、文牍稽失之事。书吏六人。大德元年置。

照磨一员,正八品。掌磨勘左右司钱谷出纳、营缮料例,凡数计、文牍、簿籍之事。中统元年,置二员。至元八年,省为一员。典吏八人。

管勾一员,正八品。掌出纳四方文移缄縢启拆之事。邮递之程期,曹属之承受,兼主之。中统元年,置二员。至元三年,定为一员。典吏八人。架阁库管勾二员,正八品。掌庋藏省府籍帐案牍,凡备稽考之文,即掌故之任。至元三年,始置三员,其后增置员数不一。至顺初,定为二员。典吏十人。蒙古架阁库兼管勾一员,典吏二人。回回架阁库管勾一员,典吏二人。

吏部,尚书三员,正三品;侍郎二员,正四品;郎中二员,从五品;员外郎二员,从六品。掌天下官吏选授之政令。凡职官铨综之典,吏员调补之格,勋封爵邑之制,考课殿最之法,悉以任之。世祖中统元年,以吏、户、礼为左三部。尚书二员,侍郎二员,郎中四员,员外郎六员。至元元年,以吏礼自为一部。尚书三员,侍郎仍二员,郎中仍四员,员外郎三员。三年,复为左三部。五年,又合为吏礼部。尚书仍二员,侍郎、郎中、员外郎各一员。七年,始列尚书六部。吏部尚书一员,侍郎一员,郎中二员,员外郎二员。八年,仍为吏礼部。尚书、侍郎、郎中各一员,员外郎仍二员。十三年,分置吏部,尚书增置七员,侍郎三员,郎中二员,员外郎四员。十九年,尚书裁为二员,侍郎一员,郎中一员,员外郎二员。二十一年,尚书三员,侍郎一员,郎中、员外郎如故。二十三年,定六部尚书、侍郎、郎中、员外郎员额各二员。二十八年,增尚书为三员。主事三员,蒙古必阇赤三人,令史二十五人,回回令史二人,怯里马赤一人,知印二人,奏差六人,蒙古书写二人,铨写五人,典吏一十九人。

户部,尚书三员,正三品;侍郎二员,正四品;郎中二员,从五品;员外郎三员,从六品。掌天下户口、钱粮、田土之政令。凡贡赋出纳之经,金币转通之法,府藏委积之实,物货贵贱之直,敛散准驳之宜,悉以任之。中统元年,以吏、户、礼为左三部。尚书二员,侍郎二员,郎中四员,员外郎六员。至元元年,分立户部。尚书三员,侍郎、郎中四员,员外郎省为三员。三年,复为左三部。五年,复分为户部。尚书一员,侍郎、郎中各一员,员外郎又省为二员。七年,始列尚书六部。尚书一员,侍郎二员,郎中二员,员外郎如故。十三年,尚书增置一员,侍郎、郎中、员外郎如故。十九年,郎中、员外郎俱增至四员。二十三年,六部尚书、侍郎、郎中定以二员为额。明年,以户部所掌,视他部特为繁剧,增置二员。成宗大德五年,省尚书一员,员外郎亦省一员,各设三员。主事八员,蒙古必阇赤七人,令史六十一人,回回令史六人,怯里马赤一人,知印二人,奏差三十二人,蒙古书写一人,典吏二十二人,司计官四员。其属附见于后:

　　都提举万亿宝源库,掌宝钞、玉器。至元二十五年始置。都提举一员,正四品;提举一员,正五品;同提举一员,从五品;副提举一员,从六品;知事一员,从八品。提控案牍一员,司吏二十三人,译史二人,司库四十六人,内以色目二人参之。

　　都提举万亿广源库,掌香药、纸札诸物。设置同上。提控案牍二员,司吏一十二人,译史一人,司库一十三人。

　　都提举亿绮源库,掌诸色缎匹。设置并同上,而副提举则增一员。提控案牍设三员,后省二员。司吏二十二人,译史一人,司库二十六人,内参用色目二人。

　　都提举万亿赋源库,掌丝绵、布帛诸物。设置并同上。提控案牍二员,其后省一员。司吏一十七人,译史一人,司库一十五人,内参用色目二人。

四库照磨兼架阁库,管勾一员,从九品。世祖至元二十八年,以四库钱帛事繁,始置一员,仍给印。

提举富宁库,至元二十七年始创。提举一员,从五品;同提举一员,从六品;副提举一员,从七品。分掌万亿宝源库出纳金银之事。吏目一人,其后司吏增至六人,译史一人,司库八人。

诸路宝钞提举司,达鲁花赤一员,正四品;都提举一员,正四品;副达鲁花赤一员,正五品;提举一员,正五品;同提举二员,从五品;副提举二员,从六品;知事一员,从八品;照磨一员,从九品。国初,户部兼领交钞公事。世祖至元,始设交钞提举司,秩正五品。二十四年,改诸路宝钞都提举司,升正四品,增副达鲁花赤、提控案牍各一员。其后定置已上官员,提控案牍又增一员。设司吏十二人,蒙古必阇赤一人,回回令史一人,奏差七人。

宝钞总库,达鲁花赤一员,从五品;大使一员,从五品;副使三员,正七品。世祖至元二十五年,改元宝库为宝钞库,秩正六品。二十六年,升从五品,增大使、副使,设司库。其后遂定置已上官员。司吏七人,译史一人,司库五十人。

印造宝钞库,达鲁花赤一员,正七品;大使二员,从七品;副使二员,正八品。中统四年始置,秩从八品。至元二十四年,升从七品,增达鲁花赤一人。其后遂定置已上官员。

烧钞东西二库,达鲁花赤一员,正八品;大使一员,从八品;副使一员,从九品。至元元年,始置昏钞库,用正九品印,置监烧昏钞官。二十四年,分立烧钞东西二库,秩从八品,各置达鲁花赤、副使等员。

行用六库。中统元年,初立中都行用库,秩从七品。提领一员,从七品;大使一员,从八品;副使一员,从九品。至元二十四年,京师改置库者三:曰光熙,曰文明,曰顺承。因城门之名为额。二十六年,又置三库:曰健德,曰和义,曰崇仁。并因城门以为名。

大都宣课提举司,掌诸色课程,并领京城各市。提举二员,从五品;同提举一员,从六品;副提举一员,从七品。提控案牍一员,司吏六人。世祖至元十九年,并大都旧城两税务为大都税课提举司。至武宗至大元年,改宣课提举司。其属四:

马市、猪羊市,秩从七品。提领一员,从七品;大使一员,从八品;副使一员,从九品。世祖至元三十年始置。牛驴市、果木市,品秩、设官同上。

鱼蟹市,大使一员,副使一员。至大元年始置。

煤木所,提领一员,从八品;大使一员,从九品;副使一员。至元二十二年始置。

大都酒课提举司,掌酒醋榷酤之事。至元十九年始置。提举一员,从五品;同提举二员,从六品;副提举二员,从七品,提控案牍二员,司吏五人。二十八年,省同提举一员、副进举一员,余如故。

抄纸坊,提领一员,正八品;大使一员,从八品;副使二员,从九品。中统四年始置,用九品印,止设大使、副使各一员。至元二十七年,升正八品,增置提领、副使各一员。

印造盐茶等引局,大使一员,副使一员。至元二十四年置。掌印造腹里、行省盐、茶、矾、铁等引。仍置攒典、库子各一人。

右以上属户部。其万亿四库,国初以太府掌内帑之出纳,既设左藏等库,而国计之领在户部,仍置亿等库,为收藏之府。中统元年,置库官六员,而未有品秩俸给。至元十六年,始为提举万亿库,秩正五品。二十四年,改升都提举万亿库,秩正四品。二十五年,分立四库,以分掌出纳。至二十七年,又别立富宁库焉。

京畿都漕运使司,秩正三品。运使二员,正三品;同知二员,正四品;副使二员,正五品;判官二员,正六品;经历一员,正七品;知事一员,从八品。提控案牍兼照磨二员。掌凡漕运之事。世祖中统二年,初立军储所,寻改漕运所。至元五年,改漕运司,秩五品。十二年,改都漕运司,秩四品。十九年,改京畿都漕运使司,秩正三品。二十四年,内外分立两运司,而京畿都漕司之额如旧。止领在京诸仓出纳粮斛，及新运粮提举司站车攒运公事。省同知、运判、知事各一员，而押纲官隶焉。延祐六年，增同知、副使、运判各一员。其后定置官员已上正官各二员，首领官四员。吏属：令史二十一人，译史二人，回回令史一人，通事一人，知印二人，奏差一十六人，典吏二人。其属二十有四：

新运粮提举司，秩正五品。至元十六年始置，管站车二百五十辆，隶兵部。开设运粮坝河，改隶户部。定置达鲁花赤一员，都提举一员，同提举二员，副提举一员，吏目一员，司吏八人，奏差十二人。

京师二十二仓，秩正七品。

万斯北仓，中统二年置。万斯南仓，至元二十四年置。千斯仓，中统二年置。永平仓，至元十六年置。永济仓，至元四年置。惟亿仓，既盈仓，大有仓，并系皇庆元年置。屡丰仓，积贮仓。并系皇庆元年增置。

已上十仓，每仓各置监支纳一员，正七品；大使二员，从七品；副使二员，正八品。

丰穰仓，皇庆元年置。广济仓，皇庆元年置。广衍仓，至元二十九年置。大积仓，至元二十八年置。既积仓，盈衍仓，至元二十六置。相因仓，中统二年置。顺济仓。至元二十九年置。

已上八仓，每仓各置监支纳一员，正七品；大使一员，从七品；副使二员，正八品。

通济仓，中统二年置。庆贮仓，至元四年置。丰润仓，至元十六年置。丰宝仓。

已上四仓，每仓各置监支纳一员，正七品；大使一员，从七品；副使一员，正八品。

通惠河运粮千户所，秩正五品。掌漕运之事。至元三十一年始置。中千户一员，中副千户二员。

都漕运使司，秩正三品。掌御河上下至直沽、河西务、李二寺、通州等处攒运粮斛。至元二十四年，自京畿运司分立都漕运司，于河西务置总司，分司临清。运使二员，正三品；同知二员，正四品；副使二员，正五品；运判三员，正六品；经历一员，从七品；知事一员，

从八品。提控案牍二员,内一员兼照磨,司吏三十三人,通事、译史各一人,奏差一十六人,典吏一人。其属七十有五:

　　河西务十四仓,秩正七品。

　　永备南仓,永备北仓,广盈南仓,广盈北仓,充溢仓。

　　已上五仓,各置监支纳一员,正七品;大使二员,从七品;副使二员,正八品。

　　崇墉仓,大盈仓,大京仓,大稔仓,足用仓,丰储仓,丰积仓,恒足仓,既备仓。

　　已上九仓,各置监支纳一员,正七品;大使一员,从七品;副使一员,正八品。

　　通州十三仓,秩正七品。

　　有年仓,富有仓,广储仓,盈止仓,及秭仓,乃积仓,乐岁仓,庆丰仓,延丰仓。

　　已上九仓,各置监支纳一员,正七品;大使二员,从七品;副使二员,正八品。

　　足食仓,富储仓,富衍仓,及衍仓。

　　已上四仓,各置监支纳一员,正七品;大使一员,从七品;副使一员,正八品。

　　河仓一十有七,用从七品印。

　　馆陶仓,旧县仓,陵州仓,傅家池仓。

　　已上各置监支纳一员,从七品;大使一员,从八品;副使一员。

　　秦家渡仓,尖冢西仓,尖冢东仓,长芦仓,武强仓,武强仓,夹马营仓,上口仓,唐宋仓,唐村仓,安陵仓,四柳树仓,淇门仓,伏恩仓。

　　已上各置监支纳一员,从八品;大使一员,从九品;副使一员。

　　直沽广通仓,秩正七品。大使一员。

　　荥阳等纲,凡三十:曰济源,曰陵州,曰献州,曰白马,曰滏阳,曰完州,曰河内,曰南宫,曰沂莒,曰霸州,曰东明,曰获嘉,曰盐山,曰武强,曰胶水,曰东昌,曰武安,曰汝宁,曰修武,曰安阳,曰开封,曰仪封,曰蒲台,曰邹平,曰中牟,曰胶西,曰卫辉,曰浚州,曰曹濮,州，每纲皆设押纲官二员，计六十员。秩正八品。每编船三十户为一纲。船九百余只，运粮三百余万石，船户八千余户，纲官以常选正八品为之。

檀景等处采金铁冶都提举司，秩正四品。提举一员，正四品；同提举一员，正五品；副提举一员，从六品。掌各冶采金炼铁，榷货以资国用。国初，中统始置景州提举司，管领景州、滦阳、新匠三冶。至元十四年，又置檀州提举司，管领双峰、暗峪、大峪、五峰等冶。大德五年，檀州、景州三提举司，并置檀州等处采金铁冶都提举司，而滦阳、双峰等冶悉隶焉。他如河东、山西、济南、莱芜等处铁冶提举司，及益都、般阳等处淘金总管府，其沿革盖不一也。

大都河间等路都转运盐使司，秩正三品。掌场灶榷办盐货，以资国用。使二员，正三品；同知一员，正四品；副使一员，正五品；运判二员，正六品。首领官：经历一员，从七品；知事一员，从八品；照磨一员，从九品。国初，立河间税课达鲁花赤清沧盐使所，后创立运司，立提举盐榷所，又改为河间路课程所，提举沧清课盐使所。中统三年，改都提领拘榷沧清课盐所。至元二年，以刑部侍郎、右三部郎中兼沧清课盐使司，寻改河间都转运盐使司，立清、沧课三盐司。十二年，改为都转运使司。十九年，以户部尚书行河间等路都转运使司事，寻罢，改立清、沧二盐使司。二十三年，改河间等路都转运司。二十七年，改令户部尚书行河间等路都转运使司事。二十八年，改河间等路都转运司。延祐六年，颁分司印，巡行郡邑，以防私盐之弊。

盐场二十二所，每场设司令一员，从七品；司丞一员，从八品。办盐各有差。

利国场，利民场，海丰场，阜民场，阜财场，益民场，润国场，海阜场，海盈场，海润场，严镇场，富国场，兴国场，厚财场，丰财场，三叉沽场，芦台场，越支场，石碑场，济民场，惠民场，富民场。

山东东路转运盐使司，品秩、职掌同上，运判止一员。国初，始置益都课税所，管领山东盐场，以总盐课。后改置运司。中统四年，诏以书左右部兼诸路都转运。至元二年,命有司兼办其课,改立山东转运司。至元十二年,改立都转运司。延祐五年,以盐法涩滞,降分司印,巡行各场,督收课程,罢胶莱盐司所属盐场。

盐场一十九年,每场设司令一员,从七品;司丞一员,从八品;管勾一员,从八品。

永利场,宁海场,官台场,丰国场,新镇场,丰民场,富国场,高家港场,永阜场,利国场,固堤场,王家冈场,信阳场,涛洛场,石河场,海沧场,行村场,登宁场,西由场。

河东陕西等处转运盐使司,品秩、职掌同前,运判增一员。国初,设平阳府以征课程之利。中统二年,改置转运司,置提举解盐司。至元二年,罢运司,命有司掌其务。寻复置转运司。二十三年,立陕西都转运司,诸色税课悉隶焉。二十九年,置盐运司,专掌盐课,其余课税归有司,解盐司亦罢。延祐六年,更为河东陕西等处都转运盐使司,隶省部。其属三:

解盐场,管勾一员,正九品;同管勾一员,从九品。

河东等处解盐管民提领所,正提领一员,从八品;副提领一员,从九品。

安邑等处解盐管民提领所,正提领一员,从八品;副提领一员,从九品。

礼部,尚书三员,正三品;侍郎二员,正四品;郎中二员,从五品;员外郎二员,从六品。掌天下礼乐、祭祀、朝会、燕享、贡举之政令。凡仪制损益之文,符印简册之信,神人封谥之法,忠孝贞义之褒,送迎聘好之节,文学僧道之事,婚姻继续之办,音艺膳供之物,悉以任之。世祖中统元年,以吏、户、礼为左三部,置尚书二员,侍郎二员,郎中四员,员外郎六员,总领三部之事。至元元年,分立为吏礼部。尚书三员,侍郎仍二员,郎中仍四员,员外郎四员。七年,别立礼部。尚书一员,侍郎一员,郎中二员,员外郎如旧。明年,又合为吏礼部。十三年,又别为礼部。二十三年,六部尚书、侍郎、郎中、员外郎定以二员为额。成宗元贞元年，复增尚书一员，领会同馆事。主事二员，蒙古必阇赤二人，令史一十九人，回回令史二人，怯里马赤一人，知印二人，奏差十二人，典吏三人。其属附见：

左三部照磨所，秩正八品。照磨一员，掌吏、户、礼三部钱谷计帐之事。典吏八人。

侍仪司，秩正四品。掌凡朝会、即位、册后、建储、奉上尊号及外国朝觐之礼。至元八年始置。左右侍仪奉御二员，礼部侍郎、知侍仪事一员，引进使、知侍仪事一员，左右侍仪使二员，左右直侍仪使二员，左右侍仪副使二员，左右侍仪佥事二员，引进副使、侍仪令、承奉班都知、尚衣局大使各一员。十二年，省左侍仪奉御，通曰左右侍仪。省引进副使及侍仪令、尚衣使等员，改置通事舍人十四员。三十年，减通事舍人七员为侍仪舍人。大德十一年，升秩正三品。至大二年，置典簿一员。延祐七年，定置侍仪使四员。至治元年，增置通事舍人六员，侍仪舍人四员。其后定置侍仪使四员，正三品；引进使知侍仪事二员，正四品。首领官：典簿一员，从七品。属官：承奉班都知一员，正七品；通事舍人一十六员，从七品；侍仪舍人十四员，从九品。吏属：令史二人，译史一人，通事一人，知印一人。其属：

法物库，秩五品。掌大礼法物。提点一员，从五品；大使一员，从六品；副使一员，从七品；直长二员，正八品。

拱卫直都指挥使司，秩从四品。掌控鹤六百余户，及仪卫之事。至元三年始置。都指挥使一员，副使一员，钤辖一员，提控案牍一员。十六年，升正三品，降虎符，增置达鲁花赤一员，隶宣徽院。二十年，复为从四品。二十五年，归隶礼部。元贞元年，复升正三品。皇庆元年，置经历一员。二年，改钤辖为佥事。至顺二年，拨隶侍正府，定置达鲁花赤一员，正三品；都指挥使四员，正三品；副指挥使二员，从三品；佥事二员，正四品。首领官：经历一员，从七品；知事一员，从八品。吏属：令史四人，译史一人，通事、知印各一人，奏差二人。其属：

控鹤百户所，秩从七品。色目百户一十三员，汉人百户一十三员。总十三所。

仪从库,秩从七品。掌收仪卫器仗。大使一员,从七品;副使一员,从八品。

仪凤司,秩正四品。掌乐工、供奉、祭飨之事。至元八年,立玉宸院,置乐长一员,乐副一员,乐判一员。二十年,改置仪凤司,隶宣徽院。置大使、副使各一员,判官三员。二十五年,归隶礼部,省判官三员。三十一年,置达鲁花赤一员,副使一员。大德十一年,改升玉宸乐院,秩从二品。置院使、副使、佥事、同佥、院判。至大四年,复为仪凤司,秩正三品。延祐七年,降从三品。定置大使五员,从三品;副使四员,从四品。首领官:经历一员,从七品;知事一员,从八品。吏属:令史二人,译史、通事、知印各一人。其属五:

云和署,秩正七品。掌乐工调音律及部籍更番之事。至元十二年始置。至大二年,拨隶玉宸乐院。皇庆元年,升正六品。二年,升从五品。署令二员,署丞二员,管勾二员,协音一员,协律一员,书史二人,书吏四人,教师二人,提控四人。

安和署,秩正七品。职掌与云和同。至元十三年始置。皇庆二年,升从五品。署令二员,署丞二员,管勾二员,协音一员,协律一员,书史二人,书吏四人,教师二人,提控四人。

常和署,初名管勾司,秩正九品。管领回回乐人。皇庆元年初置。延祐三年,升从六品。署令一员,署丞二员,管勾二员,教师二人,提控二人。

天乐署,初名昭和署,秩从六品。管领河西乐人。至元十七年始置。大德十一年,升正六品。至大四年,改为天乐署。皇庆元年,升从五品。署令二员,署丞二员,管勾二员,协音一员,协律一员,书史二人,书吏四人,教师二人,提控四人。

广乐库,秩从九品。掌乐器等物。大使一员,副使一员。皇庆元年始置。

教坊司,秩从五品。掌承应乐人及管领兴和等署五百户。中统二年始署。至元十二年,升正五品。十七年,改提点教坊司,隶宣徽院,秩正四品。二十五年,隶礼部。大德八年,升正三品。延祐七年,复正四品。达鲁花赤一员,正四品;大使三员,正四品;副使四员,正五品;知事一员,从八品。令史四人,译史、知印、奏差各二人,通事一人。其属三:

兴和署,秩从六品。署令二员,署丞二员,管勾二员

祥和署,秩从六品。署令一员,署丞一员,管勾一员

广乐库,秩从九品。大使一员,副使一员。

会同馆,秩从四品。掌接伴引见诸番蛮夷峒官之来朝贡者。至元十三年始置。二十五年罢之。二十九年复置。元贞元年,以礼部尚书领馆事,遂为定制。礼部尚书领会同馆事一员,正三品;大使二员,正四品;副使二员,从六品。提控案牍一员,掌书四人,蒙古必阇赤一人,典给官八人。其属有收支诸物库,秩从九品。大使一员,副使一员。至元二十九年,以四宾库改置。

铸印局,秩正八品。掌凡刻印销印之事。大使一员,副使一员,直长一员。至元五年始置。

白纸坊,秩从八品。掌造诏旨宣敕纸札。大使一员,副使一员。至元九年始置。

掌薪司,秩正七品。司令一员,正七品;司丞二员,正八品。典吏一人。

兵部,尚书三员,正三品;侍郎二员,正四品;郎中二员,从五品;员外郎二员,从六品。掌天下郡邑邮驿屯牧之政令。凡城池废置之故,山川险易之图,兵站屯田之籍,远方归化之人,官私刍牧之地,驼马、牛羊、鹰隼、羽毛、皮革之征,驿乘、邮运、祗应、公廨、皂隶之制,悉以任之。世祖中统元年,以兵、刑、工为右三部,置尚书二员,侍郎二员,郎中五员,员外郎五员,总领三部之事。至元元年,别置工部,以兵刑自为一部。尚书四员,侍郎三员,郎中如旧,员外郎五员。三年,并为右三部。五年,复为兵刑部。尚书二员,省侍郎二员,郎中如故,员外郎一员。七年,始列六部。尚书一员,侍郎仍旧,

郎中一员,员外郎仍一员。明年,又合为兵刑部。十三年,复析兵部。
二十三年,定尚书、侍郎、郎中、员外郎以二员为额。至治三年,增尚
书一员。主事二员,蒙古必阇赤二人,令史十四人,回回令史一人,
怯里马赤一人,知印二人,奏差八人,典吏三人。其属附见:

大都陆运提举司,秩从五品。掌两都陆运粮斛之事。至元十六
年,始置运粮提举司。延祐四年,改今名。提举二员,从五品;副提
举一员,从七品。吏目一员,司吏六人,委差一十人。海王庄、七里
庄、魏家庄、腊八庄四所,各设提领一人,用从九品印。

管领随路打捕鹰房民匠总管府,秩从三品。达鲁花赤一员,总
管一员,副总管二员,经历、知事各一员,提控案牍一员,吏属令史
六人。初,太祖以随路打捕鹰房民户七千余户,拨隶旭烈大王位下。
中统二年始置。至元十二年,阿八合大王遣使奏归朝廷,隶兵部。

管领本投下大都等路打捕鹰房诸色人匠都总管府,秩正三品。
掌哈赞大王位下事。大德八年始置,官吏皆王选用。至大四年,省
并衙门,以哈儿班答大王远镇一隅,别无官属,存设不废。定置府
官,达鲁花赤二员,总管一员,同知一员,副总管一员,知事一员,提
控案牍一员,令史四人,译史二人,奏差二人,典吏一人。其属:

东局织染提举司,秩从五品。达鲁花赤一员,提举一员,副达鲁
花赤一员,副提举一员,提控案牍一员,司吏二人。

随路诸色民匠打捕鹰房等户都总管府,秩从三品。达鲁花赤一
员,总管一员,同知一员,经历一员,知事一员,提控案牍兼照磨一
员,令史六人,译史一人,知印通事一人,奏差二人。掌别吉大营盘
事及管领大都路打捕鹰房等户。至元三十年置。延祐四年,升正三
品。

管领本位下打捕鹰房民匠等户都总管府,秩正三品。达鲁花赤
一员,总管一员,副达鲁花赤一员,同知一员,副总管一员,判官一
员,经历一员,知事一员,提控案牍兼照磨一员,令史六人,译史、通
事、知印各一人。掌别吉大营盘城池阿哈探马儿一应差发、薛彻干
定王位下事。泰定元年始置。

刑部,尚书三员,正三品;侍郎二员,正四品;郎中二员,从五品;员外郎二员,从六品。掌天下刑名法律之政令。凡大辟之按覆,系囚之详谳,孥收产没之籍,捕获功赏之式,冤讼疑罪之辨,狱具之制度,律令之拟议,悉以任之。世祖中统元年,以兵、刑、工为右三部,置尚书二员,侍郎二员,郎中五员,员外郎五员。以郎中、员外郎各一员,专署刑部。至元元年,析置工部,而兵刑仍为一部。尚书四员,侍郎仍二员,郎中四员,员外郎置五员。三年,复为右三部。七年,始别置刑部。尚书一员,侍郎一员,郎中一员,员外郎二员。八年,改为兵刑部。十三年,又为刑部。二十三年,六部尚书、侍郎、郎中、员外郎定以二员为额。大德四年,尚书增置一员。其首领官则主事三员。吏属则蒙古必阇赤四人,令史三十人,回回令史二人,怯里马赤一人,知印二人,奏差十人,书写三人,典吏七人。其属附见:

司狱司,司狱一员,正八品;狱丞一员,正九品。狱典一人。初以右三部照磨兼刑部系狱之任,大德七年始置专官。部医一人,掌调视病囚。

司籍所,提领一员,同提领一员。至元二十年,改大都等路断没提领所为司籍所,隶刑部。

工部,尚书三员,正三品;侍郎二员,正四品;郎中二员,从五品;员外郎二员,从六品。掌天下营造百工之政令。凡城池之修浚,土木之缮葺,材物之给受,工匠之程式,铨注局院司匠之官,悉以任之。世祖中统元年,右三部置尚书二员,侍郎二员,郎中五员,员外郎五员,内二员专署工部事。至元元年,始分立工部。尚书四员,侍郎三员,郎中四员,员外郎五员。三年,复合为右三部。七年,仍自为工部。尚书二员,侍郎仍二员,郎中三员,员外郎如旧。二十三年,定尚书、侍郎、员外郎各以二员为额。明年,以曹务繁冗,增尚书二员。二十八年,省尚书一员。首领官:主事五员。蒙古必阇赤六人,令史四十二人,回回令史四人,怯里马赤一人,知印一人,奏差三十

人,蒙古书写一人,典吏七人。又司程官四员,右三部照磨一员,典吏七人。其属附见:

左右部架阁库,秩正八品。管勾二员,典吏十二人,掌六部文卷簿籍架阁之事。中统元年,左右部各置。二十三年,并为左右部架阁库。

诸色人匠总管府,秩正三品。掌百工之技艺。至元十二年始置,总管、同知、副总管各一员。十六年,置达鲁花赤一员,增同知、副总管各一员。二十八年,省同知一员。三十年,省副总管一员。后定置达鲁花赤一员,总管一员,同知二员,副总管二员,经历一员,知事一员,提控案牍一员,令史五人,译史一人,奏差四人。其属十有一:

梵像提举司,秩从五品。提举一员,同提举一员,副提举一员,吏目一员。董绘书佛像及土木刻削之工。至元十二年,始置梵像局。延祐三年,升提举司,设今官。

出蜡局提举司,秩从五品。提举一员,同提举一员,副提举一员,吏目一员。掌出蜡铸造之工。至元十二年,始置局。延祐三年,升提举司,设今官。

铸泻等铜局,秩从七品。大使一员,副使一员。掌铸泻之工。至元十年,始置官三员。二十八年,省管勾一员,后定置二员。

银局,秩从七品。大使一员,直长一员。掌金银之工。至元十二年始置。

镔铁局,秩从八品。大使一员。掌镂铁之工。至元十二年始置。

玛瑙玉局,秩从八品。直长一员。掌琢磨之工。至元十二年始置。

石局,秩从七品。大使一员,管勾一员。董攻石之工。至元十二年始置。

木局,秩从七品。大使一员,直长一员。董攻木之工。至元十二年始置。

油漆局,副使一员,用从七品印。董髹漆之工。至元十二年始置。

诸物库，秩正九品。提领一员，副使一员。掌出纳诸物之事。至元十二年始置。管领随路人匠都提领所，提领一员，大使一员，俱受省檄。掌工匠词讼之事。至元十二年始置。

诸司局人匠总管府，秩正三品。达鲁花赤一员，总管一员，副达鲁花赤一员，同知一员，副总管一员，经历一员，知事一员，提控案牍一员，令史四人。领两都金银器盒及符牌等一十四局事。至元十四年置。二十四年，以八局改隶工部及金玉府，止领五局一库，掌毡毯等事。其属有六：

收支库，秩正九品。大使一员。掌出纳之物。

大都毡局，秩从七品。大使、副使各一员。管人匠一百二十有五户。

大都染局，秩从九品。大使一员。管人匠六千有三户。

上都毡局，秩从五品。大使一员，副使一员。管人匠九十有七户。

隆兴毡局，大使一员，副使一员。管人匠一百户。

剪毛花毯蜡布局，大使一员，副使一员。管人匠一百一十有八户。

提举右八作司，秩正六品。提举二员，同提举一员，副提举一员，吏目一人，司吏九人，司库十三人，译史一人，秤子一人。掌出纳内府漆器、红瓮、捎只等，并在都局院造作镔铁、铜、钢、鍮石，东南简铁，两都支持皮毛、杂色羊毛、生熟斜皮、马牛等皮、騌尾、杂行沙里陀等物。中统三年，始置提领八作司，秩正九品。至元二十五年，改升提举八作司，秩正六品。二十九年，以出纳委积，分为左右两司。

提举左八作司，秩正六品。掌出纳内府毡货、柳器等物。其设置官员上。

诸路杂造总管府，秩正三品。至元元年，改提领所为提举司。十四年，又改工部尚书行诸路杂造局总管府。定置达鲁花赤一员，总

管一员,同知一员,副总管一员,知事一员,提控案牍一员,令史六人,译史一人。其属二:

帘网局,大使一员,副使一员,并受省札。至元元年始置。

收支库,大使一员,副使一员。至元三十年始置。

茶迭儿局总管府,秩正三品。管领诸色人匠造作等事。宪宗朝置。至元十六年,始设总管一员。二十七年,置同知一员。后定置府官,达鲁花赤一员,总管一员,同知一员,知事一员,提控案牍一员,司吏四人。其属二:

诸司局,用从七品印。提领一员,相副官二员。中统三年始置。

收支库,提领一员,大使、副使各一员。掌造作出纳之物。

大都人匠总管府,秩从三品。至元六年始置。达鲁花赤一员,总管一员,同知一员,经历一员,提控案牍一员,令史十人,通事一人。其属四:

绣局,用从七品印。大使一员,副使一员。掌绣造诸王、百官缎匹。

纹锦总院,提领一员,大使一员,副使一员。掌织诸王、百官缎匹。

涿州罗局,提领一员,大使一员。掌织造纱罗缎匹。

尚方库,提领一员,大使、副使各一员。掌出纳丝金颜料等物。

随路诸色民匠都总管府,秩正三品。掌仁宗潜邸诸色人匠。延祐六年,拨隶崇祥院,后又属将作院。至治三年,归隶工部。后定置达鲁花赤一员,总管一员,同知一员,副总管一员,经历一员,知事一员,提控案牍一员,照磨一员,令史八人,译史二人,知印、通事各一人,奏差四人。其属五:

织染人匠提举司,秩从七品。至大二年设。达鲁花赤一员,提举一员,同提举一员,副提举一员,吏目一员。

杂造人匠提举司,秩从七品。设置官属同上。

大都诸色人匠提举司,秩从五品。达鲁花赤一员,提举一员,同提举一员,副提举一员,吏目一员。

大都等处织染提举司,秩从五品。管阿难答王位下人匠一千三百九十八户。达鲁花赤一员,提举一员,同提举一员,副提举一员,吏目一员。

收支诸物库,秩从七品。提领一员,大使一员,副使一员,库子二人。

提举都城所,秩从五品。提举二员,同提举二员,副提举二员,吏目一员,照磨一员。掌修缮都城内外仓库等事。至元三年置。其属一:

左右厢,官四员,用从九品印。至元十三年置。

受给库,秩正八品。提领一员,大使一员,副使一员。掌京城内外营造木石等事。至元十三年置。

符牌局,秩正八品。大使一员,副使一员,直长一员。掌造虎符等。至元十七年置。

旋匠提举司,秩从五品。提举一员,副提举一员。至元九年置。

撒答剌欺提举司,秩正五品。提举一员,副提举一员,提控案牍一员。至元二十四年,以札马剌丁率人匠成造撒答剌欺,与丝绸同局造作,遂改组练人匠提举司为撒答剌欺提举司。

别失八里局,秩从七品。大使一员,副使一员。掌织造御用领袖纳失失等缎。至元十三年始置。

忽丹八里局,大使一员,给从七品印。至元三年置。

平则门窑场,提领一员,大使一员,副使一员,给从六品印。至元十三年置。

光熙门窑场,提领一员,大使一员,副使一员,给从八品印。至元二十五年置。

大都皮货所,提领一员,大使一员,副使一员,用从九品印。至元二十九年置。

通州皮货所,提领一员,大使一员,副使一员,用从九品印。延祐六年置。

晋宁路织染提举司,提举一员,照略案牍一员。其属:

提领所一,系官织染人匠局一,云内人匠东、西局二,本路人匠局一,河中府、襄陵、翼城、潞州、隰州、泽州、云州等局七。每局各设提领一员,副提领一员,惟泽州、云州则止设提领一员。

冀宁路织染提举司、真定路织染提举司,各置提举一员,同提举一员,副提举一员,照略案牍一员。其属二:

开除局,大使一员,副使一员,照略案牍一员。

真定路纱罗兼杂造局,大使一员,副使一员。

南宫、中山织染提举司,各设提举一员,同提举、副提举一员,照略案牍一员。

中山刘元帅局,大使一员,副使一员。

中山察鲁局,大使一员,副使一员。

深州织染局,大使一员,副使一员,照略案牍一员。

深州赵良局,大使一员,副使一员。

弘州人匠提举司,提举一员,同提举一员,副提举一员,照略案牍一员。

纳失失毛段二局,院长一员。

云内州织染局,大使一员,副使一员,照略案牍一员。

大同织染局,大使一员,副使一员,照略案牍一员。

朔州毛子局,大使一员。

恩州织染局,大使一员,副使一员,照略案牍一员。

恩州东昌局,提领一员。

保定织染提举司,提举一员,同提举一员,副提举一员,照略案牍一员。

大名人匠提举司,提举一员,同提举一员,副提举一员,照略案牍一员。

永平路纹锦等局提举司,提举一员,同提举一员,副提举一员,照略案牍一员。

大宁路织染局,大使一员,副使一员,照略案牍一员。

云州织染提举司,提举一员,同提举一员,副提举一员,照略案牍一员。

顺德路织染局,大使一员,副使一员,照略案牍一员。

彰德路织染人匠局,大使一员,副使一员,照略案牍一员。

怀庆路织染局,大使一员,副使一员,照略案牍一员。

别失八里局,官一员。

宣德府织染提举司,提举一员,同提举一员,副提举一员,照略案牍一员。

东圣州织染局,院长一员,局副一员。

宣德八鲁局,提领一员,副使一员。

东平路瞳局,直长一员。

兴和路荨麻林人匠提举司,提举一员,同提举一员,副提举一员,照略案牍一员。

阳门天城织染局,提领一员,副使一员,照磨案牍一员。

巡河提领所,提领二员,副提领一员。

元史卷八六
志第三六

百官二

枢密院,秩从一品。掌天下兵甲机密之务。凡宫禁宿卫,边庭军翼,征讨戍守,简阅差遣,举功转官,节制调度,无不由之。世祖中统四年,置枢密副使二员、签书枢密事一员。至元七年,置同知枢密院事一员、院判一员。二十八年,始置知院一员,增院判一员,又以中书平章商量院事。大德十年,增置知院二员、同知五员、副枢五员、签院五员、同签三员、院判二员。至大三年,知院七员,同知二员,副枢二员,签院一员,同签一员,院判二员,革去议事平章。延祐四年,以分镇北边,增知院一员。五年,增同知一员。后定置知院六员,从一品;同知四员,正二品;副枢二员,从二品;签院二员,正三品;同签二员,正四品;院判二员,正五品;参议二员,正五品;经历二员,从五品;都事四员,正七品;承发兼照磨二员,正八品;架阁库管勾一员,正九品;同管勾一员,从九品;掾史二十四人,译史一十四人,通事三人,司印二人,宣使一十九人,铨写二人,蒙古书写二人,典吏一十七人,院医二人。

客省使,秩从五品。大使二员,副使二员。至元十四年,置大使一员。十六年,增一员二十一年,置副使一员。延祐五年,增一员。天历元年,又增一员。寻定置大使二员,从五品;副使二员,从六品;令史二人。

断事官,秩正三品。掌处决军府之狱讼。至元元年,始置断事

官二员。八年，增二员。十九年，又增一员。二十年，又增二员。大
德十一年，又增四员。皇庆元年，省二员。后定置断事官八员，正三
品；经历一员，从七品；令史六人，译史一人，通事、知印、奏差、典吏
各一人。

行枢密院。国初有征伐之事，则置行枢密院。大征伐，则止曰
行院。为一方一事而设，则称某处行枢密院，或与行省代设，事已则
罢。

西川行枢密院，中统四年始置，设官二员，管四川军民课税交
钞、打捕鹰房人匠，及各投下应管公事，节制官吏诸色人等，并军官
迁授征进等事。始置于成都。至元十年，又于重庆别置东川行枢密
院，设官一员。十三年，并为一院，寻复分东川行院。十六年，罢两
川行院。二十八年，复立四川行院于成都。

江南行枢密院。至元十年，罢河南省统军司、汉军都元帅、山东
行院，置荆湖等路行院，设官三员；淮西行院，设官二员。掌调度军
马之事。十二年，罢行院。十九年，诏于扬州、岳州俱立行院，各设
官五员。二十一年，立沿江行院。二十二年，立江西行院，马军戍江
州，步军戍抚州。二十八年，徙岳州行院于鄂州，徙江淮行院于建
康，其后行院悉并归行省。

甘肃行枢密院。至大四年，置行院于甘州，为甘肃等处行枢密
院，设官四员，提调西路军马。后以甘肃省丞相提调，遂罢行院。

河南行枢密院，致和元年分置，专管调遣之事。天历元年罢。

岭北行枢密院，天历二年置。知院一员，同知二员，副枢一员，
金院二员，同金一员，院判二员，经历一，都事二员，蒙古必阇赤四
人，掾史二人，怯里马赤一人，知印一人，宣使四人。掌边庭军务，凡
大注事宣，悉从裁决。

右卫，秩正三品。中统三年，初置武卫。至元元年，改为侍卫。
八年，改为左、右、中三卫。掌宿卫扈从，兼屯田。国有大事，则调度
之。二十年，增都指挥使一员、副都指挥使一员。二十一年，置金事
二员。大德十一年，增都指挥使二员、副都指挥使一员。至大元年，

增都指挥使三员、副都指挥使一员。四年,省都指挥使五员、副都指挥使二员。从定置都指挥使三员,正三品;副都指挥使二员,从三品;佥事二员,正四品;经历二员,从七品;知事二员,照磨一员,俱从八品;令史七人,译史、通事、知印各一人。又其属十有五:

镇抚所,镇抚二员。

行军千户所十,秩正五品。达鲁花赤十员,副达鲁花赤十员,千户十员,副千户十员,弹压二十员,百户二百员,知事十员。

弩军千户所一,秩正五品。达鲁花赤一员,千户一员,弹压二员,百户十员。

屯田左右千户所二,秩正五品。达鲁花赤二员,千户二员,弹压二员,百户四十员。

教官二,蒙古字教授一员,儒学教授一员。掌诸屯卫行伍耕战之暇,使之习学国字,通晓书记。初由枢府选举,后归吏部。

左卫,秩正三品。至元八年,以侍卫改置。掌宿卫扈从,兼屯田。国有大事,则调度之。是年,增副指挥使一员。十六年,增副都指挥使一员。二十年,置佥事一员。二十二年,增佥事一员。二十四年,省都指挥使、副都指挥使一员。大德十一年,增都指挥使五员、副都指挥使二员、佥事二员。至大四年,省都指挥使六员、副都指挥使二员。其后定制,卫官:都指挥使三员,正三品;副都指挥使二员,从三品;佥事二员,正四品;经历二员,从七品;知事二员,照磨一员,俱从八品;令史七人,译史、通事、知印各一人。其属十有五:

镇抚所,镇抚二员。

行军千户所凡十,秩正五品。达鲁花赤十员,副达鲁花赤十员,千户十员,副千户十员,弹压二十员,百户二百员,知事十员。

弩军千户所一,秩正五品。达鲁花赤一员,千户一员,弹压二员,百户十员。

屯田左右千户所二,秩正五品。达鲁花赤一员,千户二员,弹压二员,百户四十员。

教官二,蒙古字教授一员,儒学教授一员。

中卫,秩正三品。至元八年,以侍卫改置。掌宿卫扈从,兼营屯田。国有大事,则调度之。是年,置都指挥使一员、副都指挥使一员。二十年,增副都指挥使一员。二十一年,置佥事二员。二十三年,增都指挥使一员。大德十一年,增都指挥使二员、副使三员。至大元年,增都指挥使一员。四年,省都指挥使三员、副都指挥使三员。其后定置都指挥使三员,正三品;副都指挥使二员,从三品;佥事二员,正四品;经历二员,从七品;知事二员,承发架阁照磨一员,俱从八品;令史七人,译史、通事、知印各一人。其属十有五:

镇抚所,镇抚二员。

行军千户所十,秩正五品。达鲁花赤十员,副达鲁花赤十员,千户十员,副千户十员,弹压二十员,百户二百员,知事十员。

弩军千户一,秩正五品。达鲁花赤一员,千户一员,弹压二员,百户十员。

屯田左右千户所二,秩正五品。达鲁花赤二员,千户二员,弹压二员,百户四十员。

教官二,蒙古字教授一员,儒学教授一员。

前卫,秩正三品。至元十六年,以侍卫亲军创置前、后二卫。掌宿卫扈从,兼营屯田。国有大事,则调度之。是年,置都指挥使一员、副都指挥使二员。十八年,增都指挥使二员。二十年,置佥事一员。大德十一年,增都指挥使五员、副都指挥使一员、佥事三员。至大四年,省都指挥使五员、副都指挥使一员、佥事三员。后定置卫官,都指挥使三员,正三品;副都指挥使二员,从三品;佥事二员,正四品;经历二员,从七品;知事二员,承发架阁照磨一员,俱从八品;令史七人,译史、通事、知印各一人。又其属十有七:

镇抚所,镇抚二员。

行军千户所十,秩正五品。达鲁花赤十员,副达鲁花赤十员,千户十员,副千户十员,弹压二十员,百户二百员。

弩军千户一,秩正五品。达鲁花赤一员,千户一员,弹压二员,百户十员。

屯田千户所二,秩正五品。达鲁花赤二员,千户二员,弹压二员,百户四十员。

门尉二,平则门尉一员,顺承门尉一员。

教官二,蒙古字教授一员,儒学教授一员。

后卫,秩正三品。至元十六年,以侍卫亲军创置。掌宿卫扈从,兼营屯田。国有大事,则调度之。是年,置都指挥使二员、副都指挥使二员,后增设副都指挥使一员。十八年,增都指挥使二员。二十年,置佥事二员,大德十一年,增都指挥使五员、副都指挥使一员、佥事二员。至大四年,省都指挥使五员、副指挥使二员、佥事二员。后定置都指挥使三员,正三品;副都指挥使二员,从三品;佥事二员,正四品;经历二员,从七品;知事二员,照磨一员,俱从八品;令史七人,译史二人,知印一人,通事二人。其属十有四:

镇抚所,镇抚二员。

行军千户所十,秩正五品。达鲁花赤十员,副达鲁花赤十员,千户十员,副千户十员,弹压二十员,百户二百员。

弩压千户所一,秩正五品。达鲁花赤一员,千户一员,弹压二员,百户十员。

屯田千户所一,秩正五品。达鲁花赤一员,千户二员,弹压二员,百户四十员。

教官二,蒙古字教授一员,儒学教授一员。

武卫亲军都指挥使司,秩正三品。掌修治城隍及京师内外工役,兼大都屯田等事。至元二十六年,枢密院以六卫六千人,大都屯田三千人,近路迤南万户府一千人,总一万人,六武卫,设官五员。元贞、大德年间,累增都指挥使四员。至大三年,省都指挥使四员、副都指挥使一员。后定置卫官,达鲁花赤一员,正三品;都指挥使三员,正三品;副都指挥使二员,从三品;佥事二员,正四品;经历二员,从七品;知事二员,照磨一员,俱从八品;令史七人,译史、通事、知印各一人。其属十有五:

镇抚所,镇抚二员。

行军千户所七,秩正五品。达鲁花赤七员,副达鲁花赤七员,千户七员,副千户七员,百户一百四十员,弹压一十四员。

屯田千户所六,秩正五品。达鲁花赤各一员,千户六员,百户六十员,弹压六员。

教官二,蒙古字教授一员,儒学教授一员。

隆镇卫亲军都指挥使司,秩正三品。掌屯军徼巡盗贼于居庸关南、北口,统领钦察、阿速护军三千六百九十三人,屯驻东西四十三处。皇庆元年,升隆镇万户府为隆镇卫,置都指挥使三员、副都指挥使二员、佥事二员。延祐二年,又以哈儿鲁军千户所,并隶东卫。四年,置色目经历一员。至治二年,置爱马知事一员。后定置卫官,都指挥使三员,正三品;副指挥使二员,从三品;佥事二员,正四品;经历二员,从七品;知事二员,承发兼照磨一员,俱从八品;令史七人,译史、通事、知印各一人。其属十有二:

镇抚所,镇抚二员。

北口千户所,秩正五品。达鲁花赤一员,千户一员,百户七员。于上都路龙庆州东口置司。

南口千户所,秩正五品。达鲁花赤一员,千户一员,百户一员,弹压一员。于大都路昌平县居庸关置司。

白羊口千户所,秩正五品。达鲁花赤一员,千户一员,百户二员,弹压一员。于大都路昌平县东口置司。

碑楼口千户所,秩正五品。达鲁花赤一员,千户一员,百户一员,弹压一员。于应州金城县东口置司。

古北口千户所,秩正五品。达鲁花赤一员,千户一员,百户六员,弹压一员。于檀州北面东口置司。

迁民镇千户所,秩正五品。达鲁花赤一员,百户六员,弹压一员。于大宁路东口置司。

黄花镇千户所,秩正五品。达鲁花赤一员,千户一员,百户六员,弹压一员。于昌平县东口置司。

芦儿岭千户所,秩五品。达鲁花赤一员,千户一员,百户六员,弹压一员。于昌平县本口置司。

太和岭千户怕,秩五品。达鲁花赤一员,千户一员,百户六员,弹压一员。于大同路昌邑县本隘置司。

紫荆关千户所,秩五品。达鲁花赤一员,千户一员,百户六员,弹压一员。于易州易县本隘置司。

隆镇千户所,秩五品。达鲁花赤一员,千户一员,百户八员,弹压一员。于龙庆州北口置司。

左右翼屯田万户府二,秩从三品。分掌斡端、别十八里回还汉军,及大名、卫辉新附之军,并遖东回军,合为屯田。至元二十六年置。延祐五年,隶詹事院,并入卫率府。复改隶枢密院。定置两府达鲁花赤各一员,万户各一员,副万户各一员,经历各一员,知事各一员,提控案牍各一员,令使各五人。属官镇抚各二员。

千户八所,达鲁花赤八员,千户八员,副千户八员,百户五十九员,弹压一十六员。

千户四所,达鲁花赤四员,千户四员,副千户四员,百户五十二员,弹压八员。

左卫率府,秩正三品。至大元年,拨江南行省万户府精锐汉军为东宫卫军,立卫率府,设官十一员。延祐四年,始改为中翊府,又改为御临亲军指挥司,又以御临非古典,改为羽林。六年,复隶东宫,仍为左卫率府。定置率使三员,正三品;副使二员,从三品;佥事二员,正四品;经历一员,从七品;知事一员,照磨一员,俱从八品;令史七人,译史、通事、知印各二人。其属十有五:

镇抚所,镇抚二员。

行军千户所十,秩正五品。达鲁花赤一员,千户十员,副千户十员,百户二百员,弹压二十员。

弩军千户所一,秩正五品。达鲁花赤一员,千户一员,百户十员。

屯田千户所三,秩正五品。达鲁花赤三员,千户三员,百户六十员,弹压三员。

教官三员,蒙古字教授一员,儒学教授一员,阴阳教授一员。

右卫率府,秩正三品。延祐五年,以速怯那儿万户府、迤东女直两万户府、右翼屯田万户府兵,合为右卫率府,置官十二员。后定置率使二员,正三品;副使二员,从三品;金事二员,正四品;经历二员,从七品;知事二员,照磨一员,俱从八品;令史七人,译史、通事、知印各二人。其属七:

镇抚所,镇抚二员。

千户所五,秩正五品。千户五员,百户四十五员,弹压二员。

教官一,儒学教授一员。

河南淮北蒙古军都万户府,秩正三品。至元二十四年,以四万户奥鲁赤改为蒙古军都万户府,设府官四员、奥鲁官四员。大德七年后,改为河南淮北蒙古军都万户府。延祐五年,罢奥鲁官、副镇抚等员。定置都万户一员,正三品;副都万户一员,从三品;经历一员,从七品;知事一员,提控案牍一员,俱从八品;令史七人,译史、通事各一人。属官镇抚二员。

八撒儿万户府,万户一员,副万户一员,经历、知事、提控案牍各一员。镇抚一员。

千户所一十翼,达鲁花赤一十员,千户十员,副千户十员,百户七十三员,弹压一十员。

札忽儿台万户府,万户一员,经历、知事、提控案牍各一员。镇抚一员。

千户所七翼,千户七员,百户三十八员,弹压七员。

脱烈都万户府,万户一员,副万户一员,经历一员,知事一员,提控案牍一员。镇抚一员。

千户所九翼,千户九员,百户六十二员,弹压九员。

和尚万户府,万户一员,副万户一员,经历一员,知事、提控案牍各一员。镇抚一员。

千户所六翼,达鲁花赤四员,千户六员,副千户四员,百户四十七员,弹压六员。

炮手千户所一翼,千户一员,百户六员,弹压一员。

哨马千户所一翼,达鲁花赤一员,千户一员,副千户一员,弹压二员,百户九员,奥鲁官二员。

右阿速卫亲军都指挥使司,秩正三品。掌宿卫城禁,兼营潮河、苏沽两川屯田,供给军储。至元九年,初立阿速拔都达鲁花赤,置属官。二十三年,遂名为阿速之军。至大二年,改立右阿速卫亲军都指挥使司,置达鲁花赤三员、都指挥使三员、副都指挥使二员、金事二员。四年,省达花赤三员。后定置达鲁花一员,正三品;都指挥使三员,正三品;副都指挥使二员,从三品;金事二员,正四品;经历二员,从七品;知事二员,承发架阁照磨一员,从八品;令史七人,译史、通事、知印各一人。镇抚二员。其属五:

行军千户所,千户七员,百户九员。

把门千户二员,百户五员,门尉一员。

本投下达鲁花赤一员,长官一员,副长官一员。

庐江县达鲁花赤一员,主簿一员。

教官,儒学教授一员。

左阿速卫亲军都指挥使司,品秩、职掌同右阿速卫。至元九年,初立阿速拔都达鲁花赤,置属官。二十三年,遂名为阿速之军。至大二年,改立左卫阿速亲军都指挥使司,置达鲁花赤二员、都指挥使六员、副都指挥使四员、金事二员。四年,省达鲁花赤一员、都指挥使三员。后定置达鲁花赤一员,都指挥使三员,副都指挥使二员,金事二员,经历二员,知事二员,照磨一员。镇抚二员。其属四:

本投下达鲁花赤二员,长官二员。

镇巢县达鲁花赤二员,主簿一员。

围宿把门千户所一十三翼,千户二十六员,百户一百三十员,弹压一十三员。

教官,儒学教授一员。

回回炮手军匠上万户府,秩正三品。至元十一年,置炮手总管府。十八年,始立为都元帅府。二十二年,改为万户府。后定置达鲁花赤一员,万户一员,副万户一员,经历、知事、提控案牍各一员,令史四人,译史一人。镇抚二员。

千户所三翼,达鲁花赤三员,千户三员,副千户三员,百户三十二员,弹压六员。

唐兀卫亲军都指挥使司,秩正三品。总领河西军三千人,以备征讨。至元十八年始立,置都指挥使二员、副都指挥使二员。二十二年,增都指挥使一员、佥事一员。大德五年,增指挥使二员。至大元年,增都指挥一员。四年,省都指挥使三员、副都指挥使一员。后定置都指挥三员,正三品;副都指挥使二员,从三品;佥事二员,正四品;经历一员,从七品;知事一员,照磨一员,俱从八品;令史七人,通事、译史、知印各一人。镇抚二员,奥鲁官正副各一员。

千户所九翼,正千户九员,副千户九员,百户七十五员,弹压九员,奥鲁官正副各九员。

门尉三,建德门一,和义门一,肃清门一。

教官二,儒学教授一员,蒙古字教授一员。

贵赤卫亲军都指挥使司,秩正三品。至元二十四年立,置都指挥使二员、副都指挥二员、佥事二员。二十九年,置达鲁花赤一员。大德十一年,增达鲁花赤一员、都指挥使四员、副都指挥一员。至大元年,省达鲁花赤一员、都指挥使四员、副都指挥使三员。后定置达鲁花赤一员,正三品;都指挥使二员,从三品;副都指挥使二员,从三品;佥事二员,正四品;经历二员,从七品;知事二员,照磨一员,令史七人,知印一人,通事、译史各一人。镇抚二员。

千户所八翼,每所置达鲁花赤一员,千户一十六员,百户八十员,弹压八员,门尉二员。

延安屯田打捕总管府,秩从三品。管析居放良人户,并兀里吉思田地北来蒙古人户。至元十八年始设,定置达鲁花赤一员,总管一员,同知一员,经历、知事各一员。属官打捕屯田官一十二员。

大宁海阳等处屯田打捕所,秩从七品。掌北京、平滦等路析居放良不兰奚等户。至元二十二年,置总管府。元贞元年,罢总管府,置打捕所。定置达鲁花赤一员,长官一员。教官,蒙古字教授一员,儒学教授一员。

忠翊侍卫亲军都指挥使司,秩正三品。至元二十九年,始立屯田府。大德十一年,增军数,立为大同等处指挥使司。至大四年,属徽政院。延祐元年,改中都威卫使司,仍隶徽政院,寻复改属枢密院。至治元年,改为忠翊侍卫。后定置都指挥使三员,正三品;副都指挥使二员,从三品;金事二员,正四品;经历二员,从七品;知事二员,照磨一员,俱从八品;令史七人,译史、通事、知印各一人。镇抚二员。

行军千户所一十翼,达鲁花赤一十员,副达鲁花赤一十员,千户一十员,副千户一十员,百户二百六员,弹压二十员。

弩军千户所一翼,达鲁花赤一员,千户一员,百户一十员,弹压一十员。

屯田左右手千户所二翼,达鲁花赤二员,千户二员,百户四十员,弹压四员。

西域亲军都指挥使司,秩正三品。元贞元年始立,设官十一员。大德十一年,增都指挥使二员,又增指挥使三员、副都指挥使二员、金事二员。至大四年,省都指挥使五员、副都指挥使二员、金事二员。后定置达鲁花赤一员,正三品;都指挥使二员,正三品;副都指挥使二员,从三品;金事二员,正四品;经历二员,从七品;知事二员,承发架阁兼照磨一员,并从八品;令史七人,通事、译史、知印各一人。镇抚二员。

行军千户所,千户一十三员,百户二十九员。

把门千户二员,百户八员,门尉一员。

教官,儒学教授一员。

宗仁蒙古侍卫亲军指挥使司,秩正三品。至治二年,以亦乞列思人氏一百户,与所收蒙古子女通三千户,及清州匠二千户,屯田汉军二千户,立宗仁卫以统之。定置都指挥使三员,正三品;副都指挥使二员,从三品;金事二员,正四品;经历二员,从七品;知事二员,照磨一员,俱从八品;令史七人,知印二人,怯里马赤二人,译史二人。镇抚二员。

蒙古军千户所一十翼,千户二十员,百户一百员,弹压一十员。

屯田千户所,千户四员,百户四十员,弹压四员。

教官二,儒学教授一员,蒙古教授一员。

山东河北蒙古军大都督府,秩从二品。掌各路军民科差征进,及调遣总摄军马公事。至元二十一年,罢统军司都元帅府,立蒙古军都万户府。大德七年,改山东河北蒙古军都万户府。延祐五年罢。天历二年,改立为大都督府。定置正官大都督三员,从二品;同知一员,从三品;副使一员,从四品;经历一员,从六品;都事二员,从七品;承发兼照磨一员,正八品;令史八人,译史、通事、知印各二人,宣使五人,典史三人。镇抚二员。

左手万户府,万户一员,副万户一员,经历一员,知事一员,提控案牍一员。镇抚一员。

千户九翼,千户一十一员,百户七十四员,弹压一十一员。

右手万户府:万户一员,副万户一员,经历一员,知事一员,提控案牍一员,镇抚一员。

千户九翼:千户九员,百户六十三员,弹压九员。

拔都万户府,达鲁花赤一员,万户一员,副万户一员,经历一员,知事一员,提控案牍一员。镇抚一员。

千户六翼,千户七员,百户四十一员。弹压五员。

哈答万户府,达鲁花赤一员,万户一员,经历一员,知事一员,提控案牍一员。镇抚一员。

千户八翼,千户八员,百户二十四员,弹压八员。

蒙古回回水军万户府,达鲁花赤一员,万户一员,副万户一员,经历、知事、提控案牍各一员。镇抚二员。

千户八翼,达鲁花赤二员,千户六员,百户四十六员,弹压九员。

玘都哥万户府,初隶都府七千户翼,延祐三年,枢密院奏,改立万户府。达鲁花赤一员,万户一员、副万户一员,经历、知事、提控案牍各一员。镇抚二员。

千户七翼,千户九员,百户三十五员,弹压八员。

哈必赤千户翼,千户一员,百户四员,弹压一员,直隶大都督府。

洪泽屯田千户赵国宏翼,达鲁花赤一员,千户一员,副千户一员,百户一十四员,弹压二员。直隶大都督府。

左翊蒙古侍卫亲军都指挥使司,秩正三品。至元十八年,以蒙古侍卫总管府依五卫之例,为指挥使司,设官十二员,奥鲁官二员。大德七年,奏改为左翊蒙古侍卫亲军都指挥使司。延祐五年,罢奥鲁官。后定置司官,都指挥使三员,正三品;副都指挥使二员,从三品;佥事二员,正四品;经历二员,从七品;知事二员,承发架阁兼照磨一员,并从八品;令史七人,译史、通事、知印各一人,典吏二人。镇抚二员。

千户所七翼,正千户七员,副千户七员,知事七员,弹压七员,百户六十二员。

教官二,蒙古字教授一员,儒学教授一员。

右翊蒙古侍卫亲军都指挥使司,品秩同左卫。至元十八年,以蒙古侍卫总管府依五卫例,为指挥使司,设官十二员,奥鲁官二员。大德七年,奏改为右翊蒙古侍卫亲军都指挥使司。延祐五年,罢奥鲁官。后定置司官,都指挥使三员,正三品;副都指挥使二员,从三品;佥事二员,正四品;经历二员,从七品;知事二员,承发兼照磨架阁一员,并从八品;令史七人,译史、通事、知印各一人,典吏二人。镇抚二员。

千户所一十二翼,正千户一十二员。副千户一十二员,知事一十二员,弹压一十二员,百户一百九员。

教官,蒙古字教授一员,儒学教授一员。

虎贲亲军都指挥使司,秩正三品。管领上都路元籍军人,兼奥鲁之事。至元十六年,立虎贲军,设官二员。十七年,置都指挥使二员、副都指挥使一员,又增置副都指挥使一员。元贞三年,以虎贲军改为虎贲亲军都指挥使。十一年,增置都指挥使六员。至大四年,省都指挥使九员。后定置司官:都指挥使三员,正三品;副都指挥使二员,从三品;佥事二员,正四品;经历一员,从七品;知事、照磨兼承发各一员,并从八品;令史七人,译史、通事、知印各一人,典吏二人。镇抚二员,都目一员。

撒的赤千户翼,正达鲁花赤一员,副达鲁花赤一员,正千户一员,副千户一员,知事一员,百户二十员,弹压二员。

不花千户翼,正达鲁花赤一员,副达鲁花赤一员,正千户一员,副千户一员,百户二十二员,弹压二员。

脱脱木千户翼,正达鲁花赤一员,副达鲁花赤一员,正千户一员,副千户一员,知事一员,百户二十八员,弹压二员。

大忽都鲁千户翼,正达鲁花赤一员,副达鲁花赤一员,正千户一员,副千户一员,知事一员,百户二十四员,弹压二员。

杨千户翼,正达鲁花赤一员,副达鲁花赤一员。正千户一员,副千户一员,知事一员,百户二十二员,弹压二员。

迷里火者千户翼,正达鲁花赤一员,副达鲁花赤一员,正千户一员,副千户一员,知事一员,百户二十员,弹压二员。

大都督府,正二品。管领左右钦察两卫、龙翊侍御、东路蒙古军元帅府、东路蒙古军万户府、哈剌鲁万户府。天历二年,始立钦察亲军都督府,秩从二品。后改大都督府。置大都督三员,正二品;同知二员,正三品;副都督三员,从三品;佥都督事二员,正四品;经历二员,从六品;都事二员,从七品;管勾一员,照磨一员,俱正八品;令史八人,蒙古必阇赤二人,怯里马赤二人,知印二人,宣使六人。

右钦察卫,秩正三品。至元二十三年,依河西等卫例,立钦察卫,设官十员。至治二年,分为左右卫。天历二年,拨隶大都督府。定置达鲁花赤一员,正三品;都指挥二员,正三品;副使二员,从三品;佥事二员,正四品;经历二员,从七品;知事二员,照磨二员,并从八品;令史七人,译史、通事、知印各一人。镇抚一员。

行军千户十八所,达鲁花赤各一员,千户三十六员,百户一百八十员,弹压一十八员。

屯田千户所二,达鲁花赤二员,千户二员,百户二十员,弹压二员。

门尉二员。

儒学教授一员,至大四年始置。蒙古字教授一员。延祐四年始置。

左钦察卫,秩正三品。至治二年,依阿速卫例,分为两卫,设官十员。天历二年,拨隶大都督府。定置卫官,都指挥使三员,正三品;副都指挥二员,从三品;金事二员,正四品;经历二员,从七品;知事二员,照磨一员,从八品;令史七人,译史、通事、知印各一人。属官镇抚二员。

行军千户所一十翼,千户一十员,百户八十二员,弹压九员,奥鲁官四员。

守城千户所一翼,达鲁花赤一员,千户一员,百户九员,弹压一员。

屯田千户所一翼,达鲁花赤一员,千户一员,百户十员,弹压一员。

教官,儒学教授一员。

龙翊侍卫亲军都指挥使司,秩正三品。天历元始立,设官十四员。二年,又置爱马知事一员,又以左钦察卫唐吉失九千户隶本卫。定置官:都指挥使三员,正三品;副都指挥使二员,从三品;金事二员,正四品;经历一员,从七品;知事二员,照磨一员,并从八品;令史七人,译史二人,怯里马赤二人,知印二人。镇抚二员。

行军千户所九翼,达鲁花赤一员,千户六员,副千户一员,百户四十五员,弹压五员。

屯田一翼钦察千户所,达鲁花赤一员,千户一员,百户二十二员,弹压二员。

教官二,蒙古字教授一员,儒学教授一员。

哈刺鲁万户府,掌守禁门等处应直宿卫。至元二十四年,招集哈刺鲁军人,立万户府。寻移屯襄阳。后征交趾。大德二年,置司南阳。天历二年,奏隶大都督府。定置官达鲁花赤一员,万户一员,经历、知事各一员,提控案牍一员。镇抚一员,吏目一员。

千户所三翼,千户三员,百户九员,弹压三员。

御史台,秩从一品。大夫二员,从一品;中丞二员,正二品;侍御史二员,从二品;治书侍御史二员,从二品。掌纠察百官善恶、政治得失。至元五年,始立台建官,设官七员。大夫从二品,中丞从三品,侍御史从五品,治书侍御史从六品,典事从七品,检法二员,狱丞一员。七年,改典事为都事。十九年,罢检法、狱丞。二十一年,升大夫为从一品,中丞为正三品,侍御史为正五品,治书为正六品。二十七年,大夫以下品从各升一等,始置经历一员。大德十一年,升中丞为正二品,侍御史为从二品,治书侍御史为正三品。皇庆元年,增中丞为三员。二年,减一员。至治二年,大夫一员。后定置御史大夫二员、中丞二员、侍御史二员、治书侍御史二员,品秩如上。经历一员,从五品;都事二员,正七品;照磨一员,正八品;承发管勾兼狱丞一员,正八品;架阁库管勾兼承发一员,正九品;掾史一十五人,译史四人,知印二人,通事二人,宣使十人,台医二人,蒙古书写二人,典吏六人,库子二人。其属有二:

殿中司,殿中侍御史二员,正四品。至元五年始置,秩正七品,后升正四品。凡大朝会,百官班序,其失仪失列,则纠罚之;在京百官到任假告事故,出三日不报者,则纠举之;大臣入内奏事,则随以入,凡不可与闻之人,则纠避之。知班四人,通事、译史各一人。

察院,秩正七品。监察御史三十二员。司耳目之寄,任刺举之事。至元五年,始置御史十一员,悉以汉人为之。八年,增置六员。十九年,增置一十六员,始参用蒙古人为之。至元二十二年,参用南儒二人。书吏三十二人。

江南诸道行御史台,设官品秩同内台。至元十四年,始置江南

行御史台于扬州,寻徙杭州,又徙江州。二十三年,迁于建康,以监
临东南诸省,统制各道宪司,而总诸内台。初置大夫、中丞、侍御史、
治书侍御史各一员,统淮东、淮西、湖北、浙东、浙西、江东、江西、湖
南八道提刑按察司。十五年,增江南湖北、岭南广西、福建广东三
道。二十三年,以淮东、淮西、山南三道,拨隶内台。三十年,增海北
海南一道。大德元年,定为江南诸道行御史台,设官九员,以监江
浙、江西、湖广三省,统江东、江西、浙东、浙西、湖南、湖北、广东、广
西、福建、海南十道。大夫一员,中丞二员,侍御史二员,治书侍御史
二员,经历一员,都事二员,照磨一员,架阁库管勾一员,承发管勾
兼狱丞一员,令史一十六人,译史四人,回回掾史、通事、知印各二
人,宣使十人,典吏、库子、台医各有差。

　　察院,品秩如内察院。至元十四年,置监察御史十员。二十三
年,增蒙古御史十四员、书吏十四人,又增汉人御史四员、书吏四
人。后定置御史二十八员、书吏二十八人。

　　陕西诸道行御史台,设官品秩同内台。至元二十七年,始置云
南诸路行御史台,官止四员。大德元年,移云南行台于京兆,为陕西
行台,而云南改立廉访司。延祐元年罢。二年复立,统汉中、陇北、
四川、云南四道。定置大夫一员、御史中丞二员、侍御史二员、治书
侍御史二员、经历一员、都事二员、照磨一员、架阁库管勾一员、承
发司管勾兼狱丞一员、掾史一十二人、蒙古必阇赤二人、回回掾史
一人、通事二人、知印一人、宣使十人、典吏五人、库子二人。

　　察院,品秩同内察院。监察御史二十员,书吏二十人。

　　肃政廉访司。国初,立提刑按察司四道:曰山东东西道,曰河东
陕西道,曰山北东西道,曰河北河南道。至元六年,以提刑按察司兼
劝农事。八年,置河东山西道、陕西四川道。十二年,分置燕南河北
道。十三年,以省并衙门,罢按察司。十四年复置,增立八道:曰江
北淮东道,曰淮西江北道,曰山南江北道,曰浙东海右道,曰江南浙
西道,曰江东建康道,曰江西湖东道,曰岭北湖南道。十五年,复增
三道:曰江南湖北道,曰岭南广西道,曰福建广东道。十九年,增西

蜀四川道。二十年,增海北广东道,改福建广东道曰福建闽海道。以云南七路,置云南道。以女直之地,置海西辽东道。二十三年,以淮东、淮西、山南三道,拨隶内台。二十四年,增河西陇右道。是年,罢云南道。二十五年,罢海西辽东。二十七年,以云南按察司所治,立云南行御史台。二十八年,改按察司曰肃政廉访司。大德元年,徙云南行台于陕西,复立云南道。三十年,增海北海南道,其后遂定为二十二道。每道廉访使二员,正三品;副使二员,正四品;佥事四员,两广、海南止二员,正五品;经历一员,从七品;知事一员,正八品;照磨兼管勾一员,正九品;书吏十六人,译史、通事各一人,奏差五人,典吏二人。

内道八,隶御史台:

山东东西道,济南路置司。

河东山西道,冀宁路置司。

燕南河北道,真定路置司。

江北河南道,汴梁路置司。

山南江北道,中兴路置司。

淮西江北道,庐州路置司。

江北淮东道,扬州路置司。

山北辽东道,大宁路置司。

江南十道,隶江南行台:

江东建康道,宁国路置司。

江西湖东道,龙兴路置司。

江南浙西道,杭州路置司。

浙东海右道,婺州路置司。

江南湖北道,武昌路置司。

岭北湖南道,天临路置司。

岭南广西道,静江府置司。

海北广东道,广州路置司。

海北海南道,雷州路置司。

　　福建闽海道,福州路置司。

陕西四道,隶陕西行台:

　　陕西汉中道,凤翔府置司。

　　河西陇北道,甘州路置司。

　　西蜀四川道,成都路置司。

　　云南诸路道,中庆路置司。

元史卷八七
志第三七

百官三

大宗正府，秩从一品。国初未有官制，首置断事官，曰札鲁忽赤，会决庶务。凡诸王、驸马投下蒙古、色目人等，应犯一切公事，及汉人奸盗诈伪、蛊毒厌魅、诱掠逃驱、轻重罪囚，及边远出征官吏、每岁从驾分司上都存留住冬诸事，悉掌之。至元二年，置十员。三年，置八员。九年，降从一品银印，止理蒙古公事。以诸王为府长，余悉御位下及诸王之有国封者。又有怯薛人员，奉旨署事，别无颁受宣命。十四年，置十四员。十五年，置十三员。二十一年，置二十一员。二十二年，增至三十四员。二十八年，增至四十六员。大德四年，省五员。十一年，四十一员。皇庆元年，省二员，以汉人刑名归刑部。泰定元年，复命兼理，置札鲁忽赤四十二员，令史改为掾史。致和元年，以上都、大都所属蒙古人并怯薛军站色目与汉人相犯者，归宗正府处断，其余路府州县汉人、蒙古、色目词讼，悉归有司刑部掌管。正官札鲁忽赤四十二员，从一品；郎中二员，从五品；员外郎二员，从六品；都事二员，从七品；承发架阁库管勾一员，从八品；掾史十人，蒙古必阇赤十三人，通事、知印各三人，宣使十人，蒙古书写一人，典史三人，库子一人，医人一人，司狱二员。

大司农司，秩正二品。凡农桑、水利、学校、饥荒之事，悉掌之。至元七年始立，置官五员。十四年罢，以按察司兼领劝农事。十八年,改立农政院,置官六员。二十年,又改立务农司,秩从三品,置达鲁花赤一员、务农使一员、同知二员。是年,又改司农寺,达鲁花赤一员,司农卿二员,司丞一员。二十三年,仍为大司农司,秩仍正二品。大德元年,增领大司农事一员。皇庆二年,升从一品,增大司农一员。定置大司农四员,从一品;大司农卿二员,正二品;少卿二员,从二品;大司农丞二员,从三品;经历一员,从五品;都事二员,从七品;架阁库管勾一员,照磨一员,并正八品;掾史十二人,蒙古必阇赤二人,回回掾史一人,知印二人,通事一人,宣使八人,典吏五人。

籍田署,秩从六品。掌耕种籍田,以奉宗庙祭祀。至元七年始立,隶大司农。十四年,罢司农,隶太常寺。二十三年,复立大司农司,仍隶焉。署令一员,从六品;署丞一员,从七品;司吏一人。

供膳司,秩从五品。掌供给应需,货买百色生料,并桑哥籍入赀产。至元二十二年始置,隶司农。置达鲁花赤一员,提点一员,并从五品;司令一员,正六品;丞一员,正七品;吏一人。

辅用库,秩正九品。掌规运息钱,以给供需。大使一员,副使一员。

兴中州等处油户提领所,秩从九品。提领所,提领一员,大使一员,副使一员。岁办油十万斤,以供内庖。至元二十九年始置。

蔚州面户提领所,提领一员,副使一员。掌办白面葱菜,以给应办,岁计十余万斤。

右属供膳。

永平屯田总管府,秩从三品。达鲁花赤一员,总管一员,同知一员,知事一员,司吏四人。至元二十四年,始立于永平路南马城县,以北京采木三千人隶之。所辖昌国、济民、丰赡三署,各置署令一员、署丞一员、直长一人、吏目二人、吏二人。

翰林兼国史院,秩正二品。中统初,以王鹗为翰林学士,未立官署。至元元年始置,秩正三品。六年,置承旨三员、学士二员、侍读学士二员、侍讲学士二员、直学士二员。八年,升从二品。十四年,增承旨一员。十六年,增侍读学士一员。十七年,增承旨二员。二十年,省并集贤院为翰林国史集贤院。二十一年,增学士二员。二十二年,复分立集贤院。二十三年,增侍讲学士一员。二十六年,置官吏五员,掌管教习亦思替非文字。二十七年,增承旨一员。大德九年,升正二品,改典簿为司直,置都事一员。至大元年,置承旨九员。皇庆元年,升从一品,改司直为经历。延祐元年,别置回回国子监学,以掌亦思替非官属归之。五年,置承旨八员。后定置承旨六员,从一品;学士二员,正二品;侍读学士二员,从二品;侍讲学士二员,从二品;直学士二员,从三品。属官:待制五员,正五品;修撰三员,从六品;应奉翰林文字五员,从七品;编修官十员,正八品;检阅四员,正八品;典籍二员,正八品;经历一员,从五品;都事一员,从七品;掾史四人,译史、通事、知印各二人,蒙古书写五人,书写十人,接手书写十人,典吏三人,典书二人。

蒙古翰林院,秩从二品。掌译写一切文字,及颁降玺书,并用蒙古新字,仍各以其国字副之。至元八年,始立新字学士于国史院。十二年,别立翰林院,置承旨一员、直学士一员、待制二员、修撰一员、应奉四员、写圣旨必阇赤十有一人、令史一人、知印一人。十八年,增承旨一员、学士三员,省汉儿令史,置蒙古必阇赤四人。二十九年,增承旨一员、侍读学士一员、知印一人。三十年,增管勾一员。大德五年,升正二品。九年,置司直一员、都事一员。皇庆元年,改升从一品,设官二十有八,吏属二十有四。延祐二年,改司直为经历。后定置承旨七员、学士二员、侍读学士二员、侍讲学士二员、直学士二员、待制四员、修撰二员、应奉五员、经历一员、都事一员,品秩并同翰林国史院。承发架阁库管勾一员,正九品;必阇赤一十四人,掾史三人,通事一人,译史一人,知印二人,书写一人,典吏三人。

蒙古国子监,秩从三品。至元十四年始立,置司业一员。二十九年,准汉人国学例,置祭酒、司业、监丞。延祐四年,升正三品。七年,复降为从三品。后定置祭酒一员,从三品;司业二员,正五品;监丞一员,正六品;令史一人,必阇赤一人,知印一人。

蒙古国子学,秩正七品。博士二员,助教授二员,教授二员,学正、学录各二员。掌教习诸生。于随朝百官、怯薛台、蒙古、汉儿官员家,选子弟俊秀者入学。至元八年,置官五员。后以每岁从驾上都,教习事繁,设官员少,增学正二员、学录二员。三十一年,增助教一员、典给一人。后定置博士二员,正七品;助教二员,教授二员,并正八品;学正、学录各二员,典书一人,典给一人。

内八府宰相,掌诸王朝觐傧介之事。遇有诏令,则与蒙古翰林院官同译写而润色之。谓之宰相云者,其贵似侍中,其近似门下,故特宠之以是名。虽有是名,而无授受宣命,品秩则视二品焉。大德九年,以灭怯秃等八人为之。天历元年,为内八府宰之职,故附见于此云。

集贤院,秩从二品。掌提调学校、征求隐逸、召集贤良,凡国子监、玄门道教、阴阳祭祀、占卜祭遁之事,悉隶焉。国初,集贤与翰林国史院同一官署。至元二十二年,分置两院,置大学士三员、学士一员、直学士二员、典簿一员、吏属七人。二十四年,增置学士一员、侍读学士一员、待制一员。寻升正二品,置院使一员,正二品;大学士二员,从二品;学士三员,从二品;侍读学士一员,从三品;侍讲学士一员,从三品;直学士二员,从四品;司直一员,从五品;待制一员,正五品。二十五年,增都事一员,从七品;修撰一员,从六品。元贞元年,增院使一员。大德十一年,升从一品,置院使六员、经历二员。至大四年,省院使六员。皇庆二年,省汉人经历一员。后定置大学士五员,从一品;学士二员,正二品;侍读学士二员,侍讲学士二员,并从二品;直学士二员,从三品;经历一员,从五品;都事二员,从七品;待制一员,正五品;修撰一员,从六品;兼管勾承发架阁库一员,正八品;掾史六人,译史、知印各二人,通事一人,宣使七人,典吏三人。

国子监。至元初,以许衡为集贤馆大学士、国子祭酒,教国子与蒙古大姓四怯薛人员。选七品以上朝官子孙为国子生,随朝三品以上官得举凡民之俊秀者入学,为陪堂生伴读。至元二十四年,始置监祭酒一员,从三品,司业二员,正五品,掌学之教令,皆德尊望重者为之。监丞一员,正六品,专领监务。典簿一员,令史二人,译史、知印、典吏各一人。

国子学,秩正七品。置博士二员,掌教授生徒、考较儒人著述、教官所业文字。助教四员,分教各斋生员。大德八年,为分职上都,增置助教二员、学正二员、学录二员,督习课业。典给一员,掌生员膳食。至元二十四年,定置生员额二百人、伴读二十人。至大四年,生员三百人。延祐二年,增置生员一百人、伴读二十人。

兴文署,秩从六品。署令一员,以翰林修撰兼之。署丞一员,以翰林应奉兼之。至治二年罢,置典簿一员,从七品,掌提调诸生饮膳,与凡文牍簿书之事。仍置典吏一人。

宣政院,秩从一品。掌释教僧徒及吐蕃之境而隶治之。遇吐蕃有事,则为分院往镇,亦别有印。如大征伐,则会枢府议。其用则自为选。其为选则军民通摄,僧俗并用。至元初,立总制院,而领以国师。二十五年,因唐制吐蕃来朝见于宣政殿之故,更名宣政院。置院使二员、同知二员、副使二员、参议二员、经历二员、都事四员、管勾一员、照磨一员。二十六年,置断事官四员。二十八年,增佥院、同佥各一员。元贞元年,增院判一员。大德四年,罢断事官。至大初,省院使一员。至治三年,置院使六员。天历二年,罢功德使司归宣政,定置院使一十员,从一品;同知二员,正二品;副使二员,从二品;佥院二员,正三品;同佥三员,正四品;院判三员,正五品;参议二员,正五品;经历二员,从五品;都事三员,从七品;照磨一员,管勾一员,并正八品;掾史十五人,蒙古必阇赤二人,回回掾史二人,怯里马赤四人,知印二人,宣使十五人,典吏有差。

断事官。四员,从三品。经历、知事各一员,令史五人,知印、奏差、译史、通事各一人。至元二十五年始置。

客省使，秩从五品。大使二员，副使一员。至元二十五年置。

大都规运提点所，秩正四品。达鲁花赤一员，提点一员，大使一员，副使一员。至元二十八年置。

上都规运提点所，秩正四品。达鲁花赤一员，提点一员，大使一员，副使一员，知事一员。至元二十八年置。

大都提举资善库，秩从五品。达鲁花赤一员，提举一员，同提举一员，副提举一员。掌钱帛之事。至元二十六年置。

上都利贞库，秩从七品。提领一员，副使一员。掌饮膳好事金银诸物。元贞元年置。

大济仓，监支纳一员，大使一员。

兴教寺，管房提领一员。

吐蕃等处宣慰司都元帅府，秩从二品。宣慰使五员，经历二员，都事二员，照磨一员，捕盗官二员，儒学教授一员，镇抚二员。其属二：

脱思麻路军民万户府，秩正三品。达鲁花赤一员，万户一员，副达鲁花赤一员，副万户一员，经历一员，知事一员，镇抚一员。

西夏中兴河州等处军民总管府，秩正三品。达鲁花赤一员，总管一员，同知一员，治中一员，府判一员，经历一员，知事一员。属官：税务提领，宁河县官，宁河脱脱禾孙五员，宁河弓甲匠达鲁花赤。

洮州元帅府，秩从三品。达鲁花赤一员，元帅二员，知事一员。

十八族元帅府，秩从三品。达鲁花赤一员，元帅一员，同知一员，知事一员。

积石州元帅府，达鲁花赤一员，元帅一员，同知一员，知事一员，脱脱禾孙一员。

礼店文州蒙古汉军西番军民元帅府，秩正三品。达鲁花赤一员，元帅一员，同知一员，经历、知事各一员，镇抚二员，蒙古奥鲁官一员，蒙古奥鲁相副官一员。

礼店文州蒙古汉军奥鲁军民千户所，秩从五品。达鲁花赤一员,千户一员,副千户一员,总把五员,百户八员。礼店文州蒙古汉军西番军民上千户所,秩正四品。达鲁花赤一员,千户一员,百户一员,新府千户二员。

礼店阶州西水蒙古汉军西番军民总把二员。

吐番等处招讨使司,秩正三品。招讨使二员,知事一员,镇抚一员。其属附:

脱思麻探马军四万户府,秩正三品。万户五员,千户八员,经历一员,镇抚一员。

脱思麻路新附军千户所,秩从五品。达鲁花赤一员,千户一员,副千户一员。

文扶州西路南路底牙等处万户府,秩从三品。达鲁花赤一员,万户二员。

凤翔等处千户所,秩从五品。达鲁花赤一员,千户一员,百户二员。

庆阳宁环等处管军总把一员。

文州课程仓粮官一员。

岷州十八族周回捕盗官二员。

常阳帖城阿不笼等处万府,秩从三品。达鲁花赤一员,千户一员。

阶文扶州等处番汉军上千户所,秩正五品。达鲁花赤一员,千户二员。

贵德州,达鲁花赤、知州各一员,同知、州判各一员,脱脱禾孙一员,捕盗官一员。

必呈万户府,达鲁花赤二员,万户四员。

松潘客叠威茂州等处军民安抚使司,秩正三品。达鲁花赤一员,安抚使一员,同知一员,金事一员,经历、知事、照磨各一员,镇抚一员。威州保宁县,茂州文山县、文川县皆隶焉。

静州茶上必里溪安乡等二十六族军民千户所,达鲁花赤一员,千户一员。

龙木头都留等一十二族军民千户所,达鲁花赤一员,千户一员。

岳希蓬萝蔔村等处二十二族军民千户所,达鲁花赤一员,千户一员。

折藏万户府,达鲁花赤一员,万户一员。

土蕃等路宣慰使司都元帅府,宣慰使四员,同知二员,副使一员。经历、都事各二员,捕盗官三员,镇抚二员。

朵甘思田地里管军民都元帅府,都元帅一员,经历一员,镇抚一员。

剌马儿刚等处招讨使司,达鲁花赤一员,招讨使一员,经历一员。

奔不田地里招讨使司,诏讨使一员,经历一员,镇抚一员。

奔不儿亦思刚百姓,达鲁花赤二员。

碉门鱼通黎雅长河西宁远等处军民安抚使司,秩正三品。达鲁花赤一员,安抚使一员,同知一员,副使一员,佥事一员,经历、知事、照磨各一员,镇抚二员。

六番招讨使司,达鲁花赤一员,招讨使一员,经历一员,知事一员,雅州严道县、名山县隶之。

天全招讨使司,达鲁花赤一员,招讨二员,经历、知事各一员。

鱼通路万户府,达鲁花赤一员,万户二员,经历、知事各一员。黎州隶之。

碉门鱼通等处管军守镇万户府,达鲁花赤一员,万户二员,经历、知事各一员,镇抚二员,千户八员,百户二十员,弹压四员。

长河西管军万户府,达鲁花赤一员,万户二员。

长河西里管军招讨使司,招讨使二员,经历一员。

朵甘思招讨使一员。

朵甘思哈答李唐鱼通等处钱粮总管府,达鲁花赤一员,总管一员,副总管一员,答剌答脱脱禾孙一员,哈里脱脱禾孙一员,朵甘思瓮吉剌灭吉思千户一员。

亦思马儿甘万户府，达鲁花赤一员，万户二员。

乌思藏纳里速古鲁孙等三路宣慰使司都元帅府，宣慰使五员，同知二员，副使一员，经历一员，镇抚一员，捕盗司官一员。其属附见：

纳里速古儿孙元帅二员。

乌思藏管蒙古军都元帅二员。

担里管军招讨使一员。

乌思藏等处转运一员。

沙鲁思地里管民万户一员。

搽里八田地里管民万户一员。

乌思藏田地里管民万户一员。

速儿麻加瓦田地里管民官一员。

撒剌田地里管民官一员。

出蜜万户一员。

嫠笼答剌万户一员。

思答笼剌万户一员。

伯木古鲁万户一员。

汤卜赤八千户四员。

加麻瓦万户一员。

札由瓦万户一员。

牙里不藏思八户府，达鲁花赤一员，万户一员，千户一员，担里脱脱禾孙一员。

迷儿军万户府，达鲁花赤一员，万户一员，初厚江八千户一员，卜儿八官一员。

宣徽院，秩正三品。掌供玉食。凡稻粱、牲牢、酒醴、蔬果、庶品之物，燕享宗戚宾客之事，及诸王宿卫、怯怜口粮食，蒙古万户、千户合纳差发，系官抽分，牧养孳畜，岁支刍草粟菽；羊马价直，收受阑遗等事，与尚食、尚药、尚酝三局，皆隶焉。所辖内外司属，用人则自为选。至元十五年，置院使一员，同知、同佥各二员，主事二员，照磨一员。二十年，升从二品，增院使一员，置经历二员、典簿三员。二十三年，升正二品，置院判二员，省典簿，置都事三员。三十一年，院使四员。大德二年，增同知二员。三年，升从一品。四年，置副使二员。皇庆元年，增院使三员，始定怯薛丹一万人，本院掌其给授。后定置院使六员，从一品；同知二员，正二品；副使二员，从二品；佥院二员，正三品；同佥二员，正四品；院判二员，正五品；经历二员，从五品；都事三员，从七品；照磨一员，承发架阁库一员，并正八品；掾史二十人，蒙古必阇赤六人，回回掾史二人，怯里马赤二人，知印二人，典吏六人，蒙古书写二人。其属附见：

光禄寺，秩正三品。掌起运米曲诸事，领尚饮、尚酝局，沿路酒坊，各路布种事。至元十五年，罢都提点，置寺。设卿一员、少卿三员、主事一员、照磨一员、管勾一员。二十年，改尚酝监，正四品。二十三年，复为光禄寺，卿二员，少卿、丞各一员。二十四年，增少卿一员。二十五年，拨隶省部。三十一年，复隶宣徽。延祐七年，降从三品。后复正三品。定置卿四员，正三品；少卿二员，从四品；丞二员，从五品；主事二员，从七品；令史八人，译史、知印各二人，通事一人，奏差二十四人，典吏三人，蒙古书写一人。

大都尚饮局，秩从六品。中统四年，始置，设大使、副使各一员，俱带金符，掌酝造上用细酒。至元十二年，增副使二员。十五年，升从五品，置提点一员。后定置提点一员，从五品，大使一员，正六品，副使二员，正七品。

上都尚饮局，秩正五品。皇庆中始置。提点一员，大使、副使各一员，品秩同上。

大都尚酝局，秩从六品。掌酝造诸王、百官酒醴。中统四年，立御酒库，设金符宣差。至元十一年，始设提点。十六年，改尚酝局，从五品。置提点一员，从五品；大使一员，正六品；副使二员，正七品；直长一员，正八品。

上都尚酝局，秩从五品。至元二十九年始置。设提点一员，大使一员,副使、直长各一员,品秩同上。

大都醴源仓,秩从六品。掌受香莎苏门等酒材糯米,乡贡曲药,以供上酝及岁赐诸王百官者。至元二十五年,始置。设提举一员,从六品;大使一员,从七品;副使一员,正八品。

上都醴源仓,秩从九品。掌受大都转输米曲,并酝造车驾临幸次舍供给之酒。至元二十五年始置。设大使一员,直长一员。

尚珍署,秩从五品。掌收济宁等处田土子粒,以供酒材。至元十三年始立。十五年,罢入有司。二十三年复置。设达鲁花赤一员,令一员,并从五品;丞一员,正七品;吏目一员。

安丰怀远等处稻田提领所,秩从九品。掌稻田布种,岁收子粒,转输醴源仓。定置提领二员。

尚舍寺,秩正四品。掌行在帷幕帐房陈设之事,牧养骆驼,供进爱兰乳酪。至元三十一年,始置监。至大元年,改为寺,升正三品。四年,仍为监,寻复为寺。延祐三年,复降为正四品。定置太监二员、少监二员、监丞二员、知事一员。

诸物库,秩从七品。掌出纳。大德四年置。设提领一员、大使一员、副使一员。

阑遗监,秩正四品。掌不阑奚人口、头匹诸物。至元二十年,初立阑遗所,秩九品。二十五年,改为监,正四品。二十八年,升正三品。至大四年,复正四品。寻复正三品。延祐七年,复为正四品。定置太监一员,正四品;少监二员,正五品;监丞二员,正六品;知事一员,从八品;提控案牍一员,从九品;令史五人,译史一人,知印兼通事一人,奏差五人。

尚食局,秩从五品。掌供御膳,及出纳油面酥蜜诸物。至元二年置提点,领进纳百色生料。二十年,省并尚药局为尚食局,别置生料库。本局定置提点一员,从五品;大使一员,正六品;副使二员,正七品;直长一员,正八品。

大都生料库,秩从五品。至元十一年,置生料野物库,隶尚食局。二十年,别置库,拟内藏库例,置提点二员,从五品;大使二员,正六品;副使三员,正七品。

上都生料库,秩从五品。掌受弘州、大同虎贲、司农等岁办油面,大都起运诸物,供奉内府,放支宫人宦者饮膳。提点一员,大使一员,副使二员,品秩同上;直长一人,正八品。

大都太仓、上都太仓,秩正六品。掌内府支持米豆,及酒材米曲药物。至元五年初立,设官三员,俱受制国用使司札付。十二年,改立提举太仓,设官三员,隶宣徽。二十五年,升正六品。定置二仓各设提举一员,正六品;大使一员,从六品;副使一员,从七品。

大都、上都柴炭局各一,至元十二年置,秩从六品。十六年,改提举司,升五品。大德八年,仍为局,降正七品。置达鲁花赤各一员,正七品;大都大使一员,上都大使二员,各正七品;副使各二员,正八品;直长各一人,掌苇场;典吏各一人。

尚牧所,秩从五品。至大四年始置。设提举二员,从五品;同提举一员,从六品;副提举一员,从七品;吏目一员。

沙糖局,秩从五品。掌沙糖、蜂蜜煎造,及方贡果木。至元十三年始置,秩从六品。十七年,置提点一员。十九年,升从五品,置达鲁花赤一员,从五品;提点一员,从五品;大使一员,正六品;副使一员,正七品。

永备仓,秩从五品。至元十四年始置,给从九品印。掌受两都仓库起运省部计置油面诸物,及云南需府所办羊物,以备车驾行幸膳羞。二十四年,升从五品,置提点一员,从五品;大使一员,正六品;副使各一员,正七品。

丰储仓,秩从九品。大使一员,掌出纳车驾行幸支持膳羞。

淮东淮西屯田打捕总管府,秩正三品。掌献田岁入,以供内府,及湖泊山场渔猎,以供内膳。至元十四年,始立总管府,并管连海高邮湖泊提举司、沂州等处提举司事。十六年,置扬州鹰房打捕达鲁花赤总管府。二十二年,省并为淮东淮西屯田打捕总管府。二十五年,以两淮新附手号军千户所隶本府,及分置提举司一十处。定置达鲁花赤一员,正三品;总管一员,正三品;同知一员,正五品;府判一员,正六品;经历一员,从七品;知事一员,从八品;提控案牍一员,从九品;司吏六人。

.淮安州屯田打捕提举司,高邮屯田年捕提举司,招泗屯田打捕提举司,安东海州屯田打捕提举司,扬州通泰屯田打捕提举司,安丰庐州等处打捕提举司,镇巢等处打捕提举司,塔山徐邳沂州等处山场屯田提举司,凡九处,秩俱从五品。每司各设达鲁花赤一员,提举一员,并从五品;同提举一员,从六品;副提举一员,从七品;吏目二人。

抽分场提领所,凡十处:曰柴墟东西口,曰海州新坝,曰北砂太仓,曰安河桃源,曰大湖东西口,曰时堡兴化,曰高邮宝应,曰汶湖等处,曰云山白水,曰安东州。每所各设提领一员、同提领一员、副提领一员,俱受宣徽院札付。满浦仓,秩正八品。掌收受各处子粒米面等物,以待转输京师。至元二十五年始置。设大使一员,正八品;副使一员,正九品。

圆米棋子局、软皮局,各置提领一员、同提领一员、副提领一员,俱受宣徽院札付。

手号军人打捕千户所,秩从四品。管军人打捕野物皮货。至元二十五年始置。设达鲁花赤一员、上千户一员、上副千户一员、弹压一员。

上百户七所,各置百户二员。钟离县,定远县,真扬州,安庆,安丰,招泗,和州。

下百户二所,各置百户一员。涟海,怀远军。

龙庆栽种提举司,秩从五品。管领缙山岁输粱米,并易州、龙门、净边官园瓜果桃梨等物,以奉上供。至元十七年,始置提举司。延祐七年,缙山改为龙庆州,因以名之。定置达鲁花赤一员,提举一员,并从五品;同提举一员,从六品;副提举一员,从七品。

弘州种田提举司,秩正六品。掌输纳麦面之事,以供内府。定置达鲁花赤一员,提举一员,并正六品;同提举一员,正七品;副提举一员,正八品;直长一员。

丰润署,秩从五品。掌岁入刍粟,以给饲养驼马之事。定置达鲁花赤一员,令一员,并从五品;丞一员,从六品;直长一员,正八品。

常湖等处茶园都提举司,秩正四品。掌常、湖二路茶园户二万三千有奇,采摘茶芽,以贡内府。至元十三年置司,统提领所凡十有三处。十六年,升都提举司。又别置平江等处榷茶提举司,掌岁贡御茶。二十四年,罢平江提举司,并掌其职。定置达鲁花赤一员,提举一员,俱从五品;同提举一员,从六品;副提举一员,从七品;提控案牍一员,都目一员。

提领所七处,每所各设正、同、副提领各一员,俱受宣徽院札付,掌九品印。乌程,武康德清,长兴,安吉,归安,湖汶,宜兴。

建宁北苑武夷茶场提领所,提领一员,受宣徽院札。掌岁贡茶芽。直隶宣徽。

太禧宗禋院,秩从一品。掌神御殿朔望岁时讳忌日辰禋享礼典。天历元年,罢会福、殊祥二院,改置太禧院以总制之。初,院官秩正二品,升从一品,置参议二员,改令史为掾史。二年,改太禧宗禋院,置院使六员,增副使二员,立诸总管府为之属。凡钱粮之出纳,营缮之作辍,悉统之。定置院使都典制神御殿事六员,同知兼佐仪神御殿事二员,副使兼奉赞神御殿事二员,佥院兼祗承神御殿事二员,同佥兼肃治神御殿事二员,院判供应神御殿事二员,参议二员,经历二员,都事二员,管勾、照磨各一员,掾史二十人,译史四人,知印二人,怯里马赤二人,宣使一十五人,断事官四员,客省使大使、副使各二员。

隆禧总管府,秩正三品。至大元年,建立南镇国寺,初立规运提点所。二年,改为规运都总管府。三年,升为隆禧院。天历元年,罢会福、殊祥二院,以隆禧、殊祥并立殊祥总管府,寻又改为隆禧总管府。定置达鲁花赤一员,总管一员,副达鲁花赤一员,同知一员,治中一员,判官一员,经历一员,知事、照磨各一员,令史六人,译史、知印各一人，怯里马赤一人，奏差四人。

福元营缮司，秩正五品。达鲁花赤一员，司令一员，大使一员，副使一员，吏目一人，司吏一人。天历元年，以南镇国寺所立怯怜口事产提举司，改为崇恩福元提点所。三年，又改为福元营缮司。

普安智全营缮司，秩五品。达鲁花赤一员，司令一员，大使、副使各一员，吏目一人，司吏一人。天历元年，以太玉山普安寺、大智全寺两规运提点所并为一，置提点二员。三年，又改为营缮司。

佑国营缮都司，秩五品。达鲁花赤一员，司令一员，大使、副使各一员，知事一员，提控案牍一员。天历元年，初置万圣祐国营缮提点所。三年，改为营缮都司。平松等处福元田赋提举司，秩五品。置达鲁花赤一员，提举一员，同提举、副提举各一员。

田赋提举司，秩五品。置提举一员、同提举一员、副提举一员。

资用库，提领一员，大使一员。

万圣库，提领一员，大使一员，副使一员。

会福总管府，秩正三品。至元十一年，建大护国仁王寺及昭应宫，始置财用规运所，秩正四品。十六年，改规运所为总管府。至大元年，改都总管府，从二品。寻升会福院，置院使五员。延祐三年，升正二品。天历元年，改为会福总管府，正三品。定置达鲁花赤一员，总管一员，同知一员，治中一员，府判一员，经历、知事、提控案牍各一员，令史八人，译史、通事、知印各一人，奏差四人。

仁王营缮司，正五品。至元八年，立护国仁王寺镇遏提举司。十九年，改镇遏所。二十八年，并三提领所为诸色人匠提领所。天历元年，改为镇遏民匠提领所。三年，改为仁王营缮司。置达鲁花赤一员、司令一员、大使一员、副使一员。

襄阳营田提举司，秩从五品。初置襄阳等处水陆地土人户提领所，设官四员。大德元年，改提举司。天历二年，仍为襄阳营田提举司。定置达鲁花赤一员、提举一员、同提举一员、副提举一员。

江淮等处营田提举司，秩从五品。至元二十七年始置。达鲁花赤一员，提举一员，同提举一员，副提举一员。

大都等路民佃提领所,至元二十九年,以武清等一十处,并立大都水陆地土种田人民提领所。十五年,又设随路管民都提领所。天历元年,并为大都等路民佃提领所。定置提领一员,大使、副使各一员。

会福财用所,秩从七品。掌大护国仁王寺粮草诸物。至元十七年,始立财用库。二十六年,立盈益仓。天历元年,并财用、盈益为所。提领一员,大使一员,副使二员。

崇祥总管府,秩正三品。至大元年,立大承华普庆寺都总管府。二年,改延禧监,寻改崇祥监。四年,升为崇祥院,秩正二品。泰定四年,复改为大承华普庆寺总管府。天历元年,改为崇祥总管府。定置达鲁花赤一员,总管一员,副达鲁花赤一员,同知、治中、府判各一员,经历、知事、提控案牍兼照磨各一员,令史六人,译史、知印各一人,怯里马赤一人,奏差四人。

永福营缮司,秩正五品。延祐三年,以起建新寺,始置营缮提点所。天历元年,改为永福营缮提点所。三年,改营缮司。设达鲁花赤一员、司令一员、大使一员、副使一员、都目一员。

昭孝营缮司,秩正五品。天历元年,立寿安山规运提点所。三年,改昭孝营缮司。定置达鲁花赤一员,司令一员,大使、副使各一员。

普庆营缮司,天历元年,始置普庆营缮提点所。三年,改为营缮司。定置达鲁花赤一员,司令一员,大使、副使各一员。

崇祥财用所,至大二年,始置诸物库。四年,置普赡仓。天历二年,并诸物库、普赡仓,改为崇祥财用所。定置官,提领一员,大使、副使各一员。

永福财用所,掌出纳颜料诸物。延祐三年,始置诸物库,又置永积仓。天历二年,以诸物库、永积仓并改置为所,设提领、大使、副使各一员。

镇江稻田提举司,达鲁花赤、提举、同提举、副提举各一员。

汴梁稻田提举司,达鲁花赤、提举、同提举、副提举各一员。

平江等处田赋提举司,达鲁花赤、提举、同提举、副提举各一员。

冀宁提领所,提领二员。

隆祥使司,秩正三品。天历二年,中宫建大天护圣寺,立隆祥总管府,设官八员。至顺二年,升为隆祥使司,秩从二品。置官:司使四员,同知、副使、司丞各二员,经历一员,都事二员,照磨兼架阁一员,令史十人,译史、通事、知印各二人,宣使十人,典吏六人。

普明营缮都司,秩正四品。天历元年,创大龙兴普明寺于海南,置规运提点所,设官六员。二年,拨隶龙祥总管府。三年,改为都司,品秩仍旧,以掌营造出纳钱粮之事。定置达鲁花赤、司令、大使、副使各一员,知事一员,提控案牍一员。

集庆万寿营缮都司,秩正四品。天历二年,建龙翔、万寿两寺于建康,立龙翔万寿营缮提点所,为隆祥总管府属。三年,改为营缮都司,秩仍旧,以掌营造钱粮之事。定置达鲁花赤、司令、大使、副使各一员,知事、提控案牍各一员。

元兴营缮都司,秩正四品。掌营造钱粮之事。天历元年,始置大元兴规运提点所,置官五员。三年,改都司,置达鲁花赤一员,司令、大使、副使各一员,知事、提控案牍各一员。

宣农提举司,秩从五品。达鲁花赤、提举、同提举、副提举各一员。掌征收田赋子粒之事。天历二年,以大都等处田赋提举司隶隆祥总管府。三年,改提举司。

护圣营缮司,秩正五品。达鲁花赤、司令、大使、副使各一员。掌营造工匠,寺僧衣粮,收征房课之事。天历二年,始立大承天护圣营缮提点所。三年,改为司。平江善农提举司,秩从五品。达鲁花赤、提举、同提举、副提举各一员。天历二年,立田赋提举司,设官四员。三年,改为善农提举司。

善盈库,天历二年,隶隆祥总管府。置提领一员,大使、副使各一员。掌金银钱粮之事。

荆襄等处济农香户提举司,秩正五品。天历三年,以荆襄提举司所领河南、湖广田土为大承天护圣寺常住,改为荆襄济农香户提举司,隶隆祥总管府。置达鲁花赤、司令、提举、同提举、副提举各一员。

龙庆州等处田赋提领所,秩九品。提领、副提领各一员。天历二年置。掌龙庆州所有土田岁赋。

平江集庆崇禧田赋提领所,提领、同提领、副提领各一员。天历三年始置。

集庆崇禧财用所,大使、副使各一员。天历三年始置。

寿福总管府,掌祭供钱粮之事,秩正三品。至大四年,因建大圣寿万安寺,置万安规运提点所,秩正五品。延祐二年,升都总管府,秩正三品。寻升为寿福院,正二品。天历元年,改立总管府,仍正三品。定置官:达鲁花赤、总管、副达鲁花赤、同知、治中、府判各一员,经历、知事、案牍照磨各一员,令史六人,知印、通事、译史各一人,奏差四人,典史二人。

万安营缮司,秩正五品。三年,以万安规运提点所既废,复立万安营缮司。定置达鲁花赤、司令、大使、副使、都目各一人。

万宁营缮司,秩正四品。大德十年,始置万宁规运提点所。天历元年,改营缮司。定置达鲁花赤、司令、大使、副使、都目各一员。

收支库,提领一员,大使一员。

延圣营缮司,秩正五品。初立天源营缮提点所,天历三年,改营缮司。定置达鲁花赤、司令、大使、副使、都目各一员。

诸物库,提领一员,大使一员。

元史卷八八
志第三八

百官四

　　太常礼仪院,秩正二品。掌大礼乐、祭享宗庙社稷、封赠谥号等事。中统元年,中都立太常寺,设寺丞一员。至元二年,翰林兼摄太常寺。九年,立太常寺,设卿一员,正三品;少卿以下五员,品秩有差。十三年,省并衙门,以侍仪司并入太常寺。十四年,增博士一员。十六年,又增法物库子,掌公服法服之藏。二十年,升正三品。别置侍仪司。至大元年,改升院,设官十二员,正二品。四年,复为太常寺,正三品。延祐元年,复改升院,正二品,以大司徒领之。七年,降从二品。天历二年,复升正二品。定置院使二员,正二品;同知二员,正三品;佥院二员,从三品;同佥二员,正四品;院判二员,正五品;经历一员,从五品;都事一员,从七品;照磨兼管勾承发架阁一员,正八品。属官:博士二员,正七品;奉礼郎二员,奉礼兼检讨一员,并从八品;协律郎二员,从八品;太祝十员,从八品;礼直管勾一员,从九品;令史四人,通事、知印、译史各二人,宣使四人,典史三人。
　　太庙署,秩从六品。掌宗庙行礼,兼廪牺署事。至元三年始置。令二员,从六品;丞一员,从七品。
　　郊祀署,秩从六品,大德九年始置。掌郊祀行礼,兼廪牺署事。令二员,从六品;丞二员,从七品。
　　社稷署,秩从六品。大德元年始置。令二员,从六品;丞一员,从七品。

大乐署,秩从六品。中统五年始置。令二员,从六品;丞一员,从七品。掌管礼生乐工四百七十九户。

典瑞院,秩正二品。掌宝玺、金银符牌。中统元年,始置符宝郎二员。至元十六年,立符宝局,给六品印。十七年,升正五品。十八年,改典瑞监,秩正三品。二十年,降为正四品,省卿二员。二十九年,复正三品,仍置监卿二员。大德十一年,升典瑞院,正二品。置院使四员,正二品;同知二员,正三品;金院二员,从三品;同金二员,正四品;院判二员,正五品;经历二员,从五品;都事二员,从七品;照磨兼管勾承发架阁库一员,正八品;令史四人,译史四人,知印、通事各一人,宣使四人,典史三人。

太史院,秩正二品。掌天文历数之事。至元十五年,始立院,置太史令等官七员。至大元年,升从二品,设官十员。延祐三年,升正二品,设官十五员。后定置院使五员,正二品;同知二员,正三品;金院二员,从三品;同金二员,正四品;院判二员,正五品;经历一员,从五品;都事一员,从七品;管勾一员,从九品;令史三人,译史一人,知印二人,通事一人,宣使二人,典史二人。

春官正兼夏官正一员,正五品。

秋官正兼冬官中官正一员,正五品。

保章正五员,正七品。

保章副五员,正八品。

掌历二员,正八品。

腹裹印历管勾一员,从九品。

各省司历十二员,正九品。

印历管勾二员,从九品。

灵台郎一员,正七品。

监候六员,从八品。

副监候六员,正九品。

星历生四十四员。

挈壶正一员,从八品。

司辰郎二员,正九品。

灯漏直长一人。

教授一员,从八品。

学正一员,从九品。

校书郎二员,正八品。

太医院,秩正二品。掌医事,制奉御药物,领各属医职。中统元年,置宣差,提点太医院事,给银印。二十年,改为尚医监,秩正四品。二十二年,复为太医院,给银印,置提点四员,院使、副使、判官各二员。大德五年,升正二品,设官十六员。十一年,增院使二员。皇庆元年,增院使二员。二年,增院使一员。至治二年,定置院使一十二员,正二品;同知二员,正三品;金院二员,从三品;同金二员,正四品;院判二员,正五品;经历二员,从七品;都事二员,从七品;照磨兼承发架阁库一员,正八品;令史八人,译史二人,知印二人,通事二人,宣使七人。

广惠司,秩正三品。掌修制御用回回药物及和剂,以疗诸宿卫士及在京孤寒者。至元七年,始置提举二员。十七年,增置提举一员。延祐六年,升正三品。七年,仍正五品。至治二年,复为正三品,置卿四员,少卿、丞各二员。后定置司卿四员,少卿二员,司丞二员,经历、知事、照磨各一员。

大都、上都回回药物院二,秩从五品。掌回回药事。至元二十九年始置。至治二年,拨隶广惠司。定置达鲁花赤一员、大使二员、副使一员。

御药院,秩从五品。掌受各路乡贡、诸蕃进献珍贵药品,修造汤煎。至元六年始置。达鲁花赤一员,从五品;大使二员,从五品;副使三员,正七品;直长一员,都监二员。

御药局,秩从五品。掌两都行箧药饵。至元十年始置。大德九年,分立行御药局,掌行箧药物。本局但掌上都药仓之事。定置达鲁花赤一员,从五品;局使二员,从五品;副使二员,正七品。

行御药局,秩从五品。达鲁花赤一员,大使二员,副使三员,品秩同上。掌行箧药饵。大德九年始置。

御香局,秩从五品。提点一员,司令一员。掌修合御用诸香。至大元年始置。

大都惠民局,秩从五品。掌收官钱,经营出息,市药修剂,以惠贫民。中统二年始置,受太医院札。至元十四年,定从六品秩。二十一年,升从五品。

上都惠民司,提点一员,司令一员。中统四年始置。品秩并同上。

医学提举司,秩从五品。至元九年始置。十三年罢,十四年复置。掌考较诸路医生课义,试验太医教官,校勘名医撰述文字,办验药材,训诲太医子弟,领各处医学。提举一员,副提举一员。

官医提举司,秩从五品。掌医户差役、词讼。至元二十五年置。

大都、保定、彰德、东平四路,设提举、同提举、副提举各一员。

河间、大名、晋宁、大同、济宁、广平、冀宁、济南、辽阳、兴和十路,设提举、副提举各一员。

卫辉、怀庆、大宁,设提举一员。

奎章阁学士院,秩正二品。天历二年,立于兴圣殿西,命儒臣进经史之书,考帝王之治。大学士二员,正三品。寻升为学士院。大学士,正二品;侍书学士,从二品;承制学士,正三品;供奉学士,正四品;参书,从五品。多以它官兼领其职。至顺元年,增大学士二员,共四员。侍书学士二员,承制学士二员,供奉学士二员。首领官:参书二员,典籖二员,照磨一员,内掾四人,译文内掾二人,知印二人,怯里马赤一人,宣使四人,典书五人。属官:授经郎二员。

群玉内司,秩正三品。天历二年始置。掌奎章图书宝玩,及凡常御之物。监司一员,正三品;司尉一员,从三品;亚尉二员,正四品;佥司二员,从四品;司丞二员,正五品;典簿一员,正七品;令史二人,知印一人,怯里马赤一人,奏差、典吏各二人,给使八人,司膳四人。

艺文监,秩从三品。天历二年置。专以国语敷译儒书,及儒书之合校雠者俾兼治之。太监检校书籍事二员,从三品;少监同检校书籍二员,从四品;监丞参检校书籍事二员,从五品;典簿一员,照磨一员,令史四人,译史一人,怯里马赤一人,奏差二人,典吏三人。

监书博士,秩正五品。天历二年始置。品定书画,择朝臣之博识者为之。博士二员,正五品;书吏一人。

艺林库,秩从六品。提点一员,从六品;大使一员,副使一员,正七品;库子二人,本把二人。掌藏贮书籍。天历二年始置。

广成局,秩七品。掌传刻经籍,及印造之事。天历二年始置。大使一员,从七品;副使一员,正八品;直长二人,正九品;司吏二人。

侍正府,秩正二品。至顺二年置。侍正一十四员,正二品;同知二员,正三品;佥府二员,从三品;侍判二员,正四品;经历一员,从六品;都事一员,从七品;照磨一员,从八品。掌内廷近侍之事,领速古儿赤四百人、奉御二十四员,拱卫直都指挥使司为其属。掾史八人,译史四人,通事、知印各二人,宣使八人,典吏五人。

奉御二十四员,秩五品。尚冠奉御二员,从五品;尚冠副奉御二员,从六品;尚衣奉御二员,从五品;尚衣副奉御二员,从六品;尚㮰奉御二员,从五品;尚㮰副奉御二员,从六品;尚沐奉御二员,从五品;尚沐副奉御二员,从六品;尚饰兼尚辇奉御二员,正六品;尚饰兼尚辇副奉御二员,正七品;奉御掌簿四员,从七品。天历初置,以四怯薛之速古儿赤为之。

给事中,秩正四品。至元六年,始置起居注、左右补阙,掌随朝省、台、院、诸司凡奏闻之事,悉纪录之,如古左右史。十五年,改升给事中兼修起居注,左右补阙改为左右侍仪奉御兼修起居注。皇庆元年,升正三品。延祐七年,仍四品。后定置给事中兼修起居注二员、右侍仪奉御同修起居注一员、左侍仪奉御同修起居注一员、令史一人、译史四人、通事兼知印一人。

将作院,秩正二品。掌成造金玉珠翠犀象宝贝冠佩器皿,织造刺绣缎匹纱罗,异样百色造作。至元三十年始置。院使一员,经历、都事各一员。三十一年,增院使二员。元贞元年,又增二员。延祐七年,省院使二员。后定置院使七员,正二品;同知二员,正三品;同佥二员,正四品;院判二员,正五品;经历一员,从五品;都事一员,从七品;照磨管勾一员,正八品;令史六人,译史、知印各二人,宣使四人。

诸路金玉人匠总管府,秩正三品。掌造宝贝金玉冠帽、系腰束带、金银器皿,并总诸司局事。中统二年,初立金玉局,秩正五品。至元三年,改总管府,置总管一员,经历、提控案牍各一员。十二年,又置同知、副总管各一员。二十五年,置达鲁花赤一员。大德四年,又置副达鲁花赤、副总管各一员。后定置达鲁花赤二员,正三品;总管二员,正三品;副达鲁花赤二员,正四品;同知二员,从四品;副总管二员,正五品;经历一员,从七品;知事一员,从八品;照磨、管勾各一员,令史五人,译史一人,奏差二人。

玉局提举司,秩从五品。提举一员,正七品;同提举一员,从七品;副提举一员,正八品。中统二年,以和林人匠置局造作,始设直长。至元三年,立玉匠局,用正七品印。十五年,改提举司。

金银器盒提举司,秩从五品。提举一员,同提举一员,副提举一员,品秩同上;吏目一员。至元十五年,始置金银局,秩从七品。二十四年,改为提举司,秩正六品。大德间,升从五品。

玛瑙提举司,秩从五品。提举一员,同提举一员,吏目一员。至元九年,置大都等处玛瑙局,秩从七品,管领玛瑙匠户五百有奇,置提举三员,受金玉府札。十五年,改立提举司,领大都、弘州两处造作,升从五品。三十年,减副提举一员,定置如上。

阳山玛瑙提举司,秩从五品。至元十五年置。提举一员,同提举一员,副提举一员,品秩同前。

金丝子局,秩从五品。大使一员,从五品;副使一员,正七品;直长一员。中统二年,设二局。二十四年,并为一。

鞓带斜皮局,秩从八品。至元十五年置。大使、副使各一员。

璧玉局,秩从八品。至元十五年置。大使一员。

浮梁磁局,秩正九品。至元十五年立。掌烧造磁器,并漆造马尾棕藤笠帽等事。大使、副使各一员。

画局,秩从八品。掌描造诸色样制。至元十五年置。大使一员。

管领珠子民匠官,正七品。掌采捞蛤珠于杨村、直沽等处。中统二年立。管领官子孙世袭。

粧钉局,从八品。至元十五年置。大使一员。

大小雕木局,秩从八品。至元十五年置。大使一员。

宣德隆兴等处玛瑙人匠提举司,秩正六品。至元十五年置。提举一员,从七品;副提举一员,从八品。

温犀玳瑁局,秩从八品。至元十五年置。大使一员。

上都金银器盒局,秩从六品。至元十六年置。大使一员,副使一员,直长一员。

漆纱冠冕局,至元十五年置。大使、副使各一员。

大同路采砂所,至元十六年置。管领大同路拨到民一百六户,岁采磨玉夏水砂二百石,起运大都,以给玉工磨砣之用。大使一员。

管匠都提领所,秩从七品。至元十三年置。掌金玉府诸人匠词讼。都提领一员。

监造诸般宝贝官,秩正五品。至元二十一年置。达鲁花赤二员。

收支诸物库,从八品。至元十五年置。大使、副使各一员。

行诸路金玉人匠总管府,秩从三品。至大间,始置于杭州路。达鲁花赤、总管各一员,并从三品,同知一员,正五品;副总管一员,从五品;经历一员,从七品;知事一员,从八品;提控案牍一员。

异样局总管府,秩正三品。中统二年,立提点所。至元六年,改为总管府,总管一员。十四年,置同知、副总管各一员。二十一年,增总管一员。二十九年,置达鲁花赤一员。三十年,减同知、副总管各一员。后定置达鲁花赤一员,总管一员,并正三品;同知一员,从四品;副总管一员,从五品;经历一员,从七品;知事一员,从八品。

异样纹绣提举司,秩从五品。中统二年立局。至元十四年,改提举司。提举一员,从五品;同提举一员,正七品;副提举一员,正八品。

绫锦织染提举司,秩从五品。至元二十四年,改局置提举司。提举一员,同提举一员,副提举一员,品秩同上。

纱罗提举司,秩从五品。至元十二年,改局置提举司。提举、同提举、副提举各一员,品秩同上。

纱金颜料总库,秩从九品。中统二年置。大使、副使各一员,从九品。

大都等路民匠总管府,秩正三品。府官:总管一员,从三品;同知一员,正五品;副总管一员,从五品;经历一员,从七品;知事一员,从八品;提控案牍一员。至元七年,初立府,秩从三品。十四年,改升正三品。

备章总院,秩正六品。大使、副使各一员。至元十三年,省并杨蔺等八局为总局。

尚衣局,秩从五品。至元二年置。达鲁花赤一员,从五品;提举一员,从五品;同提举一员,正七品;副提举一员,正八品;都目一人。

御衣局,秩从五品。至元二年置。达鲁花赤、提举各一员,从五品;同提举一员,正七品;副提举一员,正八品;都目一人。

御衣史道安局,秩从六品。至元二年置。以史道安掌其职,因以名之。大使、副使各一员。

高丽提举司,秩从五品。至元二十二年置。提举一员。

织佛像提举司,秩从五品。延祐四年,改提领所为提举司。提举、副提举各二员。

　　通政院，秩从二品。国初，置驿以给使传，设脱脱禾孙以辨奸伪。至元七年，初立诸站都统领使司以总之，设官六员。十三年，改通政院。十四年，分置大都、上都两院；二十九年，又置江南分院；大德七年罢。至大元年，升正二品。四年罢，以其事归兵部。是年，两都仍置，止管达达站赤。延祐七年，复从二品，仍兼领汉人站赤。大都院使四员，从二品；同知二员，正三品；副使二员，从三品；金院一员，正四品；同金一员，从四品；院判一员，正五品；经历一员，从五品；都事一员，从七品；照磨兼管勾承发架阁一员，正八品；令史十三人，通事一人，知印二人，宣使十人。上都院使、同知、副使、金院、判官各一员，经历、都事各一员，品秩并同大都；令史四人，译史三人，通事一人，知印一人，宣使十人。

　　廪给司，秩从七品。掌诸王诸蕃各省四方边远使客饮食供张等事。至元十九年置。提领、司令、司丞各一员。

　　中政院，秩正二品。院使七员，正二品；同知二员，正三品；金院二员，从三品；同金二员，正四品；院判二员，正五品。掌中宫财赋、营造、供给，并番卫之士，汤沐之邑。元贞二年，始置中御府，秩正三品。大德四年，升中正院，秩正二品。至大三年，升从一品，院使七员，同知、金院、同金、院判各二员。四年，省并入典内院。皇庆二年，复为中政院，设官如旧，其幕职则司议二员，从五品；长史二员，正六品；照磨兼管勾承发架阁一员，正八品。吏属：蒙古必阇赤四人，掾史十二人，回回掾史二人，怯里马赤二人，知印二人，宣使十人。

　　中瑞司，秩正三品。掌奉宝册。卿五员，正三品；丞二员，正四品；典簿二员，从七品；写懿旨必阇赤四人，译史一人，令史四人，知印一人，通事一人，奏差二人，典吏二人。

　　内正司，秩正三品。掌百工营缮之役，地产孳畜之储，以供膳服，备赐予。卿四员，正三品；少卿二员，正四品；丞二员，从五品；典簿二员，从七品；照磨兼管勾一员，正九品。吏属各有差。领署二、提举司一，及其司属凡十有六。岁赋之额，工作之程，终岁则会其数以达焉。

尚工署，秩从五品。令一员，从五品；丞二员，从六品；书史一人，书吏四人。掌营缮杂作之役，凡百工各数，兴造程式，与其材物，皆经度之，而责其成功。皇元年始置，隶内正司。

玉列赤局，秩从七品。提领一员，大使一员，副使一员，直长二员。掌裁制缝线之事。延祐六年始置，隶尚工署。

赞仪署，秩正五品。提领一员，大使一员，副使一员，直长二员。掌车舆器备杂造之事。皇庆二年始置，隶内正司。

管领六盘山等处怯怜口民匠都提举司，秩正四品。达鲁花赤一员，都提举一员，同提举二员，副提举二员，知事一员，提控案牍一员，吏四人，奏差二人。至大四年始置。国初，未有官署，赋无所稽。后遣使核实，始著为籍，设司以领之。

奉元等路、平凉等处、开城等处、甘肃宁夏等路、察罕脑儿等处长官司，凡五处，秩正五品。各设达鲁花赤一员，长官一员，副长官一员，提控案牍一员，都目一员，吏十人。延祐二年，以民匠提举司所领，地里阔远，人户散处，于政不便，乃酌远近众寡，立长官司、提领所，以分理之。

提领所凡十，并正七品，奉元等路、凤翔等处、平凉宁环等处、开城等处、察罕脑儿等处、甘州等路、肃沙等路、永昌宁夏等路、长城等路，各设提领一员、同提领一员、副提领一员、典史一人，分掌怯怜口地方，隶各长官司。

翊正司，秩正三品。令五员，正三品；丞四员，正四品；典簿二员，从七品；照磨一员，从八品；译史二人，令史六人，知印二人，通事、奏差、典吏各二人。掌怯怜口民匠五千余户，岁辨钱粮造作，以供公上。至元三十一年，始置御位下管领随路民匠打捕鹰房纳绵等户总管府，正三品，复隶正宫位下。延祐六年，改翊正司。岁终，会其出纳以达于院，而纠其弊。领提举司二、提领所一：

　　管领上都等处诸色人匠提举司,秩从五品。达鲁花赤一员,提举一员,并从五品;同提举一员,从六品;副提举一员,从七品;直长一员,都目一员,吏目一员,司吏四人,部役二人。元贞元年始置,管户二千五百有奇,隶翊正司。

　　管领随路打捕鹰房纳绵等户提举司,秩从五品。达鲁花赤一员,提举一员,同提举一员,副提举一员,品秩同上;直长一员,都目一员,吏目一员,司吏四人,部役二人。元贞元年始置,隶翊正司。

　　管领归德亳州等处管民提领所,秩从七品。提领一员,同提领一员,副提领一员,典史一员,司吏一人。国初平江南,收附归德楚通等三百五十六户,令脱忽伯管领。大德二年,始置提领所,隶翊正司。

　　典饮局,秩正七品。大使二员,副使二员,典史一员,攒典二人。掌酝造酒醴,以供内府,及祭祀宴享宾客赐颁之给。初置嘉酝局,秩六品,隶家令。至大二年,改典饮,两都分置。皇庆元年,拨隶中宫。

　　管领大都等路打捕民匠等户总管府,秩正三品。达鲁花赤一员,总管一员,并正三品;同知一员,正四品;副总管一员,正五品;经历一员,从七品;知事一员,从八品;提控案牍照磨一员,译史一人,令史、奏差各四人。掌钱粮造作之事。国初平定河南诸郡,收聚人户一万五千有奇,置官管领。至元八年,属有司。二十年,改隶中尚监。二十六年,始置总管府。领提举司十有一,提领所二十有五。

　　在京提举司二,秩从五品。达鲁花赤一员,提举一员,从五品;同提举一员,从六品;副提举一员,从七品;都目一员。分管各处人户。至元十六年,给从七品印。大德四年,省并为十一处,改提举司,升从五品。

　　涿州、保定、真定、冀宁、河南、大名、东平、东昌、济南等路提举司,凡九处。各设达鲁花赤一员、提举一员、同提举一员、副提举一员、都目一员。

　　提领所凡二十五处:大都等路、东安州、济宁、曹州、祈州、完州、河间、济南、济阳、大同、元氏、冀宁、晋宁、归德、南阳、怀孟、汝宁、卫辉、曹州、涿州、真定、中山、平山、大名、高唐等。每处各设提领一员、同提领一员、副提领一员、典史一员。

管领诸路打捕鹰房民匠等户总管府,秩正三品。达鲁花赤一员,总管一员,正三品;同知一员,正五品;副总管二员,从五品;经历一员,从七品;知事一员,从八品;提控案牍一员,照磨一员,译史一人,令史四人,奏差二人。掌钱粮造作之事。大德三年始置。元贞元年,拨隶中宫位下,领提举司四、提领所十有一。

管民提举司,大都等路、冀宁等路、南阳唐州等处,河南路府等处,凡四司。秩从五品。每司设达鲁花赤一员、提举一员、同提举一员、副提举一员、都目一员、吏二人。

提领所凡十有一:大都保定、河间真定、南阳邓州、济南嵩汝、汴梁裕州、汝济陈州、唐州泌阳、襄阳湖阳、晋宁、冀宁等处各设所,秩正七品。每所提领二员,同提领一员,副提领一员,典史一员,司吏二人。至元十六年置。至大元年,改提领所。

江浙等处财赋都总管府,秩正三品。达鲁花赤一员,都总管一员,并正三品;同知一员,正五品;副总管一员,从五品;经历一员,从七品;知事一员,从八品;照磨一员,提控案牍一员,从九品;译史一人,令史一十五人,奏差一十五人,典吏二人。掌江南没入赀产,课其所赋,以供内储。至大元年置。领提举司三,库、局各一。

平江、松江、建康等处提举司凡三处,秩并正五品。每司各设达鲁花赤一员、提举一员、同提举一员、副提举一员、都目一员、吏目一员、司吏六人。

丰盈库,提领一员,大使一员,副使一员,典史一人,掌收本府钱帛。

织染局,局使一员,典史一人。掌织染岁造缎匹。

管领种田打捕鹰房民匠等户万户府,秩正三品。掌归德、亳州、永、宿二十余城各蒙古、汉军种田户差税。中统二年置。初隶塔察儿王位下,其后改属中宫。万户一员,经历一员,知事一员,提控案牍一员,令史四人。领司属凡十处。

　　管领大名等处种田诸色户总管府,秩正五品。总管一员,副总管一员,都目一员。中统二年置。至元二十三年,置府大名。

　　管领本投下大都等处诸色户计都达鲁花赤,秩正五品。达鲁花赤一员,提控案牍一员,都目一员。中统二年置。至元十五年,置司大都。

　　管领大都河间等路打捕鹰房总管府,秩正五品。总管一员,副总管一员,都目一员,司吏二人。中统二年置,三年给印。

　　管领东平等路管民官,秩正五品。总管一员,相副官一员,都目一员,吏一人。中统二年置,至元二十二年给印。

　　管领大名等路宣抚司、燕京路管民千户所,秩从七品。提领一员,副提领一员。中统二年置。

　　管领曹州等处本投下民户、管领东明等处本投下户计、管领蒲城等处本投下诸色户计、管领汴梁等路本投下种田打捕躯户四提领所,秩正七品。提领各二员,同提领、副提领各一员,典史各一人,司吏各一人。中统二年置,至元十四年颁印。

　　海西辽东哈思罕等处鹰房诸色人匠怯怜口万户府,秩正三品。达鲁花赤一员,万户一员,副万户一员,经历一员,知事一员,提控案牍兼照磨一员,译史一人。掌钱粮造作之事,管领哈思罕等处、肇州、朵因温都儿诸色人匠四千户,仍领镇抚所、千户所。

　　镇抚司,镇抚一员,吏一人。延祐四年始置。

　　哈思罕等处打捕鹰房怯怜口千户所,秩从五品。达鲁花赤一员,千户一员,副千户一员,吏目一员,司吏四人,弹压一人,部役二人。至大三年,置提举司。延祐六年,改千户所。

　　诸色人匠怯怜口千户所,秩从五品。达鲁花赤一员,千户一员,副千户一员,都目一员,司吏四人,部役二人。初为提举司,后改千户所。

　　肇州等处女直千户所,达鲁花赤一员,千户一员,副千户一员,吏目一员,司吏四人。延祐三年置。

　　朵因温都儿乃良哈千户所,延祐三年置。

　　灰亦儿等怯怜口千户所,至治元年置。

　　开元等处怯怜口千户所,至治元年置。

　　古州等处怯怜口千户所,延祐七年置。

　　沈阳等处怯怜口千户所,至治元年置。

　　辽阳等处怯怜口千户所,至治二年置。

　　盖州等处怯怜口千户所,延祐五年置。

　　干盘等处怯怜口千户所,至治元年置。

　　辽阳等处金银铁冶都提举司,秩正四品。都提举一员,同提举一员,副提举一员,提控案牍一员,译史一人,吏六人,奏差二人。掌办金银䃟铁等课,分纳中书省及中政院。七年,以其赋尽归中宫。

　　管领本位下怯怜口随路诸色民匠打捕鹰房都总管府,秩正三品。达鲁花赤一员,都总管一员,并正三品;同知一员,正五品;副总管一员,从五品。掌怯怜口二万九千户,田万五千余顷,出赋以备供奉、营缮之事。中统二年置府。大德十年,隶詹事院。至大三年,隶徽政院。延祐三年,改善政司。至治二年,徽政院及其属尽废。天历三年,复立府,仍正三品,设官如上。其首领官则经历一员,从七品;知事一员,从八品;照磨一员,从九品。吏属:令史一十二人,译史四人,通事、知印各二人,奏差一十人,典吏六人。

　　管领诸路打捕鹰房民匠等户总管府,秩正三品。达鲁花赤一员,总管一员,同知员,副总管一员,品秩如上;经历一员,知事一员,提控案牍一员,照磨一员,令史四人,译史一人,奏差二人。大德三年置。其属附见:

　　大都等路管民提举司,达鲁花赤一员,同提举一员,副提举一员,都目一员。

　　大都保定提领所,提领二员,同提领一员,副提领一员,典史一员。

　　河间真定提领所,提领二员,同提领一员,副提领一员,典史一员。

　　唐州提举司,达鲁花赤一员,提举一员,同提举一员,副提举一员,都目一员。

南阳邓州提领所,提领二员,同提领一员,副提领一员,典史一员。

唐州泌阳提领所,提领二员,同提领一员,副提领一员,典史一员。

襄阳湖阳提领所,提领二员,同提领一员,副提领一员,典史一员。

汝宁陈州提领所,提领二员,同提领一员,副提领一员,典史一员。

河南提举司,达鲁花赤一员,提举一员,同提举一员,都目一员。

汴梁裕州提领所,提领二员,同提领一员,副提领一员,典史一员。

河南嵩汝提领所,提领二员,同提领一员,副提领一员,典史一员。

南阳唐州提领所,提领二员,同提领一员,副提领一员,典吏一员。

冀宁提举司,达鲁花赤一员,提举一员,都目一员。

冀宁提领所,提领二员,同提领一员,副提领一员,典史一员。

晋宁提领所,提领二员,同提领一员,副提领一员,典史一员。

宝昌库,提领一员,大使一员,掌受金银矴铁之课,以待储运。

金银场提领所,凡七,梁家寨银场、明世银场、密务银场、宝山银场、烧炭峪银场、胡宝峪金场、七宝山矴炭场,俱从七品。每所各设提领一员、同提领一员、副提领一员。

铁冶管勾所,凡二处,各设管勾一员、同管勾一员、副管勾一员。

奉宸库,秩五品。提点四员,副使二员,提控案牍一员,库子六人。掌中藏宝货钱帛给纳之事。大德元年置。

广禧库,达鲁花赤一员,提举一员,大使一员,副使二员,提控案牍一员，库子四人。大德八年置。掌收支御膳野物，职视生料库。

元史卷八九
志第三九

百官五

　　储正院,秩正二品。至元十九年,立詹事院,备左右辅翼皇太子之任。置左、右詹事各一员,副詹事、詹事丞、院判各二员,吏属六十有二人。别置宫臣宾客二员,左右谕德、左右赞善各一员,校书郎二员,中庶子、中允各一员。三十一年,太子裕宗既薨,乃以院之钱粮选法工役,悉归太后位下,改为徽政院以掌之。大德九年,复立詹事院,寻罢。十一年,更置詹事院,秩从一品,设官十二员。至大四年罢。延祐四年复立,七年罢。泰定元年,罢徽政院,改立詹事如前。天历元年,改詹事院为储庆使司。二年罢,复立詹事院。未几,改储政院。院使六员,正二品;同知二员,正三品;佥院二员,从三品;同佥二员,正四品;院判二员,正五品;司议二员,从五品;长史二员,正六品;照磨二员,管勾二员,俱正八品;掾史一十二人,译史四人,回回掾史二人,通事、知印各二人,宣使十人,典吏六人。其属附见:

　　家令司,秩三品。家令、家丞各二员,典簿二员,照磨一员。掌太子饮膳、供帐、仓库。至元二十年置。三十一年,改内宰司,隶徽政。大德十一年,复立,秩升从二。至大四年罢。延祐四年复立;秩正三品。七年罢。泰定元年,复以内宰司为家令司。天历元年罢,未几复立。二年又罢。

　　典膳署,掌太子供帐。令、丞各二员,书史、书吏各二人。

　　府正司,秩从三品。掌鞍辔弓矢等物。至元二十年置。府正、府丞各二员,典簿二员,照磨一员。三十一年,改宫正司。大德十一年,复为府正司。至大四年罢。延祐四年复立,七年罢。泰定元年复立。天历二年,增府正、府丞各二员,寻罢。

资武库,掌军器。提点一员,大使一员。

冀用库,掌鞍辔。提点一员,大使一员。

延庆司,秩正三品。掌修建佛事。使二员,同知一员,副使、典簿各二员,照磨一员。至元二十一年始立,隶詹事院。三十一年,隶徽政院。大德十一年,立詹事院,别立延庆司,秩仍正三品,置卿、丞等员。泰定元年,改隶詹事院。天历元年罢,二年复立,增丞二员。

典用监,卿四员,太监二员,少监二员,丞二员,经历、知事各一员,照磨一员。掌供须、文成、藏珍三库,内府供给缎匹、宝货等物。至大元年立。天历二年,设官如故,以三库隶内宰司。

典医监,秩正三品。领东宫太医,修合供进药饵。至元十九年,置典医署,秩从五品。三十一年,改掌医署,寻罢。大德十一年,复立典医监。至大四年罢。泰定四年,复立署。天历二年,改典医监,秩正三品。置达鲁花赤二员,卿三员,太监二员,少监二员,丞二员,经历、知事各一员,吏属凡十八人。其属司一、局二。

广济提举司,达鲁花赤一员,提举、同提举、副提举各一员。掌修合乐饵,以施贫民。

行典乐局,达鲁花赤一员,大使、副使各二员。掌供奉东宫药饵。

典药局,达鲁花赤一员,大使、副使、直长各二员。掌修制东宫药饵。典牧监,秩正三品。卿二员,太监二员,少监二员,丞二员,经历、知事各一员,照磨一,吏属凡十六人。掌孳畜之事。天历二年始置。

储膳司,秩正三品。卿四员,少卿二员,丞二员,主事二员,照磨一员,令史六人,译史、通事、知印各二人,奏差六人,典吏四人。掌皇太子饮膳之事。天历二年立。

典宝监,秩正三品。卿、太监、少监、丞各二员,经历、知事各一员,吏属八人。至元十九年,立典宝署,从五品。二十年,升正五品。三十一年罢。大德十一年,立监,秩正三品。至大四年罢。延祐四年复立,七年罢。泰定元年复置。天历元年罢,二年复置。

以上俱系詹事院司属。

掌谒司,秩正三品。司卿四员,少卿四员,丞二员,典簿二员,典书九人,奏差二人,知印、译史、通事各一人。至元三十一年,改典宝署为掌谒司,秩从五品,设官如之。元贞元年,升四品,设官四员。大德十一年,升正三品。至治三年罢。

甄用监,秩正三品。卿三员,太监、少监、丞各二员,经磨、知事、照磨各一员。掌供须、文成、藏珍三库出纳之事。至大元年设,至治三年罢。延福司,秩正三品。令、丞各四员,典簿二员,照磨一员。掌供帐及扈从盖造之人。大德十一年置,后并入群牧监。

章庆使司,秩正三品。司使四员,同知、副使、司丞各二员,经历、都事各二员,照磨、管勾各一员。至大三年立,至治三年罢。

奉徽库,秩从五品。提点、大使各二员,副使四员,库子六人。掌内府供给。至治三年罢,并入文成等库。

寿和署,秩正五品。署令四员,署丞六员。旧隶仪凤司,皇庆元年,改隶徽政院,遂为章庆使司之属。至治二年罢。

上都掌设署,秩正五品。署令五员,署丞二员。至大四年立,至治三年罢。

掌医监,秩正五品。领监官一员、达鲁花赤一员、卿四员、太卿五员、太监五员、少监六员、丞二员。至元三十一年,改典医为掌医署,秩五品。至大元年升监,设已上官员。至治三年罢。

修合司药正司,秩从五品。达鲁花赤一员,副使、直长各二员,掌药六人。掌修合御用药饵。至治三年罢。

行箧司药局,秩从五品。达鲁花赤一员,使、副使各二员。掌供奉御用药饵。至治三年罢。

广济提举司,秩从五品。达鲁花赤、提举、同提举、副提举各一员。掌修合药饵,以济贫民。

群牧监,秩正二品。掌中宫位下孳畜。卿三员,太卿、少卿、监丞各二员。至大四年立,至治三年罢。

掌仪署,秩正五品。令、丞各二员。掌户口房舍等。至元二十年立,隶詹事院。三十一年,改隶徽政院。泰定元年,改典设署。

上都掌仪署,秩五品。令、丞各二员。掌户口房舍等。大德十一年立,至治三年罢。

江西财赋提举司,秩从五品。达鲁花赤一员,提举、同提举、副提举各一员。掌事产、户口、钱粮、造作事。至元二十七年立,至治二年罢。

织染局,局使、副使、局副各一员,相副官一员。

桑落娥眉洲管民提领所,提领、副提领各一员。封郭等洲管民提领所,提领、同提领、副提领各一员。

龙兴打捕提领所,提领、副提领各一员。

鄂州等处民户水陆事产提举司,达鲁花赤一员,提举、同提举、副提举各一员。掌太子位下江南园囿、地土、庄宅、人户。至元二十一年立,隶詹事,后改隶徽政。至治三年罢。

瑞州上高县户计长官司,秩从五品。达鲁花赤一员,长官、副长官各一员。领本处户八千。后隶徽政院,至治三年罢。

以上俱系徽政院司属。

左都威卫使司,秩正三品。使三员,副使二员,佥事二员,经历、知事、照磨各一员。至元十六年,以侍卫亲军一万户拨属东宫,立侍卫都指挥使司。三十一年,改隆福宫左都威卫使司,隶中宫。至大三年,选造作军士八百人,立千户所一、百户翼八以领之,而分局造作。延祐二年,置教授二。至治三年,罢军匠千户所。

镇抚所,镇抚二员,都目一员。

行军千户所,千户二员,副千户二员,知事、弹压各一员,百户二十员。

屯田左右千户二所,千户二员,都目一员,弹压一员。百户每所二十员。

弩军千户所,千户二员,都目一员,弹压一员。

资食仓,大使一员,副使一员。

右都威卫使司,秩正三品。卫使三员,副使二员,佥事二员,经历、知事、照磨各一员。中统三年,以世祖五投下探马赤立总管府,秩四品,设总管一员。二十一年,拨属东宫。二十二年,改蒙古侍卫亲军都指挥使司,秩正三品。三十一年,改隆福宫右都威卫使司,秩仍旧。延祐二年,置儒学教授一员。四年,增蒙古字教授一员。其属附见:

镇抚司,镇抚二员,都目一员。

行军千户凡五所,正四品。千户五员,副千户五员,知事五员,百户五十员,弹压五员。

屯田千户所,秩正五品。千户二员,弹压一员,百户七员,都目一人。

广贮仓,秩从九品。大使一员,副使一员,攒典一人。

卫候直都指挥使司,秩正四品。至元二十年,以控鹤一百三十五人,隶府正司。三十年,隶家令司。三十一年,增控鹤六十五人,立卫候司以领之,兼掌东宫仪从金银器物。置卫候一员,副卫候二员,及仪从库百户。大德十一年,复增怀孟从行控鹤二百人,升都指挥使司,秩正四品。延祐元年,升正三品。七年,降正四品。至治三年罢。四年,以控鹤六百三十人,归中宫位下。泰定四年,复立司,秩仍正四品。达鲁花赤二员,佩三珠虎符;都指挥使二员,佩三珠虎符;副指挥使二员,佩双珠虎符;知事一员,提控案牍一员,令史四人,译史、通事各一人,奏差二人。其属附见:

百户所凡六,秩从七品。每所置百户二员。

仪从库,秩从七品。大使二员,副使一员。

内宰司,秩三品。至元三十一年,既立徽政院,改家令为内宰司。泰定元年,复为家令司。天历元年罢,未几复立。二年罢,复改内宰司。内宰六员,司丞四员,典簿二员,照磨一员,令史十有二人,译史、知印、通事各二人,奏差六人,典吏四人。其属附见:

典膳署,秩五品。令二员,丞二员,书史一员,仓赤三十五人。掌内府饮膳之事。至元十九年始立,隶家令司。三十一年,改掌膳,隶内宰。泰定元年,复改为典膳。

洪济镇,提领三员。掌办纳雁只。隶典膳署。

柴炭局,秩从七品。提领一员,大使一员,副使一员。至元二十年,以东宫位下民一百户烧炭二月,军一百人采薪二月,供内府岁用,立局以主其出纳,设官三员,俱受詹事院札。大德十一年,隶徽政院。

藏珍、文成、供须三库,秩俱从五品。各设提点二员、大使二员、副使二员。分掌金银珠玉宝货、缎匹丝绵、皮毡鞍辔等物。国初,詹事出纳之事,未有官署印信,至元二十七年分为三库,各设官六员,及库子有差。

提举备用库,秩从五品。达鲁花赤一员,提举一员,大使一员,提控案牍一员。掌出纳田赋、财赋、差发课程、一切钱粮规运等事。至元二十年置。二十二年,设达鲁花赤及首领官。

嘉酝局,秩五品。至元十七年,立掌饮局。大德十一年,改掌饮司,秩升正四品。延祐六年,降掌饮司为局。至治三年罢。泰定四年复立。天历二年,改嘉酝局。提点二员,大使二员,副使二员,书史一员,书吏四人。

西山煤窑场,提领一员,大使一员,副使二员,俱受徽政院扎。至元二十四年置。领马安山大峪寺石灰煤窑办课,奉皇太后位下。

保定等路打捕提领所,秩从七品。提领四员,典史一员。至元十一年,收集人户为打捕户计,及招到管丝银差发税粮等户,立提领所。

广平彰德课麦提领所,秩从七品。至元三十年,以二路渡江时驻跸之地,召民种佃,遂立所,置官统之。

广惠库,大使一员,副使一员。至元三十年,以钞本五千锭立库,放典收息,纳于备用库。

丰裕仓,秩从七品。掌收贮中宫位下糯米。至治二年,设提领等官。三年罢。天历二年,立储政院,复给印。置监支纳一员、仓使一员、攒典二人。

备物库,秩从七品。掌东宫造作颜料,及难器等物。至元二十五年置,隶詹事院。大德元年给印。十一年,置官四员。至治三年罢,泰定三年复立。大使二员,副使二员,库子二人,攒典二人。

管领怯怜口诸色民匠都总管府,秩正三品,达鲁花赤一员,总管一员,并正三品;同知一员,正四品;副总管二员,正五品;经历一员,从七品;知事一员,从八品;提控案牍、照磨、管勾各一员,令史十人,知印二人,通事一人,译史二人,奏差六人,典吏四人。领怯怜口人匠造作等事。至大三年,立总管府,至治三年罢。天历二年复立,隶储政院。其属附见:

管领大都怯怜口诸色人匠提举司,秩正五品,达鲁花赤一员,提举一员,同提举、副提举各一员,首领官一员,司吏四人,部役二人。

管领上都怯怜口诸色人匠提举司,秩正五品。达鲁花赤一员,提举一员,同提举、副提举各一员,首领官一员,司吏四人,部役二人。

典制局,秩从七品。大使、副使各一员,直长二员。

典设署,秩从五品,令、丞各四员,书史一员,书吏四人。掌内府术刺赤二百二十户。至元二十年置。三十一年,改掌仪署,隶内宰司。泰定元年,复为典设。天历二年,隶本府。

杂造人匠提举司,秩从四品。达鲁花赤一员,提举一员,同提举、副提举各一员,都目一员,司吏二人,部役二人。至元八年置。初隶缮珍司,至大三年改隶章庆司。章庆罢,凡造作之事悉归之。天历二年,隶本府。

　　杂造局,秩正九品,院长一员,直长一员,管勾一员。

　　随路诸色人匠都总管府,秩正三品。中统五年,命招集析居放良、还俗僧道等户,习诸色匠艺,立管领怯怜口总管府,以司其造作,秩正四品。至元九年,升正三品。大德十一年,改缮珍司。延祐六年,升徽仪使司,秩正二品。七年,仍为缮珍司,官属如旧。至治三年,复改都总管府。达鲁花赤一员,总管二员,并正三品,同知一员,正五品;副总管二员,从五品;经历、知事、照磨、提控案牍各一员,令史四人,译史一人,奏差二人,典吏一人。其属附见:

　　上都诸色民匠提举司,秩从五品。提举一员,同提举、副提举、吏目各一员。至元十九年立。至大元年,增达鲁花赤一员。至治三年,省增置之员,设官如旧。

　　金银器盒局,秩从八品。大使一员,副使一员。至元七年置。

　　杂造局,秩正八品。大使一员,副使一员。至元七年置。

　　杂造局,秩正八品。大使、副使各一员。至元七年置。

　　泥瓦局,大使、副使各一员。至元七年置。

　　铁局,大使一员,副使一员。至元七年置。

　　上都葫芦局,大使一员,副使一员。至元七年置。

　　器物局,副使一员。中统五年置。

　　砑金局,大使一员。至元二十年置。

　　鞍子局,大使一员。至元七年置。

　　云州管纳色提领所,提领一员。掌纳色人户。至元七年置。

　　大都等路诸色人匠提举司,秩从五品。提举、同提举、副提举各一员。至元十六年置。其属附见:

　　双线局,提领一员,副使一员。至元十八年置,受詹事院扎。

　　大小木局,大使一员,副使一员,直长一员。至元十八年置,受詹事院扎。元贞元年,并领皇后位下木局。

　　盒钵局。大使一员,副使一员,直长一员。至元七年立,受府札。

管纳色提领一员,受府札。管铜局、筋局、锁儿局、妆钉局、雕木局。至元三十年置。

成制提举司,秩从五品。达鲁花赤一员,提举一员,同提举、副提举各一员,吏目一员,司吏四人,部役二人。掌缝制之事。至元二十九年置,设官四员,受院札。大德三年,升提举司。至治三年罢,泰定四年复置。上都、大都貂鼠、软皮等局提领所,提领二员。至元九年置,受府札。二十七年,给从七品印,改受省札。大德十一年,给从六品印,改受敕牒。至治三年。仍改受省札。其属附见:

大都软皮局,使一员,副使一员。至元十三年置。

斜皮局,局使一员,副使一员,至元十三年置。

上都软皮局,局使一员,副使一员。至元十三年置。

牛皮局,大使一员,至元十三年置。

金丝子局,大使一员,副使一员,直长一员。至元十二年置。掌金丝子匠造作之事。

画油局,大使一员,副使一员,直长一员。至元二十年置,受詹事院札。

毡局,提领一员,大使一员,副使一员,直长一员,至元十三年,收集人户为毡匠。二十六年,始立局。

材木库,大使、副使各二员。至元十六年置。掌造作材木。

玛瑙玉局,大使、副使各一员,直长二员。至元十四年置。

大都奥鲁提领所。提领一员。掌理人匠讼。至元十八年置,受詹事院札。

上都奥鲁提领所,提领一员,同提领一员。掌理人匠词讼。至元十八年置,受詹事院札。

上都异样毛子局,大使一员,副使一员。至元二十年置,受詹事院札。

上都毡局,大使一员,副使一员,直长二员。至元二十年置,受詹事院札。

上都斜皮等局。大使一员,副使一员。至元二十年置,受詹事院札。

蔚州定安等处山场采木提领所,秩正八品。提领一员,大使一员,副使二员。至元十二年置。

上都隆兴等路杂造鞍子局,提领一员,大使一员,直长二员。至元二十三年置,受詹事院札。

真定路冀州杂造局,大使一员,副使一员。掌造作之事。至元十九年置。

珠翠局,大使、副使各一员,直长一员。至元三十年置。

管领大都等路打捕鹰房、胭粉人户总管府,秩正四品。至元十四年,打捕鹰房达鲁花赤,招集平滦散逸人户。二十九年,立总管府。大德十一年,拨隶皇太后位下。延祐六年,升正四品。置达鲁花赤一员、总管一员、首领官一员、令史四人、译史一人、奏差二人。

管领本投下大都等路怯怜口民匠总管府,国初招集怯怜口哈赤民匠一千一百余户,中统元年,立总管府。二年,给六品印,掌户口、钱帛、差发等事。至元九年,拨隶安西王位下。皇庆元年,又属公主皇后位下。延祐元年,改隶章庆司。天历二年,又改隶储政院。达鲁花赤一员,总管一员,俱受御宝圣旨;同知一员,副总管一员,俱受安西王令旨;知事一员,令史二人。其属附见:

织染提举司,秩正七品,掌织造缎匹。提举一员,受安西王令旨。同提举一员,本府拟人;副提举一员,都目一员,俱受安西王传札;司吏一人。

管民提领所,凡三。大都路兼奉圣州提领六员,曹州提领二员,河间路提领三员,受本府札。

管地提领所,凡二。奉圣州提领三员,东安州提领三员,受本府札。

管领诸路怯怜口民匠都总管府,秩正三品。至元七年,招集析

居、从良还俗僧道,编籍人户为怯怜口,立总管府以领之。十四年,
以所隶户口善造作,属中宫。十六年,立织染、杂造二局,以司造作,
立提领所以司徭役。二十五年,改升正三品。延祐六年,改缮用司,
仍三品,七年,复改府。达鲁花赤一员,总管一员,并正三品;同知二
员,正五品;副总管二员,从五品;经历、知事、提控案牍兼照磨各一
员,令史五人,译史一人。其属附见:

各处管民提领所,秩正七品。

河间,益都,保定,冀宁,晋宁,大名,济宁,卫辉,宣德。以上九
所,提领、副提领各一员,相副官二员,典史一人,司吏二人。

汴梁、曹州,大同,开元,大宁,上都,济南,真定。以上八所。提
领、副提领、相副官各一员,典史一人,司吏一人。

大都,归德,鄂汉。以上三所,提领、同提领、副提领各一员,相
副官一员,大都增一员,典史、司吏各一人。

织染局,秩正七品。大使、副使、相副官各一员,典史、司吏各一
人。

杂造局,秩正七品。大使、副使、相副官各一员,典史、司吏各一
人。

弘州衣锦院,秩正七品。大使、副使、直长各一员,典史、司吏各
一人。

丰州毛子局,秩正七品。大使、副使各一员,典史、司吏各一人。

缙山毛子旋匠局,秩正七品。大使一员,典史、司吏各一人。

徐邳提举司,秩正五品。提举、同提举、副提举各一员,吏目、司
吏各一人。

广备库,大使、副使各一员,俱受院札。

汴梁等路管民总管府,秩正三品,达鲁花赤、总管、同知、府判
各一员,经历、知事、提控案牍各一员。国初,立息州总管府,领归附
六千三百余户。元贞元年,又并寿颖归附民户二千四百余户,改汴
梁等路管民总管府,掌各屯佃户差发子粒,隶徽政院。泰定元年,改

隶詹事院,后隶储政院。其属库一、提领所八、管佃提领十二。

常盈库,大使、副使各一员。

提领所:新降户,真阳新蔡,息州,汝宁,陈州,汴梁,郑州,真定。以上八所,每所提领各一员,副提领、相副官有差。

管佃提领:汝阳五里冈,许州堰城县,青龙宋冈,陈州须城商水等屯,分山曲堰,许州临颖屯,许州襄城屯,汝阳金乡屯,颖丰堰,遂平横山屯,上蔡浮召屯,汝阳县烟亭屯。

以上十有二处,各设提领二员。

江淮等处财赋都总管府,秩正三品。达鲁花赤、总管各一员,并正三品;同知一员,正五品;副总管二员,从五品;经历、知事、照磨兼提控案牍各一员,令史十五人,奏差十五人,译史一人,典吏三人。至元十六年,以宋谢太后、福王所献事产,及贾似道地土、刘坚等田,立总管府以治之。大德四年罢,命有司掌其赋。天历二年复立,其赋复归焉。

储用库,提领、大使、副使各一员。

杭州织染局,大使、副使、相副官各一员。

扬州等处财赋提举司,达鲁花赤、提举、同提举、副提举各一员,提控案牍、都目各一员。其属附见:

安庆等处河泊所,提领、大使、副提举各一员。

建康等处财赋提举司,达鲁花赤、提举、同提举、副提举各一员。提控案牍、都目各一员。

建康织染局,大使、副使、相副官各一员。

黄池织染局,大使、副使、相副官各一员。

建康等处三湖河泊所,提领、大使、副使、相副官各一员。

池州等处河泊所,提领、大使、副使各一员。

平江等处财赋提举司,达鲁花赤、提举、同提举、副提举各一员,提控案牍、都目各一员。

杭州等处财赋提举司,设官同上。

陕西等处管领毛子匠提举司,达鲁花赤、提举各一员。国初,收集织造毛子人匠。至元三年,置官二员,皆世袭。

昭功万户都总使司,秩正三品,都总使二员,正三品;同知一员,从三品;副使二员,正四品;经历、知事、照磨各一员,令史六人,译史六人,知印二人,怯里马赤二人,奏差六人,典吏四人。至顺二年立,凡文宗潜邸扈从之臣,皆领于是府。其属则宫相、膳工等司。

宫相都总管府,秩正三品。达鲁花赤二员,都总管一员,副达鲁花赤二员,同知二员,副总管二员,经历、知事、提控案牍承发架阁各一员。至顺二年,罢宫相府并鹤驭司,改怯怜口钱粮总管府为本府。

织染杂造人匠都总管府,秩正三品。达鲁花赤一员,总管一员,同知一员,副总管二员,经历、知事、提控案牍、照磨各一员。至元二十年,为管领织染段匹匠人设总管府。元贞二年,以营缮浩繁,事务冗滞,升为都总管府,隶徽政院。天历元年,改隶储庆使司。三年,改属宫相。

织染局,秩从七品。大使一员,副使一员。至元二十三年,改织染提举司为局。

绫锦局,秩从七品。大使一员,副使一员。至元八年置。九年,以招收析居、放良、还俗僧道为工匠,二百八十有二户,教习织造之事,遂定置以上官。

纹绵局,秩从七品。大使一员,副使一员。国初,以招收漏藉人户,各管教习立局,领送纳丝银物料织造段匹。至元八年,设长官。十二年,以诸人匠赐东宫。十三年,罢长官,设以上官掌之。

中山局,秩从七品。大使一员,副使一员。国初,以招收随路漏籍、不当差人户,立局管领教习织造。至元十二年,以赐东宫,遂定置局官如上。

真定局,秩从七品。大使一员。国初招收户计。中统元年置。掌织染造作。至正十六年,以赐东宫,设官悉如旧。

　　弘州、荨麻林纳失失局。秩从七品。二局各设大使一员、副使一员。至元十五年，招收析居、放良等户，教习人匠织造纳失失，于弘州、荨麻林二处置局。十六年，并为一局。三十一年，徽政院以两局相去一百馀里，管办非便，后为二局。

　　大名织染杂造两提举司，秩正六品。至元二十一年置。掌大名路民户内织造人匠一千五百四十有奇。各置提举、同提举、副提举一员。三十年，增置杂造达鲁花赤一员。

　　供用库，秩从九品。大使、副使各一员，受徽政院札。国初，为绫锦总库。至元二十一年，改为供用库。

　　管领诸路打捕鹰房纳绵等户总管府，秩正三品。达鲁花赤、都总管、同知、治中、府判各一员，经历、知事、提控案牍各一员。掌人匠一万三千有奇，岁办税粮皮货，采捕野物鹰鹞，以供内府。至元十二年，赐东宫位下，遂以真定所立总管府移置大都，隶詹事。十六年，合并所管之户，置都总管以总治之。三十一年，詹事院罢，隶徽政。至大四年，隶崇祥院。延祐六年，又隶詹事。天历元年，隶储庆使司。至顺元年，改属官相府。

　　管领上都等处打捕鹰房纳绵等户大使司，大使、副使各一员。

　　管领顺德等处打捕鹰房纳绵等户提领所，达鲁花赤、提领、副提领各一员。

　　管领冀宁等处打捕鹰房纳绵等户提领所，提领、副提领各一员。

　　管领大都左右巡院等处打捕鹰房纳绵等户提领所，提领、副提领各一员。

　　管领固安等处打捕鹰房纳绵等户提领所，提领、副提领各一员。

　　管领中山等处打捕鹰房纳绵等户提领所，提领、副提领各一员。

　　管领济南等处打捕鹰房纳绵等户提领所，提领、副提领各一员。

管领德州等处打捕鹰房纳绵等户提领所,提领、副提领各一员。

管领益都等处打捕鹰房纳绵等户提领所,提领、副提领各一员。

管领大同等处打捕鹰房纳绵等户提领所,提领、副提领各一员。

管领济宁等处打捕鹰房纳绵等户提领所,提领、副提领各一员。

管领兴和等处打捕鹰房纳绵等户提领所,提领、副提领各一员。

管领晋宁等处打捕鹰房纳绵等户提领所,提领、副提领各一员。

管领顺州稻田提领所,提领、副提领各一员。

管领怀庆稻田提领所,提领一员。

管领檀州等处打捕鹰房纳绵等户提领所,提领、副提领各一员。

管领大宁等处打捕鹰房纳绵等户提领所,提领、副提领各一员。

管领蓟州等处打捕鹰房纳绵等户提领所,提领、副提领各一员。

管领真定等处打捕鹰房纳绵等户提领所,设官同上。

管领赵州等处打捕鹰房纳绵等户提领所,设官同上。

管领保定等处打捕鹰房纳绵等户提领所,设官同上。

管领冀州等处打捕鹰房纳绵等户提领所,设官同上。

管领汴梁等处打捕鹰房纳绵等户提领所,设官同上。

广衍库,大使一员。

管领滑山炭场所。

缮工司,秩正三品。卿二员,少卿二员,丞二员,经历、知事、照磨兼提控案牍、管勾承发架阁各一员,令史四人,译史二人,知印二

人,怯里马赤一人,典吏三人。掌人匠营造之事。天历二年置。其属附见:

金玉珠翠提举司,达鲁花赤、提举、同提举、副提举各一员,吏目一员,司吏四人。

大都织染提举司,提举二员、同提举、副提举各一员,吏目一员,司吏四人。

大都杂造提举司,达鲁花赤、提举、同提举、副提举各一员,吏目一员,司吏四人。

富昌库,大使一员,副使一员,库子二人,攒典一人。

内史府,秩正二品。内史九员,正二品;中尉六员,正三品;司马四员,正四品;谘议二员,从五品;记室二员,从六品;照磨兼管勾承发架阁库,从八品;掾史八人,译史四人,知印、通事各二人,宣使五人,典吏二人。至元二十九年,封晋王于太祖四斡耳朵之地,改王傅为内史,秩从二,置官十四员,延祐五年,升正二品,给印,分司京师,并分置官属。

延庆司,秩正三品。掌王府祈禳之事。使三员,正三品;同知二员,正四品;典簿一员,从七品;令史二人,译史、知印、通事各一人,奏差二人。至元二十七年置。

断事官,秩正三品。理王府词讼之事。断事官一十六员,正三品;经历、知事各一员,令史三人。

典军司,秩从七品。掌控鹤百二十有六人。典军二员,副使二员。大德四年置。

随路诸色民匠打捕鹰房都总管府,秩正三品。总四斡耳朵位下户计民匠造作之事。达鲁花赤二员,都总管一员,同知一员,副总管二员,经历、知事、提控案牍各一员,令史四人,奏差二人。至元二十四年置。官吏不入常调,凡斡耳朵之事,复置四总管以分掌之。

管领保定等路阿哈探马儿诸色人匠总管府,秩从三品,掌太祖大斡耳朵一切事务,达鲁花赤、总管、同知、副总管各一员,知事一员,吏二人,至元十七年置。

管领曹州东平等路民匠提举司,秩从五品。达鲁花赤、提举、同提举、副提举各一员,至元十七年置。

管领大都纳绵提举司,秩从六品。达鲁花赤、提举、副提举各一员。至元十七年置。

管领上都大都奉圣州长官司,秩从六品。管领出征军五十有一户。达鲁花赤、长官各一员。至元十七年置。

管领保定织染局,秩从六品。管匠一百有一户,达鲁花赤、提举、副提举、同提举各一员。至元十七年置。

管领丰州捏只局,头目一员。掌织造花毯。至元十七年置。

管领打捕鹰房民匠达鲁花赤总管府,秩正四品。掌二皇后斡耳朵位下岁赐财物造作等事。达鲁花赤、总管、同知、副总管、知事各一员,吏二人。至元二十一年置。

管领口子迤北长官司,秩从五品。掌领户计二百有六。达鲁花赤、长官、副长官各一员。至元二十一年置。

管领随路诸色民匠达鲁花赤等官,秩正五品。统民匠一千五百二十有五户。达鲁花赤、总管、同知、副总管各一员。至元二十一年置。

管领随路打捕纳绵民匠长官司,秩从五品。掌民匠一百七十有九户。达鲁花赤、长官各一员。至元二十一年置。

管领大都民匠提举司,秩正七品。掌民匠二百有二户。提举、同提举、副提举各一员。至元二十一年置。

管领涿州成锦局人匠提举司,秩从五品。领匠一百有二户,达鲁花赤、提举、同提举、副提举各一员。至元二十一年置。

管领河间民匠提举司,秩从四品。掌民匠二百一十户。达鲁花赤、提举、同提举、副提举各一员,至元二十一年置。

管领河间沧州等处长官司,秩正五品。领户计五百四十有八。达鲁花赤,长官、副长官各一员。至元二十一年置。

管领河间临邑等处军民长官司,秩正七品,掌军民二百有二户,达鲁花赤、长官、副长官各一员,至元二十一年置。

管领随路诸色民匠打捕鹰房等户总管府,秩从四品。掌太祖斡耳朵四季行营一切事务。达鲁花赤、总管、同知、副总管、知事各一员,司吏二人。大德二年置。

管领涿州等处民匠异锦局,秩正五品。掌民匠一百五十户。达鲁花赤、提举、同提举、副提举各一员。大德二年置。

管领上用织染局,秩从七品。掌工匠七十有八户。提举、同提举、副提举各一员。大德二年置。

管领上都大都曲米等长官司,秩从七品。领民匠七十有九户。达鲁花赤、长官、副长官各一员。大德二年置。

管领彭德等处长官司,秩从七品。掌民一百一十有七户。达鲁花赤、长官、副长官各一员,大德二年置。

管领上都大都等处长官司,秩从五品,掌民二百六十有一户。达鲁花赤、长官、副长官各一员。大德二年置。

管领泰安等处长官司,秩正七品。掌民一百有一户。达鲁花赤、长官、副长官各一员。大德二年置。

管领曹州等处长官司,秩从五品。管民一百有五户。达鲁花赤、长官、副长官各一员。大德二年置。

管领随路打捕鹰房诸色民匠怯怜口总管府,秩从三品。掌太祖四皇后位下四季行营并岁赐造作之事。达鲁花赤、总管、同知、副总管各一员,经历、知事、提控案牍兼照磨各一员,司吏二人。延祐五年置。

管领大都上都打捕鹰房纳米面提举司,秩从五品。统领一百九十有五户。达鲁花赤、提举各一员。延祐五年置。

管领大都涿州织染提举司,秩从七品。掌领九十有六户。达鲁花赤、提举各一员。延祐五年置。

管领河间路青州人匠提举司,秩从五品。掌户计二百三十有四户。达鲁花赤,提举各一员。延祐五年置。

随路打捕鹰房诸色民匠总管府,秩正四品。掌北安王位下岁赐钱粮之事。达鲁花赤、总管、同知、副总管、知事各一员。至元二十二年置。

管领大都等处纳绵提举司,秩正七品。掌纳绵户计七百有三户。达鲁花赤、提举、副提举各一员。至元二十二年置。

管领大都等处金玉民匠稻田提举司,秩从五品。掌纳绵人匠五百二十有一户。达鲁花赤、提举、副提举各一员。至元二十二年置。

管领大都蓟州等处打捕提举司,秩从五品。掌打捕户及民匠六百余户。达鲁花赤、提举、副提举各一员。至元二十二年置。

杂造局,秩正六品,达鲁花赤一员,提举、同提举、副提举各一员。至元十六年置。

怯怜口诸色民匠达鲁花赤并管领上都纳绵提举司,秩正五品,掌迭只斡耳朵位下怯怜口诸色民匠及岁赐钱粮等事。达鲁花赤、长官、同知、副长官各一员,提控案牍一员。

上都人匠提领所,秩从七品,达鲁花赤、提领、同提领、副提领各一员,至元二十四年置。

上都大都提领所,秩从七品,掌本位下怯怜口等事,达鲁花赤、大使、副使各一员,至元二十七年置。

归德长官司,秩从六品,达鲁花赤、长官、副长官各一员。至治三年置。

管领上都大都诸色人匠纳绵户提举司,秩从五品。掌斡耳朵位下岁赐等事。达鲁花赤、提举,同提举各一员。至元十七年置。

致用库,秩从七品,提领,大使各一员,副使二员,至元二十七年置。

提领司,秩从八品,提领三员,副提领一员,至元十一年置。

上都人匠局,秩从七品,达鲁花赤二员,副使二员,至元二十七年置。

诸王傅官,宽彻不花太子至齐王位下,凡四十五王,每位下各设王傅、傅尉、司马三员,傅尉,唯宽彻不花、也不干、斡罗温三王有之。自此以下,皆称府尉,别于王傅之下,司马之上。而三员并设,又多寡不同,或少至一员,或多至三员者。齐王则又独设王傅一员。

都护府,秩从二品,掌领旧州城及畏吾儿之居汉地者,有词讼则听之。大都护四员,从二品;同知二员,从三品;副都护二员,从四品;经历一员,从六品;都事一员,从七品;照磨兼承发架阁库管勾一员,正八品;令史四人,译史二人,通事、知印各一人,宣使四人,典吏二人,至元十一年,初置畏吾儿断事官,秩三品,十七年,改领北庭都护府,秩二品,置官十二员,二十年,改大理寺,秩正三品,二十二年复为大都护,品秩如旧,延祐三年,升正二品,七年,复从二品,定官制如上。

崇福司,秩二品。掌领马儿哈昔列班也里可温十字寺祭享等事。司使四员,从二品;同知二员,从三品;副使二员,从四品;司丞二员,从五品;经历一员,从六品;都事一员,从七品;照磨一员,正八品。令史二人,译史、通事、知印各一人,宣使二人。至元二十六年置,延祐二年,改为院,置领院事一员,省并天下也里可温掌教司七十二所,悉以其事归之。七年,复为司,后定置已上官员。

元史卷九〇
志第四〇

百官六

大都留守司,秩正二品。掌守卫宫阙都城,调度本路供亿诸务,兼理营缮内府诸邸、都宫原庙、尚方车服、殿庑供帐、内苑花木,及行幸汤沐宴游之所,门禁关钥启闭之事。留守五员,正二品;同知二员,正三品;副留守二员,正四品;判官二员,正五品;经历一员,从六品;都事二员,从七品;管勾承发架阁库一员,正八品。照磨兼覆料官一员,部役官兼壕寨一员,令史十八人,宣使十七人,典吏五人,知印二人,蒙古必阇赤三人,回回令史一人,通事一人。至元十九年,罢宫殿府行工部,置大都留守司,兼本路都总管,知少府监事,二十一年,别置大都路都总管府治民事,并少府监归留守司,皇庆元年,别置少府监,延祐七年,罢少府监,复以留守兼监事,其属附见。

修内司,秩从五品。领十四局人匠四百五十户,掌修建宫殿及大都造作等事。提点一员,大使一员,副使一员,直长五员,吏目一员,照磨一员,部役七员,司吏六人。中统二年置,至元中,增工匠,计一千二百七十有二户。其属附见:

大木局,提领七员,管勾三员。掌殿阁营缮之事,中统二年置,

小木局,提领二员,同提领一员,副提领三员,管勾二员,提控四员,中统四年置。

泥厦局,提领八员,管勾二员。中统四年置。

　　车局,提领二员,管勾一员,中统五年置。

　　粗钉局,提领二员,同提领二员,中统四年置。

　　铜局,提领一员,同提领一员,管勾一员,中统四年置。

　　以上六局,秩从八品。

　　竹作局,提领二员。提控一员,中统四年置。

　　绳局,提领二员,中统五年始置,

　　祗应司,秩从五品,掌内府诸王邸第异巧工作,修禳应办寺观营缮,领工匠七百户。大使一员,从五品;副使一员,正七品;直长三员,正八品;吏目一员,司吏二人,国初,建两京殿宇,始置司以备工役,其属附见:

　　油漆局,提领五员,同提领、副提领各一员,掌两都宫殿髹漆之工,中统元年置。

　　画局,提领五员,管勾一员,掌诸殿宇藻绘之工。中统元年置。

　　销金局,提领一员,管勾二员,掌诸殿宇装鋈之工,中统四年置。

　　裱褙局,提领一员,掌诸殿宇装潢之工,中统二年置。

　　烧红局,提领二员,掌诸宫殿所用心红颜料,至元元年置。

　　器物局,秩从五品,掌内府宫殿、京城门户、寺观公廨营缮,及御用各位下鞍辔、忽哥轿子、帐房车辆、金宝器物,凡精巧之艺,杂作匠户,无不隶焉。大使一员,从五品;副使一员,正七品;直长二员,正八品;吏目一员,司吏二人。中统四年,始立御用器物局,受省札。至元七年,改为器物局,秩如上,其属附见:

　　铁局,提领三员,管勾三员,提控一人。掌诸殿宇轻细铁工。中统四年置。

　　减铁局,管勾一员,提控二人,掌造御用及诸宫邸系腰,中统四年置。

　　盒钵局,提领二员,掌制御用系腰,中统四年置。

　　成鞍局,提领三员,掌造御用鞍辔、象轿,中统四年置。

　　羊山鞍局,提领一员,提控一员,掌造常课鞍辔诸物,至元十八年置。

网局,提领二员,管勾一员,掌成造宫殿网扇之工。中统四年置。

刀子局,提控二员,掌造御用及诸宫邸宝贝佩刀之工,中统四年置。

旋局,提领二员,掌造御用异样木植器物之工,中统四年置。

银局,提领一员。掌造御用金银器盒系腰诸物,中统四年置。

轿子局,提领一员,掌造御用异样木植鞍子诸物,中统四年置。

采石局,秩从七品。大使、副使各一员,掌夫匠营造内府殿宇寺观桥闸石材之役。至元四年,置石局总管,十一年,拨采石之夫二千余户,常任工役,置大都等处采石提举司,二十六年罢,立采石局。

山场,提领一员,管勾五员,至元四年置。

大都城门尉,秩正六品。尉二员,副尉一员,掌门禁启闭管钥之事。至元二十年置,以四怯薛八刺哈赤为之。二十四年,复以六卫亲军参掌。凡十有一门:曰丽正,曰文明,曰顺承,曰平则,曰和义,曰肃清,曰安贞,曰健德,曰光熙,曰崇仁,曰齐化,每门设官如上。

犀象牙局,秩从六品,大使、副使、直长各一员,司吏一人,掌两都宫殿营缮犀象龙床卓器系腰等事。中统四年置,设官一员,至元五年,增副使。管匠户一百有五十。其属附见:

雕木局,提领一员,掌宫殿香阁营缮之事,至元十一年置。

牙局,提领一员,管勾一员,掌宫殿象牙龙床之工,至元十一年置。

大都四窑场,秩从六品,提领、大使、副使各一员。领匠夫三百余户,营造素白琉璃砖瓦,隶少府监,至元十三年置,其属三:南窑场,大使、副使各一员,中统四年置,

西窑场,大使、副使各一员,至元四年置。

琉璃局,大使、副使各一员,中统四年置。

凡山采木提举司,秩从五品,掌采伐车辆等杂作木植,及造只孙系腰刀把诸物。达鲁花赤、提各一举员,并从五品;同提举一员,

正七品;副提举一员,正八品;吏目一员,司吏六人。至元十四年置。

上都采山提领所,秩从八品,提领、副提领、提控各一员,至元九年,以采伐材木,铢石为灰,征发夫匠一百六十三户,遂置官以统之。

凡山宛平等处管夫匠所,提领二员,同提领二员,管领催车材户提领一员,至元十五年置,

器备库,秩从五品。提点一员,从五品;大使一员,从六品;副使二员,正七品;直长四员,正八品。掌殿阁金银宝器二千余事,至元二十七年置。

甸皮司,秩正七品,大使一员。管匠三十余户,至元七年置,十四年,始定品秩,二十一年,改隶留守司,岁办熟造红甸羊皮二千有奇。

上林署,秩从七品,署令、署丞各一员,直长一员,掌宫苑栽植花卉,供进蔬果,种苜蓿以饲驼马,备煤炭以给营缮,至元二十四年置。

养种园,提领二员。掌西山淘煤,羊山烧造黑白木炭,以供修建之用,中统三年置。

花园,管勾二员,掌花卉果木,至元二十四年置。

苜蓿园,提领三员,掌种苜蓿,以司马驼膳羊。

仪鸾局,秩正五品,掌殿庭灯烛张设之事,及殿阁浴室门户锁钥,苑中龙舟,圈槛珍异禽兽,给用内府诸宫太庙等处祭祀庭燎,缝制帘帷,洒扫掖庭,领烛剌赤、水手、乐人、禁蛇人等二百三十余户。轮直怯薛大使四员,正五品;副使二员,从六品;直长二员,正八品;都目一员,书吏二人,库子一人。至元十一年置局,秩正七品,二十三年,升正五品,至大四年,仁宗御西宫,又别立仪鸾司,设置亦同。延祐七年,增大使二员,以宦者为之。领四提领所:

烛剌赤,提领八员,提控四员。

水手,提领二员。

针工,提领一员。

蜡烛局,提领一员。

木场,提领一员,大使一员,副使一员。掌受给营造宫殿材木。至元四年,置南东二木场,十七年,并为一场。

大都路管领诸色人匠提举司,秩从五品。掌大都诸色匠户理断昏田词讼等事。提举一员,从五品;同提举一员,正七品;副提举一员,正八品;吏目一人,司吏二人。中统四年,置人匠奥鲁总管府,秩从四品,至元十二年,改提举司,十五年,兼管采石人户,秩如旧。

真定路、东平路管匠官,秩从七品,每路大使一员,副使一员,中统四年置。

保定路、宣德府管匠官,秩从七品。保定大使一员,副使一员,管匠官一员;宣德二员。中统四年置。

大名路管匠官,秩从七品。大使一员,管匠官三员。中统四年置。

晋宁、冀宁、大同、河间四路管匠官,秩从七品。每路大使、副使各一员,中统四年置。

收支库,秩正九品,掌受给营缮。提点一员,大使一员,副使二员,直长二员,库子二人,至元四年置。

诸色库,秩从八品,掌修内材木,及江南征索异样木植,并应办官寺斋事,大使一员,副使一员,司库二人,至大四年置。

太庙收诸物库,秩从八品,大使、副使各一员,司库四人。至治二年,以营治太庙始置。

南寺、北寺收支诸物二库,秩从七品。提领、大使各一员,副使二员,司库之属凡十人,至治元年,以建寿安山寺始置。

广谊司,秩正三品。司令二员,正三品;同知二员,正四品;副使二员,正五品;判官二员,正六品;经历、知事各二员,照磨一员。总和顾和买、营缮织造工役、供亿物色之务,至元十四年,改覆实司辨验官,兼提举市令司,大德五年,又分大都路总管府官属,置供需府。至顺二年罢之,立广谊司。

武备寺,秩正三品,掌缮治戎器,兼典受给,卿四员,正三品;同判六员,从三品;少卿四员,从四品;丞四员,从五品;经历、知事各一员,照磨兼提控案牍一员,承发架阁库管勾一员,辨验弓官二员,辨验筋角翎毛等官二员,令史十有三人。至元五年,始立军器监,秩四品。十九年,升正三品。二十年,立卫尉院,改军器监为武备监,秩正四品,隶卫尉院,二十一年,改监为寺,与卫尉并立。大德十一年,升为院。至大四年,复为寺,设官如旧。其所辖属官,则自为选择其匠户之能者任之。

寿武库,秩从五品。提点二员,从五品;大使二员,正六品;副使四员,正七品;库子一十人。至元十年,以衣甲库改置。

利器库,秩从五品。提点二员,大使二员,副使三员,秩品同寿武库,库子一十人。至元五年,始立军器库,十年,通掌随路军器,改利器库。

广腾库,秩从五品。掌平阳、太原等处岁造兵器,以给北边征戍军需。达鲁花赤一员,大使、副使各一员,库子一人。

大同路军器人匠提举司,秩从五品。达鲁花赤一员,提举一员,并从五品;同提举一员,正七品;副提举一员,正八品。其属:丰州甲局,院长一员;应州甲局,院长一员;平地县甲局,院长一员;山阴县甲局,院长一员;白登县甲局,头目一人;丰州弓局,使一员;赛甫丁弓局,头目一人。

平阳路军器人匠提举司,秩正六品。达鲁花赤一员,提举、同提举、副提举各一员。其属:本路投下杂造司,大使一员,副使一员;绛州甲局,大使一员。

太原路军器人匠局,秩正七品,达鲁花赤一员,局使一员,副使一员,吏目一员。

保定军器人匠提举司,秩从六品。达鲁花赤、提举、同提举、副提举各一员。其属:河间甲局,院长一员;祁州安平县甲局,院长一员;陵州箭局,头目一人。

真定路军器人匠提举司,秩从六品。达鲁花赤、提举、同提举、副提举各一员。其属::冀州甲局,院长一人。

怀孟河南等路军器人匠局,秩正七品,局使、局副各一员。其属:怀孟路弓局,院长一员。

汴梁路军器局,秩正七品。局使、局副各一员。其属:常课弓局,院长一员;常课甲局,院长一员。

益都济南箭局,秩正七品。局使一员。

彰德路军器人匠局,秩正七品。大使一员,副使一员。

大名军器局,秩正七品。大使、副使各一员。

上都甲提举司,秩从五品。提举、同提举、副提举各一员。其属:兴州白局子甲局,院长一员;兴州千户寨甲局,院长一员;松州五指崖甲局,院长一员;松州胜安甲局,院长一员。

辽河等处诸色人匠提举司,秩从五品,达鲁花赤、提举、同提举各一员。其属:辽盖弓局,大使、副使各一员;盖州甲局,局使一员。

上都杂造局,秩正七品。大使、副使各一员。

奉圣州军器局,秩从七品。大使、副使各一员。

蔚州军器人匠提举司,秩正六品。达鲁花赤、提举、同提举、副提举各一员。

宣德府军器人匠提举司,秩正六品,达鲁花赤、提举、同提举、副提举各一员。

广平路甲局,院长一员。

东平等路军器人匠提举司,秩从五品。达鲁花赤、提举、同提举、副提举各一员。

通州甲匠提举司,秩正六品。达鲁花赤、提举、同提举、副提举各一员。

蓟州甲匠提举司,秩正五品。达鲁花赤、提举、同提举、副提举各一员。

欠州武器局,秩从五品。大使、副使各一员。

大都甲匠提举司,秩正六品。达鲁花赤、提举、同提举、副提举各一员。

大都箭局,秩从七品。大使、副使各一员。

大宁路军器人匠提举司,秩从六品。达鲁花赤、提举、同提举、副提举、各一员。

丰州杂造局,秩正六品。达鲁花赤、大使、副使各一员。

归德府军器局,院长一员。

汝宁府军器局,院长一员。

陈州军器局,院长一员。

许州军器局,秩从七品。大使、副使各一员。

咸平府军器人匠局,秩从七品。达鲁花赤、大使、副使各一员。

大都弓匠提举司,秩正五品。达鲁花赤、提举、同提举、副提举各一员。其属:双搭弓局,大使、副使各一员;成吉里弓局,大使、副使各一员;通州弓局,院长一员。

大都弦局,大使、副使各一员。至元三十年,改提举司置局。

隆兴路军器人匠局,达鲁花赤、大使、副使各一员。至元三十年置。

平滦路军器人匠局,大使、副使各一员。至元三十年置,

大都杂造局,提领二员,元贞二年置。

太仆寺,秩从二品。掌阿塔思马匹,受给造作鞍辔之事。中统四年,设群牧所。至元十六年,改尚牧监。十九年,又改太仆院。二十年改卫尉院,二十四年,罢院,立太仆寺。又别置尚乘寺以管鞍辔,而本寺止管阿塔思马匹。二十五年,隶中书,置提调官二员。大德十一年,复改太仆院。至大四年,仍为寺。卿二员,从二品,少卿二员,从四品;丞二员,从五品;经历、知事、照磨、管勾各一员,令史七人,译史、知印、通事各二人,奏差四人,回回令史一人,典吏二人。

尚乘寺,秩从三品。掌上御鞍辔舆辇,阿塔思群牧骟马驴骡,及领随路局院鞍辔等造作,收支行省岁造鞍辔,理四怯薛阿塔赤词

讼,起取南北远方马匹等事。卿四员,正三品;少卿二员,从四品;丞二员,从五品;经历、知事、照磨、管勾各一员,令史六人,译史二人,知印二人,通事二人,奏差五人,典史二人。至元二十四年,罢卫尉院,始设尚乘寺。领资乘库。大德十一年,升为院,秩从二品。至大四年,复为寺。延祐七年,降从三品。

资乘库,秩从五品;提点四员,从五品;大使三员,正六品;副使四员,正七品;库子四人。掌收支鞍辔等物。至元十三年置。二十年,隶卫尉。二十四年,隶尚乘寺。

长信寺,秩正三品。领大斡耳朵怯怜口诸事。卿四员,正三品;少卿二员,从四品;寺丞二员,从五品;经历、知事各一员,令史六人,译史、知印各二人,通事一人,奏差四人。大德五年置,至大元年,改升为院,四年,仍为寺,卿五员,增少卿一员,以宦者为之。延祐七年,省寺卿、少卿各一员,定置如上。

怯怜口诸色人匠提举司,秩从五品。领大都、上都二铁局,并怯怜人匠,以材木铁炭皮货诸色,备斡耳朵各枝房帐之需。达鲁花赤一员,提举、同提举、副提举各一员,吏目一人,司吏四人,至元二十五年置。

大都铁局,秩从五品。掌斡耳朵上下往来,造作粧钉房车。大使一员,副使一员,直长一员。至元十二年置。

上都铁局,大使一员,副使一员。至元十六年置,掌职如前。

长秋寺,秩正三品。掌武宗五斡耳朵户口、钱粮、营缮诸事。寺卿五员,正三品;少卿二员,从四品;寺丞二员,从五品;经历、知事各一员,令史六人,译史、知印各二人,通事一人,奏差四人。皇庆二年置。其属二:

怯怜口诸色人匠提举司,秩从五品。掌正宫造作之役。达鲁花赤一员,同提举、副提举各一员,吏目一人,司吏四人。至大元年,斡耳朵三位下拨到人匠五百九十三户,始置提举司,隶中政院,后属长信寺。

怯怜口诸色人匠提举司,秩从五品。掌领武宗军上北来人匠。达鲁花赤一员,提举一员,同提举、副提举各一员,吏目一人,司吏二人。至大元年置。

承徽寺,秩正三品。掌答儿麻失里皇后位下钱粮营缮等事。寺卿五员,正三品;少卿二员,从四品;寺丞二员,从五品;经历、知事各一员,令史六人,译史、知印各二人,通事一人,奏差四人。至治元年置。其属二:

怯怜口诸色人匠提举司二,秩正五品。各设达鲁花赤一员,提举、同提举、副提举各一员,吏目一人,司吏三人。至治三年置。

长宁寺,秩正三品。掌英宗速哥八剌皇后位下户口钱粮营缮等事。寺卿六员,正三品,少卿二员,从四品,寺丞二员,从五品,经历、知事各一员,吏属令史六人,译史、知印各二员,怯里马赤一人,奏差四人。至治三年置。

长庆寺,秩正三品。掌成宗斡耳朵及常岁管办禾失房子、行幸怯薛台人等衣粮之事。寺卿六员,少卿二员,寺丞二员,品秩同长宁寺;经历、知事各一员,令史六人,译史、知印各二人,怯里马赤一人,奏差四人,泰定元年置。

宁徽寺,秩正三品。隶八不沙皇后位下,寺卿六员,少卿四员,丞二员,品秩同长庆寺;经历、知事各一员。天历二年置。

太府监,秩正三品。领左、右、藏等库,掌钱帛出纳之数。太卿六员,正三品;太监六员,从三品;少监五员,从四品;丞五员,正五品;经历、知事、照磨各一员,令史八人,译史三人,通事、知印各一人,奏差四人,中统四年置,至元四年,为宣徽太府监,凡内府藏库悉隶焉。八年,升正二品。大德九年,改为院,秩从二品,院判参用宦者。至大四年,复为监,定置如上。

内藏库,秩从五品。掌出纳御用诸王段匹纳失失纱罗、绒锦、南绵、香货诸物。提点四员,从五品,大使二员,正六品,副使二员,正七品。至元二年,置署上都,十九年,始署大都,以宦者领之。复有行内藏,二十八年省之,止存内藏及左右二库。

右藏,提点四员,大使二员,副使二员,品秩同上,掌收支金银宝钞、只孙缎匹、水晶玛瑙玉璞诸物。至元十九年置。

左藏,提点四员,大使二员,副使二员,品秩同上,掌收支常课和买纱罗、布绢、丝绵、绒锦、木绵、铺陈衣服诸物,至元十九年置。

度支监,秩正三品。掌给马驼刍粟。卿三员,正三品;太监二员,从三品;少监三员,从四品;监丞二员,从五品;经历二员,知事一员,提控案牍一员,照磨兼管勾一员,令史十四人,译史四人,通事、知印三人,奏差四人,典吏五人。国初,置字可孙。至元八年,以重臣领之。十三年,省字可孙,以宣徽兼其任。至大二年改立度支院,四年,改为监。

利用监,秩正三品。掌出纳皮货衣物之事。监卿八员,正三品;太监五员,从三品;少监五员,从四品;监丞四员,正五品;经历、知事、照磨、管勾各一员,令史八人,译史二人,通事、知印各一人,奏差六人,典吏三人。至元十年置,二十年罢,二十六年复置,大德十一年,改为院,至大四年,复为监。

资用库,秩从五品。提点二员,从五品;大使三员,正六品;副使五员,正七品;库子五人。至元二年置,隶太府,十年,隶利用。

怯怜口皮局人匠提举司,秩正五品。提举二员,同提举一员,提控案牍一员。中统元年置局。至元六年,改提举司。

杂造双线局,秩从八品。造内府皮货鹰帽等物。大使、副使、直长、典吏各一员。

熟皮局,掌每岁熟造野兽皮货等物。大使、副使、直长各一员。至元二十年置。

软皮局,掌内府细色银鼠野兽诸色皮货。大使、副使、直长各一员。至元二十五年置。

斜皮局,掌每岁熟造内府各色野马皮胯。副使二员。至元二十年置。

貂鼠局提举司,秩从五品。提举一员,同提举、副提举各一员。至元二十年置。

貂鼠局,副使二员,直长一员。至元十九年立。

染局,副使一员,直长一员,管勾一员,掌每岁变染皮货。至元二十年始置。

熟皮局,秩从七品。大使一员,副使一员,典史一人,司吏一人。至元六年置。

中尚监,秩正三品。掌大斡耳朵位下怯怜口诸务,及领资成库毡作,供内府陈设帐房、帘幕、车舆、雨衣之用。监卿八员,正三品;太监二员,从三品;少监二员,从四品;监丞二员,正五品;经历、知事、照磨各一员,令史七人,译史三人,通事二人,知印二人,奏差五人。至元十五年,置尚用监,二十年罢,二十四年,改置中尚监。三十年,分置两都、滦河、三库、怯怜口、杂造等九司局而总领之。至大元年,升为院。四年,复为监,参用宦者三人。

资成库,秩从五品。掌造毡货。提点三员,从五品;大使三员,正六品;副使三员,正七品。至元二年置,隶太府,二十三年,始归于监。

章佩监,秩正三品。掌宦者速古儿赤所收御服宝带。监卿五员,正三品;太监四员,从三品;少监二员,从四品;监丞二员,正五品;经历、知事、照磨各一员,令史七人,译史二人,通事二人,奏差四人。至元二十二年置。至大元年,升为院,秩从二品。四年,复为监,定置如上。

御带库,秩从五品。掌系腰偏束等带并绦环诸物,供奉御用,以备赐予。提点三员,大使三员,副使二员,品秩同资成,至元二十八年置,俱以中官为之。元贞二年,增二员,兼署上都之事。

异珍库,秩从五品。掌御用珍宝、后妃公主首饰宝贝。提点三员,大使三员,副使二员,品秩同上。至元二十八年置。

经正监,秩正三品。掌营盘纳钵及标拨投下草地,有词讼则治之。太卿一员,正三品;太监二员,从三品;少监二员,从四品;监丞二员,正五品;经历、知事各一员,令史八人,译史四人。至大四年置。监卿、太监、少监并奴都赤为之。监丞流官为之。

都水监,秩从三品。掌治河渠并堤防、水利、桥梁、闸堰之事。都水监二员,从三品;少监一员,正五品;监丞二员,正六品;经历、知事各一员,令史十人,蒙古必阇赤一人,回回令史一人,通事、知印各一人,奏差十人,壕寨十六人,典吏二人。至元二十八年置。二十九年,领河道提举司。大德六年,升正三品。延祐七年,仍从三品。

大都河道提举司,秩从五品。提举一员,从五品;同提举一员,从六品;副提举一员,从七品。

秘书监,秩正三品。掌历代图籍并阴阳禁书。卿四员,正三品;太监二员,从三品;少监二员,从四品;监丞二员,从五品;典簿一员,从七品;令史三人,知印、奏差各二人,译史、通事各一人,典书二人,典吏一人。属官:著作郎二员,从六品;著作佐郎二员,正七品;秘书郎二员,正七品;校书郎二员,正八品;辨验书画直长一员,正八品。至元九年置,其监丞皆用大臣奏荐,选世家名臣子弟为之。大德九年,升正三品,给银印。延祐元年,定置卿四员,参用宦者二人。

司天监,秩正四品。掌凡历象之事。提点一员,正四品;司天监三员,正四品;少监五员,正五品;丞四员,正六品;知事一员,令史二人,译史一人,通事兼知印一人。属官:提学二员,教授二员,并从九品;学正二员,天文科管勾二员,算历科管勾二员,三式科管勾二员,测验科管勾二员,漏刻科管勾二员,并从九品;阴阳管勾一员,押宿官二员,司辰官八员,天文生七十五人。中统元年,因金人旧制,立司天台,设官属。至元八年,以上都承应阙官,增置行司天监。十五年,别置太史院,与台并立,颁历之政归院,学校之设隶台。二十三年,置行监,二十七年,又立行少监。皇庆元年,升正四品。延祐元年,特升正三品。七年,仍正四品。

回回司天监,秩正四品。掌观象衍历。提点一员,司天监三员,少监二员,监丞二员,品秩同上;知事一员,令史二员,通事兼知印一人,奏差一人。属官:教授一员,天文科管勾一员,算历科管勾一员,三式科管勾一员,测验科管勾一员,漏刻科管勾一员,阴阳人一十八人。世祖在潜邸时,有旨征回回为星学者,札马剌丁等以其艺进,未有官署。至元八年,始置司天台,秩从五品。十七年,置行监。皇庆元年,改为监,秩正四品。延祐元年,升正三品,置司天监。二年,命秘书卿提调监事。四年,复正四品。

上都留守司兼本都总管府,品秩职掌如大都留守司,而兼治民事,车驾还大都,则领上都诸仓库之事。留守六员,正二品;同知二员,正三品;副留守二员,正四品;判官二员,正五品;经历二员,都事四员,照磨兼管勾一员,令史四十四人,译史六人,回回令史三人,通事、知印各二人,宣使一十二人。国初,置开平府,中统四年,改上都路总管府,至元三年,又给留守司印。十九年,并为上都留守司,兼本路都总管府。其属附见:

　　修内司,秩从五品。掌营修内府之事。大使一员,从五品;副使三员,正七品;直长三员,正八品。至元八年置。

祗应司,秩从五品。掌妆銮、油染、表褙之事。大使一员,从五品;副使二员,正七品;直长三员,正八品。

器物局,秩从五品。掌造铁器,内府营造钉线之事。大使一员,副使一员,直长二员。

仪鸾局,秩正五品。大使二员,副使三员,直长二员,至大四年,罢典设署,改置为局。

兵马司,秩正四品。指挥使三员,副指挥使二员,知事一员,提控案牍一员,司吏八人。至元二十九年置。

警巡院,秩正六品。达鲁花赤一员,警巡使一员,副使二员,判官二员,司吏八人。

开平县,秩正六品。达鲁花赤一员,尹一员,丞一员,主簿一员,尉一员,典史一员,司吏八人,

平盈库,大使一员,副使一员,至元三十年置,

万盈库,达鲁花赤、监支纳、大使、副使各一员。中统初置。

广积仓,达鲁花赤、监支纳、大使、副使各一员,中统初,置永盈仓,大德间,改为广积仓。

万亿库。秩正五品。达鲁花赤一员,提举一员,同提举、副提举各一员,提控案牍一员,司吏六人,译史一人,至元二十三年置。

行用库,提点一员,大使一员,副使一员。

税课提举司,秩正五品。提举二员,同提举、副提举、提控案牍各一员。元贞元年置,

八作司,品秩职掌,悉与大都左右八作司同。达鲁花赤一员,提领、大使、副使各一员。至元十七年置。

饩廪司,掌诸王驸马使客饮食。大使一员,副使一员。至元二年,置上都应办所,延祐五年,改为饩廪司。

尚供总管府,秩正三品。掌守护东凉亭行宫。及游猎供需之事。达鲁花赤一员,总管一员,并正三品;同知一员,从四品;副总管一员,从五品;判官一员,正六品;经历、知事、提控案牍各一员,令史、

译史、知印、奏差有差。至元十三年,置只哈赤八剌哈孙达鲁花赤。延祐二年,改总管府。其属附见:

香河等处巡检司,巡检一员,司吏一人。

景运仓,秩从五品。提点一员,从五品;大使一员,正六品;副使一员,正七品。至元二十一年置。

法物库,秩从九品。大使、副使各一员。至元二十九年置。

云需总管府,秩正三品。掌守护察罕脑儿行宫,及行营供办之事。达鲁花赤一员,总管一员,并正三品;同知一员,从四品;副总管一员,从五品;判官一员,正六品;经历一员,知事一员,提控案牍一员。延祐二年置。

大都路都总管府,秩正三品。达鲁花赤二员,都总管一员,副达鲁花赤二员,同知二员,治中二员,判官二员,推官二员,经历二员,知事二员,提控案牍四员,照磨兼管勾一员,令史九十有五人,译史二人,回回令史一人,通事、知印各二人,奏差二十一人,国初,为燕京路,总管大兴府,中统五年,称中都路。至元九年,改号大都。二十一年专置大都路总管府,秩从三品。置都达鲁花赤、都总管等官。二十七年,升为都总管府,进秩正三品,领府一、州十有一。凡本府官吏,唯达鲁花赤一员及总管、推官专治路政,其余皆分任供需之事,故又号曰供需府焉。其属附见:

大都路兵马都指挥使司,凡二,秩正四品。掌京城盗贼奸伪鞠捕之事。都指挥使二员,副指挥使五员,知事一员,提控案牍一员,吏十四人,至元九年,改千户所为兵马司,隶大都路。而刑部尚书一员,提调司事。凡刑名则隶宗正,且为宗正之属。二十九年,置都指挥使等官,其后因之。一置司于北城,一置司于南城。

司狱司,凡三,秩正八品,司狱一员,狱丞一员,狱典二人。掌囚系狱具之事。一置于大都路,一置于北城兵马司,通领南城兵马司狱事。皇庆元年,以两司异禁,遂分置一司于南城。

左、右警巡二院,秩正六品。达鲁花赤各一员,使各一员,副使、判官各三员,典史各三人,司吏各二十五人,至元六年置,领民事及供需,视大都路。大德五年,分置供需院,以副使、判官、典史各一员主之。

大都警巡院,品职分置如左、右院。达鲁花赤一员,使一员,副使二员,判官二员,典史二员,司吏二十人。大德九年置,以治都城之南。

大都路提举学校所,秩正六品。提举一员,教授二员,学正二员,学录一员。至元二十四年,既立国学,以故孔子庙为京学,而提举学事者,仍以国子祭酒系衔。

管领诸路打捕鹰房总管府,秩正三品。达鲁花赤一员,总管一员,副达鲁花赤一员,同知一员,副总管一员,经历、知事各一员。至元十七年置。

宛平县,秩正六品。达鲁花赤一员,尹一员,丞三员,主簿三员,尉一员,典史三员,司吏二十六人。至元十一年置,治大都丽正门以西。

大兴县,秩正六品。达鲁花赤一员,尹一员,丞一员,主簿二员,尉一员,典史三员,司吏一十五人。至元十一年置,治大都丽正门以东。

东关厢巡检司,秩从九品。巡检三员,司吏一人。掌巡捕盗贼奸宄之事。至元二十一年置。

西北、南关厢两巡检司,设置并同上。

元史卷九一
志第四一上

百官七

行中书省，凡十，秩从一品。掌国庶务，统郡县，镇边鄙，与都省为表裏。国初，有征伐之役，分任军民之事，皆称行省，未有定制。中统、至元间，始分立行中书省，因事设官，官不必备，皆以省官出领其事。其丞相，皆以宰执行某处省事系衔。其后嫌于外重，改为某处行中书省，凡钱粮、兵甲、屯种、漕运、军国重事，无不领之。至元二十四年，改行尚书省，寻复如旧。至大二年，又改行尚书省，二年复如旧。每省丞相一员，从一品；平章二员，从一品；右丞一员，左丞一员，正二品；参知政事二员，从二品，甘肃、岭北二省各减一员；郎中二员，从五品；员外郎二员，从六品；都事二员，从七品；掾史、蒙古必阇赤、回回今史、通事、知印、宣使，各省设员有差。旧制参政之下，有签省、有同签之属，后罢不置。丞相或置或不置，尤慎于择人，故往往缺焉。

河南江北等处行中书省。至元五年，罢随路奥鲁官，诏参政阿里金行省事，于河南等路立省。二十八年以河南、江北系要冲之地，又新入版图，宜于汴梁立省以控治之，遂署其地，统有河南十二路、七府。

江浙等处行中书省。至元十三年，初置江淮行省，治扬州。二十一年，以地理民事非便，迁于杭州。二十二年，割江北诸郡隶河南，改曰江浙行省，统有三十路、一府。

江西等处行中书省,至元十四年置。十五年,并入福建行省。十七年,仍置省于龙兴府,而福建自为行省,治泉州。二十二年,以福建行省并入江西。二十三年,又以福建省并入江浙。本省统有十八路。

湖广等处行中书省。至元十一年,右丞相伯颜伐宋,行中书省事于襄阳,寻以别将分省鄂州,为荆湖等路行中书省。十三年取潭州,即署省治之。十八年,复徙置鄂州,统有三十路、三府。

陕西等处行中书省。中统元年,以商挺领秦蜀五路四川行省事。三年,改立陕西四川行中书省,治京兆。至元三年,移治利州。十七年,复还京兆。十八年,分省四川,寻改立四川宣慰司。二十一年,仍合为陕西四川行省。二十三年,四川立行枢密院。本省所辖之地,惟陕西四路、五府。

四川等处行中书省。国初。其地总于陕西。至元十八年,以陕西行中书分省四川,二十三年,始置四川行省,署成都,统有九路、五府。

辽阳等处行中书省,至元二十四年置,治辽阳路,统有七路、一府。

甘肃等处行中书省。中统二年,立行省于中兴。十年,罢之。十八年复立,二十二年复罢,改立宣慰司,二十三年,徙置中兴省于甘州,立甘肃行省,三十一年,分省按治宁夏,寻并归之。本省治甘州路,统有七路、二州。

岭北等处行中书省。国初,太祖定都于哈剌和林河之西,因名其城曰和林,立元昌路。中统元年,世祖迁都中兴,始置宣慰司都元帅府,大德十一年,改立和林等处行中书省,右丞相、左丞相各一员。至大四年,省右丞相。皇庆元年,改岭北等处行中书省,设官如上,治和宁路,统有北边等处。

云南等处行中书省,即古南诏之地。初,世祖征取以为郡县,尝封建宗王镇抚其军民。至元十一年,始置行省,治中庆路,统有三十七路、五府。

征东等处行中书省。至元二十年，以征日本国，命高丽王置省，典军兴之务，师还而罢。大德三年，复立行省，以中国之法治之。既而王言其非便，诏罢行省，从其国俗，至治元年复置，以高丽王兼领丞相，得自奏选属官，治沈阳，统有二府、一司、五道。

各省属官：

检校所，检校一员，从七品；书吏二人。

照磨所，照磨一员，正八品。

架阁库，管勾一员，正八品。

理问所，理问二员，正四品；副理问二员，从五品；知事一员，提控案牍一员。

都镇抚司，都镇抚一员，副都镇抚一员。

宣慰司，掌军民之务，分道以总郡县，行省有政令则布于下，郡县有请则为达于省，有边陲军旅之事，则兼都元帅府，其次则止为元帅府。其在远服，又有招讨、安抚、宣抚等使，品秩员数，各有差等。

宣慰使司，秩从二品。每司宣慰使三员，从二品；同知一员，从三品；副使一员，正四品；经历一员，从六品；都事一员，从七品；照磨兼架阁管勾一员，正九品。凡六道：

山东东西道，益都路置。

河东山西道，大同路置。

淮东道，扬州置。

浙东道，庆元路。

荆湖北道中兴路置。

湖南道。天临路置。

宣慰使司都元帅府，秩从二品。使三员，同知二员，副使二员，经历二员，知事二员，照磨兼架阁管勾一员。

广东道，广州置。

大理金齿等处，

　　蒙庆等处。

　　右二府,设官如上。唯蒙庆一府,使二员,同知、副使各一员,经历、都事亦减一员。

　　广西两江道,静江路置。

　　海北海南道,

　　福建道,

　　八番顺元等处,

　　察罕脑儿等。

　　右五府,宣慰使都元帅三员,副都元帅、佥都元帅事各二员,余同上。

　　宣慰使兼管军万户府,每府宣慰使三员,同知、副使各一员,经历一员,都事二员,照靡兼管勾一员。

　　曲靖等路,

　　罗罗斯,

　　临安广西道元江等处。

　　都元帅府,都元帅二员,副元帅二员,经历、知事各一员。

　　北庭,隶土番宣慰司。

　　曲先塔林,都元帅三员。

　　蒙古军,

　　征东。二府,都元帅各一员,副一员。

　　元帅府,秩正三品。达鲁花赤一员,元帅一员,经历、知事各一员。

　　李店文州,

　　帖城河里洋脱,

　　朵甘思,

　　当阳,

　　岷州,

　　积石州,

　　洮州路,

脱思马路，

十八族。

右九府，唯李店文州增置同知、副元帅各一员；其余八府，隶土蕃宣慰司，设官并同。

宣抚司，秩正三品。每司达鲁花赤一员，宣抚一员，同知、副使各二员，佥事一员，计议、经历、知事各一员。提控案牍架阁一员。损益不同者，各附见于后。

广南西道，不置副使，佥事。

丽江路，以上隶云南省。

顺元等处，

播州，

思州，以上隶湖广省，

叙南等处。隶四川行省，不置佥事、计议。

安抚司，秩正三品。每司达鲁花赤一员，安抚使一员，同知、副使、佥事各一员，经历、知事各一员。损益不同者，各附见于后。

师壁洞，不置达鲁花赤。

永顺等处，

散毛洞，以上隶四川省。

罗番遏蛮军，不置达鲁花赤。

程番武盛军，

金石番太平军，

卧龙番南宁州，

小龙番静蛮军，不置同知、副使。

大龙番应天府，

洪番永盛军，

方番河中府，

芦番静海军，不置知事。

新添葛蛮。以上隶湖广省。

招讨司，秩正三品。达鲁花赤一员，招讨使一员，经历一员。

土番，

剌马刚等处，

天全，

奔不思，

沿边溪洞，以下各置副使一员，无达鲁花赤。

唆尼，

诸番，

征沔，

长河西里管军，

檐里管军，

脱思马田地。

诸路万户府：

上万户府，管军七千之上，达鲁花赤一员，万户一员，俱正三品，虎符；副万户一员，从三品，虎符。

中万户府，管军五千之上。达鲁花赤一员，万户一员，俱从三品，虎符；副万户一员，正四品，金牌。

下万户府，管军三千之上，达鲁花赤一员，万户一员，俱从三品，虎符；副万户一员，从四品，金牌。

其官皆世袭，有功则升之，每府设经历一员从七品；知事一员，从八品；提控案牍一员。

镇抚司，镇抚二员，蒙古、汉人参用，上万户府正五品，中万户府从五品，俱金牌；下万户府正六品，银牌。

上千户所，管军七百之上，达鲁花赤一员，千户一员，俱从四品，金牌；副千户一员，正五品，金牌。

中千户所，管军五百之上，达鲁花赤一员，千户一员，俱正五品，金牌；副千户一员，从五品，金牌。

下千户所，管军三百之上，达鲁花赤一员，千户一员，俱从五品，金牌；副千户一员，正六品，银牌。

弹厌二员，蒙古、汉人参用。上千户所从八品。中下二所正九、从九品内铨注。

上百户所,百户二员,蒙古一员,汉人一员,俱从六品,银牌。

下百户所,百户一员,从七品,银牌。

儒学提举司,秩从五品。各处行省所署之地,皆置一司,统诸路、府、州、县学校祭祀教养钱粮之事,及考校呈进著述文字。每司提举一员,从五品;副提举一员,从七品;吏目一人,司吏二人。

蒙古提举学校官,秩从五品。提举一员,从五品;同提举一员,从七品。至元十八年置,惟江浙、湖广、江西三省有之,余省不置。

官医提举司,秩从六品。提举一员,同提举一员,副提举一员。掌医户差役词讼。至元二十五年置。河南、江浙、江西、湖广、陕西五省各立一司,余省并无。

两淮都转运盐使司,秩正三品。国初,两淮内附,以提举马里范章专掌盐课之事。至元十四年,始置司于扬州。使二员,正三品;同知二员,正四品;副使一员,正五品;运判二员,正六品;经历品一员,从七品;知事一员,从八品;照磨一员,从九品。三十年,悉罢所辖盐司,以其属置场官,大德四年,复置批验所于真州、采石等处,

盐场二十九所,每场司令一员,从七品;司丞一员,从八品;管勾一员,从九品。办盐各有差。

吕四场,余东场,余中场,余西场,西亭场,金沙场,石堰场,掘港场,丰利场,马塘场,拼茶场,角斜场,富安场,安丰场,梁垛场,东台场,河垛场,丁溪场,小海场,草堰场,白驹场,刘庄场,五祐场,新兴场,庙湾场,莞渎场,板浦场,临洪场,徐渎浦场。

批验所,每所提领一员,正七品;大使一员,正八品;副使一员,正九品。掌批验盐引。

两浙都转运盐使司,秩正三品。使二员,同知二员,运判二员经历、知事各一员,照磨一员。至元十四年,置司杭州。大德三年,定其产盐之地,立场有差,仍于杭州、嘉兴、绍兴、温、台等处,设检校

四所,专验盐袋,毋过常度。

盐场三十四所,每所司令一员,从七品;司一丞员,从八品;管勾一员,从九品。

仁和场,许村场,西路场,下沙场,青村场,表部场,浦东场,横浦场,芦沥场,海沙场,鲍郎场,西兴场,钱清场,三江场,曹娥场,石堰场,鸣鹤场,清泉场,长山场,穿山场,袋山场,玉泉场,芦花场,大嵩场,昌国场,永嘉场,双穗场,天富南监,长林场,黄岩场,杜渎场,天富北监,长亭场,龙头场。

福建等处都转运盐使司,秩正三品。使二员,同知二员,运判二员,经历、知事各一员,照磨一员。至元十四年,始置市舶司,领煎盐征课之事。二十四年,改立盐运司,二十九年罢,立提举司,大德四年,复为运司,九年复罢,并入元帅府兼掌之,十年,复立都提举司,至大四年,复升运司,径隶行省,凡置盐场七所:

盐场七所,每所司令一员,从七品;司丞一员,从八品;管勾一员,从九品。

海口场,牛田场,上里场,惠安场,浔美场,浯州场,沥州场。

广东盐课提举司。至十三年,始从广州煎办盐课。十六年,隶江西盐铁茶都转运司,二十二年,并入宣慰司。二十三年,置市舶提举司。大德四年,改广东盐课提举司。提举一员,从五品;同提举一员,从六品;副提举一员,从七品。其属附见:

盐场十三所,每所司令一员,从七品;司丞一员,从八品;管勾一员,从九品。

靖康场,归德场,东莞场,黄田场,香山场,矬峒场,双恩场,咸水场,漆水场,石桥场,隆井场,招收场,小江场。

四川茶盐转运司。成都盐井九十五处,散在诸郡山中。至元二年,置兴元四川转运司,专掌煎熬办课之事。八年罢之。十六年,复立转运司。十八年,并入四道宣慰司。十九年,复立陕西四川转运司,通辖诸课程事。二十二年,置四川茶盐运司,秩从三品。使一员,同知、副使、运判各一员,经历、知事、照磨各一员。

盐场一十二所，每所司令一员，从七品；司丞一员，从八品；管勾一员，从九品。

简盐场，隆盐场，绵盐场，潼川场，遂实场，顺庆场，保宁场，嘉定场，长宁场，绍庆场，云安场，大宁场。

广海盐课提举司，至元三十一年置。专职盐课，秩正四品。都提举二员，从四品；同提举二员，从五品；副提举二员，从六品；知事一员，提控案牍一员。

市舶提举司。至元二十三年，立盐课市舶提举司，隶广东宣慰司。三十年，立海南博易提举司。至大四年罢之，禁下番船只。延祐元年，弛其禁，改立泉州、广东、庆元三市舶提举司。每司提举二员，从五品；同提举二员，从六品；副提举二员，从七品；知事一员。

海道运粮万户府，至元二十年置，秩正三品。掌每岁海道运粮供给大都。达鲁花赤一员，万户一员，并正三品；副万户四员，从三品；经历一员，从七品；知事一员，从八品；照磨一员，从九品；镇抚二员，正五品。其属附见：

海运千户所，秩正五品。达鲁花赤一员，千户二员，并正五品；副千户三员，从五品。若温台，若庆元绍兴，若杭州嘉兴，若昆山崇明、常熟江阴等处，凡五所，而平江又有海运香莎糯米千户所。

诸路总管府，至元初置，二十年，定十万户之上者为上路，十万户之下者为下路，当冲要者，虽不及十万户亦为上路。上路秩正三品。达鲁花赤一员，总管一员，并正三品，兼管劝农事，江北则兼诸军奥鲁，同知、治中、判官各一员。下路秩从三品。不置治中员，而同知如治中之秩，余悉同上。至元二十三年，置推官二员，专治刑狱，下路一员。经历一员，知事一员或二员，照磨兼承发架阁一员，司吏无定制，随事繁简以为多寡之额；译史、通事各一人。其属附见：

儒学教授一员，秩九品。诸路各设一员及学正一员、学录一员。

其散府、上中州,亦设教授一员。下州设学正一员。

　　蒙古教授一员,正九品。

　　医学教授一员。

　　阴阳教授一员。

　　司狱司,司狱一员,丞一员。

　　平准行用库,提领、大使、副使各一员。

　　织染局,局使一员,副使一员。

　　杂造局,大使一员,副使一员。

　　府仓,大使一员,副使一员。

　　惠民药司,提领一员。

　　税务,提领一员,大使、副使各一员。

　　录事司,秩正八品。凡路府所治,置一司,以掌城中户民之事。中统二年,诏验民户,定为员数。二千户以上设录事、司候、判官各一员;二千户以下,省判官不置。至元二十年,置达鲁花赤一员,省司候,以判官兼捕盗之事,典史一员。若城市民少,则不置司,归之倚郭县。在两京,则为警巡院。独杭州置四司,后省为左、右两司。

　　散府,秩正四品。达鲁花赤一员,知府或府尹一员,领劝农奥鲁与路同,同知一员,判官一员,推官一员,知事一员,提控案牍一员。所在有隶诸路及宣慰司、行省者,有直隶省部者,有统州县者,有不统县者,其制各有差等。

　　诸州。中统五年,并立州县,未有等差。至元三年,定一万五千户之上者为上州,六千户之上者为中州,六千户之下者为下州。江南既平,二十年,又定其地五万户之上者为上州,三万户之上者为中州,不及三万户者为下州。于是升县为州者四十有四。县户虽多,附路府者不改。上州:达鲁花赤、州尹秩从四品。同知秩正六品,判官秩正七品。中州:达鲁花赤、知州并正五品,同知从六品,判官从七品。下州:达鲁花赤、知州并从五品,同知正七品,判官正八品,兼捕盗之事。参佐官:上州,知事、提控案牍各一员;中州,吏目、提控案牍各一员;下州,吏目一员或二员。

诸县。至元三年,合并江北州县。六千户之上者为上县,二千户之上者为中县,不及二千户者为下县。二十年,又定江淮以南,三万户之上者为上县,一万户之上者为中县,一万户之下者为下县。上县,秩从六品。达鲁花赤一员,尹一员丞一员,簿一员,尉一员,典史二员。中县,秩正七品。不置丞,余悉如上县之制。下县,秩从七品,置官如中县,民少事简之地,则以簿兼尉,后又别置尉。尉主捕盗之事,别有印。典史一员。巡检司,秩九品,巡检一员。

诸军,唯边远之地有之,各统属县,其秩如下州,其设官置吏亦如之。

诸蛮夷长官司,西南夷诸溪洞各置长官司,秩如下州。达鲁花赤、长官、副长官,参用其土人为之。

各处脱脱禾孙,掌辨使臣奸伪。正一员,从五品;副一员,正七品。

勋一十阶:

上柱国,正一品。

柱国,从一品。

上护军,正二品。

护军,从二品。

上轻车都尉,正三品。

轻车都尉,从三品。

上骑都尉,正四品。

骑都尉,从四品。

骁骑尉,正五品。

飞骑尉。从五品。

爵八等:

王,正一品。

郡王,从一品。

国公,正二品。

郡公，从二品。

郡侯，正三品。

郡侯，从三品。

郡伯，正四品。

郡伯，从四品。

县子，正五品。

县男。从五品。

右勋爵，若上柱国、郡王、国公，时有除拜者，余则止于封赠用之。

文散官四十二：

开府仪同三司，

仪同三司，

特进，

崇进，

金紫光禄大夫，

银青荣禄大夫，以上俱正一品。

光禄大夫，

荣禄大夫，以上从一品。

资德大夫，

资政大夫，

资善大夫，以上正二品。

正奉大夫，

通奉大夫，

中奉大夫，以上从二品。

正议大夫，

通议大夫，

嘉议大夫，以上正三品。

太中大夫，

中大夫，

亚中大夫，以上从三品。旧为少中，延祐改亚中。

中议大夫，

中宪大夫，

中顺大夫，以上正四品。

朝请大夫，

朝散大夫，

朝列大夫，以上从四品。

奉政大夫，

奉议大夫，以上正五品。

奉直大夫，

奉训大夫，以上从五品。

承德郎，

承直郎，以上正六品。

儒林郎，

承务郎，以上从六品。

文林郎，

承事郎，以上正七品。

征事郎，

从事郎，以上从七品。

登仕郎，

将仕郎，以上正八品。

登仕佐郎，

将仕佐郎，以上从八品。

右文散官四十二阶，由一品至五品为宣授，六品至九品为敕授，敕授则中书署牒，宣授则以制命之。一品至五品者，服紫，六品至七品者服绯，八品至九品者服绿，武官以下皆如之。其官常对品，惟九品无散官，则但举其职而已，武官杂职亦如之。

武散官三十四阶：

龙虎卫上将军，

金吾卫上将军，

骠骑卫上将军，以上正二品。

奉国上将军，

辅国上将军，

镇国上将军，以上从二品。

昭武大将军，

昭勇大将军，

昭毅大将军，以上正三品。

安远大将军，

定远大将军，

怀远大将军，以上从三品。

广威将军，

宣威将军，

明威将军，以上正四品。

信武将军，

显武将军，

宣武将军，以上从四品。

武节将军，

武德将军，以上正五品。

武义将军，

武略将军，以上从五品。

承信校尉，

昭信校尉，以上正六品。

忠武校尉，

忠显校尉，以上从六品。

忠勇校尉，

忠翊校尉，以上正七品。

修武校尉，

敦武校尉，以上从七品。

保义校尉，

进义校尉，<small>以上正八品。</small>

保义副尉，

进义副尉，<small>以上从八品。</small>

右武散官三十四阶，自龙虎卫上将军至进义副尉，由正二品至从八品。其除授具前。

内侍散官一十四：

中散大夫，<small>正二品。</small>

中引大夫，<small>从二品。</small>

中御大夫，<small>正三品。</small>

侍中大夫，<small>从三品。</small>

中卫大夫，<small>正四品。</small>

中涓大夫，<small>从四品。</small>

通侍郎，<small>正五品。</small>

通御郎，<small>从五品。</small>

侍直郎，<small>正六品。</small>

内直郎，<small>从六品。</small>

司谒郎，<small>正七品。</small>

司阍郎，<small>从七品。</small>

司奉郎，<small>正八品。</small>

司引郎，<small>从八品。</small>

右内侍品秩一十四阶，自中散至司引，由正二品至从八品。其除授具前。

司天散官一十四：

钦象大夫，<small>从三品。</small>

明时大夫，

颁朔大夫，<small>以上正四品。</small>

保章大夫，<small>从四品。</small>

司玄大夫，<small>正五品，</small>

授时郎,从五品。

灵台郎,正六品。

候仪郎,从六品。

司正郎,正七品。

平秩郎,从七品。

正纪郎,

挈壶郎,以上正八品。

司历郎,

司辰郎,以上从八品。

右司天品秩一十四阶,自钦象至司辰,由从三品至从八品。其除授具前,

太医散官一十五:

保宜大夫,

保康大夫,以上从三品。

保安大夫,

保和大夫,以上正四品。

保顺大夫,从四品。

保冲大夫,正五品。

保全郎,从五品。

成安郎,正六品。

成和郎,从六品。

成全郎,正七品。

医正郎,从七品。

医效郎,

医候郎以上正八品。

医痊郎,

医愈郎。以上从八品。

右太医品秩一十五阶,自保宜至医愈,亦由从三品至从八品。其除授具前,

教坊司散官十五：

云韶大夫，

仙韶大夫，以上从三品。

长宁大夫，

德和大夫，以上正四品。

协律大夫，从四品。

嘉成大夫，正五品。

纯和郎，从五品。

调音郎，正六品。

司乐郎，从六品，

协乐郎，正七品。

和乐郎，从七品。

司音郎，

司律郎，以上正八品。

和声郎，

和节郎，以上从八品。

右教坊品秩一十五阶，自云韶至和节，由从三品至从八品，其除授具前。

元史卷九二
志第四一下

百官八

　　元之官制,其大要具见于前。自元统、至元以来,颇有沿革增损之异。至正兵兴,四郊多垒,中书、枢密,俱有分省、分院;而行中书省、行枢密院增置之外,亦有分省、分院。自省院以及郡县,又各有添设之员。而各处总兵官以便宜行事者,承制拟授,具姓名以军功奏闻,则宣命敕牒随所索而给之,无有考核其实者。于是名爵日滥,纪纲日紊,疆宇日蹙,而遂至于亡矣。惜其掌故之文,缺轶不完,今据有司所送上者,缉而载之,以附前志,庶览者得以参考其得失治乱之概云。

　　中书省。元统三年七月,中书省奏请自今不置左丞相。十月,命伯颜独长台司,诏天下。至元五年十月,加右丞相伯颜为大丞相。六年十月,命脱脱为右丞相,复置左丞相。至正七年,置议事平章四人。十二年二月,以贾鲁为添设左丞。三月,以悟良哈台为添设参知政事。七月,又以杜秉彝为添设参政,八月,以哈麻为添设右丞。十三年六月,命皇太子领中书令,如旧制。十四年九月,以吕思诚为添设左丞。二十七年八月,以枢密知院蛮子为添设第三平章,以太尉帖里帖木儿为添设左丞相。

　　中书分省。至正十一年,置中书分省于济宁,以松寿为参知政事。十二年二月,中书右丞玉枢虎儿吐华、左丞韩大雅开分省于彰德。十四年,升济宁分省参政帖里帖木儿为平章政事,是后尝置右丞以守御焉。十五年四月,彰德分省除右丞、左丞各一员。十七年七月,以平章答兰,参政俺普、崔敬分省陵州。十一月,平章臧卜分省冀宁。十八年三月,扫地王、沙刘陷冀宁,臧卜遁。五月,王、刘北行,总兵官察罕帖木儿遣琐住院判来冀宁镇守,臧卜复回。十九年,臧卜卒。二十年正月,以右丞不花、参政王时分省冀宁。三月,铁甲韩至,分省官皆遁。二十一年,以平章答兰镇守。二十二年,答兰还京师,以左丞剌马乞剌、参政脱禾儿领分省事。二十三年三月,又以平章爱不花镇之。八月,扩廓帖木儿兵至,冀宁分省遂罢。二十七年八月,以添设平章蛮子兼知院,分省保定。九月,命太保左丞相也速统领军马,分省山东;沙蓝答里仍中书左丞相、知枢密院,分省大同。以哈剌那海为大同分省平章,阿剌不花为参知政事。又置分省于冀宁,升冀宁总管为参政,铸印与之,凡事必咨大同分省而后行之。十月,又置分省于真定。

六部。至元三年十二月,伯颜太师等奏准,吏部考功郎中、员外郎、主事各设一员。至正元年四月,吏部置司绩一员,正七品,掌百官行止,以凭叙用荫袭。六月,中书奏准,户部事繁,见设司计四员,宜依前至元二十八年例,添设二员。十一月,吏、礼、兵、刑分为二库,户、工二部分二库,各设管勾一员。十二年正月,刑部添设尚书、侍郎、郎中、员外郎各一员。十五年十月,济宁分省置兵、刑、工、户四部。

枢密院。至正七年,知枢密院阿吉剌奏:枢密院故事,亦设议事平章二人。有旨令复置。十三年六月,令皇太子领枢密使,如旧制。十五年四月,添设金院一员、院判二员。

枢密分院。至正十五年三月,置枢密分院于卫辉。四月,彰德分院添设同知、副枢各一员,都事一员。真沽分院添设副枢一员、都事一员。十六年,又置分枢密院于沂州,以指挥使司隶焉。

大宗正府。至元元年闰十二月,中书省奏准,世祖时立大宗正府,至仁宗时减去大字,今宜遵世祖旧制,仍为大宗正府。至正十年十二月,大宗正府添设掌判二员。

宣文阁。至元六年十一月,罢奎章阁学士院。至正元年九月,立宣文阁,不置学士,唯授经郎及监书博士以宣文阁系衔云。

崇文监。至元六年十二月,改艺文监为崇文监。至正元年三月,奉旨,令翰林国史院领之。

详定使司。至正十七年七月,置四方献言详定使司,正三品。掌考其所陈之言,择其善者以闻于上,而举行之。详定使二员,正三品;副使二员,正四品;掌书记二员,正七品。中书官提稠之。

司禋监。至正元年十二月,奉旨,依世祖故事,复立司禋监,给四品印,掌师翁祭祀祈禳之事。置内监、少监、监丞各二员,知事一员,译史、令史、奏差各二名。自后复升为三品。

延徽寺。至元六年二月,中书省奉旨,依累朝故事,起盖懿璘质班皇帝斡耳朵,置延徽寺以掌之。

规运提点所。至元六年十一月,罢太禧宗禋院隆祥使司。十二月,中书奏以宗禋院所辖会福、崇福、隆禧、寿福四总管府并隆祥使司,俱改为规运提点所,正五品,仍添置万宁提点所一处,并隶宣政院。

诸路宝泉都提举司。至正十年十月置。其属有鼓铸局,正七品;永利库,从七品。掌鼓铸至正铜钱,印造交钞。

徽政院。元统元年十二月,依太皇太后故事,为皇太后置徽政院,设立官属三百六十有六员。

资正院。至元六年十二月,中书省奉旨,为完者忽都皇后置资正院,正二品。院使六员,同知、金院、同金、院判各二员。首领官:经历、都事各二员,管勾、照磨各一员。将昭功万户府司属,除已罢缮工司外,集庆路钱粮并入,有司每年验数,拨付资正院。其余司属,并付资正院领之。自后正宫皇后崩,册立完者忽都为皇后,改置崇政院。

东宫官属。至正六年四月,立皇太子宫傅府,以长吉等为宫傅官,时太子犹未受册宝。至九年冬,立端本堂为皇太子学宫。置谕德一员,正二品;赞善二员,正三品;文学二员,正五品;正字二员,正七品；司经二员，正七品。十三年六月，册立皇太子，定置皇太子宾客二员，正二品；左、右谕德各一员，从二品；左、右赞善各一员，从三品；文学二员，从五品；中庶子、中允各一员，从六品。

詹事院。至正十三年六月，立詹事院，罢宫傅府。置詹事三员，从一品；同知詹事二员，正二品；副詹事二员，从二品；詹事丞二员，正三品；首领官四员，中议二员，从五品；长史二员，从六品；管勾、照磨各一员，正八品；蒙古必阇赤六人，回回掾史二人，掾史十人，知印二人，怯里马赤二人，宣使十人。其属有家令司，家令二员，正三品，二员，正四品；家丞二员，正五品；典簿二员，从七品；照磨一员，正九品。有府正司；府正二员，正三品；府丞二员，正五品；典簿二员，从七品；照磨一员，正九品。有典宝监，典宝卿二员，正三品；太监二员，从三品；少监二员，从四品；监丞二员，正五品；经历一员，从七品；知事一员，从八品；照磨一员，正九品。有仪卫司，指挥二员，从四品；副二员，从五品；知事一员，从八品。十一月，置典藏库，从五品，掌收皇太子钱帛。十七年十月，置分詹事院。詹事一员，同知、副使各一员，詹事丞二员，经历一员，都事二员，照磨兼架阁一员，断事官二员，知事一员。

大抚军院。二十七年八月乙巳，命皇太子总天下军马。九月，皇太子置大抚军院，从一品。知院四员，同知二员，副使一员，同金一员。首领官：经历、都事各二员，照磨兼管勾一员。二十八年闰七月，诏罢之。

大都分府。至正十八年三月，东安、漷州、柳林日有警报，京师备御四隅，俱立大都分府。其官吏数，视都府减半。

警巡院。至正十一年七月，升左、右两巡院为正五品。十八年，又于大都在城四隅，各立警巡分院，官吏视本院减半。

行中书省。至正十二年正月，江西、江浙行省皆除添设平章，陕西行省除添设右丞。闰三月，置淮南江北等处行中书省于扬州，以淮西宣慰司、两淮盐运司、扬州、淮安、徐州、唐州、安丰、蕲、黄皆隶焉。除平章二员，右丞、左丞各一员，参政二员，及首领官、属官共二十五员。为头平章，兼提调淮南王傅府事。至十一月，始铸淮南江北等处行中书省印给之。是年，江浙行省添设右丞、参政，四川行省添设参政。十六年五月，置福建等处行中书省于福州，铸印设官，一如各处省之制。以江浙行中书省平章左答纳失里、南台中丞阿鲁温沙为福建行中书省平章政事，福建闽海道廉访使庄嘉为右丞，福建元帅吴铎为左丞，司农丞讷都赤、益都路总管卓思诚为参政。以九月至福州，罢帅府，开省署。十七年九月，置山东行省，以大司农哈剌章为平章政事，铸印与之。十八年，福建行省右丞朵歹分省建宁，参政讷都赤分省泉州。二十三年三月，置广西行中书省，以廉访使也儿吉尼为平章政事。又置胶东行省于莱阳，总制东方事。二十六年八月，置福建江西等处行中书省。

　　行枢密院。至元三年，伯颜右丞相奏准，于四川及湖广、江西之境，及江浙，凡三处，各置行枢密院，以镇遏奸乱之民。每处设知院一员，同知、金院、院判各一员。湖广、江西二省所辖地里险远，添设同金一员。各院经历一员，都事二员，照磨一员，客省副使一员，断事官二员，蒙古必阇赤二人，掾史六人，宣使六人，知印、怯里马赤各一人，断事官译史一人，令史二人，怯里马赤、知印各一人，奏差二人。至四年二月，遂罢之。至正十三年五月，岭北行枢密院添设断事官二员，先已设四员，共六员。又立镇抚司，除镇抚二员。立管勾所，置管勾一员，兼照磨。后又添设金院二员、都事一员。十五年十月，置淮南江北等处行枢密院于扬州。十二月，河南行枢密院添设院判一员。十六年三月，置江浙行枢密院于杭州。知院二员，同知二员，副枢二员，金院二员，同金二员，院判二员。首领官：经历、知事各一员，断事官二员，经历一员。十八年，以参政崔敬为山东等处行枢密院副使，分院于漷州，兼领屯田事。十九年八月，以察罕帖木儿为河南行省平章政事，兼河南山东等处行枢密院知院。二十六年八月，置福建江西等处行枢密院。

　　行御史台。至正十六年九月二十八日，命太尉纳麟为江南诸道行御史台御史大夫，以次官员，各依等第选用。是日，御史台奉旨，移置行台于绍兴。十二月,合台官属,开台署事。是年,置河南廉访司于沂州。十八年,御史台奏准,江西湖东道肃政廉访司,权于建宁路开司署事。二十二年九月,权置山北廉访司于惠州。二十三年六月,济南路复置肃政廉访司。二十五年闰十月,御史大夫完者帖木儿奏:"江南诸道行御史台衙门,尝奉旨于绍兴路开设,近因道梗,湖南、湖北、广东、广西、海北、江西、福建等处,凡有文书,北至南台,风信不便,径申内台,未委事情虚实。宜于福建置分台,给降印信,俾湖南、湖北、广东、广西、海北、江西、福建各道文书,由分台以达内台,于事体为便。"有旨从之。十一月,仍置河东廉访司于冀宁。

行宣政院。元统二年正月,革罢广教总管府一十六处,置行宣政院于杭州。除院使二员,同知二员,副使二员,同佥、院判各一员。首领官:经历二员,都事、知事、照磨各一员,令史八人,译史二人,宣使八人。至元二年五月,西番寇起,置行宣政院,以也先帖木儿为院使往讨之。至正二年,江浙行宣政院设崇教所,儗行中书省理问官,秩四品,以理僧民之事。

河南山东都水监,至正六年五月,以连年河决为患,置都水监,以专疏塞之任。

行都水监。至正八年二月,河水为患,诏于济宁郓城立行都水监。九年,又立山东河南等处行都水监。十一年十二月,立河防提举司,隶行都水监,掌巡视河道,从五品。十二年正月,行都水监添设判官二员。十六年正月,又添设少监、监丞、知事各一员。

都水庸田使司。至元二年正月,置都水庸田使司于平江,既而罢之。至五年,复立。至正十二年,因海运不通,京师阙食,诏河南洼下水泊之地,置屯田八处,于汴梁添立都水庸田使司,正三品,掌种植稻田之事。庸田使二员,副使二员,佥事二员。首领官:经历、知事、照磨各一员,司吏十二人,译史二人。

都总制庸田使司。至正十年,置河南江北等处都总制庸田使司。定置都总制庸田使二员,从二品;副使二员,从三品;佥司六员,从四品。首领官:经历二员,从六品;都事二员,从七品;照磨兼管勾承发架阁一员,从八品;蒙古必阇赤、回回令史、怯里马赤、知印各一人,令史十八人,宣使十八人,壕寨十八人,典吏四人。其属官,则有军民屯田总管府,凡五处,置达鲁花赤各一员,从三品;总管各一员,正五品;同知各一员,正六品;府判各一员,从七品。首领官:经历各一员,从八品;知事各一员,从九品;提控案牍兼管勾承发架阁各一员,蒙古译史各一人,司吏各六人,典吏各二人。又有农政司,置农政一员,正五品;农丞一员,正六品;提控一员,司吏二人。又有丰盈库,置提领一员,正八品;大使、副使各一员,正九品。

分司农司。至正十三年正月,命中书右丞悟良哈台、左丞乌古孙良桢兼大司农卿,给分司农司印。西自西山,南至保定、河间,北至檀、顺州,东至迁民镇,凡系官地,及元管各处屯田,悉从分司农司立法募民佃种之。

大兵农司。至正十五年,诏有水田去处,置大兵农司,招诱夫丁,有事则乘机招讨,无事则栽植播种。所置司之处,曰保定等处大兵农使司,河间等处大兵农使司、武清等处大兵农使司、景蓟等处大兵农使司。其属,有兵农千户所,共二十四年;百户所,共四十八年;镇抚司各一。

大都督兵农司。至正十九年二月,置大都督兵农司于西京,以孛罗帖木儿领之,从其所请也。仍置分司十道,专掌屯种之事。

茶运司。元统元年十一月,复置湖广江西榷茶都转运司。

盐运司。至正二年十一月,中书省奉旨讲究盐法,奏准于杭州、嘉兴、绍兴、温台四处,各置检校批验所,直隶运司,专掌批验盐商引目,均平袋法称盘等事。每所置检校批验官一员,从六品;相副官一员,正七品。

漕运司。至元二年五月,京畿都漕运司添设提调官、运副、运判各一员。九年,添设海道巡访官,给降正七品印信,掌统领军人水手,访护粮船。巡访官二员,相副官二员。

防御海道运粮万户府。至正十五年七月,升台州海道巡访千户所为防御海道运粮万户府。九月,置分府于平江。

添设兵马司。至正十年十月,中书省奏:"东南千里外,妖气见,合立兵马司四处,掌防御之职。"遂置大名兵马司、东平兵马司、济南兵马司、徐州兵马司。每司置都指挥、指挥各二员,副指挥各四员,经历、知事、提控案牍各一员,译史各二人,司吏各十二人,奏差各八人,贴书各二十四人,忽刺罕赤各三十人,司狱各一员,狱丞各一员。十一年,罢沂州分元帅府,改立兵马指挥使司。十五年十月,济宁兵马司添设副指挥二员。

各处宝泉提举司。十一年十月,置宝泉提举司于河南行省及济南、冀宁等处,凡九所。江浙、江西、湖广行省各一所。十二年三月,置铜冶场于饶州路德兴县、信州路铅山州、韶州岑水,凡三处。每所置提领一员,正八品;大使一员,从八品;副使一员,正九品。流官内铨注。直隶宝泉提举司,掌浸铜事。

湖南道宣慰使司都元帅府。至元元年六月奏准,湖南道宣慰使司兼都元帅府,总领所辖路分镇守万户军马。

邦牙等处宣慰使司都元帅府,至元四年十二月置。先是,以缅地处云南极边,就立其酋长为帅,三年一贡方物。至是来贡,故改立官府以奖异之。

永昌等处宣慰使司都元帅府。至正三年七月,中书省奏:"阔端阿哈所分地方,接连西番,自脱脱木儿既没之后,无人承嗣。达达人口头匹,时被西番劫夺杀伤,深为未便。"遂定置永昌等处宣慰使司都元帅府以治之。置宣慰使三员、同知二员、副使二员。首领官:经历、知事、照磨各一员,令史十人,蒙古译史四人,知印二人,怯里马赤一人,奏差八人,典吏二人。

山东东西道宣慰使司都元帅府,至正六年十二月改立,掌开设屯田、屯驻军马之事。

荆湖北道宣慰使司都元帅府。至正十一年十一月奏准,荆湖北道宣慰使司兼都元帅府。

浙东宣慰司。至正十二年正月,添设宣慰使一员、同知一员、都事二员。

淮东等处宣慰使司都元帅府,至正十五年二月置。统率濠泗义兵万户府,并洪泽等处义兵。招诱富民,出丁壮五千名者为万户,五百名者为千户,一百名者为百户,降宣敕牌面与之,命置司于泗州天长县。

兴元等处宣慰使司都元帅府,至正十五年十二月置。

江州等处宣慰使司都元帅府,至正十六年九月奏准,宣慰使都元帅廷授,佐贰僚属,命江西行省平章政事道童、火你赤承制署之。

河南宣慰司。至正十九年十月,罢洛阳招讨军民万户府,置宣慰司,以张俊为宣慰使。

东路都蒙古军都元帅府,至正八年正月置。

分元帅府。至正八年十二月,以福建盗起,诏汀、漳二州立分元帅府,以讨捕之。十一月,命买列的开分元帅府于沂州,以镇御东海群盗。十一年正月,湖南宝庆路置分元帅府,又置宝武分元帅府。三月,置山东分元帅府于登州,提调登、莱、宁海三州三十六处海口事。十二年二月,置安东、安丰二处分元帅府。

水军元帅府。至正二十六年二月,置河淮水军元帅府于孟津县。

绍熙军民宣抚司。至元四年,因监察御史言:"四川在宋时,有绍熙一府,统六州、二十县、一百五十二镇。近年雍、梁、淮甸人民,见彼中田畴广阔,开垦成业者,凡二十余万户"省部议定,遂奏准置绍熙等处军民宣抚司。正官六员,宣抚使、同知、副使各二员。首领官三员,经历、知事、提控案牍各一员。司狱一员,蒙古、儒学教授各一员,令史八人,译使、知印、怯里马赤各一人,奏差四人。所隶资、普、昌、隆下州四处,盘石、内江、安岳、昌元、贵平下县五处,巡检司一十三处,各设官如制。又置都总使司,命御史大夫脱脱兼都总使,治书侍御史吉当普为副都总使。至元六年十一月,中书又因台臣言裁减冗官事,遂罢绍熙军民宣抚司。

永顺宣抚司。至正十一年四月,改升永顺安抚司为宣抚司。

平缅宣抚司,至正十五年八月,以云南死可伐等降,令其子莽三入贡方物，乃置平缅宣抚司以羁縻之。

忠孝军民安抚司。至正十一年七月，革罢四川省所辖大奴管勾等洞长官司，立忠孝军民府。至十五年四月，诏改为忠孝军民安抚司。

忠义军民安抚司。至正十五年四月，罢四川羊母甲洞、臭南王洞长官司，置忠义军民安抚司。又罢盘顺府，置盘顺军民安抚司。

宣化镇南五路军民府。至正十五年四月，命于四川置立提调军民镇抚所、蛮夷军民千户所。

团练安抚劝农使司。至正十八年九月，置奉元延安等处团练安抚劝农使司于耀州，巩昌等处团练安抚劝农使司于邠州，以行省丞相朵朵、行台大夫完者帖木儿领之。各设参谋一人。每道置使二人，同知、副使各二人，检督六人，经历、知事、照磨各一人。

防御使。至正十七年正月，准山东分省咨，团结义兵，每州添设州判一员，每县添设主簿一员，诏司正官俱兼防御使事，听宣慰使司节制。

屯田使司。至正十五年十二月，置军民屯田使司于沛县，正三品。

屯田打捕总管府。至元四年五月，升两淮屯田打捕总管府为正三品。

黎兵万府。元统二年十月，湖广行省咨："海南僻在极边，南接占城，西邻交趾，环海四千余里，中盘百洞，黎、獠杂居，宜立万户以镇之。"中书省奏准，依广西屯田万户府例，置黎兵万户府。万户三员，正三品。千户所一十三处，正五品。每所领百户所八处，正七品。

水军万户府。至正十三年十月。置水军都万户府于昆山州，以浙东宣慰使纳麟哈剌为正万户，宣慰使董搏霄为副万户。十四年二月，立镇江水军万户府，命江浙行省右丞佛家闾领之。十五年十月，置水军万户府于黄河小清河口。

义兵万户府。至正十四年二月，诏河南、淮南两省并立义兵万户府。五月，置南阳、邓州等处毛胡芦义兵万户府，募土人为军，免其差役,令讨贼自效。先是,乡人自相团结,号毛胡芦,故因以名之。十五年四月,置汴梁等处义兵万户府。十二月,置忠义、忠勤万户府于宿州及武安州。

招讨军民万户府。至正二十年,以巩县为招讨军民万户府。二十六年三月,置嵩州军民招讨万户府。

义兵千户所。至正十年七月中书奏准,于广西平乐等古城竹山院、桑江隘、尊化乡、剌场岭,湖南道州路、武冈路,湖北靖州路等处,置义兵千户所。每所置千户一员、弹压一员、百户十员。仍于义兵内推选才勇功能,充千户、弹压、百户之职。首领官、都目各一员,于本省都吏目选内注授,并从本道帅府节制。湖南道州二处千户所,于帅府分司处设立,本司调遣。湖北靖州一处,从本省摽拨镇守调遣。总定九十六员,给降宣敕牌面印信。十三年十一月,立义兵千户水军千户所于江西。

奉使宣抚。至正五年十月,遣官分道奉使宣抚,布宣德意,询民疾苦,疏涤冤滞,蠲除烦苛,体察官吏贤否,明加黜陟。有罪者,四品以上停职申请,五品以下就便处决,民间一切兴利除害之事,悉听举行。其余必合上闻者,条具入告。两浙江东道,以江西行省左丞忽都不丁、吏部尚书何执礼为之,宣政院都事吴密为首领官。江西福建道,以云南行省右丞散散、将作院使王士弘为之,国子典簿孟昉为首领官。江南湖广道,以大都路达鲁花赤拔实、江浙参政秦从德为之,留守司都事月忽难为首领官。海北广东道,以平江路达鲁花赤左答纳失理、都水使贾惟翼为之,都水照磨杨文在为首领官。燕南山东道,以资正院使蛮子、兵部尚书李献为之,太医院都事贾鲁为首领官。河东陕西道,以兵部尚书不花、枢密院判官靳义为之,翰林应奉王继善为首领官。山北辽东道,以宣政院同知伯家奴、宣徽金院王也速迭儿为之,工部主事明理不花为首领官。云南省,以荆湖宣慰阿乞剌、两浙盐运使杜德远为之,通政院都事杨矩为首领官。甘肃永昌道,以上都留守阿牙赤、陕西行省左丞王绅为之,沁源县尹乔逊为首领官。四川省,以大都留守使答尔麻失里、河南参政王守诚为之,宣政院都事武祺为首领官。京畿道,以西台中丞定定、集贤侍讲学士苏天爵为之,太史院都事留思诚国首领官。河南江北道,以吏部尚书定僧、宣政院佥院魏景道为之,中书检校哈尔丹为首领官。至正十七年九月,诏以中书左丞也先不花、御史中丞成遵奉使宣抚彰德、大名、广平、东昌、东平、曹、濮等处,奖厉将帅。

经略使。至正十八年九月初六日,命经略使问民疾苦,招谕叛逆,果有怙终不悛,总督一应大小官吏,治兵衰粟,精练士卒,审用成算,申明纪律。先定江西、湖广、江浙、福建诸处,并力掎角,务收平复之效,不尚屠戮之威。江南各省民义,忠君亲上,姓名不能上达者,优加抚存,量才验功,授以官爵。旌表孝子顺孙、义夫节妇、高年耆德,常令有司存恤鳏寡孤独。选官二员为经略使参谋官,辟名士一人掌案牒。设行军司马一员,秩正五品,掌军律。

选举附录

科目

元以科目取士,自延祐至元统凡七科,具见前志。

既罢复兴之后,至正二年三月戊寅,廷试举人,赐拜住、陈祖仁等进士及第、进士出身、同进士出身有差,凡七十有八人。国子生员十有八人:蒙古人六名,从六品出身;色目人六名,正七品出身;汉人、南人共六名,从七品出身。

五年三月辛卯,廷试举人,赐普颜不花,张士坚等进士及第、进士出身、同进士出身有差,如前科之数。国子生员亦如之。

八年三月癸卯,廷试举人,赐阿鲁辉帖穆而、王宗哲等进士及第、进士出身、同进士出身有差,如前科之数。国子生员亦如之。是年四月,中书省奏准,监学生员每岁取及分生员四十人,三年应贡会试者,凡一百二十人。除例取十八人外,今后再取副榜二十人,于内蒙古、色目各四名,前二名充司钥,下二名充侍仪舍人。汉人取一十二人,前三名充学正、司乐,次四名充学录、典籍、管勾,以下五名充舍人。不愿者,听其还斋。

十一年三月丙辰,廷试举人,赐朵列图、文允中等进士及第、进士出身、同进士出身有差,凡八十有三人。国子生员如旧制。

十二年三月,有旨:"省院台不用南人,似有偏负。天下四海之内,莫非吾民,宜依世祖时用人之法,南人有才学者,皆令用之。"自是累科南方之进士,始有为御史,为宪司官,为尚书者矣。

十四年三月乙巳,廷试举人,赐薛朝晤、牛继志等进士及第、进士出身、同进士出身有差,凡六十有二人。国子生员如旧制。

十七年三月,廷试举人,赐倪征、王宗嗣等进士及第、进士出身、同进士出身有差,凡五十有一人。国子生员如旧制。

十九年,中书左丞成遵建言:"宋自景祐以来,百五十年,虽无兵祸,常设寓试名额,以待四方游士。今淮南、河南、山东、四川、辽阳等处,及江南各省所属州县,避兵士民,会集京师,如依前代故事,别设流寓乡试之科,令避兵士民就试,许在京官员及请俸掾译史人等,系其乡里亲戚者,结罪保举,行移大都路印卷,验其人数,添差试官,别为考校,依各处元额,选合格者充之,则国有得人之效,野无遗贤之叹矣。"既而监察御史亦建言此事,中书送礼部定拟:"曾经残破处所,其乡试元额,蒙古、色目、汉人、南人总计一百三十有二人。如今流寓儒人,应试名数,难同全盛之时,其寓试解额,合照依元额减半量拟,取合格蒙古、色目各十五名,汉人二十名,南人十五名,通六十有五名。"中书省奏准,如所拟行之。而是岁福建行中书省初设乡试,定取七人为额,而江西流寓福建者亦与试焉,通取十有五人,充贡于京师。而陕西行省平章政事察罕贴木儿又请:"今岁八月乡试,河南举人及避兵儒士,不拘籍贯,依河南省元额数,就陕州置贡院应试"诏亦从之。

二十年三月,廷试举人,赐买住、魏元礼等进士及第、进士出身、同进士出身有差,凡三十有五人。国子生员如旧制。

二十三年三月丁未,廷试举人,赐宝宝、杨锐等进士及第、进士出身、同进士出身有差,凡六十有二人。国子生员如旧制。是年六月,中书省奏:"江浙、福建举人,涉海道以赴京,有六人者,已后会试之期,宜授以教授之职;其下第三人,亦以教授之职授之。非徒慰其跋涉险阻之劳,亦及激劝远方忠义之士。"

二十五年,皇太子抚军河东,适当大比之岁,扩廓贴木儿以江南、四川等处皆阻于兵,其乡试不废者,唯燕南、河南、山东、陕西、河东数道而已,乃启皇太子倍增乡贡之额。

二十六年三月,廷试举人,赐赫德溥化、张栋等进士及第、进士出身、同进士出身有差,凡七十有三人,优其品秩。第一甲,授承直郎,正六品。第二甲,授承务郎,从六品。第三甲,授从仕郎,从七品。国子生员:蒙古七名,正六品;色目六名,从六品;汉人七名,正七品;通二十人。兵兴已后,科目取士,莫盛于斯;而元之设科,亦止于是岁云。

元史卷九三
志第四二

食货一

经理　农桑　税粮　科差　海运　钞法

《洪范》八政,食为首而货次之,盖食货者养生之源也。民非食货则无以为生,国非食货则无以为用,是以古之善治其国者,不能无取于民,亦未尝过取于民,其大要在乎量入为出而已。《传》曰:"生财有大道,生之者众,食之者寡,为之者疾,用之者舒。"此先王理财之道也。后世则不然。以汉、唐、宋观之,当其立国之初,亦颇有成法,及数传之后,骄侈生焉。往往取之无度,用之无节。于是汉有告缗、算舟车之令,唐有借商、税间架之法,宋有经、总制二钱,皆搭民以充国,卒之民困而国亡,可叹也已。

元初,取民未有定制。及世祖立法,一本于宽。其用之也,于宗戚则有岁赐,于凶荒则有赈恤,大率以亲亲爱民为重,而尤惓惓于农桑一事,可谓知理财之本者矣。世祖尝语中书省臣曰:"凡赐与虽有朕命,中书其斟酌之。"成宗亦尝谓丞相完泽等曰:"每岁天下金银钞币所入几何? 诸王驸马赐与及一切营建所出几何? 其会计以闻。"完泽对曰:"岁入之数,金一万九千两,银六万两,钞三百六十万锭,然犹不足于用,又于至元钞本中借二十万锭矣。自今敢以节用为请。"帝嘉纳焉。世称元之治以至元、大德为首者,盖以此。

自时厥后,国用浸广。除税粮、科差二者之外,凡课之入,日增月益。至于天历之际,视至元、大德之数,盖增二十倍矣,而朝廷未尝有一日之蓄,则以其不能量入为出故也。虽然,前代告缗、借商、经总等制,元皆无之,亦可谓宽矣。其能兼有四海,传及百年者,有以也夫。**故仿前史之法,取其出入之制可考者:一曰经理,二曰农桑,三曰税粮,四曰科差,五曰海运,六曰钞法,七曰岁课,八曰盐法,九曰茶法,十曰酒醋课,十有一曰商税,十有二曰市舶,十有三曰额外课,十有四曰岁赐,十有五曰俸秩,十有六曰常平义仓,十有七曰惠民药局,十有八曰市籴,十有九曰赈恤,具著于篇,作《食货志》。**

经界废而后有经理,鲁之履亩,汉之核田,皆其制也。夫民之强者田多而税少,弱者产去而税存,非经理固无以去其害;然经理之制,苟有不善则其害又将有甚焉者矣。

仁宗延祐元年,平章章闾言:"经理大事,世祖已尝行之,但其间欺隐尚多,未能尽实。以熟田为荒地者有之,惧差而析户者有之,富民买贫民田而仍其旧名输税者亦有之。由是岁入不增,小民告病,若行经理之法,俾有田之家,及各位下、寺观、学校、财赋等田,一切从实自首,庶几税入无隐,差徭亦均。"于是遣官经理。以章闾等往江浙,尚书你咱马丁等往江西,左丞陈士英等往河南,仍命行御史台分台镇遏,枢密院以军防护焉。

其法先期揭榜示民,限四十日,以其家所有田,自实于官,或以熟为荒,以田为荡,或隐占逃亡之产,或盗官田为民田,指民田为官田,及僧道以田作弊者,并许诸人首告。十亩以下,其田主及管干佃户皆杖七十七,二十亩以下,加一等。一百亩以下,一百七;以上,流窜北边,所隐田没官。郡县正官不为查勘,致有脱漏者,量事论罪,重者除名。此其大略也。

然期限猝迫,贪刻用事,富民黠吏,并缘为奸,以无为有,虚具于籍者,往往有之。于是人不聊生,盗贼并起,其弊反有甚于前者,仁宗知之,明年,遂下诏免三省自实田租。二年,时汴梁路总管塔海亦言其弊,于是命河南自实田,自延祐五年为始,每亩止科其半,汴梁路凡减二十二万馀石。至泰定、天历之初,又尽革虚增之数,民始获安。今取其数之可考者,列于后云:

河南省,总计官民荒熟田一百一十八万七百六十九顷。

江西省,总计官民荒熟田四十七万石四千六百九十三顷。江浙省,总计官民荒熟田九十九万五千八十一项。

农桑,王政之本也。太祖起朔方,其俗不待蚕而衣,不待耕而食,初无所事焉。世祖即位之初,首诏天下,国以民为本,民以衣食为本,衣食以农桑为本。于是颁《农桑辑要》之书于民,俾民崇本抑末。其睿见英识,与古先帝王无异,岂辽、金所能比哉。

中统元年,命各路宣抚司择通晓农事者,充随处劝农官。二年,立劝农司,以陈邃、崔斌等八人为使。至元七年,立司农司,以左丞张文谦为卿。司农司之设,专掌农桑水利。仍分布劝农官及知水利者巡行郡邑,察举勤情。所在牧民长官提点农事,岁终第其成否,转申司农司及户部,秩满之日,注于解由,户部照之,以为殿最。又命提刑按察司加体察焉。其法可谓至矣。

是年,又颁农桑之制一十四条,条多不能尽载,载其所可法者:县邑所属村疃,凡五十家立一社,择高年晓农事者一人为之长。增至百家者,别设长一员。不及五十家者,与近村合为一社。地远人稀,不能相合,各自为社者听。其合为社者,仍择数村之中,立社长官司长以教督农民为事。凡种田者,立牌橛于田侧,书某社某人于其上,社长以时点视劝诚。不率教者,籍其姓名,以授提点官责之。其有不敬父兄及凶恶者,亦然,仍大书其所犯于门,俟其改过自新乃毁,如终岁不改,罚其代充本社夫役。社中有疾病凶丧之家不能耕种者,众为合力助之。一社之中灾病多者,两社助之。凡为长者,复其身,郡县官不得以社长与科差事。农桑之术,以备旱暵为先。凡河渠之利,委本处正官一员,以时浚治。或民力不足者,提举河渠官相其轻重,官为导之。地高水不能上者,命造水车。贫不能造者,官具材木给之。俟秋成之后,验使水之家,俾均输其直。田无水者凿井,井深不能得水者,听种区田。其有水田者,不必区种,仍以区田之法,散诸农民。种植之制,每丁岁种桑枣二十株。土性不宜者,听种榆柳等,其数亦如之。种杂果者,每丁十株,皆以生成为数,愿多种者听。其无地及有疾者不与。所在官司申报不实者,罪之。仍令各社布种苜蓿,以防饥年。近水之家,又许凿池养鱼并鹅鸭之数,及种莳莲藕、鸡头、菱芡、蒲苇等,以助衣食。凡荒闲之地,悉以付民,先给贫者,次及馀户。每年十月,令州县正官一员,巡视境内,有虫蝗遗子之地,多方设法除之。其用心周悉若此,亦仁矣哉。

九年,命劝家官举察勤惰。于是高唐州官以勤升秩,河南陕县尹王仔以惰降职。自是每岁申明其制。十年,令探马赤随处入社,与编民等。二十五年,立行大司农司及营田司于江南。二十八年,颁农桑杂令。是年,又以江南长吏劝课扰民,罢其亲行之制,命止移文谕之。二十九年,以劝农司并入各道肃政廉访司,增佥事二员,兼察农事。是年八月,又命提调农桑官帐册有差者,验数罚俸。故终世祖之世,家给人足。天下为户凡一千一百六十三万三千二百八十一,为口凡五千三百六十五万四千三百三十七,此其敦本之效可睹也已。

成宗大德元年。罢妨农之役。十一年,申扰农之禁,力田者有赏,游惰者有罚,纵畜牧损禾稼桑枣者,责其偿而后罪之。由是大德之治,几于至元。然旱暵霖雨之灾迭见,饥馑荐臻,民之流移失业者亦已多矣。

武宗至大二年,淮西廉访佥事苗好谦献种莳之法。其说分农民为三等,上户地一十亩,中户五亩,下户二亩或一亩,皆筑垣墙围之,以时收采桑椹,依法种植,武宗善而行之。其法出《齐民要术》等书,兹不备录。三年,申命大司农总挈天下农政,修明劝课之令,除牧养之地,其馀听民秋耕。

仁宗皇庆二年,复申秋耕之令,惟大都等五路许耕其半。盖秋耕之利,掩阳气于地中,蝗蝻遗种皆为日所曝死,次年所种,必盛于常禾也。延祐三年,以好谦所至,植桑皆有成效,于是风示诸道,命以为式。是年十一月,令各社出地,共莳桑苗,以社长领之,分给各社。四年,又以社桑分给不便,令民各畦种之。法虽屡变,而有司不能悉遵上意,大率视为具文而已。五年,大司农司臣言:"廉访司所具载植之数,书于册者,类多不实。"观此,则惰于劝课者,又不独有司为然也。

致和之后,莫不申明农桑之令。天历二年,各道廉访司所察勤官内丘何主簿等凡六人,惰官濮阳裴县尹等凡四人。其可考者,盖止于此云。

元之取民,大率以唐为法。其取于内郡者,曰丁税,曰地税,此仿唐之租庸调也。取于江南者,曰秋税,曰夏税,此仿唐之两税也。

丁税、地税之法,自太宗始行之。初,太宗每户科粟二石,后又以兵食不足,增为四石。至丙申年,乃定科征之法,令诸路验民户成丁之数,每丁岁科粟一石,驱丁五升,新户丁驱各半之,老幼不与。其间有耕种者,或验其牛具之数,或验其土地之等征焉。丁税少而地税多者纳地税,地税少而丁税多者纳丁税。工匠、僧道验地,官吏商贾验丁。虚配不实者杖七十,徒二年。仍命岁书其数于册,由课税所申省以闻,违者各杖一百。逮及世祖,申明旧制,于是输纳之期、收受之式、关防之禁、会计之法,莫不备焉。

中统二年,远仓之粮,命止于沿河近仓输纳,每石带收脚钱中统钞三钱,或民户赴河仓输纳者,每石折输轻赍中统钞七钱。五年,诏僧、道、也里可温、答失蛮、儒人凡种田者,白地每亩输税三升,水地每亩五升。军、站户除地四顷免税,余悉征之。至元三年,诏鸾户种田他所者,其丁税于附籍之郡验丁而科,地税于种田之所验地而取。漫散之户逃于河南等路者,依见居民户纳税。八年,又定西夏中兴路、西宁州、兀剌海三处之税,其数与前僧道同。

十七年,遂命户部大定诸例:全科户丁税,每丁粟三石,驱丁粟一石,地税每亩粟三升。减半科户丁税,每丁粟一石。新收交参户,第一年五斗,第三年一石二斗五升,第四年一石五斗,第五年一石七斗五升,第六年入丁税。协济户丁税,每丁粟一石,地税每亩粟三升。随路近仓输粟,远仓每粟一石,折纳轻赍钞二两。富户输远仓,下户输近仓,郡县各差正官一员部之,每石带纳鼠耗三升,分例四升。凡粮到仓,以时收受,出给朱钱。权势之徒结揽税石者罪之,仍令倍输其数。仓官、攒典、斗脚人等飞钞作弊者,并置诸法。输纳之期,分为三限:初限十月,中限十一月,末限十二月。违者,初犯笞四十,再犯杖八十。

成宗大德六年,申明税粮条例,复定上都、河间输纳之期。上都,初限次年五月,中限六月,末限七月。河间,初限九月,中限十月,末限十一月。

秋税、夏税之法,行于江南。初,世祖平宋时,除江东、浙西,其余独征秋税而已。至元十九年,用姚元之请,命江南税粮依宋旧例,折输绵绢杂物。是年二月,又用耿左丞言,令输米三之一,余并入钞以折焉。以七百万锭为率,岁得羡钞十四万锭。其输米者,止用宋斗斛,盖以宋一石当今七斗故也。二十八年,又命江淮寺观田,宋旧有者免租,续置者输税,其法亦可谓宽矣。

成宗元贞二年,始定征江南夏税之制。于是秋税止命输租,夏税则输以木绵布绢丝绵等物。其所输之数,视粮以为差。粮一石或输钞三贯、二贯、一贯,或一贯五百文、一贯七百文。输三贯者,若江浙省婺州等路、江西省龙兴等路是已。输二贯者,若福建省泉州等五路是已。输一贯五百文者,若江浙省绍兴路、福建省漳州等五路是已。皆因其地利之宜,人民之众,酌其中数而取之。其折输之物,各随时估之高下以为直,独湖广则异于是。初,阿里海牙克湖广时,罢宋夏税,依中原例,改科门摊,每户一贯二钱,盖视夏税增钞五万余锭矣。大德二年,宣慰张国纪请科夏税,于是湖、湘重罹其害。俄诏罢之。三年,又改门摊为夏税而并征之。每石计三贯四钱之上,视江浙、江西为差重云。其在官之田,许民佃种输租。江北、两淮等处荒闲之地,第三年始输。大德四年,又以地广人稀更优一年,令第四年纳税。凡官田,夏税皆不科。

泰定之初,又有所谓助役粮者。其法命江南民户有田一顷之上者,于所输税外,每顷量出助役之田,具书于册,里正以次掌之,岁权其入,以助充役之费。凡寺观田,除宋旧额,其余亦验其多寡令出田助役焉。民赖以不困,因并著于此云。

天下岁入粮数,总计一千二百十一万四千七百八石。

腹里,二百二十七万一千四百四十九石。

行省,九百八十四万三千二百五十八石。

辽阳省七万二千六十六石。

河南省二百五十九万一千二百六十九石。

陕西省二十二万九千二十三石。

四川省一十一万六千五百七十四石。

甘肃省六万五百八十六石。

云南省二十七万七千七百一十九石。

江浙省四百四十九万四千七百八十三石。

江西省一百一十五万七千四百四十八石。

湖广省八十四万三千七百八十七石。

江南三省天历元年夏税钞数,总计中统钞一十四万九千二百七十三锭三十三贯。

江浙省五万七千八百三十锭四十贯。

江西省五万二千八百九十五锭一十一贯。

湖广省一万九千三百七十八锭二贯。

科差之名有二:曰丝料,曰包银。其法各验其户之上下而科焉。丝料之法,太宗丙申年始行之。每二户出丝一斤,并随路丝线、颜色输于官;五户出丝一斤,并随路丝线、颜色输于本位。包银之法,宪宗乙卯年始定之。初汉民科纳包银六两,至是止征四两,二两输银,二两折收丝绢、颜色等物。

逮及世祖,而其制益详。中统元年,立十路宣抚司,定户籍科差条例。然其户大抵不一,有元管户、交参户、漏籍户、协济户。于诸户之中,又有丝银全科户、减半科户、止纳丝户、止纳钞户;外又有摊丝户、储也速䚟儿所管纳丝户、复业户,并渐成丁户。户既不等,数亦不同。元管户内,丝银全科系官户,每户输系官丝一斤六两四钱、包银四两;全科系官五户丝户,每户输系官丝一斤、五户丝六两四钱,包银之数与系官户同;减半科户,每户输系官丝八两、五户丝三两二钱、包银二两;止纳系官丝户,若上都、隆兴、西京等路十户十斤者,每户输一斤,大都以南等路十户十四斤者,每户输一斤六两四钱;止纳系官五户丝户,每户输系官丝一斤、五户丝六两四钱。交参户内,丝银户每户输系官丝一斤六两四钱、包银四两。漏籍户内,止纳丝户每户输丝之数,与交参丝银户同;止纳钞户,初年科包银一两五钱,次年递增五钱,增至四两,并科丝料。协济户内,丝银户每户输丝官丝十两二钱、包银四两;止纳丝户,每户输系官丝之数,与丝银户同。摊丝户,每户科摊丝四斤。储也速䚟儿所管户,每户科细丝,其数与摊丝同。复业户并渐成丁户,初年免科,第二年减半,第三年全科,与旧户等。然丝料、包银之外,又有俸钞之科,其法亦以户之高下为等,全科户输一两,减半户输五钱。于是以合科之数,作大门摊,分为三限输纳。被灾之地,听输他物折焉,其物各以时估为则。凡儒士及军、站、僧、道等户皆不与。

二年,复定科差之期,丝料限八月,包银初限九月,中限十月,末限十二月。三年,又命丝料无过七月,包银无过九月。及平江南,其制益广。至元二十八年,以《至元新格》定科差法,诸差税皆司县正官监视人吏置局均科。诸夫役皆先富强,后贫弱;贫富等者,先多丁,后少丁。

成宗大德六年,又命止输丝户每户科俸钞中统钞一两,包银户每户科二钱五分,摊丝户每户科摊丝五斤八两;丝料限八月,包银、俸钞限九月,布限十月。大率因世祖之旧而增损云。

科差总数：

中统四年，丝七十一万二千一百七十一斤，钞五万六千一百五十八锭。

至元二年，丝九十八万六千九百一十二斤，包银等钞五万六千八百七十四锭，布八万五千四百一十二匹。

至元三年，丝一百五万三千二百二十六斤，包银等钞五万九千八十五锭。

至元四年，丝一百九万六千四百八十九斤，钞七万八千一百二十六锭。

天历元年，包银差发钞九百八十九锭，贝八一百一十三万三千一百一十九索，丝一百九万八千八百四十三斤，绢三十五万五百三十匹，绵七万二千一十五斤，布二十一万一千二百二十三匹。

元都于燕，去江南极远，而百司庶府之繁，卫士编民之众，无不仰给于江南。自丞相伯颜献海运之言，而江南之粮分为春夏二运。盖至于京师者一岁多至三百万余石，民无挽输之劳，国有储蓄之富，岂非一代之良法钦。

初，伯颜平江南时，尝命张瑄、朱清等，以宋库藏图籍，自崇明州从海道载入京师。而运粮则自浙西涉江入淮，由黄河逆水至中滦旱站，陆运至淇门，入御河，以达于京。后又开济州泗河，自淮至新开河，由大清河至利津，河入海，因海口沙壅，又从东阿旱站运至临清，入御河。又开胶、莱河道通海，劳费不赀，卒无成效。

至元十九年，伯颜追忆海道载宋图籍之事，以为海运可行，于是请于朝廷，命上海总管罗璧、朱清、张瑄等，造平底海船六十艘，运粮四万六千余石，从海道至京师。然创行海洋，沿山求嶼，风信失时，明年始至直沽。时朝廷未知其利，是年十二月立京畿、江淮都漕运司二，仍各置分司，以督纲运。每岁令江淮漕运司运粮至中滦，京畿漕运司自中滦运至大都。二十年，又用王积翁议，令阿八赤等广开新河。然新河候潮以入，船多损坏，民亦苦之。而忙兀觯言海运之舟悉皆至焉。于是罢新开河，颇事海运，立万户府二，以朱清为中万户，张瑄为千户，忙兀䚟为万户府达鲁花赤。未几，又分新河军士水手及船，于扬州、平滦两处运粮，命三省造船二千艘于济州河运粮，犹未专于海道也。

二十四年，始立行泉府司，专掌海运，增置万户府二，总为四府。是年遂罢东平河运粮。二十五年，内外分置漕运司二。其在外者于河西务置司，领接运海道粮事。二十八年，又用朱清、张瑄之请，并四府为都漕运万户府二，止令清、瑄二人掌之。其属有千户、百户等官，分为各翼，以督岁运。

至大四年，遣官至江浙议海运事。时江东宁国、池、饶、建康等处运粮，率令海船从扬子江逆流而上。江水湍急，又多石矶，走沙涨浅，粮船俱坏，岁岁有之。又湖广、江西之粮运至真州泊入海船，船大底小，亦非江中所宜。于是以嘉兴、松江秋粮，并江淮、江浙财赋府岁办粮充运。海漕之利，盖至是博矣。

凡运粮，每石有脚价钞。至元二十一年，给中统钞八两五钱，其后递减至于六两五钱。至大三年，以福建、浙东船户至平江载粮者，道远费广，通增为至元钞一两六钱，香糯一两七钱。四年，又增二两，香糯二两八钱，稻谷一两四钱。延祐元年，斟酌远近，复增其价。福建船运糙粳米每石一十三两，温、台、庆元船运糙粳、香糯每石一十两五钱，绍兴、浙西船每石一十一两，白粳价同，稻谷每石八两，黑豆每石依糙白粮例给焉。

初，海运之道，自平江刘家港入海，经扬州路通州海门县黄连沙头、万里长滩开洋，沿山㠛而行，抵淮安路盐城县，历西海州、海宁府东海县、密州、胶州界，放灵山洋投东北，路多浅沙，行月余始抵成山。计其水程，自上海至扬村马头，凡一万三千三百五十里。至元二十九年，朱清等言其路险恶，复开生道。自刘家港开洋，至撑脚沙转沙觜，至三沙、洋子江，过匾檐沙、大洪，又过万里长滩，放大洋至青水洋，又经黑水洋至成山，过刘岛，至芝罘、沙门二岛，放莱州大洋，抵界河口，其道差为径直。明年，千户殷明略又开新道，从刘家港入海，至崇明州三沙放洋，向东行，入黑水大洋，取成山转西至刘家岛，又至登州沙门岛，于莱州大洋入界河。当舟行风信有时，自浙西至京师，不过旬日而已，视前二道为最便云。然风涛不测，粮船漂溺者无岁无之，间亦有船坏而弃其米者。至元二十三年始责偿于运官。人船俱溺者乃免。然视河漕之费，则其所得盖多矣。

岁运之数：

至元二十年，四万六千五十石，至者四万二千一百七十二石。

二十一年，二十九万五百石，至者二十七万五千六百一十石。

二十二年，一十万石，至者九万七百七十一石。

二十三年，五十七万八千五百二十石，至者四十三万三千九百五石。

二十四年，三十万石，至者二十九万七千五百四十六石。

二十五年，四十万石，至者三十九万七千六百五十五石。

二十六年，九十三万五千石，至者九十一万九千九百四十三石。

二十七年，一百五十九万五千石，至者一百五十一万三千八百五十六石。

二十八年，一百五十二万七千二百五十石，至者一百二十八万一千六百一十五石。

二十九年，一百四十万七千四百石，至者一百三十六万二千五百一十三石。

三十年，九十万八千石，至者八十八万七千五百九十一石。

三十一年，五十一万四千五百三十三石，至者五十万三千五百三十四石。

元贞元年，三十四万五百石。

二年，三十四万五百石，至者三十三万七千二十六石。

大德元年，六十五万八千三百石，至者六十四万八千一百三十六石。

二年，七十四万二千七百五十一石，至者七十万五千九百五十四石。

三年，七十九万四千五百石。

四年，七十九万五千五百石，至者七十八万八千九百一十八石。

五年，七十九万六千五百二十八石，至者七十六万九千六百五十石。

六年，一百三十八万三千八百八十三石，至者一百三十二万九千一百四十八石。

七年，一百六十五万九千四百九十一石，至者一百六十二万八千五百八石。

八年，一百六十七万二千九百九石，至者一百六十六万三千三百一十三石。

九年，一百八十四万三千三石，至者一百七十九万五千三百四十七石。

十年，一百八十万八千一百九十九石，至者一百七十九万七千七十八石。

十一年，一百六十六万五千四百二十二石，至者一百六十四万四千六百七十九石。

至大元年，一百二十四万一百四十八石，至者一百二十万二千五百三石。

二年，二百四十六万四千二百四石，至者二百三十八万六千三百石。

三年，二百九十二万六千五百三十三石，至者二百七十一万六千九百十三石。四年，二百八十七万三千二百一十二石，至者二百七十七万三千二百六十六石。

皇庆元年，二百八万三千五百五石，至者二百六万七千六百一十二石。

二年，二百三十一万七千二百二十八石，至者二百一十五万八千六百八十五石。

延祐元年，二百四十万三千二百六十四石，至者二百三十五万六千六百六石。

二年，二百四十三万五千六百八十五石，至者二百四十二万二千五百五石。

三年，二百四十五万八千五百一十四石，至者二百四十三万七千七百四十一石。

四年，二百三十七万五千三百四十五石。至者二百三十六万八千一百一十九石。

五年，二百五十五万三千七百一十四石，至者二百五十四万三千六百一十一石。

六年，三百二万一千五百八十五石，至者二百九十八万六千一十七石。

七年，三百二十六万四千六石，至者三百二十四万七千九百二十八石。

至治元年，三百二十六万九千四百五十一石，至者三百二十三万八千七百六十五石。

二年，三百二十五万一千一百四十石，至者三百二十四万六千四百八十三石。

三年，二百八十一万一千七百八十六石，至者二百七十九万八千六百一十三石。

泰定元年，二百八万七千二百三十一石，至者二百七万七千二百七十八石。

二年，二百六十七万一千一百八十四石，至者二百六十三万七千五十一石。

三年，三百三十七万五千七百八十四石，至者三百三十五万一千三百六十二石。

四年，三百一十五万二千八百二十石，至者三百一十三万七千五百三十二石。

天历元年，三百二十五万五千二百二十石，至者三百二十一万五千四百二十四石。

二年，三百五十二万二千一百六十三石，至者三百三十四万三百六石。

钞始于唐之飞钱、宋之交会、金之交钞。其法以物为母，钞为子，子母相权而行，即《周官》质剂之意也。元初仿唐、宋、金之法，有行用钞，其制无文籍可考。

世祖中统元年，始造交钞，以丝为本。每银五十两易丝钞一千两，诸物之直，并从丝例。是年十月，又造中统元宝钞。其文以十计者四：曰一十文、二十文、三十文、五十文。以百计者三：曰一百文、二百文、五百文。以贯计者二：曰一贯文、二贯文，每一贯同交钞一两，两贯同白银一两。又以文绫织为中统银货。其等有五：曰一两、二两、三两、五两、十两。每一两同白银一两，而银货盖未及行云。五年，设各路平准库，主平物价，使相依准，不至低昂，仍给钞一万二千锭，以为钞本。至元十二年，添造厘钞。其例有三：曰二文、三文、五文。初，钞印用木为版，十三年铸铜易之。十五年，以厘钞不便于民，复命罢印。

然元宝、交钞行之既久，物重钞轻。二十四年，遂改造至元钞，自二贯至五文，凡十有一等，与中统钞通行。每一贯文当中统钞五贯文。依中统之初，随路设立官库，贸易金银，平准钞法。每花银一两，入库其价至元钞二贯，出库二贯五分；赤金一两，入库二十贯，出库二十贯五百文。伪造钞者处死，首告者赏钞五锭，仍以犯人家产给之。其法为最善。

至大二年，武宗复以物重钞轻，改造至大银钞，自二两至二厘定为一十三等。每一两准至元钞五贯，白银一两，赤金一钱。元之钞法，至是盖三变矣。大抵至元钞五倍于中统，至大钞又五倍于至元。然未及期年，仁宗即位，以倍数太多，轻重失宜，遂有罢银钞之诏。而中统、至元二钞，终元之世，盖常行焉。

　　凡钞之昏烂者，至元二年，委官就交钞库，以新钞倒换，除工墨三十文。三年，减为二十文。二十二年，复增如故。其贯伯分明，微有破损者，并令行用，违者罪之。所倒之钞，每季各路就令纳课正官，解赴省部焚毁，隶行省者就焚之。大德二年，户部定昏钞为二十五样。泰定四年，又定焚毁之所，皆以廉访司官监临，隶行省者，行省官同监。其制之大略如此。

　　若钱，自九府圜法行于成周，历代未尝或废。元之交钞、宝钞虽皆以钱为文，而钱则弗之铸也。武宗至大三年，初行钱法，立资国院、泉货监以领之。其钱曰至大通宝者，一文准至大银钞一厘；曰大元通宝者，一文准至大通宝钱一十文。历代铜钱，悉依古例，与至大钱通用。其当五、当三、折二，并以旧数用之。明年，仁宗复下诏，以鼓铸弗给，新旧资用，其弊滋甚，与银皆废不行，所立院、监亦皆罢革，而专用至元、中统钞云。

　　岁印钞数：

　　中统元年，中统钞七万三千三百五十二锭。

　　二年，中统钞三万九千一百三十九锭。

　　三年，中统钞八万锭。

　　四年，中统钞七万四千锭。

　　至元元年，中统钞八万九千二百八锭。

　　二年，中统钞一十一万六千二百八锭。

　　三年，中统钞七万七千二百五十二锭。

　　四年，中统钞一十万九千四百八十八锭。

　　五年，中统钞二万九千八百八十锭。

　　六年，中统钞二万二千八百九十六锭。

　　七年，中统钞九万六千七百六十八锭。

　　八年，中统钞四万七千锭。

　　九年，中统钞八万六千二百五十六锭。

　　十年，中统钞一十一万一百九十二锭。

十一年,中统钞二十四万七千四百四十锭。

十二年,中统钞三十九万八千一百九十四锭。

十三年,中统钞一百四十一万九千六百六十五锭。

十四年,中统钞一百二万一千六百四十五锭。

十五年,中统钞一百二万三千四百锭。

十六年,中统钞七十八万八千三百二十锭。

十七年,中统钞一百一十三万五千八百锭。

十八年,中统钞一百九万四千八百锭。

十九年,中统钞九十六万九千四百四十四锭。

二十年,中统钞六十一万六百二十锭。

二十一年,中统钞六十二万九千九百四锭。

二十二年,中统钞二百四万三千八十锭。

二十三年,中统钞二百一十八万一千六百锭。

二十四年,中统钞八万三千二百锭,至元钞一百万一千一十七锭。

二十五年,至元钞九十二万一千六百一十二锭。

二十六年,至元钞一百七十八万九十三锭。

二十七年,至元钞五十万二百五十锭。

二十八年,至元钞五十万锭。

二十九年,至元钞五十万锭。

三十年,至元钞二十六万锭。

三十一年,至元钞一十九万三千七百六锭。

元贞元年,至元钞三十一万锭。

二年,至元钞四十万锭。

大德元年,至元钞四十万锭。

二年,至元钞二十九万九千九百一十锭。

三年,至元钞九十万七十五锭。

四年,至元钞六十万锭。

五年,至元钞五十万锭。

六年，至元钞二百万锭。

七年，至元钞一百五十万锭。

八年，至元钞五十万锭。

九年，至元钞五十万锭。

十年，至元钞一百万锭。

十一年，至元钞一百万锭。

至大元年，至元钞一百万锭。

二年，至元钞一百万锭。

三年，至大银钞一百四十五万三百六十八锭。

四年，至元钞二百一十五万锭，中统钞一十五万锭。

皇庆元年，至元钞二百二十二万二千三百三十六锭，中统钞一十万锭。

二年，至元钞二百万锭，中统钞二十万锭。

延祐元年，至元钞二百万锭，中统钞一十万锭。

二年，至元钞一百万锭，中统钞一十万锭。

三年，至元钞四十万锭，中统钞一十万锭。

四年，至元钞四十八万锭，中统钞一十万锭。

五年，至元钞四十万锭，中统钞一十万锭。

六年，至元钞一百四十八万锭，中统钞一十万锭。

七年，至元钞一百四十八万锭，中统钞一十万锭。

至治元年，至元钞一百万锭，中统钞五万锭。

二年，至元钞八十万锭，中统钞五万锭。

三年，至元钞七十万锭，中统钞五万锭。

泰定元年，至元钞六十万锭，中统钞一十五万锭。

二年，至元钞四十万锭，中统钞一十万锭。

三年，至元钞四十万锭，中统钞一十万锭。

四年，至元钞四十万锭，中统钞一十万锭。

天历元年，至元钞三十一万九千九百二十锭。中统钞三万五百锭。

二年，至元钞一百一十九万二千锭，中统钞四万锭。

元史卷九四

志第四三

食货二

岁课　盐法　茶法　酒醋课　商税　市舶　额外课

　　山林川泽之产,若金、银、珠、玉、铜、铁、水银、朱砂、碧甸子、铅、锡、矾、硝、碱、竹、木之类,皆天地自然之利,有国者之所必资也,而或以病民者有之矣。元兴,因土人呈献,而定其岁入之课,多者不尽收,少者不强取,非知理财之道者,能若是乎。

　　产金之所,在腹裹曰益都、檀、景,辽阳省曰大宁、开元,江浙省曰饶、徽、池、信,江西省曰龙兴、抚州,湖广省曰岳、澧、沅、靖、辰、潭、武冈、宝庆,河南省曰江陵、襄阳,四川省曰成都、嘉定,云南省曰威楚、丽江、大理、金齿、临安、曲靖、元江、罗罗、会川、建昌、德昌、柏兴、乌撒、东川、乌蒙。

　　产银之所,在腹里曰大都、真定、保定、云州、般阳、晋宁、怀孟、济南、宁海,辽阳省曰大宁,江浙省曰处州、建宁、延平,江西省曰抚、瑞、韶,湖广省曰兴国、郴州,河南省曰汴梁、安丰、汝宁,陕西省曰商州,云南省曰威楚、大理、金齿、临安、元江。

　　产珠之所,曰大都,曰南京,曰罗罗,曰水达达,曰广州。

　　产玉之所,曰于阗,曰匪力沙。

　　产铜之所,在腹里曰益都,辽阳省曰大宁,云南省曰大理、澄江。

产铁之所，在腹裹曰河东、顺德、檀、景、济南，江浙省曰饶、徽、宁国、信、庆元、台、衢、处、建宁、兴化、邵武、漳、福、泉，江西省曰龙兴、吉安、抚、袁、瑞、赣、临江、桂阳，湖广省曰沅、潭、衡、武冈、宝庆、永、全、常宁、道州，陕西省曰兴元，云南省曰中庆、大理、金齿、临安、曲靖、澄江、罗罗、建昌。

产朱砂、水银之所，在辽阳省曰北京，湖广省曰沅、潭，四川省曰思州。

产碧甸子之所，曰和林，曰会川。

产铅、锡之所，在江浙省曰铅山、台、处、建宁、延平、邵武，江西省曰韶州、桂阳，湖广省曰潭州。

产矾之所，在腹里曰广平、冀宁，江浙省曰铅山、邵武，湖广省曰潭州，河南省曰庐州、河南。

产硝、碱之所，曰晋宁。

若竹、木之产，所在有之，不可以所言也。

初，金课之兴，自世祖始。其在益都者，至元五年，命干从刚、高兴宗以漏籍民户四千，于登州栖霞县淘焉。十五年，又以淘金户二千签军者，付益都、淄莱等路淘金总管府，依旧淘金。其课干太府监输纳。在辽阳者，至元十年，听李德仁于龙山县胡碧峪淘采，每岁纳课金三两。十三年，又于辽东双城及和州等处采焉。在江浙者，至元二十四年，立提举司，以建康等处淘金夫凡七千三百六十五户隶之，所辖金场凡七十余所。未几以建康无金，革提举司，罢淘金户，其徽、饶、池、信之课，皆归之有司。在江西者，至元二十三年，抚州乐安县小曹周岁办金一百两。在湖广者，至元二十年，拨常德、澧、辰、沅、静民万户，付金场转运司淘焉。在四川者，元贞元年，以其病民罢之。在云南者，至元十四年，诸路总纳金一百五锭。此金课之兴革可考者然也。

银在大都者，至元十一年，听王庭璧于檀州奉先等洞采之。十五年，令关世显等于蓟州丰山采之。在云州者，至元二十七年，拨民户于望云煽炼，设从七品官掌之。二十八年，又开聚阳山银场。二十九年，遂立云州等处银场提举司。在辽阳者，延祐四年，惠州银洞三十六眼，立提举司办课。在江浙者，至元二十一年，建宁南剑等处立银场提举司煽炼。在湖广者，至元二十三年，韶州路曲江县银场听民煽炼，每年输银三千两。在河南者，延祐三年，李允直包罗山县银场，课银三锭。四年，李珪等包霍丘县豹子崖银洞，课银三十锭，其所得矿，大抵以十分之三输官。此银课之兴革可考者然也。

珠在大都者，元贞元年，听民于扬村、直沽口捞采，命官买之。在南京者，至元十一年，命灭怯、安山等于宋阿江、阿爷苦江、忽吕古江采之。在广州者，采于大步海。他如兀难、曲朵剌、浑都忽三河之珠，至元五年，徙凤哥等户捞焉。胜州、延州、乃延等城之珠，十三年，命朵鲁不㸽等捞焉。此珠课之兴革可考者然也。

玉在匪力沙者，至元十一年，迷儿、麻合马、阿里三人言，淘玉之户旧有三百，经乱散亡，存者止七十户，其力不充，而匪力沙之地旁近有民户六十，每同淘焉。于是免其差徭，与淘户等所淘之玉，于忽都、胜忽儿、舍里甫丁三人所立水站，递至京师。此玉课之兴革可考者然也。

铜在益都者，至元十六年，拨户一千，于临朐县七宝山等处采之。在辽阳者，至元十五年，拨采木夫一千户，于锦、瑞州鸡山、巴山等处采之。在澄江者，至元二十二年，拨漏籍户于萨矣山煽炼，凡一十有一所。此铜课之兴革可考者然也。

铁在河东者，太宗丙申年，立炉于西京州县，拨冶户七百六十煽焉。丁酉年，立炉于交城县，拨冶户一千煽焉。至元五年，始立洞冶总管府。七年罢之。十三年，立平阳等路提举司。十四年，又罢之。其后废置不常。大德十一年，听民煽炼，官为抽分。至武宗至大元年，复立河东都提举司掌之。所隶之冶八、曰大通，曰兴国，曰惠民，曰利国，曰益国，曰闰富，曰丰宁，丰宁之冶盖有二云。在顺德等处者，至元三十一年，拨冶户六千煽焉。大德元年，设都提举司掌之，其后亦废置不常。至延祐六年，始罢两提举司，并为顺德、广平、彰德等处提举司。所隶之冶六：曰神德，曰左村，曰丰阳，曰临水，曰沙窝，曰固镇。在檀、景等处者，太宗丙申年，始于北京拨户煽焉。中统二年，立提举司掌之，其后亦废置不常。大德五年，始并檀景三提举司为都提举司，所隶之冶有七，曰双峰，曰暗峪，曰银崖，曰大峪，曰五峪，曰利贞，曰锥山，在济南等处者，中统四年，拘漏籍户三千煽焉。至元五年，立洞冶总管府，其后亦废置不常。至至大元年，复立济南都提举司，所隶之监有五：曰宝成，曰通和，曰昆吾，曰元国，曰富国。其在各省者，独江浙、江西、湖广之课为最多。凡铁之等不一，有生黄铁，有生青铁，有青瓜铁，有简铁。每引二百斤。此铁课之兴革可考者然也。

朱砂、水银在北京者，至元十一年，命蒙古都喜以恤品人户于吉思迷之地采炼。在湖广者，沅州五寨萧雷发等每年包纳朱砂一千五百两，罗管赛包纳水银二千二百四十两。潭州安化县每年办朱砂八十两、水银五十两。

碧甸子在和林者，至元十年，命乌马儿采之。在会川者，二十一年，输一千余块。

此朱砂、水银、碧甸子课之兴革可考者然也。

铅、锡在湖广者，至元八年，辰、沅、靖等处转运司印造锡引，每引计锡一百斤，官收钞三百文，客商买引，赴各冶支锡贩卖。无引者，比私盐减等杖六十，其锡没官。此铅、锡课之兴革可考者然也。

矾在广平者，至元二十八年，路鹏举献磁州武安县矾窑一十所，周岁办白矾三千斤。在潭州者，至元十八年，李日新自具工本，于浏阳永兴矾场煎烹，每十斤官抽其二。在河南者，二十四年，立矾课所于无为路，每矾一引重三十斤，价钞五两。此矾课之兴革可考者然也。

竹之所产虽不一，而腹裹之河南、怀孟，陕西之京兆、凤翔，皆有在官竹园。国初，皆立司竹监掌之，每岁令税课所官以时采斫，定其价为三等，易于民间。至元四年，始命制国用使司印造怀孟等路司竹监竹引一万道，每道取工墨一钱，凡发卖皆给引。至二十二年，罢司竹监,听民自卖输税。明年。又用郭睃言,于卫州复立竹课提举司,凡辉、怀、嵩、洛、京襄、益都、宿、蕲等处竹货皆隶焉。在官者办课,在民者输税。二十三年,又命陕西竹课提领司差官于辉、怀办课。二十九年,丞相完泽言:“怀孟竹课,频年斫伐已损。课无所出,科民以输。宜罢其课,长养数年。”世祖从之。此竹课之兴革可考者也。

若夫硝、碱、木课,其兴革无籍可考,故不著焉。

天历元年岁课之数:

金课:

腹里,四十锭四十七两三钱。

江浙省,一百八十锭一十五两一钱。

江西省,二锭四十两五钱。

湖广省,八十锭二十两一钱。

河南省,三十八两六钱。

四川省,麸金七两二钱。

云南省,一百八十四锭一两九钱。

银课:

腹里,一锭二十五两。

江浙省,一百一十五锭三十九两二钱。

江西省,四百六十二锭三两五钱。

湖广省,二百三十六锭九两。

云南省,七百三十五锭三十四两三钱。

铜课:

云南省,二千三百八十斤。

铁课:

江浙省,额外铁二十四万五千八百六十七斤,课钞一千七百三锭一十四两。

江西省,二十一万七千四百五十斤,课钞一百七十六锭二十四两。

湖广省,二十八万二千五百九十五斤。

河南省,三千九百三十斤。

陕西省,一万斤。

云南省,一十二万四千七百一斤。

铅锡课:

江浙省,额外铅粉八百八十七锭九两五钱,铅丹九锭四十二两二钱,黑锡二十四锭一十两二钱。

江西省,锡一十七锭七两。

湖广省,铅一千七百九十八斤。

矾课:

腹里,三十三锭二十五两八钱。

江浙省,额外四十二两五钱。

河南省,额外二千四百一十四锭三十三两一钱。

硝碱课:

晋宁路,二十六锭七两四钱。

竹木课:

腹里,木六百七十六锭一十五两四钱,额外木七十三锭二十五两三钱;竹二锭四十两,额外竹一千一百三锭二两二钱。

江浙省,额外竹木九千三百五十五锭二十四两。

江西省,额外竹木五百九十锭二十三两三钱。

河南省,竹二十六万九千六百九十五竿,板木五万八千六百条,额外竹木一千七百四十八锭三十两一钱。

国之所资,其利最广者莫如盐。自汉桑弘羊始榷之,而后世未有遗其利者也。元初,以酒醋、盐税、河泊、金、银、铁冶六色,取课于民,岁定白银万锭。太宗庚寅年,始行盐法,每盐一引重四百斤,其价银一十两。世祖中统二年,减银为七两。至元十三年既取宋,而江南之盐所入尤广,每引改为中统钞九贯。二十六年,增为五十贯。

元贞丙申,每引又增为六十五贯。至大己酉至延祐乙卯,七年之间,累增为一百五十贯。凡伪造盐引者皆斩,籍其家产,付告人充赏。犯私盐者徒二年,杖七十,止籍其财产之半,有首告者,于所籍之内以其半赏之。行盐各有郡邑,犯界者减私盐罪一等,以其盐之半没官,半赏告者。然岁办之课,难易各不同。有因自凝结而取者,解池之颗盐也。有煮海而后成者,河间、山东、两淮、两浙、福建等处之末盐也。惟四川之盐出于井,深者数百尺,汲水煮之,视他处为最难。今各因其所产之地言之。

大都之盐:太宗丙申年,初于白陵港、三叉沽、大直沽等处置司,设熬煎办,每引有工本钱。世祖至元二年,又增宝坻三盐场,灶户工本,每引为中统钞三两,与清、沧等。八年,以大都民户多食私盐,因亏国课,验口给以食盐。十九年,罢大都及河间、山东三盐运司,设户部尚书、员外郎各一员,别给印,令于大都置局卖引,盐商买引,赴各场关盐发卖。每岁灶户工本,省台遣官逐季分给之。十九年,改立大都芦台越支三叉沽盐使司一。二十五年,复立三叉、芦台、越支三盐使司。二十八年,增灶户工本,每引为中统钞八两。二十九年,以岁饥减盐课一万引,入京兆盐运司添办。大德元年,遂罢大都盐运司,并入河间。

河间之盐:太宗庚寅年,始立河间税课所,置盐场,拨灶户二千三百七十六隶之,每盐一袋,重四百斤。甲午年,立盐运司。庚子年,改立提举盐榷所,岁办三万四千七百袋。癸卯年,改立提举沧清盐课使所,岁办盐九万袋。定宗四年,改真定、河间等路课程所为提举盐榷沧清盐使所。宪宗二年,又改河间课程所为提举沧清深盐使所。八年,每袋增盐至四百五十斤。世祖中统元年,改立宣抚司提领沧、清、深盐使所。四年,改沧、清、深盐提领所为转运司。是年,办银七千六十五锭,米三万三千三百余石。至元元年,又增三之一焉。二年,改立河间都转运司,岁办九万五千袋。七年,始定例岁煎盐十万引,办课银一万锭。十二年,改立都转运使司,添灶户九百余,增盐课二十万引。十八年,以河间灶户劳苦,增工本为中统钞三贯。是年,又增灶户七百八十六。十九年,罢河间都转运司,改立清、沧盐使司工。二十二年,复立河间等路都转运盐使司,增盐课为二十九万六百引。二十三年,改立河间都转运司,通办盐酒税课。二十五年,增工本为中统钞五贯。二十七年,增灶户四百七十,办盐三十五万引。至大元年,又增至四十五万引。延祐元年,以亏课,停煎五万引。自是至天历,皆岁办四十万引,所隶之场,凡二十有二。

山东之盐:太宗庚寅年,始立益都课税所,拨灶户二千一百七十隶之,每银一两,得盐四十斤。甲午年,立山东盐运司。中统元年,岁办银二千五百锭。三年,命课税隶山东都转运司。四年,令益都山东民户,月买食盐一斤;灶户逃亡者,招民户补之。是岁,办银三千三百锭。至元二年,改立山东转运司,办课银四千六百锭一十九两。是年,户部造山东盐引。六年,增岁办盐为七万一千九百九十八引,自是每岁增之。至十二年,改立山东都转运司,岁办盐一十四万七千四百八十七引。十八年,增灶户七百,又增盐为一十六万五千四百八十七引,灶户工本钱亦增为中统钞三贯。二十三年,岁办盐二十七万一千七百四十二引。二十六年,减为二十二万引。大德十年,又增为二十五万引。至大元年之后,岁办正、余盐为三十一万引,所隶之场,凡一十有九。

河东之盐:出解州盐池,池方一百二十里,每岁五月,场官伺池盐生结,令夫搬摝盐花。其法必值亢阳,池盐方就,或遇阴雨,则不能成矣。太宗庚寅年,始立平阳府征收课税所,从实办课,每盐四十斤,得银一两。癸巳年,拨新降户一千,命盐使姚行简等修理盐池损坏处所。宪宗壬子年,又增拨一千八十五户,岁捞盐一万五千引,办课银三千锭。世祖中统二年,初立陕西转运司,仍置解盐司于路村。三年,以太原民户自煎小盐,岁办课银一百五十锭。五年,又增小盐课银为二百五十锭。至元三年,谕陕西、四川,以所办盐课赴行制国用使司输纳,盐引令制国用使司给降。四年,立陕西、四川转运司。六年,立太原提举盐使司,直隶制国用使司。十年,命捞盐户九百八十余,每丁捞盐一石,给工价钞五钱。岁办盐六万四千引,计中统钞一万一千五百二十锭。二十三年，改立陕西都转运司，兼办盐、酒、醋、竹等课。二十九年，减大都盐课一万引，入京兆盐司添办。是年五月，又革京兆盐司一，止存盐运司。大德十一年，增岁额为八万二千引。至大元年，又增煎余盐为二万引，通为一十万二千引。延祐三年，以池为雨所坏，止办课钞八万二千余锭。于是晋宁、陕西之民改食常仁红盐，怀孟、河南之民改食沧盐。五年，乃免河南、怀孟、南阳三路今岁陕西盐课，仍授盐运使暨所临路府州县正官兼知渠堰事，责以疏通壅塞。六年，改陕西运司为河东解盐等处都转运盐使司，直隶中书省。十月，罢陕西行省所委巡盐官六十八员，添设通判一员，别铸分司印二。又罢捞盐提领二十员，改立提领所二，增余盐五百料。是年，实捞盐一十八万四千五百引。天历二年，办课钞三十九万五千三百九十五锭。

四川之盐：为场凡一十有二，为井凡九十有五，在成都、夔府、重庆、叙南、嘉定、顺庆、潼川、绍庆等路万山之间。元初，设拘榷课税所，分拨灶户五千九百余隶之，从实办课。后为盐井废坏，四川军民多食解盐。至元二年，立兴元、四川盐运司，修理盐井，仍禁解盐不许过界。八年，罢四川茶盐运司。十六年，复立之。十八年，并盐课入四川道宣慰司。十九年，复立陕西、四川转运司，通办盐课。二十二年，改立四川盐茶运司，分京兆运司为二，岁煎盐一万四百五十一引。二十六年，一万七千一百五十二引。皇庆元年，以灶户艰辛，减煎余盐五千引。天历二年，办盐二万八千九百一十引，计钞八万六千七百三十锭。

辽阳之盐：太宗丁酉年，始命北京路征收课税所，以大盐泊硬盐立随车随引载盐之法，每盐一石，价银七钱半，带纳匠人米五升。癸卯年，合懒路岁办课白布二千匹，恤品路布一千匹。至元四年，立开元等路运司。五年，禁东京懿州乞石儿硬盐，不许过涂河界。是年，谕各位下盐课如例输纳。二十四年，滦州四处盐课，旧纳羊一千者，亦令如例输钞。延祐二年，又命食盐人户，岁办课钞，每两率加五焉。

两淮之盐：至元十三年，命提举马里范张依宋旧例办课，每引重三百斤，其价为中统钞八两。十四年，立两淮都转运使司，每引始改为四百斤。十六年，额办五十八万七千六百二十三引。十八年，增为八十万引。二十六年，减一十五万引。三十年，以襄阳民改食扬州盐，又增八千二百引。大德四年，谕两淮盐运司设关防之法，凡盐商经批验所发卖者，所官收批引牙钱，其不经批验所者，本仓就收之。八年，以灶户艰辛，遣官究议，停煎五万余引。天历二年，额办正余盐九十五万七千五引，计中统钞二百八十五万二百二十五锭，所隶之场凡二十有九，其工本钞亦自四两递增至十两云。

两浙之盐：至元十四年，立运司，岁办九万二千一百四十八引。每引分作二袋，每袋依宋十八界会子，折中统钞九两。十八年，增至二十一万八千五百六十二引。十九年，每引于旧价之上增钞四贯。二十一年，置常平局，以平民间盐价。二十三年，增岁办为四十五万引。二十六年，减十万引。三十年，置局卖盐鱼盐于海滨渔所。三十一年，并煎盐地四十四所为三十四场。大德三年，立两浙盐运司检校所四。五年，增额为四十万引。至大元年，又增余盐五万引。延祐六年，罢四检校所，立嘉兴、绍兴等处盐仓官，三十四场各场监运官一员，岁办五十万引。七年，各运司盐课以十分为率，收白银一分，每银一锭，准盐课四十锭。其工本钞，浙西一十一场，正盐每引递增至二十两，余盐至二十五两；浙东二十三场，正盐每引递增至二十五两，余盐至三十两云。

福建之盐：至元十三年，始收其课，为盐六千五十五引。十四年，立市舶司，兼办盐课。二十年，增至五万四千二百引。二十四年，改立福建等处转运盐使司，岁办盐六万引。二十九年，罢福建盐运司及盐使司，改立福建盐课提举司，增盐为七万引。大德四年，复立盐运司。九年，又罢之，并入本道宣慰司。十年，又立盐课都提举司，增盐至十万引。至大元年，又增至十三万引。四年，改立福建盐运司。至顺元年，实办课三十八万七千七百八十三锭。其工本钞，煎盐每引递增至二十贯，晒盐每引至一十七贯四钱。所隶之场有七。

广东之盐：至元十三年，克广州，因宋之旧，立提举司，从实办课。十六年，立江西盐铁茶都转运司，所辖盐使司六，各场立管勾。是年，办盐六百二十一引。二十二年，分江西盐隶广东宣慰司，岁办一万八百二十五引。二十三年，并广东盐司及市舶提举司为广东盐课市舶提举司，每岁办盐一万一千七百二十五引。大德四年，增至正余盐二万一千九百八十二引。十年，又增至三万引。十一年，三万五千五百引。至大元年，又增余盐一万五千引。延祐二年，岁煎五万五百引。五年，又增至五万五百五十二引。所隶之场凡十有三。

广海之盐：至元十三年，初立广海盐课提举司，办盐二万四千引。三十年，又立广西石康盐课提举司。大德十年，增一万一千引。至大元年，又增余盐一万五千引。延祐二年，正余盐通为五万一百六十五引。

凡天下一岁总办之数，唯天历为可考，今并著于后：

盐，总二百五十六万四千余引。

盐课钞，总七百六十六万一千余锭。

榷茶始于唐德宗，至宋遂为国赋，额与盐等矣。元之茶课，由约而博，大率因宋之旧而为之制焉。

世祖至元五年，用运使白赓言，榷成都茶，于京兆、巩昌置局发卖，私自采卖者，其罪与私盐法同。六年，始立西蜀四川监榷茶场使司掌之。十二年，既平宋，复用左丞吕文焕言，榷江西茶，以宋会五十贯准中统钞一贯。十三年，定长引短引之法，以三分取一。长引每引计茶一百二十斤，收钞五钱四分二厘八毫。短引计茶九十斤，收钞四钱二分八毫。是岁，征一千二百余锭。十四年，取三分之半，增至二千三百余锭。十五年，又增至六千六百余锭。十七年，置榷茶都转运司于江州，总江淮、荆湖、福广之税，而遂除长引，专用短引。每引收钞二两四钱五分，草茶每引收钞二两二钱四分。十八年，增额至二万四千锭。十九年，以江南茶课官为置局，令客买引，通行货卖。岁终，增二万锭。二十一年，廉运使言："各处食茶课程，抑配于民，非便。"于是革之，而以其所革之数，于正课每引增一两五分，通为三两五钱。二十三年，又以李起南言，增为五贯。是年征四万锭。二十五年，改立江西等处都转运司。二十六年，丞相桑哥增引税为一十贯。三十年，又改江南茶法。凡管茶提举司一十六年，罢其课少者五所，并入附近提举司。每茶商货茶，必令赍引，无引者与私茶同。引之外，又有茶由，以给卖零茶者。初，每由茶九斤，收钞一两，至是自三斤至三十斤分为十等，随处批引局同，每引收钞一钱。

元贞元年有献利者言："旧法江南茶商至江北者又税之，其在江南卖者，亦宜更税，如江北之制。"于是朝议复增江南课三千锭，而弗税。是年凡征八万三千锭。至大元年，以龙兴、瑞州为皇太后汤沐邑，其课入徽政院。四年，增额至一十七万一千一百三十一锭。皇庆二年，更定江南茶法，又增至一十九万二千八百六十六锭。延祐元年，改设批验茶由局官。五年，用江西茶副法忽鲁丁言，立减引添课之法，每引增税为一十二两五钱，通办钞二十五万锭。七年，遂增至二十八万九千二百一十一锭。

天历二年，始罢榷司而归诸州县，其岁征之数，盖与延祐同。至顺之后，无籍可考。他如范殿帅茶、西番大叶茶、建宁胯茶，亦无从知其始末，故皆不著。

元之有酒醋课，自太宗始。其后皆著定额，为国赋之一焉，利之所入亦厚矣。初，太宗辛卯年，立酒醋务坊场官，榷沽办课，仍以各州府司县长官充提点官，隶征收课税所，其课额验民户多寡定之。甲午年，颁酒曲醋货条禁，私造者依条治罪。世祖至元十六年，以大都、河间、山东酒醋商税等课并入盐运司。二十二年，诏免农民醋课。是年二月，命随路酒课依京师例，每石取一十两。三月，用右丞卢世荣等言，罢上都醋课，其酒课亦改榷沽之制，令酒户自具工本，官司拘卖，每石止输钞五两。二十八年，诏江西酒醋之课不隶茶运司,福建酒醋之课不隶盐运司,皆依旧令有司办之。二十九年,丞相完泽等言:"杭州省酒课岁办二十七万余锭,湖广、龙兴岁办止九万锭,轻重不均。"于是减杭州省十分之二,令湖广、龙兴、南京三省分办。

　　大德八年,大都酒课提举司设槽房一百所。九年,并为三十所,每所一日所酝,不许过二十五石之上。十年,复增三所。至大三年,又增为五十四所。其制之可考者如此。若夫累朝以课程拨赐诸王、公主及各寺者,凡九所云。

天下每岁总入之数:

　　酒课:

　　腹里,五万六千二百四十三锭六十七两一钱。

　　辽阳行省,二千二百五十锭一十一两二钱。

　　河南行省,七万五千七十七锭一十一两五钱。

　　陕西行省,一万一千七百七十四锭三十四两四钱。

　　四川行省,七千五百九十锭二十两。

　　甘肃行省,二千七十八锭三十五两九钱。

　　云南行省,贝八二十万一千一百一十七索。

　　江浙行省,一十九万六千六百五十四锭二十一两三钱。

　　江西行省,五万八千六百四十锭一十六两八钱。

　　湖广行省,五万八千八百四十八锭四十九两八钱。

　　醋课:

　　腹里,三千五百七十六锭四十八两九钱。

　　辽阳行省,三十四锭二十六两五钱。

　　河南行省,二千七百四十锭三十六两四钱。

　　陕西行省,一千五百七十三锭三十九两二钱。

　　四川行省,六百一十六锭一十二两八钱。

　　江浙行省,一万一千八百七十锭一十九两六钱。

　　江西行省,九百五十一锭二十四两五钱。

　　湖广行省,一千二百三十一锭二十七两九钱。

商贾之有税，本以抑末，而国用亦资焉。元初，未有定制。太宗甲午年，始立征收课税所，凡仓库院务官并合干人等，命各处官司选有产有行之人充之。其所办课程，每月赴所输纳。有贸易借贷者，并徒二年，杖七十；所官扰民取财者，其罪亦如之。世祖中统四年，用阿合马、王光祖等言，凡在京权势之家为商贾，及以官银卖买之人，并令赴务输税，入城不吊引者同匿税法。至元七年，遂定三十分取一之制，以银四万五千锭为额，有溢额者别作增余。是年五月，以上都商旅往来艰辛，特免其课。凡典卖田宅不纳税者，禁之。二十年，诏各路课程，差廉干官二员提调，增羡者迁赏，亏兑者陪偿降黜。凡随路所办，每月以其数申部，违期不申及虽申不圆者，其首领官初犯罚俸，再犯决一十七，令史加一等，三犯正官取招呈省。其院务官俸钞，于增余钱内给之。是年，始定上都税课六十分取一；旧城市肆院务迁入都城者，四十分取一。二十二年，又增商税契本，每一道为中统钞一钱。减上都税课，于一百两之中取七钱半。二十六年，从丞相桑哥之请，遂大增天下商税，腹里为二十万锭，江南为二十五万锭。二十九年，定诸路输纳之限，不许过四孟月十五日。三十一年，诏天下商税有增余者，毋作额。元贞元年，用平章剌真言，又增上都之税。至大三年，契本一道复增作至元钞三钱。逮至天历之际，天下总入之数，视至元七年所定之额，盖不啻百倍云。

商税额数：

　　大都宣课提举司，一十万三千六锭一十一两四钱。

　　大都路，八千二百四十二锭九两七锭。

　　上都留守司，一千九百三十四锭五两。

　　上都税课提举司，一万五百二十五锭五两。

　　兴和路，七百七十锭一十七两一钱。

　　永平路，二千二百七十二锭四两五钱。

　　保定路，六千五百七锭二十三两五钱。

　　嘉定路，一万七千四百八锭三两九钱。

顺德路，二千五百七锭九两九钱。

广平路，五千三百七锭二十两二钱。

彰德路，四千八百五锭四十二两八钱。

大名路，一万七百九十五锭八两五钱。

怀庆路，四千九百四十九锭二两。

卫辉路，三千六百六十三锭七两。

河间路，一万四百六十六锭四十七两二钱。

东平路，七千一百四十一锭四十八两四钱。

东昌路，四千八百七十九锭三十二两。

济宁路，一万二千四百三锭四两一钱。

曹州，六千一十七锭四十六两三钱。

濮州，二千六百七十一锭七钱。

高唐州，四千二百五十九锭六两。

泰安州，二千一十三锭二十五两四钱。

冠州，七百三十八锭一十九两七钱。

宁海州，九百四十四锭三钱。

德州，二千九百一十九锭四十二两八钱。

益都路，九千四百七十七锭一十五两。

济南路，一万二千七百五十二锭三十六两六钱。

般阳路，三千四百八十六锭九两。

大同路，八千四百三十八锭一十九两一钱。

冀宁路，一万七百一十四锭三十四两六钱。

晋宁路，二万一千三百五十九锭四十两二钱。

岭北行省，四百四十八锭四十五两六钱。

辽阳行省，八千二百七十三锭四十一两四钱。

河南行省，一十四万七千四百二十八锭三十二两三钱。

陕西行省，四万五千五百七十九锭三十九两二钱。

四川行省，一万六千六百七十六锭四两八钱。

甘肃行省，一万七千三百六十一锭三十六两一钱。

江浙行省,二十六万九千二十七锭三十两三钱。

江西行省,六万二千五百一十二锭七两三钱。

湖广行省,六万八千八百四十四锭九两九钱。

互市之法,自汉通南粤始,其后历代皆尝行之,至宋置市舶司于浙、广之地,以通诸蕃货易,则其制为益详矣。

元自世祖定江南,凡邻海诸郡与蕃国往还互易舶货者,其货以十分取一,粗者十五分取一,以市舶官主之。其发舶回帆,必著其所至之地,验其所易之物,给以公文,为之期日,大抵皆因宋旧制而为之法焉。于是至元十四年,立市舶司一于泉州,令忙古䚟领之。立市舶司三于庆元、上海、澉浦,令福建安抚使杨发督之。每岁招集舶商,于蕃邦博易珠翠香货等物。及次年回帆,依例抽解,然后听其货卖。

时客船自泉、福贩土产之物者,其所征亦与蕃货等,上海市舶司提控王楠以为言,于是定双抽、单抽之制。双抽者蕃货也,单抽者土货也。十九年,又用耿左丞言,以钞易铜钱,令市舶司以钱易海外金珠货物,仍听舶户通贩抽分。二十年,遂定抽分之法。是年十月,忙古䚟言,舶商皆以金银易香木,于是下令禁之,唯铁不禁。

二十一年,设市舶都转运司于杭、泉二州,官自具船、给本,选人入蕃,贸易诸货。其所获之息,以十分为率,官取其七,所易人得其三。凡权势之家,皆不得用己钱入蕃为贾,犯者罪之,仍籍其家产之半。其诸蕃客旅就官船卖买者,依例抽之。

二十二年,并福建市舶司入盐运司,改曰都转运司,领福建漳、泉盐货市舶。二十三年,禁海外博易者,毋用铜钱。二十五年,又禁广州官民,毋得运米至占城诸蕃出粜。二十九年,命市舶验货抽分。是年十一月,中书省定抽分之数及漏税之法。凡商旅贩泉、福等处已抽之物,于本省有市舶司之地卖者,细色于二十五分之中取一,粗色于三十分之中取一,免其输税。其就市舶司买者,止于卖处收税,而不再抽。漏舶物货,依例断没。

三十年，又定市舶抽分杂禁，凡二十一条，条多不能尽载，择其要者录焉。泉州、上海、澉浦、温州、广东、杭州、庆元市舶司凡七所，独泉州于抽分之外，又取三十分之一以为税。自今诸处，悉依泉州例取之，仍以温州市舶司并入庆元，杭州市舶司并入税务。凡金银、铜铁、男女，并不许私贩入蕃。行省行泉府司、市舶司官，每年于回帆之时，皆前期至抽解之所，以待舶船之至，先封其堵，以次抽分，违期及作弊者罪之。

三十一年，成宗诏有司勿拘海舶，听其自便。元贞元年，以舶船至岸，隐漏物货者多，命就海中逆而阅之。二年，禁海商以细货于马八儿、呗喃、梵答剌亦纳三蕃国交易，别出钞五万锭，令沙不丁等议规运之法。大德元年，罢行泉府司。二年，并澉浦、上海入庆元市舶提举司，直隶中书省。是年，又置制用院，七年，以禁商下海罢之。

至大元年，复立泉府院，整治市舶司事。二年，罢行泉府院，以市舶提举司隶行省。四年，又罢之。延祐元年，复立市舶提举司，仍禁人下蕃，官自发船贸易，回帆之日，细物十分抽二，粗物十五分抽二。七年，以下蕃之人，将丝银细物易于外国，又并提举司罢之。至治二年，复立泉州、庆元、广东三处提举司，申严市舶之禁。三年，听海商贸易，归征其税。泰定元年，诸海舶至者，止令行省抽分。其大略如此。

若夫中买宝货之制，泰定三年命省臣依累朝呈献例给价。天历元年，以其蠹耗国财，诏加禁止，凡中献者以违制论云。

元有额外课。谓之额外者，岁课皆有额，而此课不在其额中也。然国之经用，亦有赖焉。课之名凡三十有二：其一曰历日，二曰契本，三曰河泊，四曰山场，五曰窑冶，六曰房地租，七曰门摊，八曰池塘，九曰蒲苇，十曰食羊，十一曰获苇，十二曰煤炭，十三曰撞岸，十四曰山查，十五曰曲，十六曰鱼，十七曰漆，十八曰醋，十九曰山泽，二十曰荡，二十一曰柳，二十二曰牙例，二十三曰乳牛，二十四曰抽分，二十五曰蒲，二十六曰鱼苗，二十七曰柴，二十八曰羊皮，二十九曰磁,三十曰竹苇,三十一曰姜,三十二曰白药。其岁入之数,唯天历元年可考云。

历日:总三百一十二万三千一百八十五本,计中统钞四万五千九百八十锭三十二两五钱。内腹里,七万二千一十本,计钞八千五百七十锭三十一两一钱;行省,二百五十五万一千一百七十五本,计钞三万七千四百一十锭一两四钱。大历,二百二十万二千二百三本,每本钞一两,计四万四千四十四锭三两。小历,九十一万五千七百二十五本,每本钞一钱,计一千八百三十一锭三十二两五钱。回回历,五千二百五十七本,每本钞一两,计一百五锭七两。

契本:总三十万三千八百道,每道钞一两五钱,计中统钞九千一百一十四锭。内腹里,六万八千三百三十二道,计钞二千四十九锭四十八两;行省,二十三万五千四百六十八道,计钞七千六十四锭二两。

河泊课:总计钞五万七千六百四十三锭二十三两四钱。内腹里,四百六锭四十六两二钱;行省,五万七千二百三十六锭二十七两一钱。

山场课:总计钞七百一十九锭四十九两一钱。内腹里,二百三十九锭一十三两四钱;行省,四百八十锭三十五两六钱。

窑冶课:总计钞九百五十六锭四十五两九钱。内腹里,一百九十七锭三十二两四钱;行省,七百五十九锭一十三两。

房地租钱:总计钞一万二千五十三锭四十八两四钱。内腹里,九百六十六锭五两三钱;行省,一万一千八十七锭四十三两一钱。

门摊课:总计钞二万六千八百九十九锭一十九两一钱。内湖广省,二万六千一百六十七锭三两四钱;江西省,三百六十锭一两五钱;河南省,三百七十二锭一十四两一钱。

池塘课:总计钞一千九锭二十六两五钱。内江浙省,二十四锭二十二两七钱;江西省,九百八十五锭三两八钱。

蒲苇课:总计钞六百八十六锭三十三两四钱。内腹里,一百四十一锭五两八钱;行省,五百四十五锭二十七两六钱。

食羊等课：总计钞一千七百六十锭二十九两七钱。内大都路，四百三十八锭；上都路，三百锭；兴和路，三百锭；大同路，三百九十三锭；羊市，二百二十九锭二十九两七钱；煤木所，一百锭。

荻苇课：总计钞七百二十四锭六两九钱。内河南省，六百四十四锭五两八钱；江西省，八十锭一两八钱。

煤炭课：总计钞二千六百一十五锭二十六两四钱。内大同路，一百二十九锭一两九钱；煤木所，二千四百九十六锭二十四两五钱。

撞岸课：总计钞一百八十六锭三十七两五钱。内般阳路，一百六十锭二十四两；宁海州，二十六锭一十三两五钱；恩州，一十三两八钱。

山查课：总计钞七十五锭二十六两四钱。内真定路一锭二十五两八钱；广平路，四十锭五两一钱；大同路，三十三锭四十五两四钱。

曲课：江浙省钞五十五锭三十七两四钱。

鱼课：江浙省钞一百四十三锭四十两四钱。

漆课：总计钞一百一十二锭二十六两。内四川省广元路一百一十一锭二十五两八钱。

醋课：总计钞二十九锭三十七两八钱。内腹里永平路二十三锭二十五两四钱；江西行省，六锭一十二两五钱。

山泽课：总计钞二十四锭二十一两一钱。内彰德路，一十三锭四十两；怀庆路，一十锭三十一两一钱。

荡课：平江路，八百八十六锭七钱。

柳课：河间路，四百二锭一十四两八钱。

牙例课：河间路，二百八锭三十三两八钱。

乳牛课：真定路，二百八锭三十两。

抽分课：黄州路，一百四十四锭四十四两五钱。

蒲课：晋宁路，七十二锭。

鱼苗课：龙兴路，六十五锭八两五钱。

柴课：安丰路，三十五锭一十一两七钱。

羊皮课：襄阳路，一十锭四十八两八钱。

磁课：冀宁路，五十八锭。

竹苇课：奉元路，三千七百四十六锭三两六钱。

姜课：兴元路，一百六十二锭二十七两九钱。

白药课：彰德路，一十四锭二十五两。

元史卷九五
志第四四

食货三

岁　赐

自昔帝王于其宗族姻戚必致其后者,所以明亲亲之义也。元之为制,其又厚之至者欤。凡诸王及后妃公主,皆有食采分地。其路府州县得荐其私人以为监,秩禄受命如王官,而不得以岁月通选调。其赋则五户出丝一斤,不得私征之,皆输诸有司之府,视所当得之数而给与之。其岁赐则银币各有差,始定于太宗之时,而增于宪宗之日。及世祖平江南,又各益以民户。时科差未定,每户折支中统钞五钱,至成宗复加至二贯。其亲亲之义若此,诚可谓厚之至矣。至于勋臣亦然,又所以大报功也。故详著其所赐之人,及其数之多寡于后:

　　诸王
太祖叔答里真官人位:
　　岁赐,银三十锭,段一百匹。
　　五户丝,丙申年,分拨宁海州一万户。延祐六年,实有四千五百三十二户,计丝一千八百一十二斤。
　　江南户钞,至元十八年,拨南丰州一万一千户,计钞四百四十锭。

太祖弟搠只哈撒儿大王淄川王位：

岁赐，银一百锭，段三百匹。

五户丝，丙申年，分拨般阳路二万四千四百九十三户。延祐六年，实有七千九百五十四户，计丝三千六百五十六斤。

江南户钞，至元十三年，分拨信州路三万户，计钞一千二百锭。

太祖弟哈赤温大王子济南王位：

岁赐，银一百锭，绵六百二十五斤，小银色丝五千斤，段三百匹，羊皮一千张。

五户丝，丙申年，分拨济南路五万五千二百户。延祐六年，实有二万一千七百八十五户，计丝九千六百四十八斤。

江南户钞，至元十八年，分拨建昌路六万五千户，计钞二千六百锭。

太祖弟斡真那颜位：

岁赐，银一百锭，绢五千九十八匹，绵五千九十八斤，段三百匹，诸物折中统钞一百二十锭，羊皮五百张，金一十六锭四十五两。

五户丝，丙申年，分拨益都路等处六万二千一百五十六户。延祐六年，实有二万八千三百一户，计丝一万一千四百二十五斤。

江南户钞，至元十八年，分拨建宁路七万一千三百七十七户，计钞二千八百五十五锭。

太祖弟孛罗古斛大王子广宁王位：

岁赐，银一百锭，段三百匹。

五户丝，丙申年，分拨恩州一万一千六百三户。延祐六年，实有二千四百二十户，计丝一千三百五十九斤。

江南户钞，至元十八年，分拨铅山州一万八千户，计钞七百二十锭。

太祖长子术赤大王位：

岁赐，段三百匹，常课段一千匹。

五户丝，丙申年，分拨平阳四万一千三百二户。戊戌年，真定晋州一万户。

江南户钞,至元十八年,分拨永州六万户,计钞二千四百锭。

太祖次子茶合䚟大王位:

岁赐,银一百锭,段三百匹,绵六百二十五斤,常课金六锭六两。

五户丝,丙申年,分拨太原四万七千三百三十户。戊戌年,真定深州一万户。延祐六年,实有一万七千二百一十一户,计丝六千八百三十八斤。

江南户钞,至元十八年,分拨澧州路六万七千三百三十户,计钞二千六百九十三锭。

太祖第三子太宗子定宗位:

岁赐,银一十六锭三十三两,段五十匹。

五户丝,丙申年,分拨大名六万八千五百九十三户。延祐六年,实有一万二千八百三十五户,计丝五千一百九十三斤。

太祖第四子睿宗子阿里不哥大王位:

岁赐,银一百锭,段三百匹。

五户丝,丙申年,分拨真定路八万户。延祐六年,实有一万五千二十八户,计丝五千一十三斤。

江南户钞,至元十八年,分拨抚州路一十万四千户,计钞四千一百六十锭。

太祖第五子兀鲁赤太子。无嗣。

太祖第六子阔列坚太子河间王位:

岁赐,银一百锭,段三百匹。

五户丝,丙申年,分拨河间路四万五千九百三十户。延祐六年,实有一万一百四十户,计丝四千四百七十九斤。

江南户钞,至元十八年,分拨衡州路五万三千九百三十户,计钞二千一百五十七锭。

太宗子合丹大王位:

岁赐,银一十六锭三十三两,段五十匹。

五户丝,丁巳年,分拨汴梁在城户。至元三年,改拨郑州。延祐六年,实有二千三百五十六户,计丝九百三十六斤。

　　江南户钞,至元十八年,分拨常宁州二千五百户,计钞一百锭。
太宗子灭里大王位:

　　岁赐,银一十六锭三十三两,段五十匹。

　　五户丝,丁巳年,分拨汴梁在城户。至元三年,改拨钧州一千五百八十四户。延祐六年,实有二千四百九十六户,计丝九百九十七斤。
太宗子合失大王位:

　　岁赐银一十六锭三十三两,段五十匹。

　　五户丝,丁巳年,分拨汴梁路在城户。至元三年,改拨蔡州三千八百一十六户。延祐六年,实有三百八十八户,计丝一百五十四斤。
太宗子阔出太子位:

　　岁赐,银六十六锭三十三两,段一百五十匹。

　　五户丝,丁巳年,分拨汴梁路在城户。至元三年,改拨睢州五千二百一十四户。延祐六年,实有一千九百三十七户,计丝七百六十四斤。
太宗阔端太子位:

　　岁赐,银一十六锭三十三两,段五十匹。

　　五户丝,丙申年,分拨东京路四万七千七百四十一户。延祐六年,实有一万七千八百二十五户,计丝三千五百二十四斤。

　　江南户钞,至元十八年,分拨常德路四万七千七百四十户,计钞一千九百九锭。
睿宗长子宪宗子阿速台大王位:

　　岁赐,银八十二锭,段三百匹。

　　又泰定二年,晃兀帖木儿大王改封并王,增岁赐银一十锭,班秃大王银八锭。

　　又泰定三年,明里忽都鲁皇后位下,添岁赐中统钞一千锭,段五十匹,绢五十匹。

　　五户丝,癸丑年,查过卫辉路三千三百四十二户。延祐六年,实有二千二百八十户,计丝九百一十六斤。

睿宗子世祖次子裕宗位:

　　裕宗妃伯蓝也怯赤:岁赐,银五十锭。

　　江南户钞,延祐三年,分拨江州路德化县二万九千七百五十户,计钞一千一百九十锭。

　　裕宗子顺宗子武宗:

　　五户丝,丁巳年,分拨怀孟一万一千二百七十三户。

　　江南户钞,大德八年,分拨瑞州路六万五千户,计钞二千六百锭。

睿宗子旭烈大王位:

　　岁赐,银一百锭,段三百匹。

　　五户丝,丁巳年,分拨彰德路二万五千五十六户。延祐六年,实有二千九百二十九户,计丝二千二百一斤。

睿宗子阿里不哥大王位。见前。

睿宗子末哥大王位:

　　岁赐,银五十锭,段三百匹。

　　五户丝,丁巳年,分拨河南府五千五百五十二户。延祐六年,实有八百九户,计丝三百三十三斤。

　　江南户钞,至元十八年,分拨茶陵州八千五十二户,计钞三百二十四锭。

睿宗子拨绰大王位:

　　岁赐,银五十锭,段三百匹。

　　五户丝,丁巳年,分拨真定蠡州三千三百四十七户。延祐六年,实有一千四百七十二户,计丝六百一十二斤。

　　江南户钞,至元十八年,分拨耒阳州五千三百四十七户,计钞二百一十三锭。

睿宗子岁哥都大王位:

　　五户丝,壬子年,元查认济南等处五千户。延祐六年,实有五十户,计丝二十斤。

世祖长子朵儿只太子位：

　　腹里、江南无分拨户。

世祖次子裕宗后位：

　　岁赐，段一千匹，绢一千匹。

　　江南户钞，至元十八年，分拨龙兴路一十万五千户，计钞四千二百锭。

　　又四怯薛伴当江南户钞，至元十八年，拨瑞州上高县八千户，计钞三百三十锭。

世祖次子安西王忙哥剌位：

　　岁赐，段一千匹，绢一千匹。

　　江南户钞，至元十八年，分拨吉州路六万五千户，计钞二千六百锭。

世祖次子北安王那木罕位：

　　岁赐，段一千匹，绢一千匹。

　　江南户钞，至元二十二年，分拨临江路六万五千户，计钞二千六百锭。

世祖次子平远王阔阔出位：

　　岁赐，段匹物料，折钞一千六百五十六锭；银五十锭，折钞一千锭。

　　江南户钞，泰定元年，分拨永福县一万三千六百四户，计钞五百四十四锭。

世祖次子西平王奥鲁赤位：

　　岁赐，段匹物料，折钞一千六百五十六锭；银五十锭，折钞一千锭。

　　江南户钞，大德七年，分拨南恩州一万三千六百四户，计钞五百四十四锭。

世祖次子爱牙赤大王位：

　　岁赐，银五十锭，折钞一千锭；段匹物料，折钞一千六百五十六锭。

　　江南户钞,皇庆元年,分拨邵武路光泽县一万三千六百四户,计钞五百四十四锭。

世祖次子镇南王脱欢位:

　　岁赐,银五十锭;段匹物料,折钞一千六百五十六锭。

　　江南户钞,皇庆元年,分拨福州路宁德县一万三千六百四户,计钞五百四十四锭。

世祖次子云南王忽哥赤位:

　　岁赐,银五十锭,折钞一千锭;段匹物料,折钞一千六百五十六锭。

　　江南户钞,皇庆元年,分拨福州路福安县一万三千六百四户,计钞五百四十四锭。

世祖次子忽都帖木儿太子位:

　　岁赐,银五十锭,折钞一千锭;段匹物料,折钞一千六百五十六锭。

　　江南户钞,皇庆元年,分拨泉州路南安县一万三千六百户,计钞五百四十四锭。

裕宗长子晋王甘麻剌位:

　　岁赐,段一千匹,绢一千匹。

　　又朵儿只,延祐元年为始,年例支中统钞一千锭。

　　五户丝,阔阔不花所管益都二十九户。

　　江南户钞,皇庆元年,分拨南康路六万五千户。

　　又迭里哥儿不花湘宁王分拨湘乡县六万五千户,计钞二千六百锭。

顺宗子阿木哥魏王位:

　　江南户钞,皇庆元年,分拨庆元路六万五千户,计钞二千六百锭。

顺宗子武宗子明宗位:

　　江南户钞,延祐二年,分拨湘潭州六万五千户,计钞二千六百锭。

合丹大王位：

五户丝，戊午年，分拨济南漏籍二百户。延祐六年，实有一百九十三户，计丝七十七斤。

阿鲁浑察大王：

五户丝，丁巳年，分拨广平三十户。延祐三年，实有五户，计丝二斤。

霍里极大王：

五户丝，丁巳年，分拨广平等处一百五十户。延祐三年，实有八十七户，计丝三十四斤。

阿剌忒纳失里豫王：

天历元年，分拨江西行省南康路。

后妃公主

太祖四大斡耳朵：

大斡耳朵：

岁赐，银四十三锭，红紫罗二十匹，染绢一百匹，杂色绒五千斤，针三千箇，缎七十五匹，常课缎八百匹。

五户丝，乙卯年，分拨保定路六万户。延祐六年，实有一万二千六百九十三户，计丝五千二百七斤。

江南户钞，至元十八年，分拨赣州路二万户，计钞八百锭。

第二斡耳朵：

岁赐，银五十锭，缎七十五匹，常课缎一千四百九十匹。

五户丝，丁巳年，分拨河间青城县二千九百户。延祐六年，实有一千五百五十六户，计丝六百五十七斤。

江南户钞，至元十八年，分拨赣州路一万五千户，计钞六百锭。

第三斡耳朵：

岁赐，银五十锭，缎七十五匹，常课缎六百八十二匹。

五户丝，壬子年，查认过真定等处畸零三百一十八户。延祐六年，实有一百二十一户，计丝四十八斤。

江南户钞,至元十八年,分拨赣州路二万一千户,计钞八百四十锭。

第四斡耳朵:

岁赐,银五十锭,缎七十五匹。

五户丝,壬子年,分拨真定等处二百八十三户。延祐六年,实有一百一十六户,计丝四十六斤。

又八不别及妃子位,至元二十五年,分拨河间清州五百一十户,计丝二百四斤。

世祖四斡耳朵:

大斡耳朵:

岁赐,银五十锭。

江南户钞,大德三年,分拨袁州路宜春县一万户,计钞一千六百锭。

第二斡耳朵:

岁赐,银五十锭,又七锭,缎一百五十匹。

江南户钞,至元二十一年,分拨袁州路分宜县四千户,计钞一百六十锭。大德四年,分拨袁州路萍乡州四万二千户,计钞一千六百八十锭。

第三斡耳朵:

岁赐,银五十锭。

江南户钞,大德十年,分拨袁州路宜春县二万九千七百五十户,计钞一千一百九十锭。

第四斡耳朵:

岁赐,银五十锭。

江南户钞,大德十年,分拨袁州路万载县二万九千七百五十户,计钞一千一百九十锭。

顺宗后位:

岁赐,缎五百匹。

江南户钞,大德二年,分拨三万二千五百户。

武宗斡耳朵：

真哥皇后位：

岁赐，银五十锭，钞五百锭。

江南户钞，延祐二年，分拨湘阴州四万二千户，计钞一千六百八十锭。

完者台皇后位：

岁赐，银五十锭。

江南户钞，延祐二年，分拨潭州路衡山县二万九千七百五十户，计钞一千一百九十锭。

阿昔伦公主位：

至元六年，分拨葭州等处种田三百户。

赵国公主位：

五户丝，丙申年，分拨高唐州二万户。延祐六年，实有六千七百二十九户，计丝二千三百九十九斤。

江南户钞，至元十八年，分拨柳州路二万七千户，计钞一千八十锭。

鲁国公主位：

五户丝，丙申年，分拨济宁路三万户。延祐六年，实有六千五百三十户，计丝二千二百九斤。

江南户钞，至元十八年，分拨汀州四万户，计钞一千六百锭。

昌国公主位：

五户丝，丙申年，分拨一万二千六百五十二户。延祐六年，实有三千五百三十一户，计丝二千七百六十六斤。

江南户钞，至元十八年，分拨广州路二万七十户，计钞一千八十锭。

郓国公主位：

五户丝，丙申年，分拨濮州三万户。延祐六年，实有五千九百六十八户，计丝一千八百三十六斤。

江南户钞，至元十八年，分拨横州等处四万户，计钞一千六百锭。

塔出驸马：

　　五户丝，壬子年，元查真定等处畸零二百七十户。延祐六年，实有二百三十二户，计丝九十五斤。

带鲁罕公主位：

　　岁赐，银四锭八两，缎一十二匹。

　　五户丝，延祐六年，实有代支户六百三十户，计丝二百五十四斤。

大雷公主位：

　　五户丝，丙申年，分拨延安府九千七百九十六户。延祐六年，实有代支户一千八百九户，计丝七百二十二斤。

奔忒古儿驸马：

　　五户丝，庚辰年，分拨眼户五百七十三户。延祐六年，实有五十六户，计丝二十二斤。

独木干公主位：

　　五户丝，丁巳年，分拨平阳一千一百户。延祐六年，实有五百六十户，计丝二百二十四斤。

　　江南户钞，至元十八年，分拨梅州程乡县一千四百户，计钞五十六锭。

　　勋臣

木华黎国王：

　　五户丝，丙申年，分拨东平三万九千一十九户。延祐六年，实有八千三百五十四户，计丝三千三百四十三斤。

　　江南户钞，至元十八年，分拨韶州等路四万一千一十九户，计丝一千六百四十斤。

孛罗先锋：

　　五户丝，丙申年，分拨广平等处种田一百户。延祐六年，实有七十户，计丝二十八斤。

行丑儿：

五户丝，丙申年，分拨大名种田一百户。延祐六年，实有三十八户，计丝一十五斤。

阔阔不花先锋：

五户丝，壬子年，元查益都等处畸零二百七十五户。延祐六年，实有一百二十七户，计丝一十五斤。

撒吉思不花先锋：

五户丝，壬子年，元查汴梁等处二百九十一户。延祐六年，实有一百二十七户，计丝一十五斤。

阿里侃断事官：

五户丝，壬子年，元查济宁等处三十五户，计丝一十四斤。

乞里歹拔都：

五户丝，丙申年，分拨东平一百户，计丝四十斤。

孛罗海拔都：

五户丝，壬子年，元查德州等处一百五十三户，计丝六十一斤。

拾得官人：

五户丝，壬子年，元查东平等处畸零一百一十二户，计丝八十四斤。

伯纳官人：

五户丝，壬子年，元查东平三十二户。延祐六年，实有四十五户，计丝一十八斤。

笑乃带先锋：

五户丝，丙申年，分拨东平一百户。延祐六年，实有七十八户，计丝三十一斤。

带孙郡王：

五户丝，丙申年，分拨东平东阿县一万户。延祐六年，实有一千六百七十五户，计丝七百二十斤。

江南户钞，至元十八年，分拨韶州路乐昌县一万七千户，计钞四百二十八锭。

愠里答儿薛禅：

　　五户丝，丙申年，分拨泰安州二万户。延祐六年，实有五千九百七十一户，计丝二千四百二十五斤。

　　江南户钞，至元十八年，分拨桂阳州二万一千户，计钞八百四十锭。

术赤台郡王：

　　五户丝，丙申年，分拨德州二万户。延祐六年，实有七千一百四十六户，计丝二千九百四十八斤。

　　江南户钞，至元十八年，分拨连州路二万一千户，计钞八百四十锭。

阿儿思兰官人：

　　江南户钞，至元十八年，分拨浔州路三千户，计钞一百二十锭。

孛鲁古妻佟氏：

　　五户丝，丙申年，分拨真定一百户。延祐六年，实有三十九户，计丝一十五斤。

八答子：

　　五户丝，丙申年，分拨顺德路一万四千八十七户。延祐六年，实有四千四百四十六户，计丝二千四百六斤。

　　江南户钞，至元十八年，分拨钦州路一万五千八十七户，计钞六百三锭。

右手万户三投下孛罗台万户：

　　五户丝，丙申年，分拨广平路洺水州一万七千三百三十三户。延祐六年，实有四千七百三十三户，计丝一千七百三十八斤。

　　江南户钞，至元十八年，分拨全州路清湘县一万七千九百一十九户，计钞七百一十六锭。

忒木台驸马：

　　五户丝，丙申年，分拨广平路磁州九千四百五十七户。延祐六年，实有二千四百七户，计丝九百八十九斤。

　　江南户钞，至元二十二年，分拨全州路录事司九千八百七十六户,计钞三百九十五锭。

斡阔烈阇里必:

　　五户丝,丙申年,分拨广平路一万五千八百七户。延祐六年,实有一千七百三户,计丝六百八十斤。

　　江南户钞,至元二十年,分拨全州路灌阳县一万六千一百五十七户,计钞六百四十六锭。

左手九千户合丹大息千户:

　　五户丝,丙申年,分拨河间路齐东县一千二十三户。延祐六年,实有三百六十六户,计丝一百六十斤。

　　江南户钞,至元十八年,分拨藤州、苍梧县一千二百四十四户,计钞九锭。

也速不花等四千户:

　　五户丝,丙申年,分拨河间路陵州一千三百一十七户。延祐六年,实有五百五十九户,计丝二百二十三斤。

也速兀儿等三千户:

　　五户丝,丙申年,分拨河间路宁津县一千七百七十五户。延祐六年,实有七百二十二户,计丝二百八十八斤。

　　江南户钞,至元十八年,分拨藤州等处三千七百三十二户,计丝二百八十八斤。

帖柳兀秃千户:

　　五户丝,丙申年,分拨河间路临邑县一千四百五十户。延祐六年,实有三百五十四户,计丝二百六斤。

　　江南户钞,至元十八年,分拨藤州一千二百四十四户,计钞四十九锭。

和斜温两投下一千二百户:

　　五户丝,丙申年,分拨曹州一万户。延祐六年,实有一千九百二十八户,计丝七百四十八斤。

　　江南户钞,至元十八年,分拨贵州一万五百户,计钞四百二十锭。

忽都虎官人：

　　五户丝，壬子年，查认过广平等处四千户。

　　江南户钞，至元十八年，分拨韶州曲江县五千三百九户，计钞二百一十二锭。

灭古赤：

　　五户丝，丙申年，分拨凤翔府实有一百三十户。

　　江南户钞，至元二十二年，分拨永州路祁阳县五千户，计钞二百锭。

塔思火儿赤：

　　五户丝，丙申年分拨东平种田户，并壬子年续查户，共六百八十户。

　　延祐六年，实有三百八十九户，计丝一百五十五斤。

塔丑万户：

　　五户丝，壬子年，元查平阳等处一百八十六户。延祐六年，实有八十一户，计丝三十七斤。

察罕官人：

　　五户丝，壬子年，元查怀孟等处三千六百六户。延祐六年，实有五百六十户，计丝二百二十四斤。

孛罗浑官人：

　　五户丝，壬子年，元查保定等处四百一十五户。丁巳年，分拨卫辉路淇州一千一百户。延祐六年，实有一千九十九户，计丝四百四十九斤。

　　江南户钞，至元二十七年、大德六年，分拨四千户，计钞一百六十锭。

速不台官人：

　　五户丝，丁巳年，分拨汴梁等处一千一百户。延祐六年，实有五百七十七户，计丝二百三十斤。

　　江南户钞，至元二十年，分拨钦州灵山县一千六百户，计钞六十四锭。

宿敦官人：

五户丝，丁巳年，分拨真定一千一百户。延祐六年，实有六十四户，计丝二十八斤。

也苦千户：

五户丝，丁巳年，分拨东平等处一千一百户。延祐六年，实有二百九十五户，计丝一百一十八斤。

江南户钞，至元十八年，分拨梅州一千四百户，计钞五十六锭。

阿可儿：

五户丝，癸丑年，分拨益都路高苑县一千户。延祐六年，实有一百九十六户，计丝七十八斤。

伯八千户：

五户丝，丁巳年，分拨太原一千一百户。延祐六年，实有三百五十一户，计丝一百四斤。

兀里羊哈歹千户：

五户丝，戊午年，分拨东平等处一千户。延祐六年，实有四百七十九户，计丝一百九十一斤。

秃薛官人：

五户丝，丁巳年，分拨兴元等处种田六百户。延祐六年，实有二百户，计丝八十斤。

塔察儿官人：

五户丝，壬子年，元查平阳二百户。延祐六年，实有二百户，计丝八十斤。

折米思拨都儿：

五户丝，丙申年，分拨怀孟等处一百户。延祐六年，实有五十户，计丝二十斤。

猱虎官人：

五户丝，丁巳年，分拨平阳一千户。延祐六年，实有六百户，计线二百四十斤。

孛哥帖木儿：

五户丝,丙申年,分拨真定等处五十八户,计丝二十三斤。

也速鲁千户:

五户丝,壬子年,分拨真定路一百六十九户。延祐六年,实有四十户,计丝一十六斤。

镇海相公:

五户丝,壬子年,元查保定九十五户。延祐六年,实有五十三户,计丝二十一斤。

按察儿官人:

五户丝,壬子年,分拨太原等处五百五十户。延祐六年,实有九十八户,计丝二十九斤。

按摊官人:

五户丝,中统元年,元查平阳路种田户六十户。延祐六年,实有四十户,计丝一十六斤。

阿术鲁拔都:

五户丝,壬子年,查大名等处三百一十户。延祐六年,实有三百一户,计丝一百二十斤。

孛罗口下裴太纳:

五户丝,壬子年,元查广平等处八十二户。延祐六年,实有三十户,计丝一十二斤。

忒木台行省:

五户丝,壬子年,元查大同等处七百五十一户。延祐六年,实有二百五十五户,计丝一百一十斤。

撒秃千户:

江南户钞,至元二十年,分拨浔州三千户,计丝一百二十锭。

也可太傅:

五户丝,壬子年,元查上都五百四十户。延祐六年,实有三百户,计丝一百二十斤。

迭哥官人:

五户丝,丙申年,分拨大名清丰县一千七百一十三户。延祐六年,实有一千三百七户。计丝五百七斤。

卜选捏拔都儿:

　　五户丝,壬子年,元查怀孟八十八户。延祐六年,实有四十户,计丝一十六斤。

黄兀儿塔海:

　　五户丝,丙申年,分拨平阳一百四十四户。延祐六年,实有一百户,计丝四十斤。

怯来千户:

　　江南户钞,至元二十年,分拨浔州路三千户,计钞一百二十锭。

哈刺口温:

　　五户丝,壬子年,元查真定三十二户。

曳剌中书兀图撒罕里:

　　五户丝,壬子年,元查大都等处八百七十户。延祐六年,实有四百四十九户,计丝一百一十七斤。

欠帖木:

　　五户丝,壬子年,元查曹州三十四户。延祐六年,实有三十四户。

欠帖温:

　　岁赐,绢一百匹,弓弦一千条。

　　江南户钞,至元十九年,分拨梅州、安仁县四千户,计钞一百六十锭。

扎八忽娘子:

　　岁赐,常课段四百七十匹。

鱼儿泊八剌千户:

　　五户丝,大德元年,分拨真定等处一千户。延祐六年,实有六百户,计丝二百四十斤。

昔宝赤:

　　江南户钞,至元二十一年,分拨衡州路安仁县四千户,计钞一百六十锭。

八剌哈赤：

　　江南户钞，至元二十一年，分拨台州路天台县四千户，计钞一百六十锭。

阿塔赤：

　　江南户钞，至元二十一年，分拨常德路沅江县四千户，计钞一百六十锭。

必阇赤：

　　江南户钞，至元二十一年，分拨袁州路万载县三千户，计钞一百二十锭。

贵赤：

　　江南户钞，至元二十一年，分拨和州历阳县四千户，计钞一百六十锭。

厥列赤：

　　江南户钞，至元二十一年，分拨婺州永康县五十户，计钞二十锭。

八儿赤、不鲁古赤：

　　江南户钞，至元二十一年，分拨衡州路酃县六百户，计钞二十四锭。

阿速拔都：

　　江南户钞，至元二十一年，分拨卢州等处三千四百九户，计钞一百三十六锭。

也可怯薛：

　　江南户钞，至元二十一年，分拨武冈路武县五千户，计钞二百锭。

忽都答儿怯薛：

　　江南户钞，至元二十一年，分拨武冈路新宁县五千户，计钞二百锭。

怙古迭儿怯薛：

　　江南户钞，至元二十一年，分拨常德路龙阳县五千户，计钞二百锭。

月赤察儿怯薛：

　　江南户钞，至元二十一年，分拨武冈路绥宁县五千户，计钞二百锭。

玉龙怗木儿千户：

　　江南户钞，至元二十年，分拨浔州三千户，计钞一百二十锭。

别苦千户：

　　江南户钞，至元二十年，分拨浔州三千户，计钞一百二十锭。

憧兀儿王：

　　江南户钞，延祐二年为始，支中统钞二百锭，无城池。

霍木海：

　　五户丝，壬子年，元查大明等处三十三户。

哈剌赤秃秃哈：

　　江南户钞，至元二十一年，分拨饶州路四千户，计钞一百六十锭。

添都虎儿：

　　五户丝，丙申年，分拨真定一百户。

贾答剌罕：

　　五户丝，壬子年，元查大都一十四户。

阿剌博儿赤：

　　五户丝，壬子年，元查真定五十五户。

忽都那颜：

　　五户丝，壬子年，元查大名二十户。

忽辛火者：

　　五户丝，壬子年，元查真定二十七户。

大忒木儿：

　　五户丝，壬子年，元查真定二十二户。

布八火儿赤：

　　五户丝，壬子年，元查大都八十四户。

塔兰官人：

　　五户丝,壬子年,元查大宁三户。

憨剌哈儿：

　　五户丝,壬子年,元查保定二十一户。

昔里吉万户：

　　五户丝,壬子年,元查大都七十九户。

清河县达鲁花赤也速：

　　五户丝,壬子年,元查大名二十户。

塔剌罕刘元帅：

　　五户丝,壬子年,元查顺德一十九户。

怯薛台蛮子：

　　五户丝,壬子年,元查泰安州七户。

必阇赤汪古台：

　　五户丝,壬子年,元查汴梁等处四十六户。

阿剌罕万户：

　　五户丝,壬子年,元查保定一户。

徐都官人：

　　五户丝,壬子年,元查大都三十一户。

西川城左翼蒙古汉军万户脱力失：

　　岁赐,常课段三十三匹。

伯要歹千户：

　　岁赐,段二十四匹。

典迭儿：

　　岁赐,常课段六十四匹。

燕帖木儿太平王：

　　岁赐,天历元年,定金十锭、银五十锭、钞一万锭,分拨江东道
太平路地五百顷。

元史卷九六
志第四五上

食货四

俸秩　职田数　常平义仓
惠民药局　市籴　赈恤

官必有禄，所以养廉也。元初未置禄秩，世祖即位之初，首命给之。内而朝臣百司，外而路府州县，微而府史、胥徒，莫不有禄。大德中，以外有司有职田，于是无职田者，复益之以俸米。其所以养官吏者，不亦厚乎。

禄秩之制，凡朝廷职官，中统元年定之；六部官，二年定之；随路州县官，是年十月定之。至元六年，又分上、中、下县，为三等。提刑按察司官吏，六年定之。自经历以下，七年复增之。转运司官及诸匠官，七年定之。其运司依民官例，于差发内支给。至十七年，定夺俸禄，凡内外官吏皆住支。十八年，更命公事毕而无罪者给之，公事未毕而有罪者逐之。二十二年，重定百官俸，始于各品分上、中、下三例，视职事为差，事大者依上例，事小者依中例。二十三年，又命内外官吏俸以十分为率，添支五分。二十九年，定各处儒学教授俸，与蒙古、医学问。

成宗大德三年，诏益小吏俸米。六年，又定各处行省、宣慰司、致用院、宣抚司、茶盐运司、铁冶都提举司、淘金总管府、银场提举司等官循行俸例。七年，始加给内外官吏俸米。凡俸一十两以下人员，依小吏例，每十两给米一斗。十两以上至二十五两，每员给米一石。余上之数，每俸一两给米一升。无米，则验其时直给价，虽贵每石不过二十两。上都、大同、隆兴、甘肃等处，素非产米之地，每石权给中统钞二十五两，俸三锭以上者不给。至大二年，诏随朝官员及军官等俸改给至元钞，而罢其俸米。延祐七年，又命随朝官吏俸以十分为率，给米三分。

凡诸官员上任者不过初二日，罢任者已过初五日，给当月俸。各路官擅割官吏俸者罪之。诸职官病假百日之外，及因病求医、亲老告侍者，不给禄。后官已至，而前官被差者，其俸两给之。随朝官吏每月给俸，如告假事故，当官立限者全给，违限托故者追罚。军官差出者许借俸，殁于王事者借俸免征。各投下保充路府州县等官，其俸与王官等。

职田之制，路府州县官至元三年定之，按察司官十四年定之，江南行省及诸司官二十一年定之，其数减腹里之半。至武宗至大二年，外官有职田者，三品给禄米一百石，四品给六十石，五品五十石，六品四十五石，七品以下四十石；俸钞改支至元钞，其田拘收入官。四年，又诏公田及俸皆复旧制。延祐三年，外官无职田者，量给粟麦。凡交代官芒种已前去任者，其租后官收之，已后去任者前官分收。后又以争竞者多，俾各验其俸月以为多寡。

其大略如此。今取其制之可考者，具列于后。

至元二十二年百官俸例，各品分上、中、下三等：

从一品：六锭，五锭。

正二品：四锭二十五两，四锭一十五两。

从二品：四锭，三锭三十五两，三锭二十五两。

正三品：三锭二十五两，三锭一十五两，三锭。

从三品：三锭，二锭三十五两，二锭二十五两。

正四品：二锭二十五两，二锭一十五两，二锭。

从四品：二锭，一锭四十五两，一锭四十两。

正五品：一锭四十两，一锭三十两。

从五品：一锭三十两，一锭二十两。

正六品：一锭二十两，一锭一十五两。

从六品：一锭一十五两，一锭一十两。

正七品：一锭一十两，一锭五两。

从七品：一锭五两，一锭。

正八品：一锭，四十五两。

从八品：四十五两，四十两。

正九品：四十两，三十五两。

从九品：三十五两。

内外官俸数：

太师府：太师，俸一百四十贯，米一十五石。谘议、参军，俸四十五贯，米四石五斗。长史，俸三十四贯六钱六分，米三石。太傅、太保府同。监修国史、参军、长史同。

中书省：右丞相，俸一百四十贯，米一十五石；左丞相同。平章政事，俸一百二十八贯六钱六分六厘，米一十二石。右丞，俸一百一十八贯六钱六分六厘，米一十二石；左丞同。参知政事，俸九十五贯三钱三分三厘，米九石五斗。参议，俸五十九贯，米六石。郎中，俸四十二贯，米四石五斗。员外郎，俸三十四贯六钱六分六厘，米三石。都事，俸二十八贯，米三石。承发管勾，俸二十五贯三钱三分三厘，米二石；照磨、省架阁库管勾、回回架阁库管勾并同。检校官，俸二十八贯，米三石五斗。断事官，内一十八员俸各八十二贯六钱六分六厘，米八石五斗；一十四员俸各五十九贯三钱三分三厘，米六石；一员俸五十四贯六钱六分六厘，米五石五斗；一员俸四十贯六钱六分六厘，米四石。经历，俸二十三贯六钱六分六厘，米二石五斗。知事，俸二十二贯，米二石。客省使，俸三十九贯三钱三分三厘，米三石五斗；副使，俸二十八贯，米三石。直省舍人，俸三十四贯六钱六分六厘，米三石。六部尚书，俸七十八贯，米八石。侍郎，俸五十三贯三钱三分三厘，米五石。郎中，俸三十四贯六钱六分六厘，米三石。员外郎，俸二十八贯，米三石。主事，俸二十六贯六钱六分六厘,米二石五斗。户部司计,俸二十八贯,米三石。工部司程,俸一十八贯,米二石五斗。刑部狱丞,俸一十一贯,米一石。司籍提领,俸一十二贯六钱六分六厘,米一石。同提领,俸一十一贯三钱三厘,米五斗。

枢密院:知院,俸一百二十九贯三钱三分三厘,米一十三石五斗。同知,俸一百六贯,米一十一石。副枢,俸九十五贯三钱三分三厘,米九石五斗。佥院,俸九十贯一钱八分六厘,米九石五斗。同佥,俸五十九贯三钱三分三厘,米六石。院判,俸四十二贯,米四石五斗。参议,俸三十九贯三钱三分三厘,米三石五斗。经历,俸三十四贯六钱六分六厘,米三石。都事,俸二十八贯,米二石。照磨,俸二十二贯,米二石。管勾同。断事官,俸五十九贯三钱三分三厘,米六石。经历,俸二十五贯三钱三分三厘,米二石。知事,俸二十贯六钱六分六厘,米一石五斗。客省使,俸三十一贯三钱三分三厘,米三石;副使俸二十二贯,米二石。右卫都指挥使,俸七十贯,米七石五斗。副都指挥使,俸五十九贯三钱三分三厘,米六石。佥事,俸四十八贯六钱六分六厘,米四石五斗。经历,俸二十五贯三钱三分三厘,米二石。知事,俸二十贯六钱六分六厘,米一石五斗。照磨,俸一十八贯六钱六分六厘,米一石五斗。镇抚,俸二十贯六钱六分六厘,米一石五斗。行军官千户,俸二十五贯三钱三分三厘,米二石。副千户,俸二十贯六钱六分六厘,米一石五斗。百户,俸一十七贯三钱三分三厘,米一石五斗。弹压,俸一十二贯六钱六分六厘,米一石。知事,俸一十一贯三钱三分三厘,米一石。弩军官:千户,俸二十贯六钱六分六厘,米一石五斗。百户,俸一十二贯六钱六分六厘,米一石。弹压,俸一十一贯三钱三分三厘,米五斗。都目,俸一十贯,米五斗。屯田千户所同弩军官例。左卫、前卫、后卫、中卫、武卫、左阿速卫、右阿速卫、左都威卫、右都威卫、左钦察卫、右钦察卫、左卫率府、宗仁卫、西域司、唐兀司、贵赤司并同右卫例。忠翊侍卫都指挥使,俸一百贯。副使,俸八十三贯三钱三分三厘。佥事,俸六十六贯六钱六分六厘。经历,俸三十三贯三钱三分三厘。知事,俸二十六贯六钱六分六厘。照磨,俸二十四贯六钱六分六厘。行军官:千户,俸三十三贯三钱三分三厘。副千户,俸二十六贯六钱六分六厘。百户,俸二十三贯三钱三分三厘。弹压,俸一十六贯六钱六分六厘。知事,俸一十五贯三钱三分三厘。弩军官:千户,俸二十六贯六钱六分六厘。百户,俸一十六贯六钱六分六厘。弹压,俸一十三贯三钱三分三厘。右手屯田千户所:千户,俸二十六贯六钱六分六厘。百户,俸一十六贯六钱六分六厘。左手屯田千户所同。隆镇卫、右翊蒙古侍卫并同忠翊侍卫例。

御史台:御史大夫,俸一百一十八贯六钱六分,米一十二石。中丞,俸一百六贯,米一十一石。侍御史,俸九十六贯三钱五分,米九石五斗。治书侍御史,俸九十贯一钱八分,米九石五斗。经历,俸三十四贯六钱六分,米三石。都事,俸二十八贯,米三石。殿中,俸四十八贯六钱六分,米四石五斗。知班,俸一十四贯,米一石五斗。监察御史,俸二十八贯,米三石。

奎章阁学士院:大学士,俸一百一贯三钱三分三厘,米一十石五斗。侍书学士,俸九十五贯三钱三分三厘,米九石五斗。承制学士,俸七十八贯,米八石。供奉学士,俸五十九贯三钱三分三厘,米六石。参书,俸三十四贯三钱三分三厘,米三石。典籤,俸二十八贯,米三石。鉴书博士,俸四十一贯,米四石五斗。授经郎,俸二十八贯,米三石。

太禧宗禋院:院使,俸一百一十八贯六钱六分六厘,米一十二石。同知,俸一百贯,米一十石。副使,俸九十五贯三钱三分三厘,米九石五斗。佥院,俸九十贯一钱八分,米九石。同佥,俸五十九贯三钱三分三厘,米六石。院判,俸四十二贯,米四石五斗。参议,俸三十九贯三钱三分三厘,米三石五斗。经历,俸三十四贯六钱六分六厘,米三石。都事,俸二十八贯,米三石。照磨,俸二十二贯,米二石;管勾同。断事官,俸五十九贯三钱三分,米六石。经历,俸二十五贯三钱三分,米二石。知事,俸二十贯六钱六分,米一石五斗。客省使,俸三十一贯三钱三分,米三石。副使,俸二十二贯,米二石。

宣政院:院使,俸一百一十八贯六钱六分,米一十二石。同知,俸一百六贯,米一十一石。副使,俸九十五贯三钱三分,米九石五斗。佥院,俸九十贯一钱八分,米九石五斗。同佥,俸五十九贯三钱三分,米六石。院判,俸四十二贯,米四石五斗。参议,俸三十九贯三钱三分,米三石五斗。经历,俸三十四贯六钱六分,米三石五斗。都事,俸二十八贯,米三石。照磨,俸二十二贯,米二石;管勾同。断事官、客省使并同太禧宗禋院例。宣徽院同。

翰林国史院:承旨,俸一百一十八贯六钱六分,米一十二石。学士,俸一百六贯,米一十一石。侍读学士,俸九十五贯三钱三分,米九石五斗;侍讲学士同。直学士,俸五十九贯三钱三分三厘,米六石。经历,俸三十四贯六钱六分六厘,米三石。都事,俸二十八贯,米三石。待制,俸三十九贯三钱三分三厘,米三石五斗。修撰,俸二十八贯,米三石。应奉,俸二十五贯三钱三分三厘,米二石。编修,俸二十二贯,米二石;检阅同。典籍,俸二十贯六钱六分六厘,米一石五斗。翰林院、集贤院,大学士同承旨,余并同上例。

中政院:院使,俸一百一贯三钱三分三厘,米一十石五斗。同知,俸八十二贯六钱六分六厘,米八石五斗。佥院,俸七十贯,米七石五斗。同佥,俸五十九贯三钱三分三厘,米六石。院判,俸四十三贯,米四石五斗。司议,俸三十四贯六钱六分六厘,米三石。长史,俸二十八贯,米三石。照磨,俸二十二贯,米二石;管勾同。太医院、典瑞院、将作院、太史院、储政院并同。

太常礼仪院:院使,俸八十二贯六钱六分,米八石五斗。同知,俸七十二贯,米七石五斗。佥院,俸四十八贯六钱六分六厘,米四石五斗。同佥,俸四十二贯,米四石五斗。院判,俸三十七贯三钱三分三厘,米四石。经历,俸二十八贯,米三石。都事,俸二十五贯三钱三分,米二石。照磨,俸二十二贯,米二石。太祝,俸二十贯六钱六分,米一石五斗;奉礼、协律同。

通政院:院使,俸八十二贯六钱六分六厘,米八石五斗。同知,俸七十贯,米七石五斗。副使,俸五十九贯三钱三分三厘,米六石。

金院,俸四十八贯六钱六分六厘,米四石五斗。同金,俸四十四贯,米四石五斗。院判,俸三十九贯三钱三分三厘,米三石五斗。经历,俸三十四贯六钱六分六厘,米三石。都事,俸二十六贯六钱六分六厘,米二石五斗。照磨,俸二十二贯,米二石。

大宗正府:也可扎鲁忽赤,内一员俸一百一十八贯六钱六分六厘,米一十二石;二十七员,俸八十二贯六钱六分六厘,米八石;五员,俸六十七贯三钱三分三厘,米六石五斗。郎中,俸三十六贯,米三石五斗。员外郎,俸三十一贯三钱三分三厘,米三石。都事,俸二十六贯六钱六分六厘,米二石五斗。照磨,俸二十二贯,米二石;管勾同。

大司农司:大司农,俸一百一十八贯六钱六分,米一十二石。大司农卿,俸一百三贯,米一十一石。大司农少卿,俸九十五贯三钱三分,米九石五斗。大司农丞,俸九十贯一钱八分,米九石五斗。经历,俸三十四贯六钱六分,米三石。都事,俸二十八贯,米三石。照磨,俸二十二贯,米二石;管勾同。

内史府:内史,俸一百四十三贯三钱三分。中尉,俸一百一十六贯六钱六分六厘。司马,俸八十三贯三钱三分三厘。谘议,俸四十六贯六钱六分六厘。记室,俸四十贯。照磨,俸三十贯。

大都留守司:留守,俸一百一贯三钱三分,米一十石五斗。同知,俸八十二贯六钱六分,米八石五斗。副留守,俸五十九贯三钱三分三厘,米六石。留判,俸四十二贯,米四石五斗。经历,俸三十四贯六钱六分六厘,米三石。都事,俸二十八贯,米三石。照磨,俸二十二贯,米二石。

都护府,大都护,俸八十二贯六钱六分六厘,米八石五斗。同知,俸七十二贯,米七石五斗。副都护,俸五十九贯三钱三分三厘,米六石。经历,俸二十八贯,米三石。都事,俸二十六贯六分六厘,米二石五斗。照磨,俸二十二贯,米二石。

崇福司:司使,俸八十二贯六钱六分六厘,米八石。同知,俸七十贯,米七石五斗。副使,俸五十九贯三钱三分,米六石。司丞,俸三十九贯三钱三分,米三石五斗。经历,俸二十八贯,米三石。都事,俸二十六贯六分六厘,米二石五斗。照磨,俸二十二贯,米二石。

给事中,俸五十三贯三钱三分三厘,米五石。左右侍仪奉御,俸四十八贯六钱六分六厘,米四石五斗。

武备寺:卿,俸七十贯,米七石五斗。同判,俸五十九贯三钱三分三厘,米六石。少卿,俸四十二贯,米四石五斗。寺丞,俸三十九贯三钱三分三厘,米三石五斗。经历,俸二十五贯三钱三分三厘,米二石。知事,俸二十四贯,米二石。照磨,俸二十二贯,米二石。

太仆寺:卿,俸七十贯,米七石五斗。少卿,俸四十二贯,米四石五斗。寺丞,俸三十九贯三钱三分,米三石五斗。经历,俸二十五贯三钱三分三厘,米二石。知事,俸二十二贯,米二石。照磨,俸二十贯六钱六分,米一石五斗。光禄、长庆、长新、长秋、承徽、长宁、尚乘、长信等寺并同。

尚舍寺:太监,俸四十八贯六钱六分,米四石。少监,俸三十九贯三钱三分,米三石五斗。监丞,俸三十一贯三钱三分,米二石。知事,俸二十二贯,米二石。

侍仪司:侍仪使,俸七十贯,米七石五斗。引进使,俸四十八贯六钱六分,米四石五斗。典簿,俸二十五贯三钱三分,米二石。承奉班都知,俸二十六贯六钱六分,米二石五斗。通事舍人,俸二十五贯三钱三分,米二石。侍仪舍人,俸一十七贯三钱三分,米一石五斗。

拱卫司:都指挥使,俸七十贯,米七石五斗。副都指挥使,俸五十九贯三钱三分三厘,米六石。金事,俸四十八贯六钱六分六厘,米四石五斗。经历,俸二十五贯三钱三分三厘,米二石。知事,俸二十贯六钱六分六厘,米一石五斗。

内宰司:内宰,俸七十贯,米七石五斗。司丞,俸四十五贯,米四石五斗。典簿,俸二十五贯三钱三分,米二石。照磨,俸二十贯六钱六分,米一石五斗。翊正司同。

延庆寺:延庆使,俸一百贯。同知,俸六十三贯三钱三分三厘。副使,俸四十六贯六钱六分六厘。司丞,俸三十四贯六钱六分六厘,米三石。典簿,俸二十五贯三钱三分三厘,米二石。照磨,俸二十贯六钱六分六厘,米一石五斗。

内正司:司卿,俸七十贯,米七石五斗。少卿,俸四十七贯,米四石五斗。司丞,俸三十九贯三钱三分三厘,米三石五斗。典簿,俸二十五贯三钱三分三厘,米二石。照磨,俸二十贯六钱六分,米一石五斗。中瑞司同。

京畿运司,运使,俸五十六贯,米六石。同知,俸三十九贯三钱三分,米三石五斗。运副,俸三十四贯六分六分,米三石。运判,俸二十六贯六钱六分,米二石五斗。经历,俸二十贯六钱六分,米一石五斗。知事,俸一十四贯,米一石五斗。提控案牍,俸一十四贯六钱六分,米一石。

太府监:卿,俸七十贯,米七石五斗。太监,俸五十九贯三钱三分,米六石。少监,俸四十二贯,米四石五斗。监丞,俸三十九贯三钱三分,米三石五斗。经历,俸二十五贯三钱三分,米二石。知事,俸二十四贯,米二石。照磨,俸二十二贯,米二石。秘书、章佩、利用、中尚、度支等监并同。

国子监:祭酒,俸五十九贯三钱三分,米六石。司业,俸三十九贯三钱三分,米三石五斗。监丞,俸三十贯三钱三分,米三石。典簿,俸一十五贯三钱三分,米二石。博士,俸二十六贯六钱六分,米二石五斗;太常博士、回回国子博士同。助教,俸二十二贯,米二石,教授同。学录,俸一十一贯三钱三分,米五斗。蒙古国子监同。

经正监:卿,俸七十贯,米七石五斗。太监,俸五十贯,米五石。少监,俸四十二贯,米四石五斗。监丞,俸三十四贯六钱六分六厘,米三石。经历,俸二十五贯三钱三分三厘,米二石。知事,俸二十二贯,米二石。

阑遗监:太监,俸四十八贯六钱六分,米四石。少监,俸三十九贯三钱三分三厘,米三石。监丞,俸三十一贯三钱三分,米三石。知事,俸二十二贯,米二石。提控案牍,俸二十贯六钱六分,米一石五斗。

司天监：提点，俸五十九贯三钱三分，米六石。司天监，俸五十三贯三钱三分，米五石。监丞，俸三十一贯三钱三分，米三石。知事，俸二十贯六钱六分六厘，米一石五斗。教授，俸一十贯六钱六分，米一石；管勾同。司辰，俸八贯六钱六分，米五斗；学正、押宿并同。回回司天监：少监，俸四十二贯，米四石五斗；余同上。

都水监：都水卿，俸五十三贯，米六石。少监，俸三十九贯三钱三分，米三石五斗。监丞，俸三十贯，米三石。经历，俸二十五贯三钱三分，米二石。知事，俸二十二贯，米二石。

大都路达鲁花赤，俸一百三十贯；总管同。副达鲁花赤，一百二十贯。同知八十贯，治中同。判官，五十五贯。推官，五十贯。经历，四十贯。知事，三十贯。提控案牍，二十五贯；照磨同。并中统钞。

行省：左丞相，俸二百贯。平章政事，一百六十六贯六钱六分六厘；右丞、左丞同。参知政事，一百三十三贯三钱三分三厘。郎中，四十六贯六钱六分六厘。员外郎，三十贯。都事，二十六贯六钱六分六厘；检校同。管勾，二十三贯三钱三分三厘。理问所：理问，俸四十六贯六钱六分六厘。副理问，俸三十贯。知事，俸一十六贯六钱六分六厘；提控案牍同。

宣慰司：腹里宣慰使，俸中统钞五百八十贯三钱三分。同知，五百贯。副使，四百一十六贯六钱六分。经历，四百贯。都事，一百八十三贯三钱三分。照磨，一百五十贯。行省宣慰使，俸至元钞八十七贯五钱。同知，四十九贯。副使，四十二贯。经历，二十八贯。都事，二十四贯。照磨，一十七贯五钱。

廉访司：廉访使，俸中统钞八十贯。副使，四十五贯。佥事，三十贯。经历，二十贯。知事，一十五贯。照磨，一十二贯。

盐运司：腹里运使，俸一百二十贯。同知，五十贯。副使，三十五贯。判官，三十贯。经历，二十贯。知事，一十五贯。照磨，一十三贯。行省运使，八十贯。同知，五十贯。运副，四十贯。判官，三十贯。经历，二十五贯。知事，一十七贯。提控案牍，一十五贯。

上路达鲁花赤，俸八十贯；总管同。同知，四十贯。治中，三十贯。判官，二十贯。推官，一十九贯。经历，一十七贯。知事，一十二贯。提控案牍，一十贯。

下路达鲁花赤，俸七十贯；总管同。同知，三十五贯。判官，二十贯。推官，一十九贯。经历，一十七贯。知事，一十二贯。提控案牍，一十贯。

散府达鲁花赤，俸六十贯；知府同。同知，三十贯。判官，一十八贯；推官同。知事，一十二贯。提控案牍，一十贯。

上州达鲁花赤，俸五十贯；州尹同。同知，二十五贯。判官，一十八贯。知事，一十二贯。提控案牍，一十贯。

中州达鲁花赤，俸四十贯；知州同。同知，二十贯。判官，一十五贯。提控案牍，一十贯。都目，八贯。

下州达鲁花赤，俸三十贯；知州同。同知，一十八贯。判官，一十三贯。吏目，四十贯。

上县达鲁花赤，俸二十贯；县尹同。县丞，一十五贯。主簿，一十三贯。县尉，一十二贯。典史，三十五贯。巡检，一十贯。

中县达鲁花赤，俸一十八贯；县尹同。主簿，一十三贯。县尉，一十二贯。典史，三十五贯。

下县达鲁花赤，俸一十七贯；县尹同。主簿，一十二贯；县尉同。典史，三十五贯。

诸署、诸局、诸库等官及掾史之属，其目甚多，不可胜书。然其俸数之多寡，亦皆以品级之高下为则。观者可以类推，故略而不录。

至元三年，定随路府州县官员职田：

上路达鲁花赤一十六顷，总管同。同知八顷。治中六顷。府判五顷。

下路达鲁花赤一十四顷，总管同。同知七顷。府判五顷。

散府达鲁花赤一十顷，知府同。同知六顷。府判四顷。

上州达鲁花赤一十顷。州尹同。同知五顷。州判四顷。中州达鲁花赤八顷，知州同。同知四顷。州判三顷。

下州达鲁花赤六顷,知州同。州判三顷。

警巡院达鲁花赤五顷,警使同。警副四顷。警判三顷。

录事司达鲁花赤三顷,录事同。录判二顷。

县达鲁花赤四顷,县尹同。县丞三顷。主簿二顷,县尉、主簿兼尉并同。

经历四顷。

至元十四年,定按察司职田:各道按察使一十六顷。副使八顷。佥事六顷。

至元二十一年,定江南行省及诸司职田比腹里减半:

上路达鲁花赤八顷,总管同。同知,四顷。治中三顷。府判二顷五十亩。

下路达鲁花赤七顷,总管同。同知三顷五十亩。府判二顷五十亩。经历二顷。知事一顷,提控案牍同。

散府达鲁花赤六顷,知府同。同知三顷。府判二顷。提控案牍一顷。

上州达鲁花赤五顷,知州同。同知二顷,州判同。提控案牍一顷。

中州达鲁花赤四顷,知州同。同知,二顷。州判,一顷五十亩。都目,五十亩。

下州达鲁花赤三顷,知州同。同知,二顷。州判一顷五十亩。

上县达鲁花赤,二顷,县尹同。县丞,一顷五十亩。主簿,一顷,县尉同。中县同上。无县丞。

下县达鲁花赤一顷五十亩,县尹同。主簿兼尉,一顷。

录事司达鲁花赤一顷五十亩,录事同。录判一顷。

司狱,一顷,巡检同。

按察司使,八顷。副使,四顷。佥事,三顷。经历二顷。知事一顷。

运司官:运使,八顷。同知,四顷。运副,三顷,运判同。经历,二顷。知事,二顷,提控案牍同。

盐司官:盐使二顷。盐副,二顷。盐判,一顷。各场正、同、管勾各一顷。

常平起于汉之耿寿昌,义仓起于唐之戴胄,皆救荒之良法也。元立义仓于乡社,又置常平于路府,使饥不损民,丰不伤农,粟直不低昂,而民无菜色,可谓善法汉、唐者矣。

今考其制,常平仓世祖至元六年始立。其法:丰年米贱,官为增价籴之;歉年米贵,官为减价粜之。于是八年以和籴粮及诸河仓所拨粮贮焉。二十三年定铁法,又以铁课籴粮充焉。义仓,亦至元六年始立。其法:社置一仓,以社长主之,丰年每亲丁纳粟五斗,驱丁二斗,无粟听纳杂色,歉年就给社民。于是二十一年新城县水,二十九年东平等处饥,皆发义仓赈之。皇庆二年,复申其令。然行之既久,名存而实废,岂非有司之过与。

《周官》有医师,掌医之政令,凡邦有疾病疕疡者造焉,则使医分而治之,此民所以无夭折之患也。元立惠民药局,官给钞本,月营子钱,以备药物,仍择良医主之,以疗贫民,其深得《周官》设医师之美意者与。

初,太宗九年,始于燕京等十路置局,以奉御田阔阔、太医王璧、齐楫等为局官,给银五百锭为规运之本。世祖中统二年,又命王祐开局。四年,复置局于上都,每中统钞一百两,收息钱一两五钱。至元二十五年,以陷失官本,悉罢革之。至成宗大德三年,又准旧例,于各路置焉。凡局皆以各路正官提调,所设良医,上路二名,下路府州各一名,其所给钞本,亦验民户多寡以为等差。今并著于后:

腹里,三千七百八十锭。

河南行省,二百七十锭。湖广行省,一千一百五十锭。

辽阳行省,二百四十锭。

四川行省,二百四十锭。

陕西行省,二百四十锭。

江西行省,三百锭。

江浙行省,二千六百一十五锭。

云南行省,真贝一万一千五百索。

甘肃行省,一百锭。

　　和籴自唐始,所以备边庭军需也,其弊至于害民者,盖有之矣。元和籴之名有二,曰市籴粮,曰盐折草,率皆增其直而市于民。于是边庭之兵不乏食,京师之马不乏刍,而民亦用以不困,其为法不亦善乎。

　　市籴粮之法,世祖中统二年,始以钞一千二百锭,于上都、北京、西京等处籴三万石。四年,以解盐引一万五千道,和中陕西军储。是年三月,又命扎马剌丁籴粮,仍敕军民官毋沮。五年,谕北京、西京等路市籴军粮。至元三年,以南京等处和籴四十万石。四年,命沔州等处中纳官粮,续还其直。八年,验各路粮粟价直,增十分之一,和籴三十九万四千六百六十石。十六年,以两淮盐引五万道,募客旅中粮。十九年,以钞三万锭,市籴于隆兴等处。二十年,以钞五千锭市于北京,六万锭市于上都,二千锭市于应昌。二十一年,以河间、山东、两浙、两淮盐引,募诸人中粮。是年四月,以钞四千锭,于应昌市籴。九月,发盐引七万道、钞三万锭,于上都和籴。二十二年,以钞五万锭,令木八剌沙和籴于上都。是年二月,诏江南民田秋成,官为定例收籴,次年减价出籴。二十三年,发钞五千锭,市籴沙、静、隆兴军粮。二十四年,官发盐引,听民中粮。是年十二月,以扬州、杭州盐引五十万道,兑换民粮。二十七年,和籴西京粮,其价每一十两之上增一两。延祐三年,中籴和林粮二十三万石。五年、六年,又各和中二十万石。

　　盐折草之法,成宗大德八年,定其则例。每年以河间盐,令有司于五月预给京畿郡县之民,至秋成,各验盐数输草,以给京师秣马之用。每盐二斤,折草一束,重一十斤。岁用草八百万束,折盐四万引云。

　　救荒之政，莫大于赈恤。元赈恤之名有二：曰蠲免者，免其差税，即《周官·大司徒》所谓薄征者也；曰赈贷者，给以米粟，即《周官·大司徒》所谓散利者也。然蠲免有以恩免者，有以灾免者。赈贷有以鳏寡孤独而赈者，有以水旱疫疠而赈者，有以京师人物繁凑而每岁赈粜者。若夫纳粟补官之令，亦救荒之一策也。其为制各不同，今并著于后，以见其仁厚爱民之意云。

　　恩免之制：

　　世祖中统元年，量减丝料、包银分数。

　　二年，免西京、北京、燕京差发。是年二月，以真定、大名、河南、陕西、东平、益都、平阳等路，兵兴之际，劳于转输，其差发减轻科取。

　　三年，北京等路，以兵兴供给繁重，免本岁丝料、包银。是年闰九月，以济南路遭李璮之乱，军民皆饥，尽除差发。

　　四年，以西凉民户值浑都海、阿蓝斛儿之乱，人民流散，免差税三年。

　　至元元年，诏减明年包银十分之三，全无业者十之七。是年四月，逃户复业者，免差税三年。

　　三年，减中都包银四分之一。

　　十二年，蠲免包银、丝线、俸钞。是年八月，免河南路包银三分之二，其余路府亦免十之五。

　　十九年，免诸路民户明年包银、俸钞及逃移户差税。

　　二十年，免大都、平滦民户丝线、俸钞。

　　二十二年，除民间包银三年，不使带纳俸钞，尽免大都军民地税。

　　二十四年，免东京军民丝线、包银、俸钞。是年九月，除北京马五百匹。

　　二十五年，免辽阳、武平等处差发。

　　二十七年，减河间、保定、平滦三路丝线之半，大都全免。

二十八年，诏免腹里诸路包银、俸钞；其大都、上都、隆兴、平滦、大同、太原、河间、保定、武平、辽阳十路丝线并除之。

二十九年，免上都、隆兴、平滦、保定、河间五路包银、俸钞。

三十年，免大都差税。

三十一年，成宗即位，诏免天下差税有差。是年六月，免腹里军、站、匠、船、盐、铁等户税粮及江南夏税之半。

元贞元年，除大都民户丝线、包银、税粮。

大德元年，以改元免大都、上都、隆兴民户差税三年。

三年，诏免腹里包银、俸钞，及江南夏税十分之三。

四年，诏免上都、大都、隆兴明年丝银、税粮，其数亦如之，江南租税减十分之一。

九年，又下宽免之令，以恤大都、上都、隆兴、腹里、江淮之民。

十年，逃移民户复业者，免差税三年。

十一年，武宗即位，诏免内外郡县差税有差。

至大二年，上尊号，诏免腹里、江淮差税。三年，又免大都、上都、中都秋税，及民间差税之负欠者。

四年，免腹里包银及江南夏税十分之三。是年四月，免大都、上都、中都差税三年。

延祐元年，以改元免大都、上都差税二年，其余被灾经赈者免一年，流民复业者免差税三年。

二年，免各路差税、丝料。

七年，免腹里丝绵十分之五，外郡十分之三，江淮夏税所免之数，与外郡丝绵同，民间通欠差税并除之。是年，免丁地税粮、包银、丝料各有差。

至治二年，宽恤军民站户。

三年，免临青万户府军民船户差税三年，福建蜑户差税一年。

泰定三年，罢江淮以南包银。

天历元年，免诸路差税、丝料有差，及海北盐课三年。

二年，免达达军站之贫乏者及各路差税有差。是年十月，免人民逋欠官钱，及奉元商税，各处灶户杂设。至顺元年，以改元免诸路差税有差，减方物之贡，免河南府、怀庆路门摊、海北盐课，存恤红城儿屯田军三年。

灾免之制：

世祖中统元年，以各处被灾，验实减免科差。

三年，以蛮寇攻掠，免三叉沽灶户一百六十五户其年丝料、包银。

四年，以秋旱霜灾，减大名等路税粮。

至元三年，以东平等处蚕灾，减其丝料。

五年，以益都等路禾损，蠲其差税。

六年，以济南、益都、怀孟、德州、淄莱、博州、曹州、真定、顺德、河间、济州、东平、恩州、南京等处桑蚕灾伤，量免丝料。

七年，南京、河南蝗旱，减差徭十分之六。

十九年，减京师民户科差之半。

二十年，以水旱相仍，免江南税粮十分之二。

二十四年，免北京饥民差税。是年，扬州及浙西水，其地税在扬州者全免，浙西减二分。

二十五年，南安等处被寇兵者，税粮免征。

二十六年，绍兴路水，免地税十之三。是年六月，以禾稼不收，免辽阳差税。

二十七年，大都、辽阳被灾，免其包银、俸钞。是年六月，以霖雨免河间等路丝料之半。十月，以兴、松二州霜，免其地税。

二十八年，辽阳被灾者，税粮皆免征，其余量征其半。是年五月，以太原去岁不登，杭州被水，其太原丁地税粮、杭州地税并除之。九月，又免州路所负岁粮。

二十九年，以北京地震，量减岁课。是年，以大都去岁不登，流移者众，免其税粮及包银、俸钞。

元贞元年，以供给繁重及水伤禾稼，免咸平府边民差税。

大德三年，以旱蝗，除扬州、淮安两路税粮。

五年，各路被灾重者，其差税并除之。

六年，免大都、平滦差税。

七年，以内郡饥，荆湖、川蜀供给军饷，其差税减免各有差。

八年，以平阳、太原地震，免差税三年。

至大元年，以江南、江北水旱民饥，其科差、夏税并免之。

二年，以腹里、江淮被灾，其科差、夏税亦并免之。

皇庆二年，免益都饥民贷粮。

延祐二年，河南、归德、南阳、徐、邳、陈、蔡、许州、荆门、襄阳等处水，三年，肃州等处连岁被灾，皆免其民户税粮。

天历元年，陕西霜旱，免其科差一年；盐官州海潮，免其秋粮夏税。是年十二月，诏经寇盗剽掠州县，免差税一年。

二年，以关陕旱，免差税三年。

至顺元年，以河南、怀庆旱，其门摊课程及逋欠差税皆免征。

鳏寡孤独赈贷之制：

世祖中统元年，首诏天下，鳏寡孤独废疾不能自存之人，天民之无告者也，命所在官司，以粮赡之。

至元元年，又诏病者给药，贫者给粮。

八年，令各路设济众院以居处之，于粮之外，复给以薪。

十年，以官吏破除入己，凡粮薪并敕于公厅给散。

十九年，各路立养济院一所，仍委宪司点治。

二十年，给京师南城孤老衣粮房舍。

二十八年，给寡妇冬夏衣。

二十九年，给贫子柴薪，日五斤。

三十一年，特赐米绢。

元贞二年，诏各处孤老，凡遇宽恩，人给布帛各一。

大德三年，诏遇天寿节，人给中统钞二贯，永为定例。

六年，给死者棺木钱。

水旱疫疠赈贷之制：

中统元年，平阳旱，遣使赈之。

二年，迁曳捏即地贫民就食河南、平阳、太原。

三年，济南饥，以粮三万石赈之。是年七月，以课银一百五十锭济甘州贫民。

四年，以钱粮币帛赈东平济河贫民，钞四千锭赈诸王只必帖木儿部贫民。

至元二年，以钞百锭赈阔阔出所部军。

五年，益都民饥，验口赈之。

六年，东平、河间一十五处饥，亦验口赈之。

八年，以粮赈西京路急递铺兵卒。

十二年，濮州等处饥，贷粮五千石。

十六年，以江南所运糯米不堪用者赈贫民。

十九年，真定饥，赈粮两月。

二十年，以帛千匹、钞三百锭，赈水达达地贫民。

二十三年，大都属郡六处饥，赈粮三月。

二十四年，斡端民饥，赈钞万锭。是年四月，以陈米给贫民。七月，以粮给诸王阿只吉部贫民，大口二斗，小口一斗。

二十六年，京兆旱，以粮三万石赈之。是年，又赈左右屯田蛮军及月儿鲁部贫民粮，各三月。

二十七年，大都民饥，减直粜粮五万石。二十八年，以去岁陨霜害稼，赈宿卫士怯怜口粮二月，以饥赈徽州、溧阳等路民粮三月。

三十一年，复赈宿卫士怯怜口粮三月。

元贞元年，诸王阿难答部民饥，赈粮二万石。是年六月，以粮一千三百石赈隆兴府饥民，二千石赈千户灭秃等军。七月，以辽阳民饥，赈粮二月。

大德元年，以饥赈辽阳、水达达等户粮五千石，公主囊加真位粮二千石。是年，临江、扬州等路亦饥，赈粮有差；腹里并江南灾伤之地赈粮三月。

二年，赈龙兴、临江两路饥民，又赈金复州屯田军粮二月。

四年，鄂州等处民饥，发湖广省粮十万石赈之。

七年，以钞万锭赈归德饥民。

九年，澧阳县火，赈粮二月。

十一年，以饥赈安州高阳等县粮五千石，滹州谷一万石，奉符等处钞二千锭，两浙、江东等处钞三万余锭、粮二十万余石。又劝率富户赈粜粮一百四十余万石，凡施米者，验其数之多寡，而授以院务等官。是年，又以钞一十四万七千余锭、盐引五千道、粮三十万石，赈绍兴、庆元、台州三路饥民。

皇庆元年，宁国饥，赈粮两月。

自延祐之后，腹里、江南饥民岁加赈恤，其所赈或以粮，或以盐引，或以钞。

京师赈粜之制：

至元二十二年始行。其法于京城南城设铺各三所，分遣官吏，发海运之粮，减其市直以赈粜焉。凡白米每石减钞五两，南粳米减钞三两，岁以为常。

成宗元贞元年，以京师米贵，益广世祖之制，设肆三十所，发粮七万余石粜之，白粳米每石中统钞一十五两，白米每石一十二两，糙米每石六两五钱。二年，减米肆为一十所，其每年所粜，多至四十余万石，少亦不下二十余万石。

至大元年，增两城米肆为一十五所，每肆日粜米一百石。四年，增所粜米价为中统钞二十五贯。自是每年所粜，率五十余万石。泰定二年，减米价为二十贯。致和元年，又减为一十五贯云。

赈粜粮之外，复有红贴粮。红贴粮者，成宗大德五年始行。初，赈粜粮多为豪强嗜利之徒，用计巧取，弗能周及贫民。于是令有司籍两京贫乏户口之数，置半印号簿文贴，各书其姓名口数，逐月对贴以给。大口三斗，小口半之。其价视赈粜之直，三分常减其一，与赈粜并行。每年拨米总二十万四千九百余石，闰月不与焉。其爱民之仁，于此亦可见矣。

入粟补官之制：

元初未尝举行。天历三年，内外郡县亢旱为灾，于是用太师答剌罕等言,举而行之。凡江南、陕西、河南等处定为三等,令其富实民户依例出米,无米者折纳价钞。陕西每石八十两,河南并腹里每石六十两,江南三省每石四十两,实授茶盐流官,如不仕,让封父母者听。钱谷官考满,依例升转。

陕西省:一千五百石之上,从七品;一千石之上,正八品;五百石之上,从八品;三百石之上,正九品;二百石之,从九品;一百石之上,上等钱谷官;八十石之上,中等钱谷官;五十石之上,下等钱谷官;三十石之上,旌表门闾。

河南并腹里:二千石之上,从七品;一千五百石之上,正八品;一千石之上,从八品;五百石之上,正九品;三百石之上,从九品;二百石之上,上等钱谷官;一百五十石之上,中等钱谷官;一百石之上,下等钱谷官。

江南三省:一万石之上,正七品;五千石之上,从七品;三千石之上,正八品;二千石之上,从八品;一千石之上,正九品;五百石之上,从九品;三百石之上,上等钱谷官;二百五十石之上,中等钱谷官;二百石之上,下等钱谷官。

先已入粟,遥授虚名,今再入粟者,验其粮数,照依资品,实授茶盐流官。

陕西:一千石之上,从七品;六百六十石之上,正八品;三百三十石之上,从八品;二百石之上,正九品;一百三十石之上,从九品。

河南并腹里:一千三百三十石之上,从七品;一千石之上,正八品;六百六十石之上,从八品;三百三十石之上,正九品;二百石之上,从九品。

江南三省:六千六百六十石之上,正七品;三千三百三十石之上,从七品;二千石之上,正八品;一千三百三十石之上,从九品。

先已入粟,实授茶盐流官,今再入粟者,验其粮数,加等升除。

陕西:七百五十石之上,五百石之上,二百五十石之上,一百五十石之上,一百石之上。

河南并腹里:一千石之上,七百五十石之上,五百石之上,二百五十石之上。

　　僧道入粟：三百石之上，赐六字师号，都省给之；二百石之上，四字师号，一百石之上，二字师号，礼部给之。

　　四川省富实民户，有能入粟赴江陵者，依河南省补官例行之。

　　夫入粟补官，虽非先王之政，然荒札之余，民赖其助者多矣，故特识于篇末，而不敢略云。

元史卷九七
志第四五下

食货五

海运　钞法　盐法　茶法

食货前志，据《经世大典》为之目，凡十有九，自天历以前，载之详矣。若夫元统以后，海运之多寡，钞法之更变，盐茶之利害，其见于《六条政类》之中，及有司采访事迹，凡有足征者，具录于篇，以备参考；而丧乱之际，其亡逸不存者，则阙之。

元自世祖用伯颜之言，岁漕东南粟，由海道以给京师，始自至元二十年，至于天历、至顺，由四万石以上增而为三百万以上，其所以为国计者大矣。历岁既久，弊日以生，水旱相仍，公私俱困，疲三省之民力，以充岁运之恒数，而押运监临之官，与夫司出纳之吏，恣为贪黩，脚价不以时给，收支不得其平，船户贫乏，耗损益甚。兼以风涛不测，盗贼出没，剽劫覆亡之患，自仍改至元之后，有不可胜言者矣。由是岁运之数，渐不如旧。至正元年，益以河南之粟，通计江南三省所运，止得二百八十万石。二年，又令江浙行省及中正院财赋总管府，拨赐诸人寺观之粮，尽数起运，仅得二百六十万石而已。及汝、颍倡乱，湖广、江右相继陷没，而方国珍、张士诚窃据浙东、西之地，虽縻以好爵，资为藩屏，而贡赋不供，剥民以自奉，于是海运之舟不至京师者积年矣。

　　至十九年，朝廷遣兵部尚书伯颜帖木儿、户部尚书齐履亨征海运于江浙，由海道至庆元，抵杭州。时达识帖睦迩为江浙行中书省丞相，张士诚为太尉，方国珍为平章政事，诏命士诚输粟，国珍具舟，达识帖睦迩总督之。既达朝廷之命，而方、张互相猜疑，士诚虑方氏载其粟而不以输于京也，国珍恐张氏掣其舟而因乘虚以袭己也。伯颜帖木儿白于丞相，正辞以责之，巽言以谕之，乃释二家之疑，克济其事。先率海舟俟于嘉兴之澉浦，而平江之粟展转以达杭之石墩，又一舍而后抵澉浦，乃载于舟。海滩浅涩，躬履艰苦，粟之载于舟者，为石十有一万。二十年五月赴京。是年秋，又遣户部尚书王宗礼等至江浙。二十一年五月，运粮赴京，如上年之数。九月，又遣兵部尚书彻彻不花、侍郎韩祺往征海运一百万石。二十二年五月，运粮赴京，视上年之数，仅加二万而已。九月，遣户部尚书脱脱欢察尔、兵部尚书帖木至江浙。二十三年五月，仍运粮十有三万石赴京。九月，又遣户部侍郎博罗帖木儿、监丞赛因不花往征海运。士诚托辞以拒命，由是东南之粟给京师者，遂止于是岁云。

　　至正十年，右丞相脱脱欲更钞法，乃会中书省、枢密院、御史台及集贤、翰林两院官共议之。先是，左司都事武祺尝建言云："钞法自世祖时已行之后，除拨支料本、倒易昏钞以布天下外，有合支名目，于宝钞总库料钞转拨，所以钞法疏通，民受其利。比年以来，失祖宗元行钞法本意，不与转拨，故民间流转者少，致伪钞滋多。"遂准其所言，凡合支名目，已于总库转支。至是，吏部尚书偰哲笃及武祺，俱欲迎合丞相之意。偰哲笃言更钞法，以楮币一贯文省权铜钱一千文为母，而钱为子。众人皆唯唯，不敢出一语，惟集贤大学士兼国子祭酒吕思诚独奋然曰："中统、至元自有母子，上料为母，下料为子。比之达达人乞养汉人为子，是终为汉人之子而已。岂有故纸为父，而以铜为过房儿子者乎！"一坐皆笑。思诚又曰："钱钞用法，以虚换实，其致一也。今历代钱及至正钱，中统钞及至元钞、交钞，分为五项，若下民知之，藏其实而弃其虚，恐非国之利也。"偰哲笃、武祺又曰:"至元钞多伪,故更之尔。"思诚曰:"至元钞非伪,人为伪尔,交钞若出,亦有伪者矣。且至元钞犹故戚也,家之童稚皆识之矣。交钞犹新戚也,虽不敢不亲,人未识也,其伪反滋多尔。况祖宗成宪,岂可轻改。"偰哲笃曰:"祖宗法弊,亦可改矣。"思诚曰:"汝辈更法,又欲上诬世皇,是汝又欲与世皇争高下也。且自世皇以来,诸帝皆谥曰孝,改其成宪,可谓孝乎!"武祺又欲钱钞兼行,思诚曰:"钱钞兼行,轻重不伦,何者为母,何者为子?汝不通古今,道听涂说,何足以行,徒以口舌取媚大臣,可乎?"契哲笃曰:"我等策既不可行,公有何策?"思诚曰:"我有三字策,曰行不得,行不得。"又曰:"丞相勿听比言。如向日开金口河,成则归功汝等,不成则归罪丞相矣。"脱脱见其言直,犹豫未决。御史大夫也先帖木儿言曰:"吕祭酒言有是者,有非者,但不当坐庙堂高声厉色。若从其言,此事终不行耶!"明日,讽御史劾之,思诚归卧不出,遂定更钞之议而奏之。下诏云:

> 朕闻帝王之治,因时制宜,损益之方,在乎通变。惟我世祖皇帝,建元之初,颁行中统交钞,以钱为文,虽鼓铸之规未遑,而钱币兼行之意已具。厥后印造至元宝钞,以一当五,名曰子母相权,而钱实未用。历岁滋久,钞法偏虚,物价腾踊,奸伪日萌,民用匮乏。爰询廷臣,博采舆论,佥谓拯弊必合更张。其以中统交钞壹贯文省权铜钱一千文,准至元宝钞二贯,仍铸至正通宝钱与历代铜钱并用,以实钞法。至元宝钞通行如故。子母相权,新旧相济,上副世祖立法之初意。

十一年,置宝泉提举司,掌鼓铸至正通宝钱、印造交钞,令民间通用。行之未久,物价腾踊,价逾十倍。又值海内大乱,军储供给,赏赐犒劳,每日印造,不可数计。舟车装运,轴舻相接,交料之散满人间者,无处无之。昏软者不复行用。京师料钞十锭,易斗粟不可得。既而所在郡县,皆以物货相贸易,公私所积之钞,遂俱不行,人视之若弊楮,而国用由是遂乏矣。

大都之盐：

元统二年四月，御史台备监察御史言："窃睹京畿居民繁盛，日用之中，盐不可阙。大德中，因商贩把握行市，民食贵盐，乃置局设官卖之。中统钞一贯，买盐四斤八两。后虽倍其价，犹敷民用。及泰定间，因所任局官不得其人，在上者失于钤束，致有短少之弊。于是巨商趋利者营属当道，以局官侵盗为由，辄奏罢之，复从民贩卖。自是钞一贯，仅买盐一斤。无籍之徒，私相犯界，煎卖独受其利，官课为所侵碍。而民食贵盐益甚，贫者多不得食，甚不副朝廷恤小民之意。如朝廷仍旧设局，官为发卖，庶课不亏，而民受赐矣。"

既而大都路备三巡院及大兴、宛平县所申，又户部尚书建言，皆如御史所陈。户部乃言，以谓"榷盐之法，本以裕国而便民。始自大德七年罢大都运司，令河间运司兼办。每岁存留盐数，散之米铺，从其发卖。后因富商专利，遂于南北二城设局，凡十有五处，官为卖之。当时立法严明，民甚便益。泰定二年，因局官纲船人等多有侵盗之弊，复从民贩卖，而罢所置之局。未及数载，有司屡言富商高抬价值之害。运司所言纲船作弊，盖因立法不严，失于关防所致。且各处俱有官设盐铺，与商贾贩卖并无窒碍，岂有京城之内，乃革罢官卖之局。宜准本部尚书所言，及大都路所申，依旧制于南北二城置局十有五处。每局日卖十引，设卖盐官二员，以岁一周为满，责其奉公发卖。每中统钞一贯，买盐二斤四两，毋令杂灰土其中，及权衡不得其平。凡买盐过十贯者禁之，不及贯者从所买与之。如满岁无短少失陷及元定分数者，减一界升用之；若有侵盗者，依例追断其合卖盐数。令河间运司分为四季，起赴京厫，用官定法物，两平称收，分给各局。其所卖价钞，逐旬起解，委本部官轮次提调之。仍委官巡视，如有豪强兼利之徒，频买局盐而增价转卖于外者，从提调巡督官痛治之。仍令运司严督押运之人，设法防禁，毋致纵令纲船人等作弊。其客商盐货，从便相参发卖。"四月二十六日，中书省上奏，如户部所拟行之。

至元三年三月，大都京厫申户部云："近奉文帖，起运至元二年京厂发卖食盐一万五千引,令两平称收,如数具实申部。除各纲淹没短少盐计八百四十八引,本厂实收一万四千一百五十有二引,已支一万一百引付各局发卖,见存盐四千五十有二引,支拨欲尽。所据至元三年食盐,宜依例于河间运司起运一万五千引赴都,庶民间食用不阙。"户部准其所言,乃议:"京厂食盐,今岁宜从河间运一万五千引,其脚价并席索等费,令运司于盐课钱内通算支用。仍召募有产业船户,互相保识,每一千引为一纲,就差各该场官一员,并本司奏差或监运巡盐官,每名管押一纲,于大都兴国等场见收盐内验数,分派分司官监视,如数两平支收,限三月内赴京厂交卸,取文凭赴部销照。但有杂和沙土,湿润短少数,并令本纲船户、押运场官、奏差监运诸人,如数均赔,依例坐罪。"中书如户部所议行之。

至正三年,监察御史王思诚、侯思礼等建言:"京师自大德七年罢大都盐运司,设官卖盐,置局十有五处,泰定二年以其不便罢之,元统二年又复之,迨今十年,法久弊生。在船则有侵盗渗溺之患,入局则有和杂灰土之奸。名曰一贯二斤四两,实不得一斤之上。其洁净不杂,而斤两足者,唯上司提调数处耳。又常白盐一千五百引,用船五十艘,每岁以四月起运,官盐二万引,用船五十艘,每岁以七月起运,而运司所遣之人,擅作威福,南抵临清,北自通州,所至以索载河道,舟楫往来,无不被扰。名为和顾,实乃强夺。一岁之中,千里之内,凡富商巨贾之载米粟者,达官贵人之载家室者,一概遮截,争重贿而放行,所拘留者,皆贫弱无力之人耳。其舟小而不固,渗溺侵盗,弊病多端。既达京厂,又不得依时交收,淹延岁月,困守无聊,鬻妻子、质舟楫者,往往有之。此客船所以狼顾不前,使京师百物涌贵者,实由于此。窃计官盐二万引,每引脚价中统钞七贯,总为钞三千锭,而十五局官典俸给,以一岁计之,又五百七十六锭,其就支赍发之资,短脚之价,席草诸物,又在外焉。当时置局设官,但为民食贱盐,殊不料官卖之弊,反不如商贩之贱,岂忍徒费国家,而使百物贵也。宜从宪台具呈中书省,议罢其监局,及来岁起运之时,出榜文晓告盐商,从便入京兴贩。若常白盐所用船五十艘,亦宜于江南造小料船处如数造之。既成之后，付运司顾人运载，庶舟楫通而商贾集，则京师百物贱，而盐亦不贵矣。"御史台以其言具呈中书，而河间运司所申，亦如前议。

户部言："运司及大都路讲究，即同监察御史所言，元设监局，合准革罢，听从客旅兴贩。其常白盐系内府必用之物，起运如故，宜从都省闻奏。"二月初五日，中书省上奏，如户部所拟行之。"

河间之盐：

至正二年，河间运司申户部云："本司岁办额余盐共三十八万引，计课钞一百一十四万锭，以供国用，不为不重。近年以来，各处私盐及犯界盐贩卖者众，盖因军民官失于禁治，以致侵碍官课，盐法涩滞，实由于此。乞转呈都省，颁降诏旨，宣谕所司，钦依规办。"本部具呈中书省，遂于四月十七日上奏，降旨戒饬之。

七月，又据河间运司申："本司办课，全藉郡县行盐地方买食官盐。去岁河间等路旱蝗阙食，累蒙赈恤，民力未苏，食盐者少。又因古北口等处，把隘官及军人不为用心诘捕，大都路所属有司，亦不奉公巡禁，致令诸人装载疙疸盐于街市卖之，或量以斗，或盛以盘，明相馈送。今紫荆关捕获犯人张狡群等所载疙疸盐，计一千六百余斤。自至元六年三月迄今犯者，将及百起。若不申闻，恐年终课不如数，虚负其咎。"本部具呈中书省，照会枢密院给降榜文禁治之。

三年，又据河间运司申："生财节用，固治国之常经；薄赋轻徭，实理民之大本。本司岁额盐三十五万引，近年又添余盐三万引，元签灶户五千七百七十四户，除逃亡外，止存四千三百有一户。每年额盐，勒令见在疲乏之户勉强包煎。今岁若依旧煎办，人力不足。又兼行盐地方旱蝗相仍，百姓焉有买盐之资。如蒙矜闵，自至正二年为始，权免余盐三万引，俟丰稔之岁，煎办如旧。"本部以钱粮支用不敷，权拟住煎一万引，具呈中书省。正月二十八日上奏，如户部所拟行之。

既而运司又言："至元三十一年，本司办盐额二十五万引，自后累增至三十有五万。元统元年又增余盐三万引，已经具呈。蒙都省奏准，住煎一万引。外有二万引，若依前勒令见户包煎，实为难堪。如并将余盐二万引住煎，诚为便益。"户部又以所言具呈中书省，权拟余盐二万引住煎一年，至正四年煎办如故。四月十二日上奏，如户部所拟行之。

山东之盐：

元统二年，户部呈："据山东运司准济南路牒，依副达鲁花赤完者、同知阇里帖木儿所言，比大都、河间运司，改设巡盐官一十二员，专一巡禁本部。详山东运司，岁办钞七十五万余锭，行盐之地，周围三万余里，止是运判一员，岂能遍历，恐私盐来往，侵碍国课。本司既与济南路讲究便益，宜准所言。"中书省令户部复议之，本部言："河间运司定设奏差一十二名，巡盐官一十六名，山东运司设奏差二十四名，今既比例添设巡盐官外，据元设奏差内减去一十二名。"具呈中书省，如所拟行之。

三年二月，又据山东运司备临朐、沂水等县申："本县十山九水，居民稀少，元系食盐地方，后因改为行盐，民间遂食贵盐，公私不便。如蒙仍旧改为食盐，令居民验户口多寡，以输纳课钞，则官民俱便，抑且可革私盐之弊。"运司移文分司，并益都路及下滕、峄等州，从长讲究，互言食盐为便。及准本司运使辛朝列牒云："所据零盐，拟依登、莱等处，铨注局官，给印置局，散卖于民，非惟大课无亏，官释私盐之忧，民免刑配之罪。"户部议："山东运司所言，于滕、峄等处增置十有一局，如登、莱三十五局之例，于钱谷官内通行铨注局官，散卖食盐，官民俱便。既经有司讲究，宜从所议。"具呈中书省，如所拟行之。

至元二年，御史台据山东肃政廉访司申："准济南路备章丘县申'见奉山东运司为本司额办盐课二十八万引，除客商承办之外，见存十三万引，绝无买者，将及年终，岁课不能如数。所据新城、章丘、长山、邹平、济南俱近盐场，与大、小清河相接，客旅兴贩，宜依商河、滕、峄等处，改为食盐，权派八千引，责付本处有司自备席索脚力，赴已拟固堤等场，于元统三年依例支出，均散于民'等事，窃照山东运司，初无上司明文，辄擅散民食盐，追纳课钞，使民不得安业。今于至元元年正月、二月，两次奉到中书户部符文，行盐食盐地分已有定例，毋得桩配于民。本司不遵省部所行，寝匿符文，依前差人驰驿，督责州县，临逼百姓，追征食盐课钞，不无扰害。据本司恣意行事，玩法扰民，理应取问，缘系办课之时，宜从宪台区处。又据盐察御史所呈，亦为兹事。若便行取问，即系办课时月，具呈中书省区处。"户部议呈："行盐食盐已有定所，宜从改正。若准御史台所呈，取问运司，却缘盐法例应从长规画，似难别议。"中书省如所拟行之。

陕西之盐：至元二年九月，御史台准陕西行台咨备监察御史帖木儿不花建言："近蒙委巡历奉元东道，至元元年各州县户口额办盐课，其陕西运司官不思转运之方，每年豫期差人，分道赍引，遍散州县，甫及旬月，杖限追钞，不问民之无有。窃照诸处运司之例，皆运官召商发卖，惟陕西等处盐司，近年散于民户。且如陕西行省食盐之户，该办课二十万三千一百六十四锭有余。于内巩昌、延安等处认定课钞一万六千二百七十一锭，庆阳、环州、凤翔、兴元等处岁办课一万七千九百八十五锭，其余课钞，先因关陕旱饥，民多流亡，准中书省咨，至顺三年盐课，十分为率，减免四分，于今三载，尚有亏负。盖因户口凋残，十亡八九，纵或有复业者，家产已空，尔来岁颇丰收，而物价甚贱，得钞为艰。本司官皆勒有司征办，无分高下，一概给散，少者不下二三引，每一引收价二锭，富家无以应办，贫下安能措画。橐终岁之粮，不酬一引之价，缓则输息而借贷，急则典鬻妻子。纵引目到手，力窘不能装运，止从各处盐商，勒价收买。旧债未偿，新引又至，民力有限，官赋无穷。又宁夏所产韦红盐池，不办课程，除巩昌等处循例认纳乾课，从便食用外，其池邻接陕西环州百余里，红盐味甘而价贱，解盐味苦而价贵，百姓私相贩易，不可禁约。以此参详,河东盐池,除捞盐户口食盐外,办课引数,今后宜从运官设法,募商兴贩。但遇行盐之处,诸人毋得侵扰韦红盐法。运司每岁分轮官吏监视,听民采取,立法抽分,依例发卖,每引收价钞三锭。自黄河以西,从民食用,通办运司元额课钞。因时夹带至黄河东南者,同私盐法罪之,陕西兴贩解盐者不禁。如此庶望官民两便,而课亦无亏矣。"

又据陕西汉中道肃政廉访使胡通奉所陈云:"陕西百姓,许食解盐,近脱荒俭,流移渐复,正宜安辑,而盐吏不察民瘼,止以恢办为名,不论贫富,散引收课,或纳钱入官,动经岁月,犹未得盐。盖因地远,脚力艰涩。今后若令大河以东之民,分定课程,买食解盐,其以西之民,计口摊课,任食韦红之盐,则官不被扰,民无荡产之祸矣。且解盐结之于风,韦红之盐产之于地,东盐味苦,西盐味甘,又岂肯舍其美而就其恶乎。使陕西百姓,一概均摊解盐之课,令食韦红之盐,则盐吏免巡禁之劳,而民亦受惠矣。"本台详所言盐法,宜从省部定拟,具呈中书省,送户部议之。本部议云:"陕西行台所言盐事,宜从都省选官,前赴陕西,与行省、行台及河东运司官一同讲究,是否便益,明白咨呈。"

三年,都省移咨陕西行省,仍摘委河东运司正官一员赴省,一同再行讲究。三月初二日,陕西行省官及李御史、运司同知郝中顺会巩昌、延安、兴元、奉元、凤翔、邠州等官,与总帅汪通议等,俱称当从御史帖木儿不花及廉使胡通奉所言,限以黄河为界,令陕西之民从便食用韦红二盐,解盐依旧西行,红盐不许东渡。其咸宁、长安录事司三处未散者,依已散州县,一体斟酌,认纳乾课,与运司已散食盐引价同。见纳乾课,办钞七万锭,通行按季输纳,运司不须散引。如此则民不受害,而课以无亏矣。郝同知独言:"运司每岁办课四十五万锭,陕西该办二十万锭,今止认七万锭,余十三万锭,从何处恢办?"议不合而散。本省检照运司逐年申报文册,陕西止办七万二千六十余锭,郝遂称疾不出,其后讫无定论。

户部参照至顺二年中书省尝遣兵部郎中井朝散,与陕西行省官一同讲究,以泾州白家河永为定界,听民食用。仍督所在军民官严行禁约,毋致韦红二盐犯境侵课。中书如所拟行之。

两淮之盐:至元六年八月,两淮运司准行户部尚书运使王正奉牒:"本司自至元十四年创立,当时盐课未有定额,但从实恢办,自后累增至六十五万七十五引。客人买引,自行赴场支盐,场官逼勒灶户,加其斛面,以通盐商,坏乱盐法。大德四年,中书省奏准,改法立仓,设纲攒运,拨袋支发,以革前弊。本司行盐之地,江浙、江西、河南、湖广所辖路分,上江下流,盐法通行。至大间,煎添正额余盐三十万引,通九十五万七十五引。客商运至扬州东关,俱于城河内停泊,听候通放,不下三四十万余引,积垒数多,不能以时发放。至顺四年,前运使韩大中等又言:"岁卖额盐九十五万七十五引。客商买引,关给勘合,赴仓支盐,雇船脚力,每引远仓该钞十二三贯,近仓不下七八贯,运至扬州东关,俟候以次通放。其船梢人等,恃以盐主不能照管,视同己物,恣为侵盗,弊病多端,及事败到官,非不严加惩治,莫能禁止。其所盗盐,以钞计之,不过折其旧船以偿而已,安能如数征之。是以里河客商,亏陷资本,外江兴贩,多被欺侮,而百姓高价以买不洁之盐,公私俱受其害。"窃照扬州东关城外,沿河两岸,多有官民空闲之地。如蒙听从盐商自行赁买基地,起造仓房,支运盐袋到槁,籍定资次,贮置仓内,以俟通放,临期用船,载往真州发卖,既防侵盗之患,可为悠久之利,其于盐法非小补也。"

既申中书户部及河南行省,照勘议拟,文移往复,纷纭不决。久之,户部乃定议,令运司于已收在官客商带纳挑河钱内,拨钞一万锭,起盖仓房,仍从都省移咨河南行省,委官与运司偕往,相视空地,果无违碍,而后行之。

两浙之盐:至元五年,两浙运司申中书省云:

本司自至元十三年创立,当时未有定额。至十五年始立额,办盐十五万九千引。自后累增至四十五万引,元统元年又增余盐三万引,每岁总计四十有八万。每引初定官价中统钞五贯,自后增为九贯、十贯,以至三十、五十、六十、一百,今则为三锭矣。每年办正课中统钞一百四十四万锭,较之初年,引增十倍,价增三十倍。课额愈重,煎办愈难,兼以行盐地界所拘户口有限。前时听从客商就场支给,设立检校所,称检出场盐袋。又因支查停积,延祐七年,比两淮之例,改法立仓,纲官押船到场,运盐赴仓收贮,客旅就仓支盐。始则为便,经今二十余年,纲场仓官任非其人,惟务掊克。况淮、浙风土不同,两淮跨涉四省,课额虽大,地广民多,食之者众,可以办集。本司地界,居江枕海,煎盐亭灶,散漫海隅,行盐之地,里河则与两淮邻接,海洋则与辽东相通,番舶往来,私盐出没,侵碍官课,虽有刑禁,难尽防御。盐法隳坏,亭民消废,其弊有五:

本司所辖场司三十四处,各设令、丞、管勾、典史,管领灶户火丁。用工之时,正当炎暑之月,昼夜不休。才值阴雨,束手彷徨。贫穷小户,余无生理,衣食所资,全籍工本,稍存抵业之家,十无一二。有司不体其劳,又复差充他役。各场元签灶户一万七千有余,后因水旱疫疠,流移死亡,止存七千有余。即今未蒙签补,所据抛下额盐,唯勒见户包煎而已。若不早为签补,优加存恤,将来必致损见户而亏大课。此弊之一也。

又如所设三十五纲监运纲司,专掌召募船户,照依随场日煎月办课额,官给水脚钱,就场支装所煎盐袋,每引元额四百斤,又加折耗等盐十斤,装为二袋,纲官押运前赴所拨之仓而交纳焉。客人到仓支盐,如自二月至于十月河冻之时,以运足为度,其立法非不周密也。今各纲运盐船户,经行岁久,奸弊日滋。凡遇到场装盐之时,私属盐场官吏司秤人等,重其斤两,装为硬袋,出场之后,沿途盗卖,杂以灰土,补其所亏。及到所赴之仓,而仓官司秤人又各受贿,既不加辨,秤盘又不如法。在仓日久,又复消折。袋法不均,诚非细故。不若仍旧令客商就场支给,既免纲运俸给水脚之费,又盐法一新。此弊之二也。

　　本司岁办额盐四十八万引,行盐之地,两浙、江东凡一千九百六万余口。每日食盐四钱一分八厘,总而计之,为四十四万九千余引。虽卖尽其数,犹剩盐三万一千余引。每年督勒有司,验户口请买。又值荒歉连年,流亡者众,兼以濒江并海,私盐公行,军民官失于防御,所以各仓停积累岁未卖之盐,凡九十余万引,无从支散。如蒙早降定制,以凭遵守,赏罚既明,私盐减少,户口食盐,不致废弛。此弊之三也。

　　又每季拘收退引,凡遇客人运盐到所卖之地,先须住报水程及所止店肆,缴纳退引,岂期各处提调之官,不能用心检举,纵令吏胥坊里正等,需求分例钱,不满所欲,则多端留难。客人或因发卖迟滞,转往他所,水程虽住,引不拘纳,遂有埋没,致容奸民藏匿在家,影射私盐,所司亦不检勘拘收。其懦善者,卖过官盐之后,即将引目投之乡胥。又有狡猾之徒,不行纳官,通同盐徒,执以为凭,兴贩私盐。如蒙将有司官吏,明定黜降罪名,使退引尽实还官,不致影射私盐。此弊之四也。

　　本司自延祐七年改立杭州等七仓,设置部辖,掌收各纲船户,运到盐袋,贮顿在仓,听候客人,依次支盐,俱有定制。比年以来,各仓官攒,肆其贪欲,出纳之间,两收其利。凡遇纲船到仓,必受船户之贿,纵其杂和灰土,收纳入仓。或船户运至好盐,无钱致贿,则故生事留难,以致停泊河岸,侵欺盗卖。其仓官与监运人等为弊多端,以是各仓积盐九十余万引,新旧相并,充溢廊屋,不能支发,走卤消折,利害非轻。虽系客人买过之物,课钞入官,实恐年复一年,为患益甚。若仍旧令客商自备脚力,就场支装,庶免停积。此弊之五也。

　　五者之中,各仓停积,最为急务。验一岁合卖之数,止该四十四万余引,尽卖二年,尚不能尽,又复煎运到仓,积累转多。如蒙特赐奏闻,选委德望重臣,与拘该官府,从长讲究,参酌时宜,更张法制,定为良规,惠济黎元,庶望大课无亏。见为住煎余盐三万引,差人赍江浙行省咨文赴中书省,请照详焉。

户部详运司所言,除余盐三万引别议外,其余事理,未经行省明白定拟,呈省移咨,从长讲究。六年五月,中书省奏,选官整治江浙盐法,命江浙行省右丞纳麟及首领官赵郎中等提调,既而纳麟又以他故辞。

至正元年,运使霍亚中又言:"两淮、福建运司,俱在余盐,已行住免。本司系同一体,如蒙依例住煎三万引,庶大课易为办集。"中书省上奏,得旨权将余盐三万引倚阁,俟盐法通行而后办之。

二年十月,中书右丞相脱脱、平章铁木儿塔识等奏:"两浙食盐,害民为甚,江浙行省官、运司官屡以为言。拟合钦依世祖皇帝旧制,除近盐地十里之内,令民认买,革罢见设盐仓纲运,听从客商赴运司买引,就场支盐,许于行盐地方发卖,革去派散之弊。及设检校批验所四处,选任廉干之人,直隶运司,如遇客商载盐经过,依例秤盘,均平袋法,批验引目,运司官常行礼究。又自至元十三年岁办盐课,额少价轻,今增至四十五万,额多价重,转运不行。今户部定拟,自至正三年为始,将两浙额盐量减一十万引,俟盐法流通,复还元额,散派食盐,拟合住罢。"有旨从之。

福建之盐:至元六年正月,江浙行省据福建运司申:"本司岁办额课盐,十有三万九引一百八十余斤,今查勘得海口等七场,至元四年闰八月终,积下附余增办等盐十万一千九百六十二引二百六十二斤。看详,既有积攒附余盐数,据至元五年额盐,拟合照依天历元年住煎正额五万引,不给工本,将上项余盐五万,准作正额,省官本钞二万锭,免致亭民重困。本年止办额盐八万九引一百八十余斤,计盐十有三万九引有奇,通行发卖,办纳正课。除留余盐五万余引,预支下年军民食盐,实为官民便益。"本省如所拟,咨呈中书省。送户部参详,亦如所拟。其下余盐五万一千九百六十二引,发卖为钞,通行起解。回咨本省,从所拟行之。

至正元年,诏:"福建、山东俵卖食盐,病民为甚。行省、监察御史、廉访司拘该有司官,宜公同讲究。"二年六月,江浙行省左丞与行台监察御史、福建廉访司官及运使常山李鹏举、漳州等八路正官讲究得食盐不便，其目有三：一曰余盐三万引，难同正额，拟合除免。二曰盐额太重，比依广海例，止收价二锭。三曰住罢食盐，并令客商通行。

福建盐课始自至元十三年，见在盐六千五十五引，每引钞九贯。二十年，煎卖盐五万四千二百引，每引钞十四贯。二十五年，增为一锭。三十一年，始立盐运司，增盐额为七万引。元贞二年，每引增价十五贯。大德八年，罢运司，并入宣慰使司恢办。十年，立都提举司，增盐额为十万引。至大元年，各场煎出余盐三万引。四年，复立运司，遂定额为十三万引，增价钞为二锭。延祐元年，又增为三锭，运司又从权改法，建、延、汀、邵仍旧客商兴贩，而福、兴、漳、泉四路椿配民食，流害迄今三十余年。本道山多田少，土瘠民贫，民不加多，盐额增重。八路秋粮，每岁止二十七万八千九百余石，夏税不过一万一千五百余锭，而盐课十三万引，该钞三十九万锭。民力日弊，每遇催征，贫者质妻鬻子以输课，至无可规措，往往逃移他方。近年漳寇扰攘，亦由于此。运司官耳闻目见，盖因职专恢办，惠无所施。如蒙钦依诏书事意，罢余盐三万引，革去散卖食盐之弊，听从客商八路通行发卖，诚为官民两便。其正额盐，若依广海盐价，每引中统钞二锭，宜从都省区处。

江浙行省遂以左丞所讲究，咨呈中书省，送户部定拟，自至正三年为始，将余盐三万引，权令减免，散派食盐拟合住罢。其减正额盐价，即与广海提举司事例不同，别难更议。十月二十八日，右丞相脱脱、平章帖木儿达失等，以所拟奏而行之。

广东之盐：至元二年，御史台准江南诸道行御史台咨备监察御史韩承务建言："广东道所管盐课提举司，自至元十六年为始，止办盐额六百二十一引，自后累增至三万五千五百引，延祐间又增余盐，通正额计五万五百五十二引。灶户窘于工程，官民迫于催督，呻吟愁苦，已逾十年。泰定间，蒙宪台及奉使宣抚，交章敷陈，减免余盐一万五千引。元统元年，都省以支持不敷，权将已减余盐，依旧煎办，今已三载，未蒙住罢。窃意议者，必谓广东控制海道，连接诸蕃，船商辏集，民物富庶，易以办纳，是盖未能深知彼中事宜。本道所辖七路八州，平土绝少，加以岚瘴毒疠，其民刀耕火种，巢颠穴岸，崎岖辛苦，贫穷之家，经岁淡食，额外办盐，卖将谁售。所谓富庶者，不过城郭商贾与舶船交易者数家而已。灶户盐丁十逃三四，官吏畏罪，止将见存人户，勒令带煎。又有大可虑者，本道密迩蛮獠，民俗顽恶，诚恐有司责办太严，敛怨生事，所系非轻。如蒙捐此微利，以示大信，疲民幸甚。"具呈中书省，送户部定拟，自元统三年为始，广东提举司所办余盐，量减五千引。十月初九日，中书省以所拟奏闻，得旨从之。

广海之盐：至元五年三月，湖广行省咨中书省云："广海盐课提举司额盐三万五千一百六十五引，余盐一万五千引。近因黎贼为害，民不聊生，正额积亏四万余引，卧收在库。若复添办余盐，困苦未苏，恐致不安。事关利害，如蒙怜悯，闻奏除免，庶期元额可办，不致遗患边民。"户部议云："上项余盐，若全恢办，缘非元额，兼以本司僻在海隅，所辖灶民，累遭劫掠，死亡逃窜，民物凋弊，拟于一万五千引内，量减五千引，以舒民力。"中书以所拟奏闻，得旨从之。

四川之盐：元统三年，四川行省据盐茶转运使司申："至顺四年，中书坐到添办余盐一万引外，又带办两浙运司五千引，与正额盐通行煎办，已后支用中阙，再行议拟。卑司为各场别无煎出余盐，不免勒令灶户承认规划，幸已足备。以后年分，若不申覆，诚恐灶户逃窜，有妨正课。如蒙怜悯，备咨中书省，于所办余盐一万引内，量减带办两浙之数。"又准分司运官所言云："四川盐井，俱在万山之间，比之腹里、两淮，优苦不同，又行带办余盐，灶民由此而疲矣。"行省咨呈中书省，上奏得旨，权以带办余盐五千引倚阁之。

　　至元二年,江西、湖广两行省具以茶运司同知万家间所言添印茶由事,咨呈中书省云:"本司岁办额课二十八万九千二百余锭。除门摊批验钞外,数内茶引一百万张,每引十二两五钱,共为钞二十五万锭。末茶自有官印筒袋关防,其零斤草茶由帖,每年印造一千三百八万五千二百八十九斤,该钞二万九千八十余锭。茶引一张,照茶九十斤,客商兴贩。其小民买食及江南产茶去处零斤采卖,皆须由帖为照。春首发卖茶由,至于夏秋,茶由尽绝,民间阙用。以此考之,茶由数少课轻,便于民用而不敷,茶引课重数多,止于商旅兴贩,年终尚有停闲未卖者。每岁合印茶由,以十分为率,量添二分,计二百六十一万七千五十八斤。算依引目内官钞,每斤收钞一钱三分八厘八毫八丝,计增钞七千二百六十九锭七两,比验减去引且二万九千七十六张,庶几引不停闲,茶无私积。中书户部定拟,江西茶运司岁办公据十万道,引一百万,计钞二十八万九千二百余锭。茶引便于商贩,而山场小民全凭茶由为照,岁办茶由一千三百八万五千二百八十九斤,每斤一钱一分一厘一毫二丝,计钞五千八百一十六锭七两四钱一分,减引二万三千二百六十四张。茶引一张,造茶九十斤,纳官课十二两五钱。如于茶由量添二分,计二百六十一万七千五十八斤,每斤添收钞一钱三分八厘八毫八丝,计钞七千二百六十九锭七两,积出余零钞数,官课无亏,而便于民用。"合准本省所拟,具呈中书省,移咨行省,如所拟行之。

　　至正二年,李宏陈言内一节,言江州茶司据引不便事云:"榷茶之制,古所未有,自唐以来,其法始备。国朝既于江州设立榷茶都转运司,仍于各路出茶之地设立提举司七处,专任散据卖引,规办国课,莫敢谁何。每至十二月初,差人勾集各处提举司官吏,关领次年据引。及其到司,旬月之间,司官不能偕聚。吏贴需求,各满所欲,方能给付据引。此时春月已过。及还本司,方欲点对给散,又有分司官吏,到各处验户散据卖引。每引十张,除正纳官课一百二十五两外,又取要中统钞二十五两,名为搭头事例钱,以为分司官吏馈饩之资。提举司虽以榷茶为名,其实不能专散据卖引之任,不过为运司官吏营办资财而已。上行下效,势所必然。提举司既见分司官吏所为若是,亦复仿效迁延。及茶户得据还家,已及五六月矣。中间又存留茶引二三千本,以茶户消乏为名,转卖与新兴之户。每据又多取中统钞二十五两,上下分派,各为己私。不知此等之钱,自何而出,其为茶户之苦,有不可言。至如得据在手,碾磨方兴,吏卒踵门,催并初限。不知茶未发卖,何从得钱。间有充裕之家,必须别行措办。其力薄者,例被拘监,无非典鬻家私,以应官限。及终限不能足备,上司紧并,重复勾追,非法苦楚。此皆由运司给引之迟,分司苛取之过。茶户本图求利,反受其害,日见消乏逃亡,情实堪悯。今若申明旧制,每岁正月,须要运司尽将据引给付提举司,随时派散,无得停留在库,多收分例,妨误造茶时月;如有过期,别行定罪。仍不许运司似前分司自行散卖据引,违者从肃政廉访司依例纠治。如此,庶茶司少革贪黩之风,茶户免损乏之害。”中书省以其言送户部定拟,复移咨江西行省,委官与茶运司讲究,如果便益,如所言行之。

元史卷九八
志第四六

兵　一

兵　制

　　兵者,先王所以威天下,而折夺奸宄、戡定祸乱者也。三代之制远矣,汉、唐而下,其法变更不一。大抵用得其道,则兵力富,而国势强;用失其宜,则兵力耗,而国势弱。故兵制之得失,国势之盛衰系焉。

　　元之有国,肇基朔漠。虽其兵制简略,然自太祖、太宗,灭夏剪金,霆轰风飞,奄有中土,兵力可谓雄劲者矣。及世祖即位,平川蜀,下荆襄,继命大将帅师渡江,尽取南宋之地,天下遂定于一,岂非盛哉。

　　考之国初,典兵之官,视兵数多寡,为爵秩崇卑。长万夫者为万户,千夫者为千户,百夫者为百户。世祖时,颇修官制,内立五卫,以总宿卫诸军,卫设亲军都指挥使,外则万户之下置总管,千户之下置总把,百户之下置弹压,立枢密院以总之。遇方面有警,则置行枢密院,事已则废,而移都镇抚司属行省。万户、千户、百户分上中下。万户佩金虎符。符跌为伏虎形,首为明珠,而有三珠、二珠、一珠之别。千户金符,百户银符。万户、千户死阵者,子孙袭爵,死病则降一等。总把、百户老死,万户迁他官,皆不得袭。是法寻废,后无大小,皆世其官,独以罪去者则否。

若夫军士,则初有蒙古军、探马赤军。蒙古军皆国人,探马赤军则诸部族也。其法,家有男子,十五以上、七十以下,无众寡尽签为兵。十人为一牌,设牌头,上马则备战斗,下马则屯聚牧养。孩幼稍长,又籍之,曰渐丁军。既平中原发民为卒,是为汉军。或以贫富为甲乙,户出一人,曰独户军,合二三而出一人,则为正军户,余为贴军户。或以男子论,尝以二十丁出一卒,至元七年十丁出一卒。或以户论,二十户出一卒,而限年二十以上者充。士卒之家,为富商大贾,则又取一人,曰余丁军,至十五年免。或取匠为军,曰匠军。或取诸侯将校之子弟充军,曰质子军,又曰秃鲁华军。是皆多事之际,一时之制。

天下既平,尝为军者,定入尺籍伍符,不可更易。诈增损丁产者,党则更籍其实,而以印印之。病死戍所者,百日外役次丁;死阵者,复一年。贫不能役,则聚而一之,曰合并;贫甚者、老无子者,落其籍。户绝者,别以民补之。奴得纵自便者,俾为其主贴军。其户逃而还者,复三年,又逃者杖之,投他役者还籍。其继得宋兵,号新附军。又有辽东之糺军、契丹军、女直军、高丽军,云南之寸白军,福建之畲军,则皆不出戍他方者,盖乡兵也。又有以技名者,曰炮军、弩军、水手军。应募而集者,曰答剌罕军。

其名数,则有宪宗二年之籍,世祖至元八年之籍、十一年之籍,而新附军有二十七年之籍。以兵籍系军机重务,汉人不阅其数。虽枢密近臣职专军旅者,惟长官一二人知之。故有国百年,而内外兵数之多寡,人莫有知之者。

今其典籍可考者,曰兵制,曰宿卫,曰镇戍,而马政、屯田、站赤、弓手、急递铺兵、鹰房捕猎,非兵而兵者,亦以类附焉,作《兵志》。

太宗元年十一月,诏:"兄弟诸王诸子并众官人等所属去处签军事理,有妄分彼此者,达鲁花赤并官员皆罪之。每一牌子签军一名,限年二十以上、三十以下者充,仍定立千户、百户、牌子头。其隐匿不实及知情不首并隐藏逃役军人者,皆处死。”

七年七月,签宣德、西京、平阳、太原、陕西五路人匠充军,命各处管匠头目,除织匠及和林建宫殿一切合干人等外,应有回回、河西、汉儿匠人,并札鲁花赤及札也、种田人等,通验丁数,每二十人出军一名。

八年七月,诏:“燕京路保州等处,每二十户签军一名,令答不叶儿统领出军。真定、河间、邢州、大名、太原等路,除先签军人外,于断事官忽都虎新籍民户三十七万二千九百七十二人数内,每二十丁起军一名,亦令属答不叶儿领之。”

十三年八月,谕总管万户刘黑马,据斜烈奏,忽都虎等元籍诸路民户一百万四千六百五十六户,除逃户外,有七十二万三千九百一十户,随路总签军一十万五千四百七十一名,点数过九万七千五百七十五人,余因近年蝗旱,民力艰难,往往在逃。有旨,今后止验见在民户签军,仍命逃户复业者免三年军役。

世祖中统元年六月,诏罢解盐司军一百人。初,解盐司元籍一千盐户内,每十户出军一人,后阿蓝答儿倍其役。世祖以重困其民,罢之。七月,以张荣实从南征,多立功,命为水军万户兼领霸州民户。诸水军将吏河阴路达鲁花赤胡玉、千户王端臣军七百有四人,八柳树千户斡来军三百六十一人,孟州庞抄儿赤、张信军一百九十人,滨棣州海口总把张山军一百人,沧州海口达鲁花赤塔剌海军一百人,睢州李总管麾下孟春等五十五人,霸州萧万户军一百九十五人,悉听命焉。

三年三月,诏:“真定、彰德、邢州、洛磁、东平、大名、平阳、太原、卫辉、怀孟等路各处,有旧属按札儿、孛罗、笑乃觯、阔阔不花、不里合拔都儿等官所管探马赤军人,乙卯岁籍为民户,亦有签充军者。若壬寅、甲寅两次签定军,已入籍册者,令随各万户依旧出征;其或未尝为军,及蒙古、汉人民户内作数者,悉签为军。”六月,以军士诉贫乏者众,命贫富相兼应役,实有不能自存者优恤三年。十月,谕山东东路经略司："益都路匠军已前曾经签把者,可遵别路之例,俾令从军。"以凤翔府屯田军人准充平阳军数,仍于凤翔屯田,勿遣从军。刁国器所管重签军九百一十五人,即日放罢为民。陕西行省言："士卒戍金州者,诸奥鲁已尝服役,今重劳苦。"诏罢之。并罢山东、大名、河南诸路新签防城戍卒。

四年二月,诏："统军司及管军万户、千户等,可遵太祖之制,令各官以子弟入朝充秃鲁花。"其制,万户,秃鲁花一名,马一十匹,牛二具,种田人四名。千户见管军五百或五百已上者,秃鲁花一名,马六匹,牛一具,种田人二名。虽所管军不及五百,其家富强子弟健壮者,亦出秃鲁花一名,马匹、牛具、种田人同。万户、千户子弟充秃鲁花者,挈其妻子同至,从人不拘定数,马匹、牛具,除定去数目已上,复增余者听。若有贫乏不能自备者,于本万户内不该出秃鲁花之人,通行津济起发,不得因而科及众军。万户、千户或无亲子、或亲子幼弱未及成人者,以弟侄充,候亲子年及十五,却行交换。若委有亲子,不得隐匿代替,委有气力,不得妄称贫乏,及虽到来,气力却有不完者,并罪之。"是月,帝以太宗旧制,设官分职,军民之事,各有所司。后多故之际,不暇分别,命阿海充都元帅,专于北京、东平、平滦、懿州、盖州路管领见管军人,凡民间之事毋得预焉。五月,立枢密院,凡蒙古、汉军并听枢密节制。统军司、都元帅府,除遇边面紧急事务就便调度外,其军情一切大小公事,并须申覆。合设奥鲁官,并从枢密院设置。七月,诏免河南保甲丁壮、射生军三千四百四十一户杂泛科差,专令守把巡哨。八月,谕成都路行枢密院:"近年军人多逃亡事故者,可于各奥鲁内尽实签补,自乙卯年定入军籍之数,悉签起赴军。"十一月,女直、水达达及乞烈宾地合签镇守军,命亦里不花签三千人,付塔匣来领之;并达鲁花赤官之子及其余近上户内,亦令签军,听亦里不花节制。

至元二年八月,陕西五路西蜀四川行省言:"新签军七千人,若发民户,恐致扰乱。今巩昌已有旧军三千,诸路军二千,余二千人亦不必发民户,当以便宜起补。"从之。十一月,省院官议,收到私走间道、盗贩马匹、曾过南界人三千八百四户,悉令充军,以一千九百七十八人与山东路统军司,一千人与蔡州万户,余八百二十六户,有旨留之军中。

三年七月,添内外巡军,外路每百户选中产者一人充之,其赋令余户代输,在都增武卫军四百。

四年正月,签蒙古军,每户二丁、三丁者一人,四丁、五丁者二人,六丁、七丁者三人。二月,诏遣官签平阳、太原人户为军,除军、站、僧道、也里可温、答失蛮、儒人等户外,于系官、投下民户、运司户、人匠、打捕鹰房、金银铁冶、丹粉锡碌等,不以是何户计,验酌中户内丁多堪当人户,签军二千人,定立百户、牌子头,前赴陕西五路西蜀四川行中书省所辖东川出征。复于京兆、延安两路签军一千人,如平阳、太原例。五月,诏:“河南路验酌中户内丁多堪当军人户,签军四百二十名,归之枢密院,俾从军,复其徭役。南京路,除邳州、南宿州外,依中书省分间定应签军人户,验丁数,签军二千五百八十名,管领出征。”十二月,签女直、水达达军三千人。

五年闰正月,诏益都李璮元签军,仍依旧数充役。二月,诏诸路奥鲁毋隶总管府,别设总押所官,听枢密院节制。六月,省臣议:“签起秃鲁花官员,皆已迁转,或物故黜退者,于内复有贫难蒙古人氏,除随路总管府达鲁花赤、总管及掌兵万户,合令应当,其次官员秃鲁花,宜放罢,其自愿留质者听之。”十月,禁长军之官不得侵渔士卒,违者论罪。十一月,签山东、河南沿边州城民户为军,遇征进,则选有力之家同元守边城汉军一体出征,其无力之家代守边城及屯田勾当。

六年二月,签怀孟、卫辉路丁多人户充军,益都、淄莱所辖登、莱州李璮旧军内,起签一万人,差官部领出征。其淄莱路所辖淄、莱等处有非李璮旧管者,签五百二十六人,其余诸色人户,亦令验丁数,签军起遣,至军前赴役。十月从山东路统军司言,应系逃军未获者,令其次亲丁代役,身死军人亦令亲丁代补,无亲丁则以少壮驱丁代之。

七年三月,定军官等级,万户、千户、百户、总把以军士为差。六月,成都府括民三万一千七十五户,签义士军八千六十七人。七月,分拣随路炮手军。始太祖、太宗征讨之际,于随路取发,并攻破州县,招收铁木金火等人匠充炮手,管领出征,壬子年俱作炮手附籍。中统四年拣定,除正军当役外,其余户与民一体当差。后为出军正户烦难,至元四年取元充炮手民户津贴,其间有能与不能者,影占不便,至是分拣之。

八年二月,以瓜州、沙州鹰房三百人充军。

九年正月,河南省请益兵,敕诸路签军三万。诏元帅府、统军司、总管万户府阅实军籍。二月,命阿术典行省蒙古军,刘整、阿里海牙典汉军。四月,诏:"诸路军户驱丁,除至元六年前从良入民籍者当差。七年后,凡从良文书写从便为民者,亦如之。余虽从良,并令津助本户军役。"七月,阅大都、京兆等处探马赤户名籍。九月,诏枢密:"诸路正军贴户及同籍亲戚僮奴,丁年堪役,依诸王权要以避役者,并还之军,惟匠艺精巧者以名闻。"十二月,命府州司县达鲁花赤及治民长官,不妨本职,兼管诸军奥鲁。各路总管府达鲁花赤、总管别给宣命印信,府州司县达鲁花赤长官止给印信,任满则别具解由,申枢密院。

十年正月,合剌请于渠江之北云门山及嘉陵西岸虎头山立二戍,以其图来上,仍乞益兵二万,敕给京兆新签军五千人益之。陕西京兆、延安、凤翔三路诸色人户,约六万户内,签军六千。五月,禁乾讨虏人,其愿充军者,于万户、千户内结成牌甲,与大军一体征进。八月,禁军吏之长举债,不得重取其息,以损军力,违者罪之。九月,襄阳生券军至都释械系免死,听自立部伍,俾征日本,仍于蒙古、汉人内选官率领之。

十一年正月,初立军官以功升散官格。五月,便宜总帅府言:"本路军经今四十年间,或死或逃,无丁不能起补,见在军少,乞选择堪与不堪丁力,放罢贫乏无丁者,于民站内别选充役。"从之。诏延安府、沙井、静州等处种田白达达户,选其可充军者,签起出征。

六月，颍州屯田总管李珣言：“近为签军事，乞依徐邳州屯田例，每三丁内，一丁防城，二丁纳粮，可签丁壮七百余人，并元拨保甲丁壮，令珣通领，镇守颍州，代见屯纳合监战军马别用。”从之。

十二年三月，遣官往辽东，签拣蒙古达鲁花赤、千户、百户等官子弟出军。诏随处所置襄阳生券军之为农者，或自愿充军，具数以闻。五月，正阳万户刘复亨言：“新下江南三十余城，俱守以兵，及江北、淮南、润、扬等处未降，军力分散，调度不给，以致镇巢军、滁州两处复叛。乞签河西等户为军，并力剿除，庶无后患。”有旨，命肃州达鲁花赤，并遣使同往验各色户计物力富强者签起之。六月，签平阳、西京、延安等路达鲁花赤弟男为军。莱州酒税官王贞等上言：“国家讨平残宋，吊伐为事，何尝以贿利为心。彼不绍事业小人贪图货利，作乾讨虏名目，侵掠彼地，所得人口，悉皆货卖，以充酒食之费，胜则无益朝廷，败则实为辱国。其招讨司所收乾讨虏人，可悉罢之，第其高下，籍为正军，命各万户管领征进，一则得其实用，二则正王师吊伐之名，实为便益。”从之。

十四年正月，诏：“上都、隆兴、西京、北京四路编民捕猎等户，签选丁壮军二千人，防安上都。”中书省议：“从各路搭配，二十五户内取军一名，选善骑射者充，官给行资中统钞一锭，仍自备鞍马衣装器仗，编立牌甲，差官部领，前来赴役。”十二月，枢密院臣言：“收附亡宋州城，新附请粮官军，并通事马军人等，军官不肯存恤，多逃散者，乞招诱之。”命左丞陈岩等，分拣堪当军役者，收系充军，依旧例月支钱粮。其生券不堪当军者，官给牛具粮食，屯田种养。

十五年正月，定军官承袭之制。凡军官之有功者升其秩，元受之职，令他有功者居之，不得令子侄复代。阵亡者始得承袭，病死者降一等。总把、百户老病死，不在承袭之例。凡将校临阵中伤、还营病创者，亦令与阵亡之人一体承袭。禁长军之官不恤士卒，及士卒亡命避役，侵扰初附百姓者，俱有罪。云南行省言：“云南旧屯驻蒙古军甚少，遂取渐长成丁怯困都等军，以备出征。云南阔远，多未降之地，必须用兵，已签爨、僰人一万为军，续取新降落落、和泥等人，亦令充军。然其人与中原不同,若赴别地出征,必致逃匿,宜令就各所居一方未降处用之。"九月,并军士。初,至元九年签军三万,止择精锐年壮者,不复问其赀产,且无贴户之助,岁久多贫乏不堪。枢密院臣奏,宜纵为民,遂并为一万五千。诸军户投充诸侯王怯怜口、人匠,或托为别户以避其役者,复令为军,有良匠则别而出之。枢密臣又言:"至元八年,于各路军之为富商大贾者一百四十三户,各增一军,号余丁军。今东平等路诸奥鲁总管府言,往往人死产乏,不能充二军,乞免余丁充役者。"制可。十二月,枢密院官议:"诸军官在军籍者,除百户、总把权准军役,其元帅、招讨、万户、总管、千户或首领官,俱合再当正军一名。"

十六年正月,罢五翼探马赤重役军。三月,括两淮造回回炮新附军匠六百人,及蒙古、回回、汉人、新附人能造炮者,至京师。五月,淮西道宣慰司官昂吉儿请招谕亡宋通事军,俾属之麾下。初,亡宋多招纳北地蒙古人为通事军,遇之甚厚,每战皆列于前行,愿效死力。及宋亡,无所归。朝议欲编入版籍未暇也,人人疑惧,皆不自安。至是,昂吉儿请招集,列之行伍,以备征戍,从之。九月,诏河西地未签军之官,及富强户有物力者,签军六百人。十月,寿州等处招讨使李铁哥,请召募有罪亡命之人充军,其言:"使功不如使过。始南宋未平时,蒙古、诸色人等,因得罪皆亡命往依焉,今已平定,尚逃匿林薮。若释其罪而用之,必能效力,无不一当十者矣。"十一月,罢太原、平阳、西京、延安路新签军还籍。

十七年七月,诏江淮诸路招集答剌罕军。初平江南,募死士愿从军者,号答剌罕,属之刘万户麾下。南北既混一,复散之,其人皆无所归,率群聚剽掠。至是,命诸路招集之,令万奴部领如故,听范左丞、李拔都二人节制。

十八年二月,并贫乏军人三万户为一万五千,取贴户津贴正军充役。四月,置蒙古、汉人、新附军总管。六月,枢密院议:"正军贫乏无丁者,令富强丁多贴户权充正军应役,验正军物力,却令津济贴户,其正军仍为军头如故。或正军实系单丁者,许佣雇练习之人应役，丁多者不得佣雇，军官亦不得以亲从人代之。"

十九年二月，诸侯王阿只吉遣使言："探马赤军凡九处出征，各奥鲁内复征杂泛徭役，不便。"诏免之，并诏有司毋重役军户。六月，禁长军之官，毋得占役士卒。散定海答剌罕军还各营，及归戍城邑。十月，签发渐丁军士。遵旧制，家止一丁者不作数，凡二丁至五丁、六丁之家，止存一人，余皆充军。

二十年二月，命各处行枢密院造新附军籍册。六月，从丞相伯颜议，所括宋手号军八万三千六百人，立牌甲，设官以统之。十月，定出征军人亡命之罪，为首者斩，余令减死一等。

二十一年八月，江东道佥事马奉训言："刘万奴乾讨虏军，私相纠合，结为徒党，张弓挟矢，或诈称使臣，莫若散之各翼万户、千户、百户、牌甲内管领为便。"省院官以闻，有旨，可令问此军："欲从脱欢出征虏掠耶？欲且放散还家耶？"回奏："众军皆言，自围襄樊渡江以来，与国效力，愿令还家少息。"遂从之。籍亡宋手记军。宋时有是军，死则以兄弟若子承代。有旨，依汉军例籍之，毋涅其手。

二十二年正月，立行枢密院于江南三省，其各处行省见管军马悉以付焉。九月，诏福建黄华畲军，有恒产者放为民，无恒产与妻子者编为守城军。征交趾蒙古军五百人、汉军二千人，除留蒙古军百人、汉军四百人，为镇南王脱欢宿卫，余悉遣还，别以江淮行枢密院蒙古军戍江西。十月，从月的迷失言，以乾讨虏军七百人，籍名数，立牌甲，命将官之无军者领之。十一月，御史台臣言："昔宋以无室家壮士为盐军，内附之初，有五千人，除征占城运粮死亡者，今存一千一百二十二人。此徒皆性习凶暴，民患苦之，宜给以衣粮，使屯田自赡，庶绝其扰。"从之。十二月，从枢密院请，严立军籍条例，选壮士及有力之家充军。旧例，丁力强者充军，弱者出钱，故有正军、贴户之籍。行之既久，而强者弱，弱者强，籍亦如故。其同户异居者，私立年期，以相更代，故有老稚不免从军，而强壮家居者，至是革焉。江浙省募盐徒为军，得四千七百六十六人，选军官麾下无士卒者，相参统之，以备各处镇守。

二十四年闰二月，枢密院臣言："诸军贴户，有正军已死者，有充工匠者，放为民者，有元系各投下户回付者，似此歇闲一千三百四十户，乞差人分拣贫富，定贴户、正军。"制可。

二十六年八月，枢密院议："诸官军官万户、千户、百户等，或治军有法、镇守无虞、铠仗精完、差役均平、军无逃窜者，许所司荐举以闻，不次擢用。诸军吏之长，非有上司之命，毋擅离职。诸长军者，及蒙古、汉军，毋得妄言边事。"

成宗大德二年十二月，定各省提调军马官员。凡用随从军士，蒙古长官三十名，次官二十名；汉人一十名；万户、千户、百户人等，俱不得占役。行省镇抚止用听探外，亦不得多余役占。

十一年四月，诏礼店军还属土番宣慰司。初，西川也速迭儿、按住奴、帖木儿等所统探马赤军，自壬子年属籍礼店，隶王相府，后王相府罢，属之陕西省，桑哥奏属土番宣慰司，咸以为不便，大德十年命依壬子之籍，至是复改属焉。

武宗至大元年正月，以通惠河千户刘㻋所领运粮军九百二十人，属万户赤因帖木尔兵籍。十二月，丞相三宝奴等言："国制，行省佐贰及宣慰使不得提调军马，若遥授平章、扬州宣慰使阿怜帖木儿者，尝与成宗同乳母，故得行之，非常宪也。今命沙的代之，宜遵国制，勿令提调。"制可。

仁宗皇庆元年三月，中书省臣奏李马哥等四百户为民。初，李马哥等四百户属诸侯王脱脱，乙未年定籍为民，高丽林衍及乃颜叛，皆尝签为军。至元八年置军籍，以李马哥等非七十二万户内军数，复改为民。至大四年，枢密院复奏为军。至是，省官以为言，命遵乙未年已定之籍。后枢密复奏，竟以为军户。十二月，省臣言："先是枢密院奏准，云南省宜遵各省制，其省官居长者二员，得佩虎符，提调军马，余佐贰者不得预，已受虎符者悉收之。今云南省言，本省籍军士之力，以办集钱谷，遇有调遣，则省官亲率众上马，故旧制虽牧民官亦得佩虎符，领军务，视他省为不同。臣等议，已受虎符者依故事，未受者宜颁赐之。"制可。

二年正月，诏："云南省镇远方，掌边务，凡事涉军旅者，自平章至僚佐须同署押，其长官二员，复与哈必赤。"

延祐元年二月，四川省军官阙员，诏："依民官迁调之制，差人与本省提调官及监察御史同铨注。"

三年三月，命伯颜都万户府及红胖袄总帅府各调军九千五百人，往诸侯王所，更代守边士卒。其属都万户府者，军一名，马三匹；属总帅府者，军一名，马二匹。令人自为计，其贫不能自备者，则命行伍之长及百户、千户等助之。悉遣精锐练习骑射之士。每军一百名，百户一员，五百名，千户一员。复命买住、囊加觩二人分左右部领之。

元史卷九九
志第四七

兵 二

宿卫 镇戍

宿卫者，天子之禁兵也。元制，宿卫诸军在内，而镇戍诸军在外，内外相维，以制轻重之势，亦一代之良法哉。方太祖时，以木华黎、赤老温、博尔忽、博尔术为四怯薛，领怯薛歹分番宿卫。及世祖时，又设五卫，以象五方，始有侍卫亲军之属，置都指挥使以领之。而其后增置改易，于是禁兵之设，殆不止于前矣。夫属橐鞬，列宫禁，宿卫之事也，而其用非一端。用之于大朝会，则谓之围宿军；用之于大祭祀，则谓之仪仗军；车驾巡幸用之，则曰扈从军；守护天子之帑藏，则曰看守军；或夜以之警非常，则为巡逻军；或岁漕至京师用之以弹压，则为镇遏军。今总之为宿卫，而以余者附见焉。

四怯薛：太祖功臣博尔忽、博尔术、木华黎、赤老温，时号掇里班曲律，犹言四杰也，太祖命其世领怯薛之长。怯薛者，犹言番直宿卫也。凡宿卫，每三日而一更。申、酉、戌日，博尔忽领之，为第一怯薛，即也可怯薛。博尔忽早绝，太祖命以别速部代之，而非四杰功臣之类，故太祖以自名领之。其云也可者，言天子自领之故也。亥、子、丑日，博尔术领之，为第二怯薛。寅、卯、辰日，木华黎领之，为第三怯薛。巳、午、未日，赤老温领之，为第四怯薛。赤老温后绝，其后怯薛常以右丞相领之。

　　凡怯薛长之子孙，或由天子所亲信，或由宰相所荐举，或以其次序所当为，即袭其职，以掌环卫。虽其官卑勿论也，及年劳既久，则遂擢为一品官。而四怯薛之长，天子或又命大臣以总之，然不常设也。其它预怯薛之职而居禁近者，分冠服、弓矢、食饮、文史、车马、庐帐、府库、医药、卜祝之事，悉世守之。虽以才能受任，使服官政，贵盛之极，然一日归至内庭，则执其事如故，至于子孙无改，非甚亲信，不得预也。

　　其怯薛执事之名：则主弓矢、鹰隼之事者，曰火儿赤、昔宝赤、怯怜赤。书写圣旨，曰扎里赤。为天子主文史者，曰必阇赤。亲烹饪以奉上饮食者，曰博尔赤。侍上带刀及弓矢者，曰云都赤、阔端赤。司阍者，曰八剌哈赤。掌酒者，曰答剌赤。典车马者，曰兀剌赤、莫伦赤。掌内府尚供衣服者，曰速古儿赤。牧骆驼者，曰帖麦赤。牧羊者，曰火你赤。捕盗者曰忽速罕赤。奏乐者，曰虎儿赤。又名忠勇之士，曰霸都鲁。勇敢无敌之士，曰拔突。其名类盖一不，然皆天子左右服劳侍从执事之人，其分番更直，亦如四怯薛之制，而领于怯薛之长。

　　若夫宿卫之士，则谓之怯薛歹，亦以三日分番入卫。其初名数甚简，后累增为万四千人。揆之古制，犹天子之禁军。是故无事则各执其事，以备宿卫禁庭；有事则惟天子之所指使。比之枢密各卫诸军，于是为尤亲信者也。

　　然四怯薛歹，自太祖以后，累朝所御斡耳朵，其宿卫未尝废。是故一朝有一朝之怯薛，总而计之，其数滋多，每岁所赐钞币，动以亿万计，国家大费每敝于此焉。

　　右卫：中统三年，以侍卫亲军都指挥使董文炳兼山东东路经略使，共领武卫军事。命益都行省大都督撒吉思验壬子年已定民籍，及照李璮总籍军数，每千户内选练习军士二人充侍卫军，并海州、东海、涟州三处之军属焉。至元元年，改武卫为侍卫亲军，分左右翼，置都指挥使。八年，改立左、右、中三卫，掌宿卫扈从，兼屯田，国有大事,则调度之。

左卫、中卫:并至元八年侍卫亲军改立。

前卫:至元十六年,以侍卫亲军创置前、后二卫,掌宿卫扈从,兼营屯田,国有大事,则调度之,置都指挥使。

后卫:亦至元十六年置。

武卫:至元二十五年,尚书省奏,那海那的以汉军一万人,如上都所立虎贲司,营屯田,修城隍。二十六年,枢密院官暗伯奏,以六卫六千人,塔剌海字可所掌大都屯田三千人,及近路遄南万户府一千人,总一万人,立武卫亲军都指挥使司,掌修治城隍及京师内外工役之事。

左都威卫:至元十六年,世祖以新取到侍卫亲军一万户,属之东宫,立侍卫亲军都指挥使司。三十一年,复以属皇太后,改隆福宫左都威卫使司。至大三年,选其军之善造作者八百人,立千户所一及百户翼八以掌之,而分局造作。皇庆元年,以王平章旧所领军一千人,立屯田。至治三年,罢匠军千户所。

右都威卫:国初,木华黎奉太祖命,收扎剌儿、兀鲁、忙兀、纳海四投下,以按察儿、孛罗、笑乃斛、不里海拔都儿、阔阔不花五人领探马赤军。既平金,随处镇守。中统三年,世祖以五投下探马赤立蒙古探马赤总管府。至元十六年,罢其军,各于本投下应役。十九年,仍令充军。二十一年,枢密院奏,以五投下探马赤军俱属之东宫,复置官属如旧。二十二年,改蒙古侍卫亲军指挥使司。三十一年,改隆福宫右都威卫使司。

唐兀卫:至元十八年,阿沙、阿束言:“今年春,奉命总领河西军三千人,但其所带虎符金牌者其众,征伐之重,若无官署,何以防闲之。”枢密院以闻,遂立唐兀卫亲军都指挥使以总之。

贵赤卫:至元二十四年立。

西域亲军:元贞元年,依贵赤、唐兀二卫例,始立西域亲军都指挥使司。

卫候直都指挥使司:至元元年,裕宗招集探鹘一百三十五人。

三十一年，徽政院增探鹤六十五人，立卫候司以领之，且掌仪从金银器物。元贞元年，皇太后复以晋王校尉一百人隶焉。大德十一年，益以怀孟从行控鹤二百人，升卫候直都指挥使司。至大元年，复增控鹤百人，总六百人，设百户所六，以为其属。至治三年罢之。四年，以控鹤六百三十人，归于皇后位下，后复置立。

右阿速卫：至元九年，初立阿速拔都达鲁花赤，后招集阿速正军三千余名，复选阿速揭只揭了温怯薛丹军七百人，扈从车驾，掌宿卫城禁，兼营潮河、苏沽两川屯田，并供给军储。二十三年，为阿速军南攻镇巢，残伤者众，遂以镇巢七百户属之，并前军总为一万户，隶前后二卫。至大二年，始改立右卫阿速亲军都指挥使司。

左阿速卫：亦至大二年改立。

隆镇卫：睿宗在潜邸，尝于居庸关立南、北口屯军，徼巡盗贼，各设千户所。至元二十五年，以南、北口上千户所总领之。至大四年，改千户所为万户府，分钦察、唐兀、贵赤、西域、左右阿速诸卫军三千人，并南、北口、太和岭旧隘汉军六百九十三人，屯驻东西四十三处，立十千户所，置隆镇上万户府以统之。皇庆元年，始改为隆镇卫亲军都指挥使司。延祐二年，又以哈儿鲁军千户所隶焉。至治元年，置蒙古、汉军籍。

左卫率府：至大元年，命以中卫兵万人立卫率府，属之东宫。时仁宗为皇太子，曰："世祖立五卫，象五方也，其制犹中书之六部，殆不可易。"遂命江南行省万户府，选汉军之精锐者一万人，为东宫卫兵，立卫率府。延祐元年，改为忠翊府，未几复改为御临亲军都指挥使司，又以御临非古典，改为羽林。六年，英宗立为皇太子，复以隶东宫，仍为左卫率府。

右卫率府：延祐五年，以詹事秃满迭儿所管速怯那儿万户府，及迤东、女直两万户府，右翼屯田万户府兵，合为右卫率府，隶皇太子位下。

康礼卫：武宗至大三年，定康礼军籍。凡康礼氏之非者，皆别而黜之，验其实，始得入籍。及诸侯王阿只吉、火郎撒所领探马赤，属康礼氏者，令枢密院康礼卫遣人乘传，往置籍焉。

忠翊侍卫：至元二十九年，始立屯田府。大德十一年，增军数，立为大同等处侍卫亲军都指挥使司。至大四年四月，皇太后修五台寺，遂移属徽政院，并以京兆军三千人增入。延祐元年，改中都威卫使司，仍隶徽政院。至治元年，始改为忠翊侍卫亲军都指挥使司。

宗仁卫：至治二年，右丞相拜住奏："先脱别铁木叛时，没入亦乞列思人一百户，与今所收蒙古子女三千户，清州彻匠二千户，合为行军五千，请立宗仁卫以统之。"于是命右丞相拜住总卫事，给降虎符牌面，如右卫率府，又置行军千户所隶焉。

右钦察卫：至元二十三年，依河西等卫例，立钦察卫。至治二年，分为左右两卫。天历二年，以本卫属大都督府。

左钦察卫：亦至治二年立。始至元中立卫时，设行军千户十有九所，屯田三所。大德中，置只儿哈郎、铁哥纳两千户所。至大元年，复设四千户所。至是始分为左右二卫，亦属大都督府。

龙翊侍卫：天历元年十二月，立龙翊卫亲军都指挥使司，以左钦察卫唐吉失等九千户隶焉。

虎贲亲军都指挥使司。

左翊蒙古侍卫亲军都指挥使司。

右翊蒙古侍卫亲军都指挥使司。

宣忠斡罗思扈卫亲军都指挥使司。

威武阿速卫亲军都指挥使司。

东路蒙古侍卫亲军都指挥使司。

女直侍卫亲军万户府。

高丽女直汉军万户府管女直侍卫亲军万户府。

镇守海口侍卫亲军屯储都指挥使司。

宣镇侍卫。

世祖中统元年四月，谕随路管军万户，有旧从万户三哥西征军人，悉遣至京师充防城军：忙古𥲤军三百一十九人，严万户军一千三百四十五人，济南路军一百四十人，脱赤剌军一百四十九人，乣查剌军一百四十五人，马总管军一百四十四人。

三年十月，谕益都大小管军官及军人等："先李璮怀逆，蒙蔽朝廷恩命，驱驾尔等以为己惠，尔等虽有效过功劳，殊无闻报，一旦泯绝，此非尔等不忠之愆，实李璮怀逆之罪也。今侍卫亲军都指挥使董文炳来奏其详，言尔等各有愿为朝廷出力之语，此复见尔等存忠之久也。今命董文炳仍为山东东路经略使，收集尔等，直隶朝廷，充武卫军近侍勾当。比及应职，且当守把南边，提防外隙，庶内境军民各得安业。尔等宜益尽心，以图勋效。"

至元二年十二月，增侍卫亲军一万人，内选女直军三千，高丽军三千，阿海三千，益都路一千。每千人置千户一员，百人置百户一员，以领之。仍选丁力壮锐者，以应役焉。

三年五月，帝谓枢密臣曰："侍卫亲军，非朕命不得发充夫役。修琼华岛士卒，即日放还。"

四年七月，谕东京等路宣抚司，命于所管户内，以十等为率，于从上第三等户，签选侍卫亲军一千八百名。若第三等户不敷，于第二等户内签补。仍定立千户、百户、牌子头，并其家属同来，赴中都应役。

十四年五月，以蒙古军与汉军相参，备都城内外及万寿山宿卫，仍以也速不花领围宿事。

十五年五月，总管胡翔请还侍卫军。先是，宿州蕲县等万户府士卒百人，有旨俾充侍卫军，后从金省严忠范征西川，既而嘉定、重庆、夔府皆下，忠范回军，留西道。翔上言，从之。九月，以总管张子良所匿军二千二百三十二人，充侍卫军士。

十六年四月，选扬州省新附军二万人，充侍卫亲军，并其妻子，迁赴京师。

二十四年十月，总帅汪惟和选麾下锐卒一千人，请择昆弟中一人统之，以备侍卫，从之。

成宗元贞四年八月,诏:"蒙古侍卫所管探马赤军人子弟,投充诸王位下身役者,悉遵世祖成宪,发还元役充军。"

大德六年二月,调蒙古侍卫等军一万人,往官山住夏。

仁宗延祐六年九月,知枢密院事塔失铁木儿言:"诸汉人不得点围宿军士,图籍系军数者,虽御史亦不得预知,此国制也。比者,领围宿官言,中书命司计李处恭巡视守仓库军卒,有旷役者则罪之,有惩其后,使无怠而已。而李司计擅取军数,箠士卒,在法为过。臣等议,宜自中书与枢密遣人案之,验实以闻。"制可,七年六月,以红城中都威卫系掌军务之司,属徽政院不便,命遵旧制,俾枢密总之。

围宿军

世祖至元二十六年七月,命大都侍卫军内,复起一万人赴上都,以备围宿。

成宗元贞二年十月,枢密院臣言:"昔大朝会时,皇城外皆无墙垣,故用军环绕,以备围宿。今墙垣已成,南北西三畔皆可置军,独御酒库西,地窄不能容。臣等与丞相完泽议,各城门以蒙古军列卫,及于周桥南置戍楼,以警昏旦。"从之。

武宗至大四年正月,省臣等传皇太子命,以大朝会调蒙古、汉军三万人备围宿,仍遣使发山东、河北、河南、淮北诸路军至京师。复命都府、左右翼、右都威卫整器仗车骑。六月,以诸侯王、驸马等来朝,命发各卫色目、汉军八百二十六人至上京,复命指挥使也干不花领之。

仁宗皇庆元年六月,命卫率府军士备围宿,守隆福宫内外禁门。十一月,枢密院臣言:"皇太后有旨,禁掖门可严守卫。臣等议,增置百户一员,及于钦察、贵赤、西域、唐兀、阿速等卫调军士九十人,增守诸掖门,复命千户一员,帅领百户一员,备巡逻。"从之。

延祐三年十月,以诸侯王来朝,命围宿军士六千人增至一万人;复命也了干、秃鲁分左右部领其事。十一月,诏围宿军士,除旧有者,更增色目军万人,以备禁卫。十二月,枢密院臣言:"围宿军士不及数,其已发各卫者,地远至不能如期,可迁刈苇草及青塔寺工役军先备守卫。其各卫还家军士,亦发二万五千人,令备车马器械俱会京师。"制可。

六年闰八月,命知枢密院事众嘉领围宿,发五卫军代羽林军士,仍以千户二员、百户十员,择士卒精锐者二百人属之。

英宗至治元年正月,帝诣石佛寺,以其墙垣疏坏,命副枢术温台、金院阿散领围宿士卒,以备巡逻。八月,东内皇城建宿卫屋二十五楹,命五卫内摘军二百五十人居之,以备禁卫。

文宗天历二年二月,枢密院臣言:"去岁尝奉旨,依先制调军守把围宿,此时各翼军人,皆随处出征,亦有溃散者,故不及依次调遣,止于右翼侍卫及右都威卫内,发军一千一百二十六名以备围宿。今岁车驾行幸,臣等议于河南、山东两都府内,起遣未差军士一千三名,以备扈从。"制可。五月,枢密臣又言:"比奉令旨,放散军人。臣等议,常制以三月一日放散,六月一日赴限,今放散既迟,可令于八月一日赴限。"从之。

仪仗军

世祖至元十二年十二月,上尊号、受册,告祭天地宗庙,调左、右、中三卫军五十人为跸街清路军。

武宗至大二年十二月,上尊号,百官行朝贺礼,枢密院调军一千人备仪仗。

三年十月,上皇太后尊号,行册宝礼,用内外仪仗军数,及防护五色甲马军二百人。

四年二月,合祭天地、太庙、社稷,用跸街清道及守内外墙门军一百八十人,命以围宿军为之。事毕还役。七月,以奉迎武宗玉册祔庙,用清路跸街军一百五十人,管军千户、百户各一员。九月,以祭享太庙,用跸街清路军一百五十人,千户、百户各一员。

仁宗皇庆元年三月，天寿节行礼，用内外仪仗军一千人。

英宗至治元年十一月，命有司选控鹤卫士，及色目、汉军以备卤簿仪仗。十二月，定卤簿队仗，用军士二千三百三十人，万户、千户、百户四十五员。仍议用军士一千九百五十人，万户、千户、百户五十九员，以备仪仗。

致和元年六月，以享太庙，用跸街清路军一百名，看粆盆军一百名，管军官千户、百户各一员。九月，行大礼，用擎执仪仗蒙古、汉军一千名。

文宗天历元年十一月，亲祭太庙，内外用仪仗并五色甲马军一千六百五十名，仍命指挥青山及洪副使摄折冲都尉提调。

二年，正旦行礼，用仪仗军一千人。享太庙，用跸街清路军一百名，看守粆盆军一百名，管军千户、百户各一员。天寿节行礼，用仪仗军一千名。皇后册宝擎执仪仗，用军一千二百名，军官四员。

扈从军

世祖至元十七年三月，发忙古觩、抄儿赤所领河西军士，及阿鲁黑麾下二百人，入备扈从。

武宗至大二年，太后将幸五台，徽政院官请调军扈从。省臣议："昔大太后尝幸五台，于住夏探马赤及汉军内，各起扈从军三百人，今遵故事。"从之。十一月，枢密院臣言："去岁六卫汉军内，以诸处兴建工役，故用六千军士于上都。臣等议，来岁车驾行幸，复令骑卒六千人，备车马器仗，与步卒二千人扈从。"制可。

看守军

世祖至元二十五年十一月，以军守都城外仓。初，大都城内仓敖有军守之，城外丰闰、丰宝、广贮、通济四仓无守者。至是收粮颇多，丞相桑哥以为言，乃依都城内仓例，每仓发军五人守之。十二月，中书省臣言："枢密院公廨后，有仓贮粮，乞调军五人看守。"从之。

成宗大德四年二月，调军五百人，于新浚河内看闸。

武宗至大四年六月，帝御大安阁，枢密院官奏："尝奉旨，令各门置军守备。臣等议，探马赤军士去其所戍地远，卒莫能至，拟发阿速、唐兀等军，参汉军用之，各门置五十人。"制可。

仁宗延祐元年闰三月，隆禧院官言："初，世祖影殿，有军士守之。今武宗御容于大崇恩福元寺安置，宜依例调军守卫。"从之。三年二月，岭北省乞军守卫仓库，命于丑汉所属万户三千探马赤军内，摘军三百人与之。

英宗至治元年，增守太庙墙垣军。初，以卫士军人共守围宿，故止用蒙古军四百人，至是以卫士守内墙垣，其外墙止用军士，乃增至八百人，复命金院哈散、院判阿剌铁木儿领之。四月，敕搠思吉斡节儿八哈失寺内，常令军士五人守卫。

巡逻军

仁宗皇庆元年三月，丞相铁木迭儿奏："每岁既幸上京，于各宿卫中留卫士三百七十人，以备巡逻，今岁多盗贼，宜增百人，以严守御。"制可。仍命枢密与中书分领之。

延祐七年五月，诏留守司及虎贲司官，亲率众于夜巡逻。

镇遏军

仁宗延祐元年闰三月，枢密院官奏："中书省言，江浙春运粮八十三万六千二百六十石，取日开洋，前来直沽，请预差军人镇遏。"诏依年例，调军一千名，命右卫副都指挥使伯颜往镇遏之。

三年四月，海运至直沽，枢密院官奏："今岁军数不敷，乞调军士五百人巡镇。"从之。

七年四月，调海运镇遏军一千人，如旧制。

元初以武功定天下，四方镇戍之兵亦重矣。然自其始而观之，则太祖、太宗相继以有西域、中原，而攻取之际，屯兵盖无定向，其制殆不可考也。世祖之时,海宇混一,然后命宗王将兵镇边徼襟喉之地,而河洛、山东据天下腹心,则以蒙古、探马赤军列大府以屯之。淮、江以南,地尽南海,则名藩列郡,又各以汉军及新附等军戍焉。皆世祖宏规远略,与二三大臣之所共议,达兵机之要,审地理之宜,而足以贻谋于后世者也。故其后江南三行省,尝以迁调戍兵为言,当时莫敢有变其法者,诚以祖宗成宪,不易于变更也。然卒之承平既久,将骄卒惰,军政不修,而天下之势遂至于不可为,夫岂其制之不善哉,盖法久必弊,古今之势然也。今故著其调兵屯守之制,而列之为镇戍焉。

世祖中统元年五月,诏汉军万户,各于本管新旧军内摘发军人,备衣甲器仗,差官领赴燕京近地屯驻:万户史天泽一万四百三十五人,张马哥二百四十人,解成一千七百六十人,乣叱速四百六十六人,斜良拔都八百九十六人,扶沟马军奴一百二十九人,内黄铁木儿一百四十四人,赵奴怀四十一人,鄢陵胜都古六十五人。十一月,命右三部尚书怯烈门、平章政事赵璧领蒙古、汉军,于燕京近地屯驻;平章塔察儿领武卫军一万人,屯驻北山;汉军、质子军及签到民间诸投下军,于西京、宣德屯驻。复命怯烈门为大都督,管领诸军勾当,分达达军为两路,一赴宣德、德兴,一赴兴州。其诸万户汉军,则令赴潮河屯守。后复以兴州达达军合入德兴、宣德,命汉军各万户悉赴怀来、缙山川中屯驻。

三年十月,诏田德实所管固安质子军九百十六户,及平滦州刘不里剌所管质子军四百户,还元管地面屯驻。

至元七年,以金州军八百,隶东川统军司,还成都,忽朗吉军戍东川。

十一年正月,以忙古带等新旧军一万一千人,戍建都。调襄阳府生券军六百人、熟券军四百人,由京兆府镇戍鸭池,命金州招讨使钦察部领之。十二月,调西川王安抚、杨总帅军与火尼赤相合,与丑汉、黄兀剌同镇守合答之城。

十二年二月,诏以东川新得城寨,逼近夔府,恐南兵来侵,发巩昌路补签军三千人戍之。三月,海州丁安抚来降,选五州丁壮四千人,守海州、东海。

十三年十月,命别速觯、忽别列八都儿二人为都元帅,领蒙古军二千人、河西军一千人,守斡端城。

十五年三月,分扬州行省兵于隆兴府初置行省,分兵诸路调遣,江西省军为最少,至是以南广地阔,阻山溪之险,命铁木儿不花领兵一万人赴之,合元帅塔出军,以备战守。四月,诏以伯颜、阿术所调河南新签军三千人,还守庐州。六月,命荆湖北道宣慰使塔海调遣夔府诸军士。七月,诏以塔海征夔军之还戍者,及扬州、江西舟师,悉付水军万户张荣实将之,守御江中。八月,命江南诸路戍卒,散归各所属万户屯戍。初,渡江所得城池,发各万户部曲士卒,以戍之,久而亡命死伤者众,续至得多不着行伍,至是纵还各营,以备屯戍。安西王相府府言:"川蜀既平,城邑山寨洞穴凡八十三所,其渠州礼义城等处凡三十三所,宜以兵镇守,余悉撤去。"从之。九月,诏发东京、北京军四百人,往戍应昌府,其应昌旧戍士卒,悉令散归。十一月,定军民异属之制,及蒙古军屯戍之地。先是,以李璮叛,分军民为二,而异其属,后因平江南,军官始兼民职,遂因之。凡以千户守一郡,则率其麾下从之,百户亦然,不便。至是,令军民各异属,如初制。士卒以万户为率,择可屯之地屯之,诸蒙古军士,散处南北及还各奥鲁者,亦皆收聚。令四万户所领之众屯河北,阿术二万户屯河南,以备调遣,余丁定其版籍,编入行伍,俾各有所属,遇征伐则遣之。

十六年二月,命万户孛术鲁敬,领其麾下旧有士卒守湖州。先是,以唐、邓、均三州士卒二百八十八人属敬麾下,后迁戍江陵府,至是还之。四月,定上都戍卒用本路元籍军士。国制,郡邑镇戍士卒,皆更相易置,故每岁以他郡兵戍上都,军士罢于转输。至是,以上都民充军者四千人,每岁令备镇戍,罢他郡戍兵。六月,碉门、鱼通及黎、雅诸处民户,不奉国法,议以兵戍其地。发新附军五百人、蒙古军一百人、汉军四百人,往镇戍之。七月,以西川蒙古军千人、新附军三千人,付皇子安西王。命阇里铁木儿以戍杭州军六百九十人赴京师,调两淮招讨小厮蒙古军,及自北方回探马赤军代之。八月,调江南新附军五千驻太原,五千驻大名,五千驻卫州。又发探马赤军一万人,及夔府招讨张万之新附军,俾四川西道宣慰使也罕的斤将之,戍斡端。

十七年正月,诏以他令不罕守建都,布吉觯守长河西之地,无令迁易。三月,同知浙东道宣慰司事张铎言:"江南镇戍军官不便,请以时更易置之。"国制,既平江南,以兵戍列城,其长军之官,皆世守不易,故多与富民树党,因夺民田宅居室,蠹有司政事,为害滋甚。铎上言,以为皆不迁易之弊,请更其制,限以岁月迁调之,庶使初附之民,得以安业也。五月,命枢密院调兵六百人,守居庸关南、北口。七月,广州镇戍士卒,初以丞相伯颜等麾下合必赤军二千五百人,从元帅张弘范征广王,因留戍焉。岁久皆贫困,多死亡者。至是,命更代之。复以扬州行省四万户蒙古军,更戍潭州。十月,发炮卒千人入甘州,备战守。十二月,八番罗甸宣慰司请增戍卒。先是,以三千人戍八番,后征亦奚不薛,分摘其半。至是师还,宣慰司复请益兵,以备战守,从之。

十八年正月,命万户张珪率麾下往就潭州,还兵其祖父所领亳州士卒,并统之。二月,以合必赤军三千戍扬州。十月,高丽王并行省皆言,金州、合浦、固城、全罗州等处,沿海上下,与日本正当冲要,宜设立镇边万户府屯镇,从之。十一月,诏以征东留后军,分镇庆元、上海、澉浦三处上船海口。

十九年二月,命唐兀觯于沿江州郡,视便宜置军镇戍,及谕鄂州、扬州、隆兴、泉州等四省,议用兵戍列城。徙浙东宣慰司于温州,分军戍守江南,自归州以及江阴至三海口,凡二十八所。四月,调扬州合必军三千人镇泉州。又潭州行省以临川镇地接占城及未附黎洞,请立总管府,一同镇戍,从之。七月,以隆兴、西京军士代上都戍卒,还西川。先是,上都屯戍士卒,其奥鲁皆在西川,而戍西川者,多隆兴、西京军士,每岁转饷,不胜劳费,至是更之。

二十年八月,留蒙古军千人戍扬州,余悉纵还。扬州所有蒙古士卒九千人,行省请以三分为率,留一分镇戍。史塔剌浑曰:"蒙古士卒悍勇,孰敢当,留一千人足矣。"从之。十月,发乾讨虏军千人,增戍福建行省。先是,福建行省以其地险,常有盗负固为乱,兵少不足战守,请增蒙古、汉军千人。枢密院议以刘万奴所领乾讨虏军益之。

二十一年四月,诏潭州蒙古军依扬州例,留一千人,余悉放还诸奥鲁。十月,增兵镇守金齿国,以其地民户刚狠,旧尝以汉军、新附军三千人戍守,今再调探马赤、蒙古军二千人,令药剌海率赴之。

二十二年二月,诏改江淮、江西元帅招讨司为上、中、下三万户府,蒙古、汉人、新附诸军,相参作三十七翼。上万户:宿州、蕲县、真定、沂郯、益都、高邮、沿海,七翼。中万户:枣阳、十字路、邳州、邓州、杭州、怀州、孟州、真州,八翼。下万户:常州、镇江、颍州、庐州、亳州、安庆、江阴水军、益都新军、湖州、淮安、寿春、扬州、泰州、弩手、保甲、处州、上都新军、黄州、安丰、松江、镇江水军、建康,二十二翼。每翼设达鲁花赤、万户、副万户各一人,以隶所在行院。

二十四年五月,调各卫诸色军士五百人于平滦,以备镇戍。十月,诏以广东系边徼之地,山险人稀,兼江西、福建贼徒聚集,不时越境作乱,发江西行省忽都铁木儿麾下军五千人,往镇守之。

二十五年二月,调扬州省军赴鄂州,代镇戍士卒。三月,诏黄州、蕲州、寿昌诸军还隶江淮省。始三处旧置镇守军,以近鄂州省,尝分隶领之,至是军官以为言,遂仍其旧。辽阳行省言:"懿州地接贼境,请益兵镇戍。"从之。四月,调江淮行省全翼一下万户军,移镇江西省。从皇子脱欢士卒及刘二拔都麾下一万人,皆散归各营。十一月,增军戍咸平府,以察忽、亦儿思合言其地实边徼,请益兵镇守,以备不虞故也。

二十六年二月,命万户刘得禄在军五千人,镇守八番。

二十七年六月,调各行省军于江西,以备镇戍,俟盗贼平息,而后纵还。九月,以元帅那怀麾下军四百人守文州。调江淮省下万户府军于福建镇戍。十一月,江淮行省言:"先是丞相伯颜及元帅阿术、阿塔海等守行省时,各路置军镇戍,视地之轻重,而为之多寡,厥后忙古觯代之,悉更其法,易置将吏士卒,殊失其宜。今福建盗贼已平,惟浙东一道,地极边恶,贼所巢穴,请复还三万户以镇守之。合剌带一军戍沿海、明、台,亦怯烈一军戍温、处,札忽带一军戍绍兴、婺州。其宁国、徽州初用土兵,后皆与贼通,今尽迁之江北,更调高邮、泰州两万户汉军戍之。扬州、建康、镇江三城,跨据大江,人民繁会,置七万户府。杭州行省诸司府库所在,置四万户府。水战之法,旧止十所,今择濒海沿江要害二十二所,分兵阅习,伺察诸盗。钱塘控扼海口,旧置战舰二十艘,今增置战舰百艘,海船二十艘。"枢密院以闻,悉从之。

二十八年二月,调江淮省探马赤军及汉军二千人,于脱欢太子侧近扬州屯驻。

二十九年,以咸平府、东京所屯新附军五百人,增戍女直地。

三十年正月,诏西征探马赤军八千人,分留一千或二千,余令放还。皇子奥鲁赤、大王术伯言:"切恐军散莳生,宜留四千,还四千。"从之。五月,命思播黄平、镇远拘刷亡宋避役手号军人,以增镇守。七月,调四川行院新附军一千人,戍松山。

成宗元贞元年七月,枢密院官奏:"刘二拔都儿言:初鄂州省安置军马之时,南面止是潭州等处,后得广西海外四州、八番洞蛮等地,疆界阔远,阙少戍军,复增四万人。今将元属本省四翼万户军分出,军力减少。臣等谓刘二拔都儿之言有理,虽然江南平定之时,沿江安置军马,伯颜、阿术、阿塔海、阿里海牙、阿剌罕等,俱系元经攻取之人,又与近臣月儿鲁、孛罗等枢密院官同议安置者。乞命通军事、知地理之人,同议增减安置,庶后无弊。"从之。

二年五月,江浙行省言:"近以镇守建康、太平保定万户府全翼军马七千二百一十二名,调属湖广省,乞分两淮戍兵,于本省沿海镇遏。"枢密院官议："沿江军马,系伯颜、阿术安置,勿令改动,止于本省元管千户、百户军内,发兵镇守之。"制可。九月,诏以两广海外四州城池戍兵,岁一更代,往来劳苦。给俸钱,选良医,往治其疾病者。命三二年一更代之。

三年二月,调扬州翼邓新万户府全翼军马,分屯蕲、黄。

大德元年三月,陕西平章政事脱烈伯领总帅府军三千人,收捕西番回,诏留总帅军百人及阶州旧军、秃思马军各二百人守阶州,余军还元翼。湖广省请以保定翼万人,移镇郴州,枢密院官议："此翼乃张柔所领征伐旧军,宜迁入鄂州省屯驻,别调兵守之。"七月,招收亡宋左右两江土军千人,从思明上思等处都元帅昔剌不花言也。十一月,河南行省言："前扬州立江淮行省,江陵立荆湖行省,各统军马,上下镇遏。后江淮省移于杭州,荆湖省迁于鄂州,黄河之南,大江迤北,汴梁古郡设立河南江北行省,通管江淮、荆湖两省元有地面。近年并入军马,通行管领,所属之地,大江最为紧要,两淮地险人顽,宋亡之后,始来归顺。当时沿江一带,斟酌缓急,安置定三十一翼军马镇遏,后迁调十二翼前去江南,余有一十九翼,于内调发,止存元额十分中一二。况两淮、荆襄自古隘要之地,归附至今,虽即宁静,宜虑未然。乞照沿江元置军马,迁调江南翼分,并各省所占本省军人,发还元翼,仍前镇遏。"省院官议,以为"沿江安置三十一翼军马之说,本院无此簿书,问之河南省官孛鲁欢,其省亦无枢密院文卷,内但称至元十九年,伯颜、玉速铁木儿等共拟其地安置三万二千军,后增二千,总三万四千,今悉令各省差占及逃亡事故者还充役足矣。又孛鲁欢言,去年伯颜点视河南省见有军五万二百之上,又若还其占役事故军人,则共有七八万人。此数之外,脱欢太子位下有一千探马赤、一千汉军,阿速八赤等哈剌鲁亦在其地,设有非常,皆可调用。据各省占役,总计军官、军人一万三千百八十一名,军官二百九名,军人一万三千六百七十二名,内汉军五千五百八十名,新附军八千二十八名,蒙古军六十四名。江浙省占役军官、军人四千九百五十七名,湖广省占役军官、军人七千六百三名,福建省占役军官、军人一千二百七十二名,江西省出征收捕未回新附军四十九名,悉令还役。"江浙省亦言:"河南行省见占本省军人八千八百三十三名,亦宜遣还镇遏。"有旨,两省各差官赴阙辨议。

二年正月,枢密院臣言:"阿剌鹪、脱忽思所领汉人、女直、高丽等军二千一百三十六名内,有称海对阵者,有久戍四五年者,物力消乏,乞于六卫军内分一千二百人,大同屯田军八百人,彻里台军二百人,总二千二百人往代之。"制可。三月,诏各省合并镇守军,福建所置者合为五十三所,江浙所置者合为二百二十七所,江西元立屯军镇守二百二十六所,减去一百六十二所,存六十四所。

三年三月,沅州贼人啸聚,命以毗阳万户府镇守辰州,镇巢万户府镇守沅州、靖州,上均万户府镇守常州、澧州。

五年三月,诏河南省占役江浙省军一万一千四百七十二名,除洪泽、芍陂屯田外,余令发还元翼。

七年四月,调碉门四川军一千人,镇守罗罗斯。

八年二月,以江南海口军少,调蕲县王万户翼汉军一百人、宁万户翼汉军一百人、新附军三百人守庆元,自乃颜来者蒙古军三百人守定海。

武宗至大二年七月,枢密院臣言:"去年日本商船焚掠庆元,官军不能敌。江浙省言,请以庆元、台州沿海万户府新附军往陆路镇守,以蕲县、宿州两万户府陆路汉军移就沿海屯镇。臣等议,自世祖时,伯颜、阿术等相地之势,制事之宜,然后安置军马,岂可轻动。前行省忙古鹪等亦言,以水陆军互换迁调,世祖有训曰:'忙古鹪得非狂醉而发此言!以水路之兵习陆之技,驱步骑之士而从风水之役,难成易败,于事何补。'今欲御备奸宄,莫若从宜于水路沿海万户府新附军三分取一,与陆路蕲县万户府汉军相参镇守。"从之。

四年十月,以江浙省尝言:"两浙沿海濒江隘口,地接诸蕃,海寇出没,兼收附江南之后,三十余年,承平日久,将骄卒隋,帅领不得其人,军马安置不当,乞斟酌冲要去处,迁调镇遏。"枢密院官议:"庆元与日本相接,且为倭商焚毁,宜如所请,其余迁调军马,事关机务,别议行之。"十二月,云南八百媳妇、大、小彻里等作耗,调四川省蒙古、汉军四千人,命万户囊加㸽部领,赴云南镇守。其四川省言:"本省地方,东南控接荆湖,西北襟连秦陇,阻山带江,密迩蕃蛮,素号天险,古称极边重地,乞于存恤歇役六年军内,调二千人往。"从之。

仁宗皇庆元年十一月,诏江西省瘴地内诸路镇守军,各移近地屯驻。

延祐四年四月,河南行省言:"本省地方宽广,关系非轻,所属万户府俱于临江沿淮上下镇守方面,相离省府,近者千里之上,远者二千余里,不测调度,卒难相应。况汴梁系国家腹心之地,设立行省,别无亲临军马,较之江浙、江西、湖广、陕西、四川等处,俱有随省军马,惟本省未蒙拨付。"枢密院以闻,命于山东河北蒙古军、河南淮北蒙古军两都万户府,调军一千人与之。十一月,陕西都万户府言:"碉门探马赤军一百五十名,镇守多年,乞放还元翼。"枢密院臣议:"彼中亦系要地,不宜放还,止令于元翼起遣一百五十名,三年一更镇守。元调四川各翼汉军一千名,镇守碉门、黎、雅,亦令一体更代。"

泰定四年三月,陕西行省尝言:"奉元建立行省、行台,别无军府,唯有蒙古军都万户府,远在凤翔置司,相离三百五十余里,缓急难用。乞移都万户府于奉元置司,军民两便。"及后陕西都万户府言:"自大德三年命移司酌中安置,经今三十余年,凤翔离大都、土番、甘肃俱各三千里,地面酌中,不移为便。"枢密议:"陕西旧例,未尝提调军马,况凤翔置司三十余年,不宜移动。"制可。十二月,河南行省言:"所辖之地,东连淮、海,南限大江,北抵黄河,西接关陕,洞蛮草贼出没,与民为害。本省军马俱在濒海沿江安置,远者二千,近者一千余里,乞以炮手、弩军两翼,移于汴梁,并各万户府摘军五千名,设万户府随省镇遏。"枢密院议:"自至元十九年,世祖命知地理省院官共议,于濒海沿江六十三处安置军马。时汴梁未尝置军,扬州冲要重地,置五翼军马并炮手、弩军。今亲王脱欢太子镇遏扬州,提调四省军马,此军不宜更动。设若河南省果用军,则不塔剌吉所管四万户蒙古军内,三万户在黄河之南、河南省之西,一万户在河南省之南,脱别台所管五万户蒙古军俱在黄河之北、河南省东北,阿剌铁木儿、安童等两侍卫蒙古军在河南省之北,共十一卫翼蒙古军马,俱在河南省周围屯驻。又本省所辖一十九翼军马,俱在河南省之南,沿江置列。果用兵,即驰奏于诸军马内调发。"从之。

元史卷一〇〇

志第四八

兵　三

马政　屯田　腹里所辖军民屯田

西北马多天下，秦、汉而下，载籍盖可考已。元起朔方，俗善骑射，因以弓马之利取天下，古或未之有，盖其沙漠万里，牧养蕃息，太仆之马，殆不可以数计，亦一代之盛哉。

世祖中统四年，设群牧所，隶太府监。寻升尚牧监，又升太仆院，改卫尉院。院废，立太仆寺，属之宣徽院。后隶中书省，典掌御位下、大斡耳朵马。其牧地，东越耽罗，北逾火里秃麻，西至甘肃，南暨云南等地，凡一十四处，自上都、大都以至玉你伯牙、折连怯呆儿，周回万里，无非牧地。

马之群，或千百，或三五十，左股烙以官印，号大印子马。其印，有兵古、贬古、阔卜川、月思古、斡栾等名。牧人曰哈赤、哈剌赤；有千户、百户，父子相承任事。自夏及冬，随地之宜，行逐水草，十月各至本地。朝廷岁以九月、十月遣寺官驰驿阅视，较其多寡，有所产驹即烙印取勘，收除见在数目，造蒙古、回回、汉字文册以闻，其总数盖不可知也。凡病死者三，则令牧人偿大牝马一，二则偿二岁马一，一则偿牝羊一，其无马者以羊、驼、牛折纳。

太庙祀事暨诸寺影堂用乳酪，则供牝马；驾仗及宫人出入，则供尚乘马。车驾行幸上都，太仆卿以下皆从，先驱马出健德门外，取其肥可取乳者以行，汰其羸瘦不堪者还于群。自天子以及诸王百官，各以脱罗毡置撒帐，为取乳室。车驾还京师，太仆卿先期遣使征马五十酝都来京师。酝都者，承乳车之名也。既至，俾哈赤、哈剌赤之在朝为卿大夫者，亲秣饲之，日酿黑马乳以奉玉食，谓之细乳。每酝都，牝马四十。每牝马一，官给刍一束，菽八升。驹一，给刍一束、菽五升。菽贵，则其半以小稻充。自诸王百官而下，亦有马乳之供，酝都如前之数，而马减四之一，谓之粗乳。刍粟要旬取给于度支，寺官亦以旬诣闲厩阅肥瘠。又自世祖而下山陵，各有酝都，取马乳以供祀事，号金陵挤马，越五年，尽以与守山陵使者。

凡御位下、正宫位下、随朝诸色目人员，甘肃、土番、耽罗、云南、占城、芦州、河西、亦奚卜薛、和林、斡难、怯鲁连、阿剌忽马乞、哈剌木连、亦乞里思、亦思浑察、成海、阿察脱不罕、折连怯呆儿等处草地，内及江南、腹里诸处，应有系官孳生马、牛、驼、骡、羊点数之处，一十四道牧地，各千户、百户等名目如左：

东路折连怯呆儿等处，玉你伯牙、上都周围，哈剌木连等处，阿剌忽乞等处，斡斤川等处，阿察脱不罕，甘州等处，左手永平等处，右手固安州等处，云南亦奚卜薛，芦州，益都，火里秃麻，高丽耽罗国。

一，折连怯呆儿等处御位下：折连怯呆儿地哈剌赤千户买买、买的、撒台、怯儿八思、阔阔来、塔失铁木儿、哈剌那海、伯要䚟、也儿的思、撒的迷失、教化、太铁木儿、塔都、也先、木薛肥、不思塔八、不儿都、麻失不颜台、撒敦。按赤、忽里哈赤千户下百户脱脱木儿。兀鲁兀内土阿八剌哈赤阔阔出。彻彻地撒剌八。薛裹温你里温斡脱忽赤哈铁木儿。哈思罕地僧家奴。玉你伯牙断头山百户哈只。

一，玉你伯牙等处御位下：玉你伯牙地哈剌赤百户忽儿秃哈、兀都蛮、燕铁木儿、暗出忽儿、也先秃满、玉龙铁木儿、月思哥、明里不兰。

大斡耳朵位下：乞剌里郭罗赤马某等。哈里牙儿苟赤别铁木儿。伯只剌苟赤阿蓝答儿。阿察儿伯颜苟赤教化的等。塔鲁内亦

儿哥赤、塔里牙赤等。伯只剌阿塔赤忽儿秃哈。桃山太师月赤察儿
分出铁木儿等。伯颜只鲁干阿塔赤秃忽鲁等。玉你伯牙奴秃赤、火
你赤。

一,塔剌木连等处御位下:阿失温忽都地八都儿。希彻秃地吉
儿犈。哈察木敦。火石脑儿哈塔、咬罗海牙、撒的。换撒里真按赤
哈答。须知忽都哈剌赤别乞。军脑儿哈剌赤火罗思。玉龙鞊彻。云
内州拙里牙赤昌罕。察罕脑儿欠昔思。棠树儿安鲁罕。石头山秃
忽鲁。牙不罕你里温脱脱木儿。开城路黑水河不花。

大斡耳朵位下:完者。

一,阿剌忽马儿等处御位下:阿剌忽马乞地哈剌赤百户按不
怜、乾铁哥、火石铁木儿、末赤、卯罕、不兰奚、孛罗罕。怯鲁连地哈
剌赤千户床八失,百户怯儿的、小薛干、别铁列不作、孛罗、串都、也
速、典列、坦的里、也里迷失、忙兀犈。斡难地兰盏儿、未者、哈只不
花等。

大斡耳朵位下:阿剌忽马乞按灰等。阔苦地阔赤斤等。

一,斡斤川等处御位下:斡斤川地哈剌赤千户月鲁、阿剌铁木
儿、塔塔塔察儿。拙里牙赤斡罗孙,马塔哈儿哈地哈剌赤千户当失、
燕忽里、欢差太难。阔阔地兀奴忽赤忙兀犈。怯鲁连八剌哈赤八儿
麻思。

大斡耳朵位下:马塔哈儿哈怯连口只儿哈忽。

一,阿察脱不罕等处御位下:阿察脱不罕地哈赤守纳。斡川札
马昔宝赤忙哥撒儿。火罗罕按赤秃忽亦。成海后火义罕塔儿罕、按
赤也先。黄兀儿不剌按赤未儿哥、忽林失。应里哥地按赤哈丹、忽
台迷失。应吉列古哈剌赤不鲁。亦儿浑察西哈剌赤。答兰速鲁哈
剌赤八只吉儿。哈儿哈孙不剌哈剌赤阿儿秃。

大斡耳朵位下:怯鲁连火你赤塔剌海。

一,甘州等处御位下:口千子哈剌不花一所。奥鲁赤一所。阿
剌沙阿兰山兀都蛮。亦不剌金一所。宽彻干。塔塔安地普安。胜
回地刘子总管。阔阔思地太铁木儿等。甘州等处杨住普。拨可连

地撒儿吉思。只哈秃屯田地安童一所。哈剌班忽都拙思牙赤耳眉。

一，左手永平等处御位下：永平地哈剌赤千户六十。乐亭地拙里牙赤、阿都赤、答剌赤迷里迷失、亦儿哥赤马某撒儿答。香河按赤定住、亦马赤速哥铁木儿。河西务爱牙赤孛罗觯。漷州哈剌赤脱忽察。桃花岛青昔宝赤赤班等。

大斡耳朵位下：河西务玉提赤百户马札儿。

一，右手固安州四怯薛八剌哈赤平章那怀为长：固安州哈剌赤脱忽察，哈赤忽里哈赤、按赤不都儿。真定昔宝赤脱脱。左卫哈剌赤塔不觯。青州哈剌赤阿哈不花。涿州哈剌赤不鲁哈思。

一，云南亦奚卜薛铁木儿不花为长。

一，芦州。

一，益都哈剌赤忽都铁木儿。

一，火里秃麻太胜忽儿为长。

一，高丽耽罗。

古者寓兵于农，汉、魏而下，始置屯田为守边之计。有国者善用其法，则亦养兵息民之要道也。国初，用兵征讨，遇坚城大敌，则必立屯田以守之。海内既一，于是内而各卫，外而行省，皆屯田，以资军饷。或因古之制，或以地之宜，其为虑盖甚详密矣。大抵匀陂、洪泽、甘、肃、瓜、沙，因昔人之制，其地利盖不减于旧；和林、陕西、四川等地，则因地之宜而肇为之，亦未尝遗其利焉。至于云南八番、海南、海北，虽非屯田之所，而以为蛮夷腹心之地，则又因制兵屯旅以控扼之。由是而天下无不可屯之兵，无不可耕之地矣。今故著其建置增损之概，而内外所辖军民屯田，各以次列焉。

枢密院所辖

左卫屯田：世祖中统三年三月，调枢密院二千人，于东安州南、永清县东荒土，及本卫元点牧地，立屯开耕，分置左右手屯田千户所，为军二千名，为田一千三百一十顷六十五亩。

　　左卫屯田：世祖中统三年三月，调本卫军二千人，于永清、益津等处立屯开耕，分置左右手屯田千户所。其屯军田亩之数，与左卫同。

　　中卫屯田：世祖至元四年，于武清、香河等县置立。十一年，以各屯地界，相去百余里，往来耕作不便，迁于河西务、荒庄、杨家口、青台、杨家白等处。其屯军之数，与左卫同，为田一千三十七顷八十二亩。

　　前卫屯田：世祖至元十五年九月，以各省军入备侍卫者，于霸州、保定、涿州荒闲地土屯种，分置左右手屯田千户所。屯军与左卫同，为田一千顷。

　　后卫屯田：置立岁月，与前卫同。后以永清等处田亩低下，迁昌平县之太平庄。泰定三年五月，以太平庄及世祖经行之地，营盘所在，春秋往来，牧放卫士头匹，不宜与汉军立屯，遂罢之，止于旧立屯所，耕作如故。屯军与左卫同，为田一千四百二十八顷一十四亩。

　　武卫屯田：世祖至元十八年，发迤南军人三千名，于涿州、霸州、保定、定兴等处立屯田，分设广备、万益等六屯，别立农政院以领之。二十二年，罢农政院为司农寺，自后与民相参种。二十五年，别立屯田万户府，分管屯种军人。二十六年，以屯军属武卫亲军都指挥使司，兼领屯田事。仁宗皇庆元年，改属卫率府，后复归于武卫。英宗至治元年，命以广备、利民二千户军人所耕地土，与左卫率府忙古觯屯田千户互相更易。屯军三千名，为田一千八百四顷四十五亩。

　　左翼屯田万户府：世祖至元二十六年二月，罢蒙古侍卫军从人之屯田者，别以斡端、别十八里回还汉军，及大名、卫辉两翼新附军，与前、后二卫迤东还戍士卒合并屯田，设左、右翼屯田万户府以领之。遂于大都路霸州及河间等处立屯开耕，置汉军左右手二千户、新附军六千户所，为军二千五十一名，为田一千三百九十九顷五十二亩。

　　右翼屯田万府：其置立岁月，与左翼同。成宗大德元年十一月，发真定军人三百名,于武清县崔黄口增置屯田。仁宗延祐五年四月,立卫率府,以本府屯田并属詹事院,后复归之枢密,分置汉军千户所三,别置新附军千户所一,为军一千五百四十人,为田六百九十九顷五十亩。

忠翊侍卫屯田:世祖至元二十九年十一月,命各万户府,摘大同、隆兴、太原、平阳等处军人四千名,于燕只哥赤斤地面及红城周回,置立屯田,开耕荒田二千顷,仍命西京宣慰司领其事,后改立大同等处屯储万户府以领之。成宗大德十一年,改侍卫亲军都指挥使司,仍领屯田。武宗至大四年,以黄华岭新附屯田军一千人,并归本卫,别立屯署。是年,改大同侍卫为中都威卫,属之徽政院,分屯军二千置弩军翼,止以二千人分置左右手屯田千户所,黄华领新附军屯如故。仁宗延祐二年,迁红城屯军于古北口、太平庄屯种。五年,复签中都威卫军八百人,于左都威卫所辖地内,别立屯署。七年十二月,罢左都威卫及太平庄、白草营等处屯田,复于红城周回立屯,仍属中都威卫。英宗至治元年,始改为忠翊侍卫,屯田如故,为田二千顷。后移置屯所,不知其数。

左、右钦察卫屯田:世祖至元二十四年,发本卫军一千五百一十二名,分置左右手屯田千户所,及钦察屯田千户所,于清州等处屯田。英宗至治二年,始分左、右钦察卫,以左右手屯田千户所分属之。文宗天历二年,创立龙翊侍卫,复以隶焉。为军左手千户所七百五名,右手千户所四百三十七名,钦察千户所八百名。为田左手千户所一百三十七顷五十亩,右手千户所二百一十八顷五十亩,钦察千户所三百顷。

左卫率府屯田:武宗至大元年六月,命于大都路漷州武清县及保定路新城县置立屯田。英宗至治元年,以武卫与左卫率府屯田地界,相离隔绝,不便耕作,命以两卫屯地互更易之,分置三翼屯田千户所,为军三千人,为田一千五百顷。

宗仁卫屯田:英宗至治二年八月,发五卫汉军二千人,于大宁等处创立屯田,分置两翼屯田千户所,为田二千顷。

宣忠扈卫屯田:文宗至顺元年十二月,命收聚讫一万斡罗斯,给地一百顷,立宣忠扈卫亲军万户府屯田,依宗仁卫例。

大农司所辖

永平屯田总管府:世祖至元二十四年八月,以北京采取材木百姓三千余户,于滦州立屯,设官署以领其事,为户三千二百九十,为田一万一千六百一十四顷四十九亩。

营田提举司:不详其建置之始,其设立处所在大都漷州之武清县,为户军二百五十三,民一千二百三十五,析居放良四百八十,不兰奚二百三十二,火者一百七十口,独居不兰奚一十二口,黑瓦木丁八十二名,为田三千五百二顷九十三亩。

广济署屯田:世祖至元二十二年正月,以崔黄口空城屯田,岁涝不收,迁于清、沧等处。后大司农寺以尚珍署旧领屯夫二百三十户归之,既又迁济南、河间五百五十户,平滦、真定、保定三路屯夫四百五十户,并入本屯,为户共一千二百三十,为田一万二千六百顷三十八亩。

宣徽院所辖

淮东淮西屯田打捕总管府:世祖至元十六年,募民开耕连、海州荒地,官给禾种,自备牛具,所得子粒官得十之四,民得十之六,仍免屯田户徭役,屡欲中废不果。二十七年,所辖提举司一十九处,并为十二。其后再并,止设八处,为户一万一千七百四十三,为田一万五千一百九十三顷三十九亩。

丰闰署:世祖至元二十二年,创立于大都路蓟州之丰闰县,为户八百三十七,为田三百四十九顷。

宝坻屯:世祖至元十六年,签大都属邑编民三百户,立屯于大都之宝坻县,为田四百五十顷。

尚珍署:世祖至元二十三年,置立于济宁路之兖州,为户四百五十六,为田九千七百一十九顷七十二亩。

大同等处屯储总管屯田：成宗大德四年，以西京黄华岭等处田土颇广，发军民九千余人，立屯开耕。六年，始设屯储军民总管万户府。十一年，放罢汉军还红城屯所，止存民夫在屯。仁宗时，改万户府为总管府，为户军四千二百，民五千九百四十五，为田五千顷。

虎贲亲军都指挥使司屯田：世祖至元十七年十二月，月儿鲁官人言：“近于灭捏怯土、赤纳赤、高州、忽兰若班等处，改置驿传，臣等议，可于旧置驿所设立屯田。”从之。二十八年，发虎贲亲军二千人入屯。二十九年，增军一千，凡立三十四屯，于上都置司，为军三千人，佃户七十九，为田四千二百二顷七十九亩。

岭北行省屯田：

世祖至元二十一年，并和林阿刺斛元领军一千人入五条河。成宗元贞元年，摘六卫汉军一千名，赴称海屯田。大德三年，以五条河汉军悉并入称海。仁宗延祐三年，罢称海屯田，复立屯于五条河。六年，分拣蒙古军五千人，复屯田称海。七年，命依世祖旧制，称海、五条河俱设屯田，发军一千人于五条河立屯。英宗时，立屯田万户府，为户四千六百四十八，为田六千四百余顷。

辽阳等处行中书省所辖屯田

大宁路海阳等处打捕屯田所：

世祖至元二十三年，以大宁、辽阳、平滦诸路拘刷漏籍、放良、孛兰奚人户，及僧道之还俗者，立屯于瑞州之西濒海荒地开耕，设打捕屯田总管府。成宗大德四年，罢之，止立打捕屯田所，为户元拨并召募共一百二十二，为田二百三十顷五十亩。

浦峪路屯田万户府：

世祖至元二十九年十月，以蛮军三百户、女直一百九十户，于咸平府屯种。三十年，命本府万户和鲁古斛领其事，仍于茶刺罕、刺怜等处立屯。三十一年，罢万户府屯田。仁宗大德二年，拨蛮军三百户属肇州蒙古万户府,止存女直一百九十户,依旧立屯,为田四百顷。

金复州万户府屯田:

世祖至元二十一年五月,发新附军一千二百八十一户,于忻都察置立屯田。二十六年,分京师应役新附军一千人,屯田哈思罕关东荒地。三十年,以玉龙帖木儿、塔失海牙两万户新附军一千三百六十户,并入金复州,立屯耕作,为户三千六百四十一,为田二千五百二十三顷。

肇州蒙古屯田万户府:

成宗元贞元年七月,以乃颜不鲁古赤及打鱼水达达、女直等户,于肇州旁近地开耕,为户不鲁古赤二百二十户,水达达八十户,归附军三百户,续增渐丁五十二户。

河南行省所辖军民屯田

南阳府民屯:

世祖至元二年正月,诏孟州之东,黄河之北,南至八柳树、枯河、徐州等处,凡荒闲地土,可令阿术、阿剌罕等所领士卒,立屯耕种,并摘各万户所管汉军屯田。六年,以攻襄樊军饷不足,发南京、河南、归德诸路编民二万余户,于唐、邓、申、裕等处立屯。八年,散还元屯户,别签南阳诸色户计,立营田使司领之,寻罢,改立南阳屯田总管府。后复罢,止隶有司,为户六千四十一,为田一万六百六十二顷七亩。

洪泽万户府屯田:世祖至元二十三年,立洪泽南北三屯,设万户府以统之。先是,江淮地省言:“国家经费,粮储为急,今屯田之利,无过两淮,况勺陂、洪泽皆汉、唐旧尝立屯之地,若令江淮新附汉军屯田,可岁得粮百五十余万石。”至是从之。三十一年,罢三屯万户,止立洪泽屯田万户府以统之。其置立处所,在淮安路之白水塘、黄家疃等处,为户一万五千九百九十四名,为田三万五千三百一十二顷二十一亩。

　　芍陂屯田万府：世祖至元二十一年二月，江淮行省言："安丰之芍陂，可溉田万余顷，乞置三万人立屯。"中书省议："发军士二千人，姑试行之。"后屯户至一万四千八百八名。

　　德安等处军民屯田总管府：世祖至元十八年，以各翼取到汉军，及各路拘收手号新附军，分置十屯，立屯田万户府。三十一年，改立总管府，为民九千三百七十五名，军五千九百六十五名，为田八千八百七十九顷九十六亩。

　　陕西等处行中书省所辖军民屯田

　　陕西屯田总管府：世祖至元十一年正月，以安西王府所管编民二千户，立栎杨、泾阳、终南、渭南屯田。十八年，立屯田所。十九年，以军站屯户拘收为怯怜口户计，放还而无所归者，籍为屯户，立安西、平凉屯田，设提领所以领之。二十九年，立凤翔、镇原、彭原屯田，放罢至元十年所签接应成都、延安军人，置立民屯，设立屯田所，寻改为军屯，令千户所管领。三十年，复更为民屯，为户凤翔一千一百二十七户；镇原九百一十三户；栎杨七百八十六户，后存六百五十户；泾阳六百九十六户，后存六百五十八户；彭原一千二百三十八户；安西七百二十四户，后存二百六十二户；平凉二百八十八户；终南七百七十一户，后存七百一十三户；渭南八百一十一户，后存七百六十六户。为田凤翔九十顷一十二亩，镇原四百二十六顷八十五亩，栎阳一千二十顷九十九亩，泾阳一千二十顷九十九亩，彭原五百四十五顷六十八亩，安西四百六十七顷七十八亩，平凉一百十五顷二十亩，终南九百四十三顷七十六亩，渭南一千二百二十二顷三十一亩。

　　陕西等处万户府屯田：世祖至元十九年二月，以盩厔南系官荒地，发归附军，立孝子林、张马村军屯。二十年，以南山把口子巡哨军人八百户，于盩厔县之杏园庄、宁州之大昌原屯田。二十一年，发文州镇戍新附军九百人，立亚柏镇军屯，复以燕京戍守新附军四百六十三户，于德顺州之威戎立屯开耕。为户孝子林屯田三百一户，张马村屯三百一十三户,杏园庄屯二百三十三户,大昌原屯四百七十四户,亚柏镇屯九百户,威戎屯四百六十三户。为田:孝子林二十三顷八十亩,张马村七十三顷八十亩,杏园庄一百一十八顷三十亩,大昌原一百五十八顷七十九亩,亚柏镇二百六十八顷五十九亩,威戎一百六十四顷八十亩。

贵赤延安总管府屯:世祖至元十九年,以拘收赎身、放良、不兰奚及漏籍户计,于延安路探马赤草地屯田,为户二千二十七,为田四百八十六顷。

甘肃等处行中书所辖军民屯田

宁夏等处新附军万户府屯田:

世祖至元十九年三月,发迤南新附军一千三百八十二户,往宁夏等处屯田。二十一年,遣塔塔里千户所管军人九百五十八户屯田,为田一千四百九十八顷三十三亩。

管军万户府屯田:世祖至元十八年正月,命肃州、沙州、瓜州置立屯田。先是,遣都元帅刘恩往肃州诸郡,视地之所宜,恩还言宜立屯田,遂从之。发军于甘州黑山子、满峪、泉水渠、鸭子翅等处立屯,为户二千二百九十,为田一千一百六十六顷六十四亩。

宁夏营田司屯田:世祖至元八年正月,签发己未年随州、鄂州投降人民一千一百七户,往中兴居住。十一年,编为屯田户,凡二千四百丁。二十三年,续签渐丁,得三百人,为田一千八百顷。

宁夏路放良官屯田:世祖至元十一年,从安抚司请,以招收放良人民九百四户,编聚屯田,为田四百四十六顷五十亩。

亦集乃屯田:世祖至元十六年,调归附军人于甘州,十八年,以充屯田军。二十二年,迁甘州新附军二百人,往屯亦集乃合即渠开种,为田九十一顷五十亩。

江西等处行中书省所辖屯田

赣州路南安寨兵万户府屯田:成宗大德二年正月,以赣州路所辖信丰、会昌、龙南、安远等处,贼人出没,发寨兵及宋旧役弓手,与抄数漏籍人户,立屯耕守,以镇遏之,为户三千二百六十五,为田五百二十四顷六十八亩。

江浙等处行中书省所辖屯田

汀漳屯田:世祖至元十八年,以福建调军粮储费用,依腹裹例,置立屯田,命管军总管郑楚等,发镇守士卒年老不堪备征战者,得百有十四人,又募南安等县居民一千八百二十五户,立屯耕作。成宗元贞三年,命于南诏、黎、畲各立屯田,摘拨见戍军人,每屯置一千五百名,及将所招陈吊眼等余党入屯,与军人相参耕种。为户汀州屯一千五百二十五名,漳州屯一千五百一十三名。为田汀州二百二十五顷,漳州二百五十顷。

高丽国立屯

高丽屯田:

世祖至元七年创立,是时东征日本,欲积粮饷为进取之计,遂以王淳、洪茶丘等所管高丽户二千人,及发中卫军二千人,合婆娑府、咸平府军各一千人,于王京东宁府,凤州等一十处,置立屯田,设经略司以领其事,每屯用军五百人。

四川行省所辖军民屯田二十九处

广元路民屯:

世祖至元十三年,从利路元帅言:“广元实东西两川要冲,支给浩繁,经理系官田亩,得九顷六十亩。”遂以襄州刷到无主人口,偶配为十户,立屯开种。十八年,发新得州编民七十七户屯田,为户共八十七。

叙州宣抚司民屯:

世祖至元十一年,命西蜀四川经略使起立屯田。十五年,签长宁军、富顺州等处编民四百七十五户,立屯耕种。十九年,续签一百六十户。二十年,叙州签民一千九百户。二十五年,富顺州复签民六百八户,增入旧屯。二十七年,取勘析出屯户,得二百八十四。成宗元贞二年,复放罢站户一千一十七户,依旧屯田。总之为户四千四百四十四。

绍庆路民屯:

世祖至元十九年,于本路未当差民户内,签二十三名,置立屯田。二十年,于彭水县籍管万州寄户内,签拨二十户。二十一年,签彭水县未当差民户三十二户增入。二十六年,屯户贫乏者多负逋,复签彭水县编民一十六户补之。为户九十一。

嘉定路民屯:

世祖至元十九年,签亡宋编民四户,置立屯田。成宗元贞元年,拨成都义士军八户增入。为户一十二。

顺庆路民屯:

世祖至元十二年,签顺庆民三千四百六十八户,置立屯田。十九年,复于民户内,差拨一千三百三十六户置民屯。二十年,复签二百一十二户增入。总之五千一十六户。

潼川府民屯:

世祖至元十一年,签本府编民及义士军二千二百二十四户,立屯。十三年,复签民一百四十二户。二十一年,行省遣使于遂宁府择监夫之老弱废疾者,得四十六户,签充屯户。总之二千四百一十二户。

夔路总管府民屯:

世祖至元十一年置,累签本路编民至五千二十七户,续于新附军内签老弱五十六户增入。

重庆路民屯:

世祖至元十一年置,累于江津、巴县、泸州、忠州等处,签拨编民二千三百八十七户,并召募,共三千五百六十六户。

成都路民屯:

世祖至元十三年,签阴阳人四十户,办纳屯粮。二十二年,续签泸州编民九千七户,充屯田户。三十一年,续签千户高德所管民一十四户。

保宁万户府军屯:

世祖至元二十六年,保宁府言:"本管军人,一户或二丁三丁,父兄子弟应役,实为重并,若又迁于成都屯种,去家隔远,逃匿必多。乞令本府在营士卒,及夔路守镇军人,止于保宁沿江屯种。"从之。签军一千二百名。二十七年,发屯军一百二十九人,从万户也速迭儿西征,别签渐丁军人入屯,为户一千三百二十九名,为田一百一十八顷二十七亩。

叙州等处万户府军屯:

成宗元贞二年,改立叙州军屯,迁遂宁屯军二百三十九人,于叙州宣化县喎口上下荒地开耕,为田四十一顷八十三亩。

重庆五路守镇万户府军屯:

仁宗延祐七年,发军一千二百人,于重庆路三堆、中嶰、赵市等处屯耕,为田四百二十顷。

夔路万户府军屯:

世祖至元二十一年,从四川行省议,除沿边重地,分军镇守,余军一万人,命屯于成都诸处择膏腴地,立屯开耕,为户三百五十一人,为田五十六顷七十亩,凡创立十四屯。

成都等路万户府军屯:

于本路崇庆州义兴乡楠木园置立,为户二百九十九人,为田四十二顷七十亩。

河东陕西等路万户府军屯:

置立于灌州之青城、陶坝及崇庆州之大册头等处,为户一千三百二十八名,为田二百八顷七亩。

广安等万户府军屯:

置立于成都路崇庆州之七宝坝,为户一百五十名,为田二十六顷二十五亩。

保宁万户府军屯:

置立于重庆州晋源县之金马,为户五百六十四名,为田七十五顷九十五亩。

叙州万户府军屯:

置立于灌州之青城,为户二百二十一名,为田三十八顷六十七亩。

五路万户府军屯:

置立于成都路崇庆州之大栅镇孝感乡及灌州青城县之怀仁乡,为户一千一百六十一名,为田二百三顷一十七亩。

兴元金州等处万户府军屯:

置立于崇庆州晋源县孝感乡,为户三百四十四名,为田五十六顷。

随路八都万户府军屯:

置立于灌州青城、温江县,为户八百三十二名,为田一百六十二顷五十七亩。

旧附等军万户府军屯:

置立于灌州青城县、崇庆州等处,为户一千二名,为田一百二十九顷五十亩。

炮手万户府军屯:置立于灌州青城县龙池乡,为户九十六名,为田一十六顷八十亩。

顺庆军屯:

置立于晋源县义兴乡、江源县将军桥,为户五百六十五名,为田九十八顷八十七亩。

平杨军屯:

置立于灌州青城、崇庆州大栅头,为户三百九十八名,为田六十九顷六十五亩。

遂宁州军屯:

为户二千名,为田三百五十顷。

嘉定万户府军屯:

世祖至元二十一年,摘蒙古、汉军及嘉定新附军三百六十人,于崇庆州、青城等处屯田。二十八年,还之元翼,止余屯军一十三名,为田二顷二十七亩。

顺庆等处万户府军屯:

世祖至元二十六年,发军于沿江下流汉初等处屯种,为户六百五十六名,为田一百一十四顷八十亩。

广安等处万户府军屯:

世祖至元二十七年,拨广安旧附汉军一百一十八名,于新明等处立屯开耕,为田二十顷六十五亩。

云南行省所辖军民屯田一十二处

威楚提举司屯田:

世祖至元十五年,于威楚提举盐使司拘刷漏籍人户充民屯,本司就领其事,与中原之制不同,为户三十三,为田一百六十五双。

大理金齿等处宣慰司都元帅府军民屯:

世祖至元十二年,命于所辖州县,拘刷漏籍人户,得六千六十有六户,置立屯田。十四年,签本府编民四百户益之。十八年,续签永昌府编民一千二百七十五户增入。二十六年,立大理军屯,于爨僰军内拨二百户。二十七年,复签爨僰军人二百八十一户增入。二十八年,续增一百一十九户。总之民屯三千七百四十一户,军屯六百户,为田军民已业二万二千一百五双。

鹤庆路军民屯田:

世祖至元十二年,签鹤庆路编民一百户立民屯。二十七年,签爨僰军一百五十二户立军屯,为田军屯六百八双,民屯四百双,俱己业。

武定路总管府军屯:

世祖至元二十七年,以云南戍军粮饷不足,于和曲、禄劝二州爨僰军内,签一百八十七户,立屯耕种,为田七百四十八双。

威楚路军民屯田:

世祖至元十二年,立威楚民屯,拘刷本路漏籍人户,得一千一百户,内八百六十六户官给无主荒田四千三百三十双,余户自备己业田一千一百七十五双。二十七年,始立屯军,于本路爨僰军内签三百九十九户,内一十五户官给荒田六十双,余户自备己业田一千五百三十六双。

中庆路军民屯田:

世祖至元十二年,置立中庆民屯,于所属州县内拘刷漏籍人户,得四千一百九十七户,官给田一万七千二十二双,自备己业田二千六百二双。二十七年,始立军屯,用爨僰军人七百有九户,官给田二百三十四双,自备己业田二千六百一双。

曲靖等处宣慰司兼管军万户府军民屯田:

世祖至元十二年,立曲靖路民屯。拘刷所辖州郡诸色漏籍人户七百四十户立屯。十八年,续签民一千五百户增入,其所耕之田,官给一千四百八十双,自备己业田三千双。十二年,立澄江民屯,所签屯户与曲靖同,凡一千二百六十户。二十六年,始立军屯,于爨僰军内签一百六十九户。二十七年,复签二百二十六户增入。十二年,立仁德府民屯,所签屯户,与澄江同,凡八十户,官给田一百六十双。二十六年,始立军屯,签爨僰军四十四户。二十七年,续签五十六户增入,所耕田亩四百双,俱系军人己业。

乌撒宣慰司军民屯田:

世祖至元二十七年,立乌撒路军屯,以爨僰军一百一十四户屯田。又立东川路民屯,屯户亦系爨僰军人,八十六户,皆自备己业。

临安宣慰司兼管军万户府军民屯田:

世祖至元十二年,立临安民屯二处,皆于所属州县拘刷漏籍人户开耕。宣慰司所管民屯三百户,田六百双。本路所管民屯二千户,田三千四百双。二十七年,续立爨僰军屯,为户二百八十八,为田一千一百五十二双。

梁千户翼军屯:

世祖至元三十年,梁王遣使诣云南行省言:以汉军一千人置立屯田。三十一年,发三百人备镇戍巡逻,止存七百人,于乌蒙屯田,后迁于新兴州,为田三千七百八十九双。

罗罗斯宣慰司兼管军万户府军民屯田:

世祖至元二十七年,立会通民屯,屯户系爨僰土军二户。十六年,立建昌民屯,拨编民一百四户。二十三年,发爨僰军一百八十户,立军屯。是年,又立会川路民屯,发本路所辖州邑编民四十户。十六年,立德昌路民屯,发编民二十一户。二十年,始立军屯,发爨僰军人一百二十户。

乌蒙等处屯田总管府军屯:

仁宗延祐三年,立乌蒙军屯。先是云南行省言:“乌蒙乃云南咽喉之地,别无屯戍军马,其地广阔,土脉膏腴,皆有古昔屯田之迹,乞发畏吾儿及新附汉军屯田镇遏。”至是从之。为户军五千人,为田一千二百五十顷。

湖广等处行中书省所辖屯田三处

海北海南道宣慰司都元帅府民屯:

世祖至元三十年,召募民户并发新附士卒,于海南、海北等处置立屯田。成宗元贞元年,以其地多瘴疠,纵屯田军二千人还各翼,留二千人与召募民之屯种。大德三年,罢屯田万户府,屯军悉令还役,止令民户八千四百二十八户屯田,琼州路五千一十一户,雷州路一千五百六十六户,高州路九百四十八户,化州路八百四十三户,廉州路六十户。为田琼州路二百九十二顷九十八亩,雷州路一百六十五顷五十一亩,高州路四十五顷,化州路五十五顷二十四亩,廉州路四顷八十八亩。

广西两江道宣慰司都元帅撞兵屯田:

成宗大德二年,黄圣许叛,逃之交址,遗弃水田五百四十五顷七亩。部民有吕瑛者,言募牧兰等处及融庆溪洞徭、撞民丁,于上浪、忠州诸处开屯耕种。十年,平大任洞贼黄德宁等,以其地所遗田土,续置藤州屯田。为户上浪屯一千二百八十二户。忠州屯六百一十四户,那扶屯一千九户,雷留屯一百八十七户,水口屯一千五百九十九户。续增藤州屯,二百八顷一十九亩。

湖南道宣慰司衡州等处屯田:

世祖至元二十五年,调德安屯田万户府军士一千四百六十七名,分置衡州之清化、永州之乌符、武冈之白仓,置立屯田。二十七年,募衡阳县无土产居民,得九户,增入清化屯。为户清化屯军民五百九户;乌符屯军民五百户,白仓屯同。为田清化屯一百二十顷一十九亩,乌符屯一百三顷五十亩,白仓屯八十六顷九十二亩。

元史卷一〇一
志第四九

兵　四

站赤　弓手　急递铺兵　鹰房捕猎

元制站赤者，驿传之译名也。盖以通达边情，布宣号令，古人所谓置邮而传命，未有重于此者焉。凡站，陆则以马以牛，或以驴，或以车，而水则以舟。其给驿传玺书，谓之铺马圣旨。遇军务之急，则又以金字圆符为信，银字者次之；内则掌之天府，外则国人之为长官者主之。其官有驿令，有提领，又置脱脱禾孙于关会之地，以司辨诘，皆总之于通政院及中书兵部。而站户阙乏逃亡，则又以时签补，且加赈恤焉。于是四方往来之使，止则有馆舍，顿则有供帐，饥渴则有饮食，而梯航毕达，海宇会同，元之天下，视前代所以为极盛也。今故著其驿政之大者，然后纪各省水陆凡若干站，而辽东狗站，亦因以附见云。

太宗元年十一月，敕：“诸牛铺马站，每一百户置汉车一十具。各站俱置米仓，站户每年一牌内纳米一石，令百户一人掌之。北使臣每日支肉一斤、面一斤、米一升、酒一瓶。”

四年五月，谕随路官员并站赤人等：

“使臣无牌面文字，始给马之驿官及元差官，皆罪之。有文字牌面，而不给驿马者，亦论罪。若系军情急速，及送纳颜色、丝线、酒食、米粟、缎匹、鹰隼，但系御用诸物，虽无牌面文字，亦验数应付车牛。"

世祖中统四年三月，中书省定议乘从驿马，长行马使臣、从人及下文字曳剌、觧子人等分例。乘驿使臣换马处，正使臣支粥食、觧渴酒，从人支粥。宿顿处，正使臣白米一升，面一斤，酒一升，油盐杂支钞一十文，冬月一行日支炭五斤，十月一日为始，正月三十日终住支；从人白米一升，面一斤。长行马使臣赍圣旨、令旨及省部文字，干当官事者，其一二居长人员，支宿顿分例，次人与粥饭，仍支给马一匹、草一十二斤、料五升，十月为始，至三月三十日终止，白米一升，面一斤，油盐杂用钞一十文。投呈公文曳剌、觧子，依部拟宿顿处批支。五月，云州设站户，取迤南州城站户籍内，选堪中上户应当，马站户，马一匹，牛站户，牛二双，于各户选堪当站役之人，不问亲躯，每户取二丁，及家属于立站去处安置。

五年八月，诏："站户贫富不等，每户限四顷，除免税石，以供铺马祗应；已上地亩，全纳地税。"

至元六年二月，诏："各道宪司，如总管府例，每道给铺马札子三道。"

七年正月，省部官定议："各路总府在城驿，设官二员，于见役人员内选用；州县驿，设头目二名，如见役人即是相应站户，就令依上任事，不系站户，则就本站马户内别行选用；除脱脱禾孙依旧存设，随路见设总站官，罢之。"十一月，立诸站都统领使司，往来使臣，令脱脱禾孙盘问。

八年正月，中书省议："铺马札子，初用蒙古字，各处站赤未能尽识，宜绘画马匹数目，复以省印复之，庶无疑惑。"因命今后各处取给铺马标附文籍，其马数付驿史房书写毕，就左右司用墨印，印给马数目，省印印讫，别行附籍发行墨印，左右司封掌。

九年八月，诸站都统领使司言："朝省诸司局院，及外路诸官府应差驰驿使臣所赍札子，从脱脱禾孙辨诘，无脱脱禾孙之处，令总管府验之。"

十一年十月,命随处站赤,直隶各路总管府,其站户家属,令元籍州县管领。

十三年正月,改诸站都统领使司为通政院,命降铸印信。

十七年二月,诏:"江淮诸路增置水站。除海青使臣,及事干军务者,方许驰驿。余者自济州水站为始,并令乘船往来。"

十八年闰八月,诏:"除上都、榆林迤北站赤外,随路官钱,不须支给,验其闲剧,量增站户,协力自备首思当站。"

十九年四月,诏给各处行省铺马圣旨,扬州行省、鄂州行省、泉州行省、隆兴行省、占城行省、安西行省、四川行省、西夏行省、甘州行省,每省五道。南方验田粮及七十石者,准当站马一匹。九月,通政院臣言:"随路站赤三五户,共当正马一匹,十三户供车一辆,自备一切什物公用。近年以来,多为诸王、公主及正宫太子位下头目识认招收,或冒入投下户计者,遂致站赤损弊,乞换补站户。"从之。十月,增给各省铺马圣旨,西川、京兆、泉州十道,甘州、中兴各五道。

二十年二月,和林宣慰司给铺马圣旨二道。江淮行省增给十道,都省遣使繁多,亦增二十道给之。七月,免站户和顾和买、一切杂泛差役,仍令自备首思。十一月,增给甘州行省铺马圣旨十道,总之为二十道。十二月,增各省及转运司、宣慰司铺马圣旨三十五道:江淮行省十道,四川行省十道,安西转运司分司二道,荆湖行省所辖湖南宣慰司三道,福建行省十道。

二十一年二月,增给各处铺马札子:荆湖、占城等处本省一十道,荆湖北道宣慰司二道,所辖路分一十六处,每处二道;山东运司二道;河间运司七道;宣德府三道;江西行省五道;福建行省所辖路分七处,每处二道;司农司五道;四川行省所辖顺元路宣慰司三道,思州、播州两处宣抚司各三道;都省二十道。四月,定增使臣分例:正使宿顿支米一升、面一斤、羊肉一斤、酒一升、柴一束,油盐杂支增钞二分,通作三分,经过减半。从者每名支米一升,经过减半。九月,给阿里海牙所治之省铺马圣旨十道,所辖宣慰司二处,各三道。

二十二年四月,给陕西行省并各处宣慰司、行工部等处铺马札子一百二十六道。

二十三年四月,福建、东京两行省各给圆牌二面。奥鲁赤出使交趾,先给圆牌二面,今再增二面,于脱欢太子位下给发。南京行省起马三十匹,给圆牌二面。创立三处宣慰司,给札子起马三十匹。

二十四年四月,增给尚书省铺马圣旨一百五十道,并先给降一百五十道,共三百道。五月,扬州省言:"徐州至扬州水马站,两各分置,夏月水潦,使臣劳苦。请徙马站附并水站一处安置,驰驿者白日马行,夜则经由水路,况站户皆是水滨居止者,庶几官民两便。"从之。七月,给中兴路、陕西行省、广东宣慰司、沙不丁等官铺马圣旨一十三道。

二十五年正月,腹里路分三十八处,年销祗应钱不敷,增给钞三千九百八十一锭,并元额七千一百六十九锭,总中统钞一万一千一百五十锭,分上下半年给降。二月,命南方站户,以粮七十石出马一匹为则,或十石之下八九户共之,或二三十石之上两三户共之,惟求税粮仅足当站之数,不至多余,却免其一切杂泛差役。若有纳粮百石之下、七十石之上,自请独当站马一匹者听之。五月,增给辽阳行省铺马札子五道。十一月,福建行省元给铺马圣旨二十四道,增给札子六道。

二十六年正月,给光禄寺铺马札子四道。二月,从沿海镇守官蔡泽言,以旧有水军二千人,于海道置立水站。三月,给海道运粮万户府铺马圣旨五道。四月,四川绍庆路给铺马札子二道,成都府六道。龙兴行省增给铺马圣旨五道,太原府宣慰司及储峙提举司给降二道。八月,给辽东宣慰司铺马圣旨五道,大理、金齿宣慰司四道。九月,增给西京宣慰司铺马札子五道,江淮行省所辖浙东道宣慰司三道,绍兴路总管府给降二道,甘肃行省所辖亦集乃总管府、沙州、肃州三路给六道。十一月,增给甘肃行省铺马圣旨七道。

二十七年正月,增给陕西行省铺马圣旨五道。二月,都省增给铺马圣旨一百五十道,江淮行省一十五道。六月,给营田提举司铺马圣旨二道。九月,江淮行省所辖徽州路水道不通,给铺马圣旨二道。

二十八年六月,随处设站官二名,大都至上都置司吏三员,余设二名,祗应头目、攒典各一名。站户及百者,设百户一名。七月,诏各路府州县达鲁花赤长官,依军户例,兼管站赤奥鲁,非奉通政院明文,不得擅科差役。十二月,增给省除之任官铺马圣旨三百五十道。

二十九年三月,命通政院分官四员,于江南四省整理站赤,给印与之。

三十年正月,南丹州洞蛮来朝,立安抚司于其地,给铺马圣旨二道。三月,两淮都转运盐使司,增给铺马圣旨起马五匹。五月,给淘金运司铺马圣旨起马五匹,大司农司起马二十匹。六月,江浙行省言:"各路递运站船,若止以六户供船一艘,除苗不过十四五石,力寡不能当役。请令各路除苗不过元额二十四石,自六户之上,或至十户,通融签拨。"从之。八月,给刘二拔都儿圆牌三面,铺马圣旨一十五道。十月,增给济南府盐运司铺马圣旨一道。

三十一年六月,给福建运司铺马圣旨起马五匹。

成宗大德八年正月,御史台臣言:"各处站赤合用祗应官钱,多不依时拨降,又或数少不给,遂令站户轮当库子,陪备应办。莫若验使臣起数,实支官钱,所在官司,依时拨降,令各站提领收掌祗待,毋得科配小民,似为便益。"诏都省定议行之。

十年,从江浙省言:命站官仍领祗待,选站之有余粮者,以充库子,止设一名,上下半年更代,就准本户里正、主首身役。

武宗至大三年五月,给嘉兴、松江、瑞州三路及汴梁等处管民总管府,铺马圣旨各三道。

四年三月,诏拘收各衙门铺马圣旨,命中书省定议以闻。省臣言："始者站赤隶兵部,后属通政院,今通政院急于整治,站赤消乏,合依旧命兵部领之。"制可。四月,中书省臣又言："昨奉旨以站赤属兵部,今右丞相铁木迭儿等议,汉地之驿,命兵部领之,其铁烈干、纳邻、末邻等处蒙古站赤,仍付通政院。"帝曰："何必如此,但令罢通政院,悉隶兵部可也。"闰七月,复立通政院,领蒙古站赤。八月,诏："大都至上都,每站除设驿令、丞外,设提领三员、司吏三名。腹裹路分,冲要水陆站赤,设提领二员、司吏二名。其余闲慢驿分,止设提领一员、司吏一名。如无驿令,量拟提领二员。每一百户,设百户一名,从拘该路府州县提调正官,于站户内选用,三岁为满。凡滥设官吏头目人等,尽罢之。"十一月,给中政院铺马圣旨二十道。

仁宗皇庆二年四月,增给陕西行台铺马圣旨八道。六月,中书省臣言："典瑞监掌金字圆牌及铺马圣旨三百余道。至大四年,凡圣旨皆纳之于翰林院,以金字圆牌不敷,增置五十面。盖圆牌遣使,初为军情大事而设,不宜滥给,自今求给牌面,不经中书省、枢密院者,宜勿与。"从之。

延祐元年十月,沙、瓜州立屯储总管万户府,给铺马圣旨六道。

五年十月,中书兵部言："各站设置提领,止受部札,行九品印,职专车马之役,所领站赤多者三、二千,少者五、七百户,比之军民,体非轻细。奈何俸禄不给,三年一更,贪邪得以自纵。令拟各处馆驿,除令、丞外,见役提领不许交换。"从之。

七年四月,诏蒙古、汉人站,依世祖旧制,悉归之通政院。十一月,从通政院官请,诏腹裹、江南汉地站赤,依旧制,命各路达鲁花赤、总管提调,州县官勿得预。

泰定元年三月,遣官赈给怗里干、木怜、纳怜等一百一十九站钞二十一万三千三百锭,粮七万六千二百四十四石八斗。北方站赤,每加津济,至此为最盛。

中书省所辖腹里各路站赤，总计一百九十八处：

陆站一百七十五处，马一万二千二百九十八匹，车一千六十九辆，牛一千九百八十二只，驴四千九百八头。

水站二十一处，船九百五十只，马二百六十六匹，牛二百只，驴三百九十四头，羊五百口。

牛站二处，牛三百六只，车六十辆。

河南江北等处行中书省所辖，总计一百七十九处，该一百九十六站：

陆站一百六处，马三千九百二十八匹，车二百一十七辆，牛一百九十二只，驴五百三十四头。

水站九十处，船一千五百一十二只。

辽阳等处行中书省所辖，总计一百二十处：

马六千五百一十五匹，车二千六百二十一辆，牛五千二百五十九只。

狗站一十五处，元设站户三百，狗三千只，后除绝亡倒死外，实在站户二百八十九，狗二百一十八只。

江浙等处行中书省所辖，总计二百六十处：

马站一百三十四处，马五千一百二十三匹。

轿站三十五处，轿一百四十八乘。

步站一十一处，递运夫三千三十二户。

水站八十二处，船一千六百二十七只。

江西等处行中书省所辖，总计一百五十四处：

马站八十五处，马二千一百六十五匹，轿二十五乘。

水站六十九处，船五百六十八只。

湖广等处行中书省所辖，总计一百七十三处：

陆站一百处，马二千五百五十五匹，车七十辆，牛五百四十五只，卧从轿一百七十五乘，卧轿三十乘。

水站七十三处，船五百八十只。

陕西行中书省所辖八十一处：

陆站八十处,马七千六百二十九匹。

水站一处,船六只。

四川行中书省所辖:

陆站四十八处,马九百八十六匹,牛一百五十头。

水站八十四处,船六百五十四只,牛七十六头。

云南诸路行中书省所辖站赤七十八处:

马站七十四处,马二千三百四十五匹,牛三十只。

水站四处,船二十四只。

甘肃行中书省所辖三路:

脱脱禾孙马站六处,马四百九十一匹,牛一百四十九头,驴一百七十一头,羊六百五十口。

元制,郡邑设弓手,以防盗也。内而京师,有南北两城兵马司,外而诸路府所辖州县,设县尉司、巡检司、捕盗所,皆置巡军弓手,而其数则有多寡之不同。职巡逻,专捕获。官有纲运及流徙者至,则执兵仗导送,以转相授受。外此则不敢役,示专其职焉。

世祖中统五年,随州府驿路设置巡马及马步弓手,验民户多寡,定立额数。除本管头目外,本处长官兼充提控官。其夜禁之法,一更三点,钟声绝,禁人行,五更三点,钟声动,听人行。有公事急速及丧病产育之类,则不在此限,违者笞二十七下,有官者笞七下,准赎元宝钞一贯。州县城池相离远处,其间五十七里,所有村店及二十户以上者,设立巡防弓手,合用器仗,必须完备,令本县长官提调,不及二十户者,依数差捕。若无村店去处,或五七十里,创立聚落店舍,亦须及二十户数。其巡军别设,不在户数之内,关津渡口,必当设立店舍弓手去处,不在五七十里之限。于本路不以是何投下当差户计,及军站人匠、打捕鹰房、斡脱、窑冶诸色人等户内,每一百户内取中户一名充役,与免本户合着差发,其当户推到合该差发数目,却于九十九户内均摊。若有失盗,勒令当该弓手,定立二限盘捉,每限一月。如限内不获,其捕盗官,强盗停俸两月,窃盗一月。外据弓手,如一月不获,强盗决二十七下。窃盗七下;两月不获,强盗二十七下,窃盗一十七下,三月不获者,强盗三十七下,窃盗二十七下。如限内获贼,数及一半者,全免正罪。

至元三年,省部议:"随路户数,多寡不同,兼军站不该差发,似难均摊。拟合斟酌京府司县合用人数,止于本处包银丝线,并止纳包银户计内,每一百户选差中户一名当役,本户合当差发税银,却令九十九户包纳。"从之。

四年,除上都、中都已有巡军,其所辖州县合设弓手,俱于本路包银等户选丁多强壮者充,验各处州县户数多寡、驿程紧慢设置,合用器仗,各人自备。

八年,御史台言:"诸路宜选年壮熟闲弓马之人,以备巡捕之职。弓手数少者,亦宜增置。除捕盗防转,不得别行差占。"

十六年,分大都南北两城兵马司,各主捕盗之任。南城三十二处,弓手一千四百名;北城一十七处,弓手七百九十五名。

二十三年,省台官言:"捕贼巡马,先令执持闷棍以行,贼众多有弓箭,反致巡军被伤。今议给各路弓箭十副,府州七副,司县五副,各令置备防盗。"从之。

仁宗延祐二年,从江南行御史台请,以各处弓手人等,往往致害人命,役三年者罢之,还当民役,别于相应户内补换。

古者置邮而传命,示速也。元制,设急递铺,以达四方文书之往来,其所系至重,其立法盖可考焉。

世祖时,自燕京到开平府,复自开平府至京兆,始验地里远近,人数多寡,立急递站铺。每十里或十五里、二十五里,则设一铺,于各州县所管民户及漏籍户内,签起铺兵。

中统元年,诏:"随处官司,设传递铺驿,每铺置铺丁五人。各处县官,置文簿一道付铺,遇有转递文字,当传铺所即注名件到铺时刻,及所辖转递人姓名,置簿,令转送人取下铺押字交收时刻还铺。

本县官司时复照刷,稽滞者治罪。其文字,本县官司绢袋封记,以牌书号。其牌长五寸,阔一寸五分,以绿油黄字书号。若系边关急速公事,用匣子封锁,于上重别题号,及写某处文字、发遣时刻,以凭照勘迟速,其匣子长一尺,阔四寸,高三寸,用黑油红字书号。已上牌匣俱系营造小尺,上以千字文为号,仍将本管地境、置立铺驿卓望地名,递相传报。"铺兵一昼夜行四百里。各路总管府委有俸正官一员,每季亲行提点。州县亦委有俸末职正官,上下半月照刷。如有怠慢,初犯事轻者笞四十赎铜,再犯罚俸一月,三犯者决。总管府提点官比总管减一等,仍科三十,初犯赎铜,再犯罚俸半月,三犯者决。铺兵铺司。痛行断罪。

至元八年,申命州县官,用心照刷及点视阙少铺司铺兵。凡有递转文字到,铺司随即分明附籍,速令当该铺兵,裹以软绢包袱,更用油绢卷缚,夹版束系,赍小回历一本,作急走递,到下铺交割附历讫,于回历上令铺司验到铺时刻,并文字总计角数,及有无开拆。摩擦损坏,或乱行批写字样,如此附写一行,铺司画字,回还。若有违犯,易为挨问。随路铺兵,不许顾人领替,须要本户少壮人力正身应役。每铺安置十二时轮子一枚、红绰屑一座,并牌额及上司行下、诸路申上铺历二本。每遇夜,常明灯烛。其铺兵每名备夹版、铃攀各一付,缨枪一,软绢包袱一,油绢三尺,蓑衣一领,回历一本。各处往来文字,先用净检纸封裹于上,更用厚夹纸印信封皮。各路承发文字人吏,每日逐旋发放,及将承发到文字,验视有无开拆、摩擦损坏、批写字样,分朗附簿。

九年,左补阙祖立福合言:"诸路急递铺名,不合人情。急者急速也,国家设官署名字,必须吉祥者为美,宜更定之。"遂更为通远铺。

二十年,留安司官言:"初立急递铺时,取不能当差贫户,除其差发充铺兵,又不敷者,于漏籍户内贴补。今富人规避差发,求充铺兵,乞择其富者,令充站户,站户之贫者,却充铺兵;"从之。

二十八年,中书省定议:"近年入递文字,封缄杂乱,发遣无时,今后省部并诸衙门入递文字,其常事皆付承发司随所投下去处,类为一缄。如往江淮行省者,凡江淮行省不以是何文字,通为一缄。其他官府同。省部台院,凡有急速之事,别置匣子发遣,其匣子入递,随到即行。铺司须能附写文历,辨定时刻,铺兵须壮健善走者,不堪之人,随即易换。"

三十一年,大都设置总急递铺提领所,降九品铜印,设提领三员。

英宗至治三年,各处急递铺,每十铺设一邮长,于州县籍记司吏内差充,使之专督其事。一岁之内,能尽职者,从优补用;不能者,提调官量轻重罪之。

凡铺卒皆腰革带,悬铃,持枪,挟雨衣,赍文书以行。夜则持炬火,道狭则车马者、负荷者,闻铃避诸旁,夜亦以惊虎狼也。响及所之铺,则铺人出以俟其至。裹板以护文书不破碎、不霑积,摺小漆绢以御雨雪,不使濡湿之。及各铺得之,则双展转递去。

元制自御位及诸王,皆有昔宝赤,盖鹰人也。是故捕猎有户,使之致鲜食以荐宗庙,供天庖,而齿革羽毛,又皆足以备用,此殆不可阙焉者也。然地有禁,取有时,而违者则罪之。冬春之交,天子或亲幸近郊,纵鹰隼搏击,以为游豫之度,谓之飞放。故鹰房捕猎,皆有司存。而打捕鹰房人户,多取析居、放良及漏籍孛兰奚、还俗僧道,与凡旷役无赖者,及招收亡宋旧役等户为之。其差发,除纳地税、商税,依例出军等六色宣课外,并免其杂泛差役。自太宗乙未年,抄籍分属御位下及诸王公主驸马各投下。及世祖时,行尚书省尝重定其籍,厥后永为定制焉。

御位下打捕鹰房官:

一所,权官张元,大都路宝坻县置司,元额七十七户。

一所,王阿都赤,世袭祖父职,掌十投下、中都、顺天、真定、宣德等路诸色人匠打捕等户,元额一百四十七户。

一所,管领大都等处打捕鹰房民户达鲁花赤石抹也先,世袭祖父职,元额一百一十七户。

一所,管领大都路打捕鹰房等官李脱欢帖木儿,世袭祖父职,元额二百二十八户。

一所,宣授管领大都等处打捕鹰房人匠等户达鲁花赤黄也速觯儿,世袭祖父职,元额五十户。

一所,管领鹰房打捕人匠等户达鲁花赤移剌帖木儿,世袭祖父职,元额一百五十七户。

一所,宣授管领打捕鹰房等户达鲁花赤阿八赤,世袭祖父职,元额三百五十五户。

一所,宣授管领大都等路打捕鹰房人户达鲁花赤寒食,世袭祖父职,元额二百四十三户。

诸王位下:

汝宁王位下,管领民匠打捕鹰房等户官,无额二百一户。

普赛因大王位下,管领本投下大都等路打捕鹰户诸色人匠达鲁花赤都总管府,元额七百八十户。

天下州县所设猎户:

腹里打捕户,总计四千四百二十三户。

河东宣慰司打捕户,五百九十八户。晋宁路打捕户,三百三十二户。

大同路打捕户,一十五户。

翼宁路打捕户,二百五十一户。

上都留守司打捕户,三百九十七户。

宣德提领所打捕户,一百八十二户。

山东宣慰司打捕户,三百九十七户。

宣德提领所打捕户,一百八十二户。

山东宣慰司打捕户,一百户。

益都路打捕户,四十三户。

济南路打捕户,三十六户。

盘阳路,二十一户。

东平路，三十四户。

曹州，八十四户。

德州，一十户。

濮州，三十一户。

泰安州，五户。

东昌路，一户。

真定路，九十一户。

顺德路，一十九户。

广平路，一十九户。

冠州，五户。

恩州，二户。

彰德，三十七户。

卫辉路，一十六户。

大名路，二百八十六户。

保安路，三十一户。

河间路，二百五十二户。

随路提举司，一千一百九十一户。

河间鹰房府，二百七十六名。

都总管府，七百五十六户。

辽阳大宁等处打捕鹰房官捕户，七百五十九户。

东平等路打捕鹰房官捕户，三百九户。

随州德安河南襄阳怀孟等处打捕鹰房官捕户，一百七十二户。

权捕提领所捕户，四十户。

高丽鹰房总管捕户，二百五十户。

河南等路打捕鹰房官捕户，一千一百四十二户。

益都等处打捕鹰房官捕户，五百二十一户。

河北河南东平等处打捕鹰房官捕户，三百户。

随路打捕鹰房总管捕户，一百五十九户。

真定保定等处打捕鹰房官捕户，五十户。

　　淮安路鹰房官捕户,四十七户。

　　扬州等处打捕鹰房官捕户,七十二户。

　　宣徽院管辖淮东淮西屯田打捕总管府司属打捕衙门,提举司十处,千户所一处,总一万四千三百二户。

　　淮安提举司,八百五十八户。

　　安东提举司,九百一十二户。

　　招泗提举司,四百六十五户。

　　镇巢提举司,二千五百四十户。

　　蕲黄提举司,一千一百一十二户。

　　通泰提举司,七百四十九户。

　　塔山提举司,六百四十四户。

　　鱼网提举司,二千五百一十九户。

　　打捕手号军上千户所打捕军,六百四户。

元史卷一〇二

志第五〇

刑法一

职制上

自古有天下者,虽圣帝明王,不能去刑法以为治。是故道之以德义,而民弗从,则必律之以法;法复违焉,则刑辟之施诚有不得已者。是以先王制刑,非以立威,乃所以辅治也。故《书》曰:"士制百姓于刑之中,以教祗德。"后世专务黩刑任法以为治者,无乃昧于本末轻重之义乎?历代得失,考诸史可见已。

元兴,其初未有法守,百司断理狱讼,循用金律,颇伤严刻。及世祖平宋,疆理混一,由是简除繁苛,始定新律,颁之有司,号曰《至元新格》。仁宗之时,又以格例条画有关于风纪者,类集成书,号曰《风宪宏纲》。至英宗时,复命宰执儒臣取前书而加损益焉,书成号曰《大元通制》。其书之大纲有三:一曰诏制,二曰条格,三曰断例。凡诏制为条九十有四,条格为条一千一百五十有一,断例为条七百十有七,大概纂集世祖以来法制事例而已。其五刑之目:凡七下至五十七,谓之笞刑;凡六十七至一百七,谓之杖刑;其徒法,年数、杖数,相附丽为加减,盐徒盗贼既决而又镣之;流则南人迁于辽阳迤北之地,北人迁于南方湖广之乡;死刑,则有斩而无绞,恶逆之极者,又有陵迟处死之法焉。

盖古者以墨、劓、剕、宫、大辟为五刑,后世除肉刑,乃以笞、杖、徒、流、死备五刑之数。元因之，更用轻典，盖亦仁矣。世祖谓宰臣曰："朕或怒，有罪者使汝杀，汝勿杀，必迟回一二日，乃复奏。"斯言也，虽古仁君何以过之。自后继体之君，惟刑之恤，凡郡国有疑狱，必遣官覆谳而从轻，死罪审录无冤者，亦必待报，然后加刑。而大德间，王约复上言："国朝之制，笞杖十减为七，令之杖一百者，宜止九十七，不当又加十也。"此其君臣之间，唯知轻典之为尚，百年之间，天下乂宁，亦岂偶然而致哉。

然其弊也，南北异制，事类繁琐，挟情之吏，舞弄文法，出入比附，用谲行私；而凶顽不法之徒，又数以赦宥获免；至于西僧岁作佛事，或恣意纵囚，以售其奸宄，俾善良者喑哑而饮恨，识者病之。然则元之刑法，其得在仁厚，其失在乎缓弛而不知检也。今按其实，条列而次第之，使后世有以考其得失，作《刑法志》。

名例

五刑
笞刑：七下，十七，二十七，三十七，四十七，五十七。
杖刑：六十七，七十七，八十七，九十七，一百七。
徒刑：一年，仗六十七。一年半，仗七十七。二年，杖八十七。二年半，杖九十七。三年，杖一百七。
流刑：辽阳，湖广，迤北。
死刑：斩，陵迟处死。

五服
斩衰：三年。子为父，妇为夫之父之类。
齐衰：三年，杖期，期，五月，三月。子为母，妇为夫之母之类。
大功：九月，长殇九月，中殇七月。为同堂兄弟，为姑姊妹适人者之类。
小功：五月，殇。为伯叔祖父母，为再从兄弟之类。

缌麻：三月，殇。为族兄弟，为族曾祖父母之类。

十恶

谋反：谓谋危社稷。

谋大逆：谓谋毁宗庙、山陵及宫阙。

谋叛：谓谋背国从伪。

恶逆：谓殴及谋杀祖父母、父母，杀伯叔父母、姑、兄、姊、外祖父母、夫、夫之祖父母、父母者。

不道：谓杀一家非死罪三人，及支解人、造畜蛊毒、魇魅。

大不敬：谓盗大祀神御之物、乘舆服御物；盗及伪造御宝；合和御药，误不如本方，及封题误；若造御膳，误犯食禁；御幸舟船，误不牢固；指斥乘舆，情理切害，及对捍制使，而无人臣之礼。

不孝：谓告言诅詈祖父母、父母，及祖父母、父母在，别籍异财，若供养有阙；居父母丧，身自嫁娶，若作乐释服从吉；闻祖父母、父母丧，匿不举哀，诈称祖父母、父母死。

不睦：谓谋杀及卖缌麻以上亲，殴告夫及大功以上尊长、小功尊属。

不义：谓杀本属府主、刺史、县令、见受业师，吏卒杀本部五品以上官长，及闻夫丧匿不举哀，若作乐释服从吉及改嫁。

内乱：谓奸小功以上亲、父祖妾，及与和者。

八议

议亲：谓皇帝袒免以上亲，及太皇太后、皇太后缌麻以上亲，皇后小功以上亲。

议故：谓故旧。

议贤：谓有大德行。

议能：谓有大才业。

议功：谓有大功勋。

议贵：谓职事官三品以上，散官二品以上，及爵一品者。

议勤：谓有大勤劳。

议宾：谓承先代之后，为国宾者。

赎刑附

诸牧民官，公罪之轻者，许罚赎。

诸职官犯夜者，赎。

诸年老七十以上，年幼十五以下，不任杖责者，赎。

诸罪人癃笃残疾，有妨科决者，赎。

卫禁

诸掌宿卫，三日一更直，掌四门之钥，昏闭晨启，毋敢不慎。

诸欲言事人，阑入宫殿，呼冀上闻，杖一百七，发元籍。

诸擅带刀阑入殿庭者，杖八十七，流远。

诸登皇城角楼，因为盗者，处死。

诸阑入禁卫，盗金玉宝器者，处死。

诸辄入禁苑，盗杀官兽者，为首杖八十七，徒二年，为从减一等，并刺字。知见不首者，答四十七。掌门卫受财纵放者，五十七。坐铺守把军人不诃问，二十七。

诸汉人、南人投充宿卫士，总宿卫官辄收纳之，并坐罪。

诸大都、上都诸城门，夜有急务须出入者，遣官以夜行象牙圆符及织成圣旨启门，门尉辩验明白，乃许启。虽有牙符而无织成圣旨者，不以何人，并勿启，违者处死。

职制

诸官府印章，长官掌收，次官封之，差故即以牒发次官，次其下者第封之，不得付其私人。

诸郡县城门锁钥，并从有司掌之。

诸有司凡荐举刑名出纳等文字，非有故，并须圆署行之。

　　诸职官到任,距上司百里之内者公参,百里之外者免;上司辄非理征会,稽失公务者,禁之。

　　诸内外百司呈署文字,并须由下而上论定而后行之。

　　诸省府以下百司,凡行公务,置朱销簿,按治官以时考之。

　　诸职官公坐,同职者以先到任居上,辄越次而坐者正之。

　　诸有司公事,各官连衔申禀其上司者,并自书其名。有故,从对读首领官代书之,具述其故于名下。曹吏辄代书其名者,罪之。

　　诸职官受代听除之处,从所便,具载解由。私赴都者,禁之。

　　诸有司案牍籍帐,编次架阁。各路,提控案牍兼架阁库官与经历、知事同掌之;散府州县,知事、提控案牍、都吏目、典史掌之。任满相沿交割,毋敢不慎。

　　诸枢密院行省文卷,除军数及边关兵机不在考阅,余并从监察御史考阅之。

　　诸职官承上司他委,所治阙官者,许回申。不得擅令首领官吏摄事。

　　诸职官押运官物赴都,除常所不差者,余并置籍轮差。徇私不均者,罪其上司。

　　诸吏员迁调,廉访司书吏、奏差避道,路府州县吏避贯。

　　诸有司遗失印信,随即寻获者,罚俸一月;追寻不获者,具申礼部别铸。元掌印官解职坐罪,非获元印,不得给由求叙。

　　诸毁匿边关文字者,流。

　　诸蒙古人居官犯法,论罪既定,必择蒙古官断之,行杖亦如之。

　　诸四怯薛及诸王、驸马、蒙古、色目之人,犯奸盗诈伪,从大宗正府治之。

　　诸以亲女献当路权贵求进用,已得者追夺所受命,仍没入其家。

　　诸官吏在任,与亲戚故旧及礼应追往之人追往者听,余并禁之。

诸职官到任，辄受所部赆见仪物，比受赃减等论。

诸职官受部民事后致谢食用之物者，笞二十七，记过。

诸上司及出使官，于使所受其燕飨馈遗者，准不枉法减二等论，经过而受者各减一等，从台宪察之。

诸职官及有出身人，因事受财枉法者，除名不叙；不枉法者，殿三年；再犯不叙，无禄者减一等。以至元钞为则，枉法：一贯至十贯，笞四十七，不满贯者，量情断罪，依例除名；一十贯以上至二十贯，五十七；二十贯以上至五十贯，杖七十七；一百贯之上，一百七。不枉法：一贯至二十贯，笞四十七，本等叙，不满贯者，量情断罪，解见任，别行求仕；二十贯以上至五十贯，五十七，注边远一任；五十贯以上至一百贯，杖六十七，降一等；一百贯以上至一百五十贯，七十七，降二等；一百五十贯以上至二百贯，八十七，降三等；二百贯以上至三百贯，九十七，降四等；三百贯以上，一百七，除名不叙。

诸内外百司官吏，受赃悔过自首，无不尽不实者免罪，有不尽不实，止坐不尽之赃。若知人欲告而首及以赃还主，并减罪二等。闻知他处事发首者，计其日程虽不知，亦以知人欲告而首论。诡名代首者勿听。犯人实有病故，许亲属代首。台宪官吏受赃，不在准首之限。有司受人首告者，罪之。

诸职官恐吓有罪人求赂，未得财者，笞二十七。

诸告官吏赃，有实取之者，有为过度人所讳而官吏初不知者，有官吏已知而姑付过度之家、事毕而后取之者，有本未尝言而故以钱物置人家、指作过度而诬陷人者，止以钱物所在坐之，与钱人俱坐。

诸职官但犯赃私，有罪状明白者，停职听断。

诸奴贱为官，但犯赃罪，除名。

诸职官犯赃，生前赃状明白，虽死犹责家属纳赃。

诸官吏犯赃罪，遇原免，或自首免罪，过钱人即因人致罪，不坐。

诸官吏赃罚，台官问者归台，省官问者归省。

诸职官犯赃，罪状已明，反诬告临问官者，断后仍徒。

诸官吏家人受赃，减官吏法二等坐。官吏初不知，及知即首，官吏家人俱免；不即首，官吏减家人法二等坐，家人依本法。若官吏知情，故令家人受财，官吏依本法，家人免坐。官吏实不知者，止坐家人。

诸职官受除未任，因承差而犯赃者，同见任论。边远迁转官，已任而未受文凭犯赃者，亦如之。吏未出职受赃，既出职事发，罢所受职。

诸钱谷官吏受赃，不枉法者，止计赃论罪，不殿年叙。

诸职官受赃，闻知事发，回付到主，同知人欲告自首论，减二等科罪。枉法者降先职三等叙，不枉法者解职别叙。

诸职官侵用官钱者，以枉法论，虽会赦，仍除名不叙。

诸职官在任犯赃，被问赃状已明而称疾者，停其职归对。

诸职官所将亲属僚从，受所部财而无入己之赃，会赦还职。

诸外任牧守受赃，被问垂成，近臣奏徵入朝者，执付元问官。

诸职官犯赃在逃者，同狱成。

诸职官受赃，丁忧，终制日究问。军官不丁忧者，不在终制之限。

诸职官犯赃，已承伏会赦者，免罪徵赃，黜降如条；未承伏者勿论。

诸职官受赃，即改悔还主，其主犹执告者勿论。

诸职官受财为人请托者，计赃论罪。

诸小吏犯赃，并断罪除名。

诸库子等职，已有出身，无添给禄米者，不与小吏犯赃同论。

诸掾吏出身应入流，或以职官转补，但犯赃，并同吏员坐除名。府州县首领官非朝命者，同吏员。

诸吏员取受非真犯者，不除名。

诸流外官越受民词者，笞一十七；首领官二十七，记过。

诸临民官于无职田州县，虚徵其入于民者，断罪解职，记过。

诸职官频入茶酒市肆及倡优之家者，断罪罢职。

诸监临官私役弓手，笞二十七，三名已上加一等。占骑弓手马，笞一十七，并记过名。本管官吏辄应副者，各减一等。

诸内外官吏疾病满百日者，作阙，期年后仕。

诸职官连犯二罪，轻罪已断，重罪始发，罪从已断，殿降从后发。

诸有过被问，诈死逃罪者，杖六十七，有官者罢职不叙，赃多者从重论。

诸行省以下大小司存长官，非理折辱其首领官者，禁之。首领官有过失，听申上司，不得擅问。长官处决不公，首领官执覆不从，许直申上司。

诸随朝官无故不公聚者，坐罪选待。

诸职官已受宣敕，以地远官卑，辄称故不赴者，夺所受命，谪种田。或在任诈称病而去者，三年后降二等叙，其同僚徇私与文书者，降一等叙。

诸受命职官，阙期已及，或有辨证勾稽丧葬疾病公私诸务，妨阻不能之任者，许具始末诣本处有司自陈，保勘给据再叙，并任元注地方。有司保勘不实者，并坐之。

诸受除官员，阙次未及，辄先往任所居住守代者，从本管上司究之。

诸各衙门，辄将听除及罢闲无禄私己之人差遣者，禁。

诸职官亲死不奔丧，杖六十七，降先职二等，杂职叙。未终丧赴官，笞四十七，降一等，终制日叙。若有罪诈称亲丧，杖八十七，除名不叙。亲久没称始死，笞五十七，解见任，杂职叙。凡不丁父母忧者，罪与不奔丧同。

诸官吏私罪被逮，无问已招未招，罹父母大故者，听其奔赴丁忧，终制日追问，公罪并矜恕之。

　　诸职官父母亡,匿丧纵宴乐,遇国哀,私家设音乐,并罢不叙。

　　诸外任官员谒告,应有假故,具曹状报所属,仍置籍以记之。有托故者,风宪官纠而罪之。

　　诸官吏迁葬祖父母、父母,给假二十日,并除马程日七十里,限内俸钱仍给之,违限不至者勒停。

　　诸职官任满解由,应给而不给,不应给而给,及有过而不开写者,罪及有司。解由到部,增损功罪不以实者,亦如之。

　　诸罢免官吏,叙复给由而匿其过名者,罪及初给由有司。

　　诸匿过求仕,已除事觉者,笞四十七,追夺不叙。

　　诸职官年及致仕而不知止者,廉访司纠黜之。

　　诸职官被罪,理算殿年,以被问停职月日为始。

　　诸远方官员亲年七十以上者,许元籍有司保勘,量注近阙便养,冒滥者坐罪。

　　诸职官没于王事者,其应继之人,降二等荫叙。

　　诸内外百司五品以上进上表章,并以蒙古字书,毋敢不敬,仍以汉字书其副。

　　诸内外百司,凡进贺表笺,缮写誊籍印识各以式,其辄犯庙讳御名者,禁之。

　　诸内外百司应出给劄付,有额设译史者,并以蒙古字书写。

　　诸内外百司有兼设蒙古、回回译史者,每遇行移及勘合文字,标译关防,仍兼用之。

　　诸内外百司公移,尊卑有序,各守定制,惟执政出典外郡,申部公文,书姓不书名。

　　诸人臣口传圣旨行事者,禁之。

　　诸大小机务,必由中书,惟枢密院、御史台、徽政、宣政诸院许自言所职,其余不由中书而辄上闻,既上闻而又不由中书径下所司行之者,以违制论。所司亦不禀白而辄受以行之者,从监察御史、廉访司纠之。

诸中书机务,有泄其议者,量所泄事,闻奏论罪。

诸省部官名隶宿卫者,昼出治事,夜入番直。

诸检校官勾检中书及六曹之务,其有稽违,省掾呈省论罚,部史就录罪名开呈。

诸行省擅役军人营缮,虽公廨,不奏请,犹议罪。

诸行省差使军官,非军情者,禁之。

诸行省长官二员,给金虎符典军,惟云南行省官皆给符。

诸各处行省所辖军官,军情急慢,从提调军马长官断遣。其余杂犯,受宣官以上咨禀,受敕官以下就断。

诸行省岁支钱粮,各处正官季一照勘,岁终会其成于行省,以式稽考,滥者徵之,实者籍之,总其概,咨都省台宪官阅实之。

诸方面大臣,受金纵贼成乱者斩,僚佐受金,或阿顺不能匡正,并坐罪,会赦仍除名。

诸枢密院及各省所部军官,其麾下征者、戍者、出者、处者,饥寒不赡,役使不均,代以私人,举债倍息,在家曰逃,有力曰乏,惟单穷是使,惟货贿是图,以苦士卒,以耗兵籍,百户有罪,罪及千户,千户有罪,罪及万户。万户有罪,从枢密院及行省帅府以其状闻,随事论罪。

诸宣徽院所抽分马牛羊,官严其程期,制其供亿,谨其钤束之法,以讥察之。其有欺官扰民者,廉访司纠之。

诸翰林院应译写制书,必呈中书省,共议其稿。其文卷非边远军情重事,并从监察御史考阅之。

诸宣政院文卷,除修佛事不在照刷外,其余文卷及所求内外司存,并照刷之。

诸徽政院及怯怜口人匠,旧设诸府司文卷,并从台宪照刷。

诸台官职掌,饬官箴,稽吏课,内秩群祀,外察行人,与闻军国奏议,理达民庶冤辞,凡有司刑名、赋役、铨选、会计、调度、徵收、营缮、鞫勘、审谳、勾稽及庶官廉贪,厉禁张弛,编民惸独流移,强暴兼并,悉纠举之。

诸行台官,主察行省宣慰司已下诸军民官吏之作奸犯科者,穷民之流离失业者,豪强家之夺民利者,按察官之不称职任者,余视内台立法同。

诸御史台所辖各道宪司,民有冤滞赴愬于台者,咸著于籍,岁终则会以考其各道之殿最,而黜陟之。

诸台宪所察天下官吏赃污、欺诈、稽违,罪入于刑书者,岁会其数及其罪状上之,藏于中书。

诸内外台,岁遣监察御史刷磨各省文卷,并察各道廉访司官吏臧否,官弗称者呈台黜罚,吏弗称者就罢之。

诸风宪,荐举必考其最绩,弹劾必著其罪状,举劾失当,并坐之。

诸殿中侍御史,凡遇廷臣奏事,必随入内,在廷有不可与闻之人,即纠斥之,朝会祭祀,一切行礼,失仪越次及托故不至者,即纠罚之。文武百官谒假事故,三日以外者,以曹状报之。凡官府创置,百官礼任,及被差往还,报曹状并同。

诸廉访分司官,每季孟夏初旬,出录囚,仲秋中旬,出按治,明年孟夏中旬还。其惮远违期、托故避事者,从监察御史劾之。

诸廉访司分巡各路军民,官吏有过,得罪状明白者,六品以下牒总司论罪,五品以上申台闻奏。

诸廉访司官,擅封点军器库者,笞三十七,解职别叙。

诸官吏受赃,事主虽不告言,监察御史廉访司察之,实者纠之。

诸行省官及首领官受赂,随省廉访司察知者,上之台,已下就问。

诸行省理问所见问公事,廉访司辄逮问者,禁之。

诸职官受赃,廉访司必亲临听决,有必不能亲临者,摘敌品有司老成廉能正官问之。

诸被按官吏,有冤抑者,诣御史台陈理。所言实,罪被告,所言虚,罪告者,仍加等。其有故撼按问官吏以事者,禁之。

诸按问职官赃,毋遽施刑,惟众证已明而不款伏者,加刑问之,军官则先夺所佩符而问之。

诸风宪官吏但犯赃,加等断罪,虽不枉法亦除名。

诸方面之臣入觐,辄敛所部官吏俸钱备礼物者,禁之。违者罪之。

诸湖南北、江西、两广接境溪洞蛮獠窃发,诸监临禁治不严及故纵者,军官笞三十七,管民官二十七,并削所受阶一等,记过。

诸边隅镇守不严,他盗辄入境杀掠者,军官坐罪,民官不坐。

诸军民官镇抚边陲,三年无啸聚之盗者,民官减一资,军官升散官一阶;五年无者,军、民官各升散官一等。

诸郡县版籍,所司谨庋置之,正官相沿掌之。

诸劝农官,每岁终则上其所治农桑水利之成绩于本属上司,本属上司会所部之成绩,以上于大司农。若部,部考其勤惰成否,以上于省而殿最之。其在官怠其事,隳其法者,罪之。

诸职官行田,受民户齐敛钱者,以一多科断。

诸受财占民差徭者,以枉法论。

诸额课所在,管民正官董其事,若以他故出,次官通摄之。

诸额收钱粮,各处计吏,岁一诣省会之。有齐敛者,从按治官举劾。

诸郡县岁以三限徵收税粮,初限十月终,中限十一月终,末限十二月终。违者初限笞四十,再犯杖八十,但结揽及自愿与结揽人等,并没入其家财,仍依元科之数倍徵之。若不差正官部粮,而以权官部之,或致失陷及输不足者,达鲁花赤管民官同坐。

诸州县义仓粮数不实,监临失举察者,罪之。

诸职官于禁刑之日决断公事者,罚俸一月;吏笞二十七,记过。

诸有司断诸小罪,辄以杖头非法杖人致死,罪坐判署官吏。

诸曾诉官吏之人有罪,其被诉官吏勿推。

诸有司辄凭妄言帷薄私事逮系人者,笞四十七,解职,期年后叙。

诸职官得代及休致,凡有追会,并同见任。其婚姻田债诸事,止令子孙弟侄陈诉,有司辄相侵陵者究之。

诸职官告吏民毁骂,非亲闻者勿问,违者罪之。

诸职官听讼者,事关有服之亲并婚姻之家,及曾受业之师与所仇嫌之人,应回避而不回避者,各以其所犯坐之。有辄以官法临决尊长者,虽会赦,仍解职降叙。

诸有司事关蒙古军者,与管军官约会问。

诸管军官、奥鲁官及盐运司、打捕鹰坊军匠、各投下管领诸色人等,但犯强窃盗贼、伪造宝钞、略卖人口、发冢放火、犯奸及诸死罪,并从有司归问。其斗讼、婚田、良贱、钱债、财产、宗从继绝及科差不公自相告言者,从本管理问。若事关民户者,从有司约会归问,并从有司追逮,三约不至者,有司就便归断。

诸州县邻境军民相关词讼,元告就被论官司归断,不在约会之例。断不当理,诸赴上司陈诉,罪及元断官吏。

诸僧、道、儒人有争,有司勿问,止令三家所掌会问。

诸哈的大师,止令掌教念经,回回人应有刑名、户婚、钱粮、词讼,并从有司问之。

诸僧人但犯奸盗诈伪,致伤人命及诸重罪,有司归问。其自相争告,从各寺院住持本管头目归问。若僧俗相争田土,与有司约会,约会不至,有司就便归问。

诸各寺院税粮,除前宋所有常住及世祖所赐田土免纳税粮外,已后诸人布施并己力典买者,依例纳粮。

诸管民官以公事摄所部,并用信牌,其差人扰众者,禁之。

诸掩骼埋胔，有司之职。或饥岁流莩，或中路暴死，无亲属收认，应闻有司检覆者，检复既毕，就付地主邻人收葬，不须检覆者，亦就收葬。

诸救灾恤患，邻邑之礼。岁饥辄闭籴者，罪之。

诸郡县灾伤，过时而不申，或申不以实，及按治官不以时检踏，皆罪之。

诸虫蝗为灾，有司失捕，路官各罚俸一月，州官各笞一十七，县官各二十七，并记过。

诸水旱为灾，人民艰食，有司不以时申报赈恤，以致转徙饥莩者，正官笞三十七，佐官二十七，各解见任，降先职一等叙。诸有司检覆灾伤，或以熟作荒，或以可救为不可救，一项已上者罚俸，二十顷者笞一十七，二百顷已上者笞二十七，五百顷已上笞三十七，惟以荒作熟，抑民纳粮者，笞四十七，罢之。托故不行，妨误检覆者，笞三十七。

诸义夫、节妇、孝子、顺孙，其节行卓异，应旌表者，从所属有司举之，监察御史、廉访司察之，但有冒滥，罪及元举。

诸赐高年帛，应受赐而有司不以实报者，正官笞四十七，解职别叙。

诸州县举茂异秀才，非经监察御史、廉访司体察者，不得开申。

诸民犯弑逆，有司称故不听理者，杖六十七，解见任，殿三年，杂职叙。

诸检尸，有司故迁延及检覆牒到不受，以致尸变者，正官笞三十七，首领官吏各四十七。其不亲临或使人代之，以致增减不实，移易轻重，及初覆检官相符同者，正官随事轻重论罪黜降，首领官吏各笞五十七罢之，仵作行人杖七十七，受财者以枉法论。

诸有司，在监囚人因病而死，虚立检尸文案及关覆检官者，正官笞三十七,解职别叙。已代会赦者,仍记其过。

诸职官覆检尸伤,尸已焚瘗,止傅会初检申报者,解职别叙。若已改除,仍记其过。

诸藩王及军马经过,郡县委积馆劳,并许于应给官物内支遣,随申行省知会,或擅移易齐歛者,禁之。

诸郡县非遇圣旨、令旨,诸王、驸马、大臣经过,官吏并免郊迎,妨夺公务,仍不得赆以钱物,按治官常纠察之。

诸职官但犯军情违误,受敕官各路就断,受宣官从都省、行省处分。其余公罪,各路并不得辄断。

诸部送囚徒,中路所次州县,不寄囚于狱而监收旅舍,以致反禁而亡者,部送官笞二十七,还职本处,防护官笞四十七,就责捕贼,仍通记过名。

诸有司各处递至流囚,辄主意故纵者,杖六十七,解职,降先品一等叙,刑部记过。

诸和顾和买,依时置估,对物给价。官吏权豪,因缘结揽,营私害公者,罪之。

诸有司和买诸物,多余估计,分受其价者,准盗官钱论,不分受,以冒估多寡论。监临及当该官吏诡名中纳者,物价全没之。克落价钞者,准不枉法赃论。不即支介者,台宪官纠之。

诸职官辄以亲故人事之物,为散之民,鸠敛钱财者,计其时直,以余利为坐,减不枉法赃二等科罪,钱物各归其主。

诸职官私用民力者,笞二十七,记过,追顾直给其民。

诸克除所属官吏俸钱,为公用及备进上礼物,既去职者,并勿论。

诸在任官敛属吏俸赠去官者,笞四十七,还职。

诸职官辄借骑所部内驿马者,笞三十七,降先职一等叙,记过。

　　诸职官于所部非亲故及理应往复之家,辄行庆吊之礼者,禁之。违者罪之。

元史卷一〇三
志第五一

刑法二

职制下

　　诸职官户在军籍，管军官辄追逮其身者，禁之。

　　诸中外大小军官，不能以法抚循军人而又害之者，从监察御史、廉访司纠察之。行省官及宣慰司元帅府官无故以军官自卫者，亦如之。

　　诸军官不法，各处宪司就问之，枢府不得委官同问。

　　诸管军官，辄以所佩金银符充典质者，笞五十七，降散官一等；受质者减二等。

　　诸军官犯赃，应罢职殿降者，上所佩符，再叙日给之。

　　诸军官役使军人，万户八名，千户减万户之半，弹压减千户之半，过是数者坐罪。诸军官驱役军人，致死非命者，量事断罪，并罢职，徵烧埋银给苦主。

　　诸管军官擅放正军，及分受雇役钱者，以枉法论，除名不叙。

　　诸管军官吏克除军人衣粮盐菜钱，并全未给散，会赦，克除已招者追给，未招者免徵，未给散者给散。其私役军人官牛，带种官地，并管民官占种官地，所收子粒，已招者追没，未招者免徵。

　　诸军官役其出征军人家属，又借之钱而多取息者，并坐之。

　　诸军官辄纵军人诬民以罪，吓取钱物而分赃自厚者，计赃科罪,除名不叙。

诸民间失火,镇守军官坐视不救,而反纵军剽掠者,从台宪官纠之。

诸军官辄断民讼者,禁之,违者罪之。

诸军官挟仇犯分,辄持刃欲杀连帅者,杖六十七,解职别叙。

诸投下官吏受赃,与常选官同论。

诸投下杂职犯赃罪者罢之,不以常调殿降论。

诸投下妄称上旨,影占民站,除其徭役,故纵为民害者,杖七十七,没其家财之半,所占民杖一百七,还元籍。

诸王傅文卷,监察御史考阅,与有司同。

诸位下置财赋营田等司,岁终则会;会毕,从廉访司考阅之。

诸投下轻重囚徒,并从廉访司审录。

诸藩邸事务,大者奏裁,小者移中书,擅以教令行者,禁之。

诸仓庾官吏与府州司县官吏人等,以百姓合纳税粮,通同揽纳,接受折价飞钞者,十石以上,各刺面,杖一百七;十石以下,九十七;官吏除名不叙。退闲官吏、豪势富户、行铺人等违犯者,十石之上,杖九十七;十石之下,八十七。其部粮官吏知情分受,笞五十七,除名不叙。有失觉察者,监临部粮官吏二十七;府州总部粮官吏,一十七。若能捕获犯人者,与免本罪。若仓官人吏等盗粜官粮,与揽纳飞钞同论。知情籴买,十石以上,杖一百七;十石之下。九十七。其漕运官吏有失觉察者,验粮数多寡治罪。其盗粜粮价,结揽飞钞,追徵没官,正粮于仓官,并结揽籴买人均徵还官。

诸仓库官吏人等盗所主守钱粮,一贯以下,决五十七,至十贯,杖六十七,每二十贯加一等;一百二十贯,徒一年,每三十贯加半年;二百四十贯,徒三年;三百贯处死。计赃以至元钞为则,诸物以当时价估折计之。

诸仓库官、知库子、攒典、斗脚人等,侵盗移易官物,匿不举发者,与犯人同罪;失觉察者,减犯人罪四等。

诸仓库钱粮出纳,所设首领官及提举监支纳以下攒典合干人以上,互相觉察,若有违法短少,一体均陪。任内收支钱粮,正收倒除皆完,方许给由。

诸典守钞库官,已倒昏钞,不用退印,笞五十七,解见任。提调官失计点,笞一十七,并记过名。

诸钞库官,辄以自己昏钞,诡名倒换者,笞三十七,记过。

诸平准行用库倒换昏钞,多取工墨钱,库官知而不曾分赃者,减一等,并解职别叙。主谋又受赃者,以枉法论,除名不叙。

诸白纸坊典守官,入受桑楮皮折价者,计赃以枉法论,除名不叙,仍追赃,收买本色还官。

诸京仓受粮,部官董之,外仓收粮,州县长官董之。收不如法致腐败者,按治官通究之。

诸仓官委任亲属为家丁,致盗枭官粮者,笞五十七,解职殿叙;同僚相容隐,四十七,解职。

诸仓官辄翻钉官斛,多收民租,主谋者笞五十七,同僚初不知情,既知而不能改正者,三十七,并解职别叙。

诸京师每日散枭官米,人止一斗,权豪势要及有禄之家,辄籴买者,笞二十七,追中统钞二十五贯,付告人充赏。

诸官局造作典守,辄刳除材料者,计赃以枉法论,除名不叙。

诸运司办课官,取受事发,办课毕日追问;受代离职者,就问之。

诸盐场官勘问人致死者,从转运司差官摄其职,发犯人归有司。

诸税务官,辄以民到务文契,枉作匿税,私其罚钱者,以枉法论,除名不叙。

诸财赋总管淘金提举司存,虽有护持制书,事应纠劾者,监察御史、廉访司准法行之。

诸守库藏军官,夜不直宿,致有盗者,笞三十七,还职。捕盗不获者,围宿军官、军人追陪所失物货,俟获盗徵赃给还。若遇强劫,军官、军人力所不及者,不在追断之限。

诸杂造局院,辄与诸人带造军器者,禁之。

诸两浙财赋府隶徽政者,掌治钱谷造作,岁终报成,以次年正月至于二月,从廉访司稽其文书,违者纠之。

诸有司桥梁不修,道涂不治,虽修治而不牢强者,按治及监临官究治之。

诸有司不以时修筑堤防,霖雨既降,水潦并至,漂民庐舍,溺民妻子,为民害者,本郡官吏各罚俸一月,县官各笞二十七,典史各一十七,并记过名。

诸漕运官,辄拘括水陆舟车,阻滞商旅者,禁之。

诸漕运官,辄受赃,纵水手人等以稻糠盗换官粮者,以枉法计赃论罪,除名不叙。

诸海道都漕运万户府所辖千户已下有罪,万户问之,万户有罪,行省问之。徇情者,监察御史、廉访司察之,漕事毕,然后廉访司考其案牍。

诸海道运粮船户,盗枭官粮,诈称遭风覆没者,计赃刺断,虽会赦,仍刺之。

诸使臣行李,脱脱禾孙及驿吏辄敢搜检者,禁之。

诸使臣行橐过重,压损驿马,而脱脱禾孙与使臣交赠为好,不以法称盘者,笞二十七,记过。

诸急递铺,辄开所递实封文书,妄入无名文字者,笞五十七。

诸急递铺,每上、下半月,府、州判官、县主簿亲临检视,所递文字但有稽违、摩擦、沉匿,铺司铺兵即验事重轻论罪,各路正官一员总之,廉访司察之。其有弗职,亲临官初犯笞一十七,再犯加一等,三犯呈省别议，总提调官减亲临官一等。每季具申上司，有无稽违，仍于各官任满日，解由开写，而黜陟之。

诸使臣辄骑怀驹马者，取与各笞五十七，及以车易马者，俱坐之。

诸公主下嫁，迎送往还，并不得由传置。

诸使臣在城，辄骑占驿马者禁之，违者罪之。

诸驿使在道，夺回马易所乘马，驰至死者，偿其直。若以私事故选良马驰至死者，笞二十七，仍偿其直。

诸使臣多取分例，笞一十七，追所多还官，记过。使还人员，除军情急务外，日不过三驿，驿官仍于关文标写起止程期，违者各笞二十七，再犯罢役。

诸乘驿使臣，或枉道营私，横索祗待，或访旧逸游，饿损马乘，并申闻断治。

诸使臣枉道驰驿者，笞五十七，脱脱禾孙擅依随给驿者，依例科罚。

诸驿使诈改公牒，多起马者，杖八十七。其部押官马，辄夹带私马，多取草料者，并没入其私马。

诸朝廷军情大事，奉旨遣使者，佩以金字圆符给驿，其余小事，止用御宝圣旨。诸王、公主、驸马亦为军情急务遣使者，佩以银字圆符给驿，其余止用御宝圣旨。若滥给者，从台宪官纠察之。

诸高丽使臣，所带徒从，来则俱来，去则俱去，辄留中路郡邑买卖者，禁之；易马出界者，禁之。

诸出使官员，所至辄受官吏筵宴，及官吏辄相邀请，并从风宪纠察。

诸使臣所过州县，无故不得入城。有故入城者，止于公馆安宿，辄宿于官民之家者，从风宪纠之。

诸遣使开读诏书，所过州郡就便开读者听，非所经由而辄往者禁之。若本宗事须亲往者，不在此限。

诸使臣所至之处，有亲戚故旧，礼应追往者听。

　　诸受命出使还，匿给驿文字符节及锡贡之物，久不进者，杖六十七，记过。

　　诸进表使臣，五日外不还职，托故稽留，他有营者，止所给驿，籍其姓名，罢黜之。

　　诸出使郡国，使事之外，毋有所与，有必须上闻者，实封以闻。

　　诸衔命出使，辄将有司刑囚审断者，罪之。

　　诸奉使循行郡县，有告廉访司官不法者，若其人尝为风宪所黜罢，则与监察御史杂问之，余听专问。

　　诸官吏公差，辄受人赆行礼物者，随事论罪，官还职，吏发邻道贴补。

　　诸捕盗，境内若失过盗贼，却获他境盗贼，许令功过相补。如获他境强盗，或伪造宝钞二起，各准境内强盗一起，无强者准窃盗二起。如获窃盗，准亦如之。如境内无失，但获强窃盗贼，依例理赏。若应捕之人，及事主等告指捕获者，不赏。

　　诸捕盗官，不得差遣，违者台宪官纠之。

　　诸捕盗官，任内失过盗贼，除获别境盗准折外，三限不获，强盗三起、窃盗五起，各笞一十七，强盗五起、窃盗十起，各笞二十七，强盗十起、窃盗十五起，各笞三十七。镇守军官一体捕限者同罪，亲民提控捕盗，减罪二等。其限内获贼及半者免罪，若诸人获盗应赏者，赏之。

　　诸南北兵马司，职在巡警非违，捕逐盗贼，辄理民讼者，禁之。

　　诸南北兵马司，罪囚八十七以下，决遣；应刺配者，就刺配之。

　　诸各路在城录事、录判，分番巡捕，若有失盗，止坐巡捕官。

　　诸职官非应捕之人，告获反贼者，升二等用。

　　诸告获强盗，每名官给赏钱至元钞五十贯，窃盗二十五贯，亲获者倍之，获强盗至五人与一官。

　　诸捕获弑逆凶徒，比获强盗给赏。

　　诸随处镇守军官、军人，亲获强窃盗贼者，减半给赏。

诸都城失盗,一年不获者,勒巡军陪偿所盗财物,其敢差占巡军者禁之。

诸捕盗官捕获强窃盗贼,不即牒发,淹禁死亡者,杖七十七,罢职。

诸盗牛马,悔过放还者,以窃盗已行不得财论,不徵倍赃赏钱。有司辄以常盗刺断者,以刑名违错科罚。

诸捕盗官,辄受人递至匿名文字,枉勘平人为盗,致囚死狱中者,杖九十七,罢职不叙;正问官六十七,降先职二等叙;首领官笞四十七,注边远一任;承吏杖六十七,罢役不叙;主意写匿名文书者,杖一百七,流远;递送匿名文书者,减二等;受命主事递送者,减三等。

诸捕盗官搜捕逆贼,辄将平人审问踪迹,乘怒殴之,邂逅致死者,杖六十七,解职别叙,记过,徵烧埋银给苦主。

诸捕盗官受财故纵贼囚者,与犯人同罪,已败获者,徒、杖并减一等。

诸父有罪,不坐其子。兄有罪,不坐其弟。

诸大宗正府理断人命重事,必以汉字立案牍,以公文移宪台,然后监察御史审覆之。

诸有司非法用刑者,重罪之。已杀之人,辄脔割其肉而去者禁之,违者重罪之。

诸鞫狱不能正其心,和其气,感之以诚,动之以情,推之以理,辄施以大披挂及王侍郎绳索,并法外惨酷之刑者,悉禁止之。

诸鞫问罪囚,除朝省委问大狱外,不得寅夜问事,廉访司察之。

诸各路推官专掌推鞫刑狱,平反冤滞,董理州县刑名之事,其余庶务,毋有所与,按治官岁录其殿最,秩满则上其事而黜陟之。凡推官若受差不闻上司,辄离职者,亦坐罪。

诸处断重囚,虽叛逆,必令台宪审录,而后斩于市曹。

诸内外囚禁,从各路正官及监察御史、廉访司以时审录,轻者断遣,重者结案,其有冤滞,就纠察之。

诸正蒙古人,除犯死罪,监禁依常法,有司毋得拷掠,仍日给饮食。犯真奸盗者,解束带佩囊,散收。余犯轻重者,以理对证,有司勿执拘之,逃逸者监收。

诸奉决天下囚,值上怒,勿辄奏。上欲有所诛,必迟回一二日乃覆奏。

诸有司因公依理决罚,邂逅身死者,不坐。

诸累过不悛,年七十以上,应罚赎者,仍减等科决。

诸犯罪,二罪俱发,以重者论,罪等从一。若一罪先发,已经论决,余罪后发,其轻若等,勿论;重者,更论之,通计前罪,以充后数。

诸职官辄以微故,乘怒不取招词,断决人邂逅致死,又诱苦主焚瘗其尸者,笞五十七,解职别叙,记过。

诸鞫狱辄以私怨暴怒,去衣鞭背者,禁之。

诸鞫问囚徒,重事须加拷讯者,长贰僚佐会议立案,然后行之,违者重加其罪。

诸弓兵祗候狱卒,辄殴死罪囚者,为首杖一百七,为从减一等,均徵烧埋银给苦主,其枉死应徵倍赃者,免徵。

诸有司辄收禁无罪之人者,正官并笞一十七,记过。无招枉禁,致自缢而死者,笞三十七,期年后叙。

诸有司辄将无辜枉禁,瘐死者,解职,降先品一等叙。

诸有司承告被盗,辄将景迹人,非理枉勘身死,却获正贼者,正问官笞五十七,解职,期年后,降先职一等叙;首领官及承吏,各五十七,罢役不叙;均徵烧埋银给苦主,通记过名。

诸有司受财故纵正贼,诬执非罪,非法拷讯,连逮妻子,御冤赴狱,事未晓白,身已就死,正官杖一百七,除名,佐官八十七,降二等杂职叙,仍均徵烧埋银。

诸有司故入人罪,若未决者及囚自死者,以所入罪减一等论,入人全罪,以全罪论,若未决放,仍以减等论。

诸故出人之罪,应全科而未决放者,从减等论,仍记过。

诸失入人之罪者,减三等,失出人罪者减五等,未决放者又减一等,并记过。

诸有司失出人死罪者,笞五十七,解职,期年后降先品一等叙,记过,正犯人追禁结案。

诸有司辄将革前杂犯,承问断遣者,以故入论。

诸监临挟仇,违法枉断所监临职官者,抵罪不叙。

诸审囚官强愎自用,辄将蒙古人刺字者,杖七十七,除名,将已刺字去之。

诸为盗,并从有司归问,各投下辄擅断遣者,坐罪。

诸斗殴杀人,无轻重,并结案上省部详谳。有司辄任情擅断者,笞五十七,解职,期年后,降先品一等叙。

诸禁囚因械梏不严,致反狱者,直日押狱杖九十七,狱卒各七十七,司狱及提牢官皆坐罪,百日内全获者不坐。

诸罪在大恶,官吏受赃纵令私和者,罢之。

诸司狱受财,纵犯奸囚人,在禁疏枷饮酒者,以枉法科罪,除名。

诸流囚,强盗持仗不曾伤人,但得财,若得财至二十贯,为从;不持仗,不曾伤人,得财四十贯,为从;及窃盗,割车剜房,伤事主,为从;不曾伤事主,但曾得财;不曾得财,内有旧贼;初犯怯烈司盗驼马牛,为从;略卖良人为奴婢一人;诈雕都省、行省印;套画省官押字,动支钱粮,干碍选法;或妄造妖言犯上;并杖一百七,流奴儿干。初犯盗驼马牛,为首;及盗财三百贯以上;盗财十贯以下,经断再犯;发冢开棺伤尸,内应流者;挑剜禅湊宝钞,以真作伪,再犯;知情买使伪钞,三犯;并杖一百七,发肇州屯种。诸犯罪流远逃归,再获,仍流。若中路遭乱而逃,不再犯,及已老病并会赦者,释之。

诸流囚居役,非遇元正、寒食、重午等节,并勿给假。

诸配役囚徒,遇闰月,通理之。

诸应徒、流,未行,会赦者释之;已行未至,会赦者亦释之。

诸囚徒配役，役所停罢者，会赦，免放。

诸有罪，奉旨流远，虽会赦，非奏请不得放还。

诸徒罪，昼则带镣居役，夜则入囚牢房。其流罪发各处屯种者，止令监临关防屯种。

诸流远囚徒，惟女直、高丽二族流湖广，余并流奴儿干及取海青之地。

诸徒罪，无配役之所者，发盐司居役。

诸主守失囚者，减囚罪三等，长押流囚官中路失囚者，视提牢官减主守罪四等，既断还职。

诸大小刑狱应监系之人，并送司狱司，分轻重监收。

诸掌刑狱，辄纵囚徒在禁饮博，及带刀刃纸笔阴阳文字入禁者，罪之。

诸狱具，枷长五尺以上、六尺以下，阔一尺四寸以上、一尺六寸以下，死罪重二十五斤，徒、流二十斤，杖罪一十五斤，皆以乾木为之。长、阔、轻重各刻志其上。杻长一尺六寸以上、二尺以下，横三寸，厚一寸。锁长八尺以上、一丈二尺以下，镣连环重三斤。笞大头径二分七厘，小头径一分七厘，罪五十七以下用之。杖大头径三分二厘，小头径二分二厘，罪六十七以上用之。讯杖大头径四分五厘，小头径三分五厘，长三尺五寸，并刊削节目，无令筋胶诸物装钉。应决者，并用小头，其决笞及杖者，臀受；拷讯者，臀若股分受，务令均停。

诸郡县佐贰及幕官，每月分番提牢，三日一亲临点视，其有枉禁及淹延者，即举问。月终则具囚数牒次官，其在上都囚禁，从留守司提之。

诸南北兵马司，每月分番提牢，仍令提控案牍兼掌囚禁。

诸盐运司监收盐徒，每月佐贰官分番董视，与有司同。

诸内郡官仕云南省，有罪依常律，土官有罪，罚而不废。

诸左右两江所部土官，辄与兵相仇杀者，坐以叛逆之罪。其有妄相告言者，以其罪罪之。有司受财妄听者，以枉法论。诸土官有能爱抚军民、境内宁谧者，三年一次，保勘升官。其有勋劳及应升赏承袭，文字至帅府，辄非理疏驳、故为难阻者，罢之。

祭令

诸国家有事于郊庙，凡献官及百执事之人，受誓戒之后，散齐宿于正寝，至齐于祀所。散齐日治事如故，不吊丧问疾，不作乐，不判署刑杀文字，不决罚罪人，不与秽恶事。致齐日惟祀事得行，余悉禁之。

诸岳镇名山，国家之所秩祀，小民辄僭礼犯义，以祈祷亵渎者，禁之。

诸五岳、四渎、五镇，国家秩祀有常，诸王、公主、驸马辄遣人降香致祭者，禁之。

诸郡县宣圣庙，凡官员使臣军马，辄敢馆谷于内，有司辄敢听讼宴饮于内，工官辄敢营造于内，并行禁之。诸书院同。

诸每月朔望，郡县长吏率其参佐僚属，诣孔子庙拜谒礼毕，从学官升堂讲说。其乡村市镇，亦择有学问德行，可为师长者，于农隙之时以教导民。其有视为迂缓而不务者，纠之。

学规

诸蒙古、汉人国子监学官任内，验其教养出格生员多寡，以为升迁。博士、教授有阙，从监察御史举之，其不称职者黜之，坐及元举之官。

诸国子生悖慢师长及行礼失仪、言行不谨、讲诵不熟、功课不办、无故废学、有故不告辄出、告假违限、执事失误、忿戾斗争，并委正、录纠举，除悖慢师长别议，余者初犯戒谕，再犯、三犯约量责罚。

其厨人、仆夫、门子,常切在学,供给使令,违者就便决责。

诸国学居首善之地,六馆诸生以次升斋,毋或躐等。其有未应升而求升,及曾犯学规者,轻者降之,重者黜之。其教之不以道者,监察御史纠之。

诸国子监私试积分生员,其有不事课业及一切违戾规矩,初犯罚一分,再犯罚二分,三犯除名。已补高等生员,其有违戾规矩,初犯殿试一年,再犯除名,并从学正、录纠举。正、录知见不纠举者,从本监议罚。在学生员,岁终实历坐斋不满半周岁者,并除名。除月假外,其余告假,不用准算,学录岁终通行考较。汉人生员,三年不能通一经及不肯笃勤者,勒令出学。

诸奎章阁授经郎生员,每月朔、望、上弦、下弦,给假四日,当入宿卫者,给假三日,余有故须请假者,于授经郎禀说,附历给假。无故不入学,第一次罚当日会食,第二次于师席前罚拜及当日会食,第三次于学士院及师席前罚拜及当日会食,三次不改,奏闻惩戒黜退。

诸随路学校,计其钱粮多寡,养育生徒,提调正官时一诣学督视,必使课讲有程,训迪有法,赏勤罚惰,作成人材,其学政不举者究之。

诸教官在任,侵盗钱粮,荒废庙宇,教养无实,行止不臧,有忝师席,从廉访司纠之。任满,有司辄朦胧给由者究之。

诸赡学田土,学官职吏或卖熟为荒,减额收租,或受财纵令豪右占佃,陷没兼并,及巧名冒支者,提调官究之。

诸贫寒老病之士,必为众所尊敬者,保申本路体覆无异,下本学养赡,仍移廉访司察之;但有冒滥,从提调官改正。

诸各处学校,为讲习作养之地,有司辄侵借其钱粮者,禁之。教官不称职者,廉访司纠之。

诸在任及已代教官,辄携家入学,亵渎居止者,从廉访司纠之。

诸各路医学大小生员,不令坐斋肄业,有名无实,及在学而训诲无法,课讲卤莽,苟应故事者,教授、正、录、提调官罚俸有差。

诸医人于十三科内,不能精通一科者,不得行医。太医院不精加考试,辄以私妄举充随朝太医及内外郡县医官,内外郡县医学不依法考试,辄纵人行医者,并从监察御史、廉访司察之。

军律

诸军官离职,屯军离营,行军离其部伍者,皆有罪。

诸军官不得擅离部署。赴阙言事,有必合言者,实封附递以闻。

诸随处军马,有久远营屯,或时暂经过,并从官给粮食,辄妨扰农民,阻滞客旅者,禁之。

诸临阵先退者,处死。

诸统军捕逐寇盗,分守要害,约相为声援,稽留失期,致杀死将士,仍不即追袭者,处死。虽会赦,罢职不叙。

诸军民官,镇守边陲,帅兵击贼,纪律无统,变易号令,背约失期,形分势格,致令破军杀将,或未战逃归,或弃城退走,复能建招徕之功者减其罪,无功者各以其罪罪之。

诸防戍军人于屯所逃者,杖一百七,再犯者处死。若科定出征,逃匿者斩以徇。

诸军户贫乏已经存恤而复逃者,杖八十七,发遣当军。隐藏者减二等,两邻知而不首者,又减隐藏罪二等。

诸军户告乏求替者,从有司覆实之,其诈妄者廉访司究之。

诸各卫扈从汉军,每户选练习壮丁一人常充,仍于贴户内选两人轮番供役,其有故必合替换者,自万户至于百户,相视所换之可用,然后用之。百户、千户、万户私换者,验名数多寡,论罪解降。

诸管军官吏受钱代替军空名者,验入已钱数,以枉法科罪除名。令兄弟子侄驱丁代替者,验名数多寡,论罪解降。

诸军马征伐,虏掠良民,凶徒射利,略卖人口,或自贼杀,或以病亡弃尸道路,暴骸沟壑者,严行禁止。

户婚

诸匠户子女,使男习工事,女习黹绣,其辄敢拘刷者,禁之。

诸系官当差人户,非奉朝省文字,辄投充诸王及各投下给使者,论罪。

诸僧道还俗,兄弟析居,奴放为良,未入于籍者,应诸王诸子、公主、驸马毋拘藏之,民有敢隐藏者,罪之。

诸庶民有妄以漏籍户及土田,于诸王、公主、驸马呈献者,论罪。诸投下辄滥收者,亦罪之。

诸官吏占人户供给私用者,治罪。

诸有司治赋敛急,致贫民鬻男女为输者,追还所鬻男女,而正有司罪,价勿偿。

诸生女溺死者,没其家财之半以劳军。首者为奴,即以为良。有司失举者,罪之。

诸民户流移,所在有司起遣复业,辄以阑遗人收之者,禁之。

诸鳏寡孤独、老弱残疾、穷而无告者,于养济院收养。应收养而不收养,不应收养而收养者,罪其守宰,按治官常纠察之。

诸被灾流民,有司招谕复业。其年深不能复业及失所在者,蠲其赋。辄抑民包纳者,从台宪官纠之。

诸年谷不熟,人民转徙,所至既经赈济,复聚党持仗,剽劫财物,殴伤平民者,除孤老残疾不能自赡,任便居住,有司依前存养。其余有子弟者,验其家口计程远近,支与行粮,次第押还元籍,沿路复为民害者,从所在有司断遣。

诸蒙古、回回、契丹、女直、汉人军前所俘人口,留家者为奴婢,居外附籍者即为良民,已居外复认为奴婢者,没入其家财。

诸收捕叛乱军人掠取生口,并从按治官及军民官一同审阅,实为贼党妻属者,给公据付之,无公据者以掠良民之罪罪之。

诸群盗降附,以所劫掠男女充收捕官馈献者,勿受,仍还为民。无亲属可收系者,使男女相配,听为民。其留贼所者,悉纵之。

诸收到被掠妇人,忘其乡里,并无亲属可归者,有司与之嫁聘,所得聘财,与资妆束。

诸军民官辄隐藏降附人民、不令复业者,罪之。

诸籍没人口,元主私典卖者,追收入官,徵价还主。

诸投下官员,招占已籍系官民匠户计者,没其家财,所占户归本籍。

诸投下所籍户,令出五户丝,余悉勿与。其有横敛于民,从台宪究之。

诸愿弃俗出家为僧道,若本户丁多,差役不阙,及有兄弟足以侍养父母者,于本籍有司陈请,保勘申路,给据簪剃,违者断罪归俗。

诸河西僧人有妻子者,当差发、税粮、铺马、次舍与庶民同。其无妻子者,蠲除之。

诸父母在,分财异居,父母困乏,不共子职,及同宗有服之亲,鳏寡孤独、老弱残疾、不能自存,寄食养济院,不行收养者,重议其罪。亲族亦贫不能给者,许养济院收录。

诸典卖田宅,从有司给据立契,买主卖主随时赴有司推收税粮。若买主权豪,官吏阿徇,不即过割,止令卖主纳税,或为分派别户包纳,或为立诡名,但受分文之赃,笞五十七,仍于买主名下验元价追徵,以半没官,半付告者。首领官及所掌吏,断罪罢役。

诸典卖田宅,须从尊长书押,给据立帐,历问有服房亲及邻人典主,不愿交易者,限十日批退,违限不批退者,笞一十七。愿者限十五日议价,立契成交,违限不酬价者,笞二十七。任便交易,亲邻典主故相邀阻,需求书字钱物者,笞二十七。业主虚张高价,不相由问成交者,笞三十七,仍听亲邻典主百日收赎,限外不得争诉。业主欺昧,故不交业者,笞四十七。亲邻典主在他所者,百里之外,不在由问之限。若违例事觉,有司不以理听断者,监察御史、廉访司纠之。

诸军官、军人不归营屯,到任官员不归官舍,往来使臣不归馆驿,辄于民家居止,为民害者,行省、行台起遣究治。到任官无官舍,出私钱僦居者听。

诸造谋以已卖田宅,诬买主占夺,胁取钱物者,计赃论罪,仍红泥粉壁书过于门。

诸婚田诉讼,必于本年结绝,已经务停而不结绝者,从廉访司及本管上司,正官吏之罪。累经务停,而不结绝者,即与归结,不在务停之限,违者罪亦如之。其所争田内租入,纳税之外,并从有司收贮,断后随田给付。

诸以子女典雇于人及典雇人之子女者,并禁止之。若已典雇,愿以婚嫁之礼为妻妾者,听。

诸受钱典雇妻妾者,禁。其夫妇同雇而不相离者,听。

诸受财嫁卖妻妾及过房弟妹者,禁。

诸乞养过房男女者,听;转卖为奴婢者,禁之。奴婢过房良民者,禁之。

诸守宰抑取部民男女为奴婢者,杖七十七,期年后降二等杂职叙。

诸妄认良人为奴,非理残虐者,杖八十七,有官者罢之。

诸诉良得实,给据居住,候元籍亲属收领,无亲属者听令自便。

诸奴婢背主在逃,杖七十七。

诸男女议婚,有以指腹割衿为定者,禁之。

诸嫁娶之家,饮食宴好,求足成礼,以华侈相尚,暮夜不休者,禁之。

诸男女婚姻,媒氏违例多索聘财及多取媒利者,谕众决遣。

诸女子已许嫁而未成婚,其夫家犯叛逆应没入者,若其夫为盗及犯流远者,皆听改嫁。已成婚有子,其夫虽为盗受罪,勿改嫁。

诸男女既定婚,其女犯奸事觉,夫家欲弃,则追还聘财,不弃则减半成婚。若夫家辄诡以风闻奸事,恐胁成亲者,笞五十七,离之。

诸遭父母丧,忘哀拜灵成婚者,杖八十七,离之,有官者罢之,仍没其聘财,妇人不坐。

诸服内定婚,各减服内成亲罪二等,仍离之,聘财没官。

诸有女许嫁,已报书及有私约,或已受聘财而辄悔者,笞三十七,更许他人者,笞四十七,已成婚者,五十七,后娶知情者减一等,女归前夫。男家悔者,不坐,不追聘财,五年无故不娶者,有司给据改嫁。

诸有女纳婿,复逐婿,纳他人为婿者,杖六十七。后婿同其罪。女归前夫,聘财没官。

诸职官娶娼为妻者,笞五十七,解职,离之。

诸有妻妾,复娶妻妾者,笞四十七,离之。在官者,解职记过,不追聘财。

诸先通奸被断,复娶以为妻妾者,虽有所生男女,犹离之。

诸转嫁已归未成婚男妇者,杖六十七,妇归宗,聘财没官。

诸受财以妻转嫁者,杖六十七,追还聘财,娶者不知情不坐,妇人归宗。

诸以书币娶人女为妾,复受财转嫁他人者,笞五十七,聘财没官,妾归宗,有官者罢之。

诸僧道悖教娶妻者,杖六十七,离之,僧道还俗为民,聘财没官。

诸典卖佃户者,禁。佃户嫁娶,从其父母。

诸兄收弟妇者,杖一百七,妇九十七,离之。虽出首,仍坐。主婚笞五十七,行媒三十七。

诸居父母丧,奸收庶母者,各杖一百七,离之,有官者除名。

诸汉人、南人,父没子收其庶母,兄没弟收其嫂者,禁之。

诸姑表兄弟嫂叔不相收,收者以奸论。

诸奴收主妻者,以奸论;强收主女者,处死。

诸为子辄以亡父之妾与人,人辄受而私之,与者杖七十七,受者笞五十七。

诸受财强嫁所监临妻,以枉法论,杖七十七,除名,追财没官,妻还前夫。

诸良家女愿与人奴为婚者,即为奴婢。娶良家女为妻,以为奴婢卖之者,即改正为良,卖主、买主同罪,价没官。

诸以童养未成婚男妇,转配其奴者,笞五十七,妇归宗,不追聘财。

诸逃奴有女,嫁为良人妻,已有男女,而本主觉察者,追其聘财归本主,妇人不离。

诸弃妻,已归宗改嫁者,从其后夫。

诸弃妻改嫁,后夫亡,复纳以为妻者,离之。

诸夫妇不相睦,卖休买休者禁之,违者罪之,和离者不坐。

诸出妻妾,须约以书契,听其改嫁,以手模为徵者,禁之。

诸妇人背夫,弃舅姑出家为尼者,杖六十七,还其夫。

诸卖买良人为倡,卖主买主同罪,妇还为良,价钱半没官,半付告者。或妇人自陈,或因事发觉,全没入之。良家妇犯奸,为夫所弃,或倡优亲属,愿为倡者听。

诸倡女孕,勒令堕胎者,犯人坐罪,倡放为良。

诸勒妻妾为倡者,杖八十七。以乞养良家女为人歌舞,给宴乐,及勒为倡者,杖七十七,妇人并归宗。勒奴婢为倡者,笞四十七,妇人放从良。

诸受财纵妻妾为倡者,本夫与奸妇奸夫各杖八十七,离之。其妻妾随时自首者,不坐;若日月已久才自首者,勿听。

元史卷一〇四

志第五二

刑法三

食货　大恶　奸非　盗贼

诸犯私盐者,杖七十,徒二年,财产一半没官,于没物内一半付告人充赏。盐货犯界者,减私盐罪一等。提点官禁治不严,初犯笞四十,再犯杖八十,本司官与总管府官一同归断,三犯闻奏定罪。如监临官及灶户私卖盐者,同私盐法。

诸伪造盐引者斩,家产付告人充赏。失觉察者,邻佑不首告,杖一百。商贾贩盐,到处不呈引发卖,及盐引数外夹带,盐引不相随,并同私盐法。盐已卖,五日内不赴司县批纳引目,杖六十,徒一年,因而转用者同卖私盐法。犯私盐及犯界断后,发盐场充盐夫,带镣居役,役满放还。

诸给散煎盐灶户工本,官吏通同克减者,计赃论罪。

诸大都南北两城关厢,设立盐局,官为发卖,其余州县乡村并听盐商兴贩。

诸卖盐局官、煎盐灶户、贩盐客旅行铺之家,辄插和灰土硝碱者,笞五十七。

诸蒙古人私煮盐者,依常法。

诸犯私盐,会赦,家产未入官者,革拨。

诸私盐再犯,加等断徒如初犯,三犯杖断同再犯,流远,妇人免徒,其博易诸物,不论巨细,科全罪。

诸转买私盐食用者,笞五十七,不用断没之令。

诸捕获私盐,止理见发之家,勿听攀指平民。有榷货,无犯人,以榷货解官;无榷货,有犯人,勿问。

诸巡捕私盐,非承告报明白,不得辄入人家搜检。

诸犯私盐,被获拒捕者,断罪流远,因而伤人者处死。

诸巡盐军官,辄受财脱放盐徒者,以枉法计赃论罪,夺所佩符及所受命,罢职不叙。

诸茶法,客旅纳课买茶,随处验引发卖毕,三日内不赴所在官司批纳引目者,杖六十;因而转用,或改抹字号,或增添夹带斤重,及引不随茶者,并同私茶法。但犯私茶,杖七十,茶一半没官,一半付告人充赏,应捕人同。若茶园磨户犯者,及运茶船主知情夹带,同罪。有司禁治不严,致有私茶生发,罪及官吏。茶过批验去处,不批验者,杖七十。其伪造茶引者斩,家产付告人充赏。

诸私茶,非私自入山采者,不从断没法。

诸产金之地,有司岁徵金课,正官监视人户,自执权衡,两平收受。其有巧立名色,广取用钱及多秤金数,克除火耗,为民害者,从监察御史、廉访司纠之。

诸出铜之地,民间敢私炼者禁之。

诸铁法,无引私贩者,比私盐减一等,杖六十,铁没官,内一半折价付告人充赏。伪造铁引者,同伪造省部印信论罪,官给赏钞二锭付告人。监临正官禁治私铁不严,致有私铁生发者,初犯笞三十,再犯加一等,三犯别议黜降。客旅赴冶支铁引后,不批月日出给,引铁不相随,引外夹带,铁没官。铁已卖,十日内不赴有司批纳引目,笞四十;因而转用,同私铁法,凡私铁农器锅釜刀镰斧杖及破坏生熟铁器,不在禁限。江南铁货及生熟铁器,不得于淮、汉以北贩卖,违者以私铁论。

诸卫辉等处贩卖私竹者,竹及价钱并没官,首告得实者,于没官物约量给赏。犯界私卖者,减私竹罪一等。若民间住宅内外并阑槛竹不成亩,本主自用外货卖者,依例抽分。有司禁治不严者罪之,仍于解由内开写。

诸私造唆鲁麻酒者,同私酒法,杖七十,徒二年,财产一半没官,有首告者,于没官物内一半给赏。

诸蒙古、汉军辄酝造私酒醋曲者,依常法。

诸犯禁饮私酒者,笞三十七。

诸犯界酒,十瓶以下,罚中统钞一十两,笞二十,七十瓶以上,罚钞四十两,笞四十七,酒给元主。酒虽多,罚止五十两,罪止六十。

诸匿税者,物货一半没官,于没官物内一半付告人充赏,但犯笞五十,入门不吊引,同匿税法。

诸办课官,估物收税而辄抽分本色者,禁之。其监临官吏辄于税课务求索什物者,以盗官物论,取与同坐。

诸办课官所掌应税之物,并三十分中取一,辄冒估直多收税钱,别立名色巧取分例,及不应收税而收税者,各以其罪罪之,廉访司常加体察。

诸在城及乡村有市集之处,课税有常法。其在城税务官吏,辄于乡村妄执经过商贾匿税者,禁之。

诸办课官侵用增余税课者,以不枉法赃论罪。

诸职官,印契不纳税钱者,计应纳税钱以不枉法论。

诸市舶金银铜钱铁货、男女人口、丝绵段匹、销金绫罗、米粮军器等,不得私贩下海,违者舶商、船主、纲首、事头、火长各杖一百七,船物没官,有首告者以没官物内一半充赏,廉访司常加纠察。

诸市舶司于回帆物内,三十分抽税一分,辄以非理受财者,计赃,以枉法论。

诸舶商、大船给公验，小船给公凭，每大船一，带柴水船、八橹船各一，验凭随船而行。或有验无凭，及数外夹带，即同私贩，犯人杖一百七，船物并没官，内一半付告人充赏。公验内批写物货不实，及转变渗泄作弊，同漏舶法，杖一百七，财物没官；舶司官吏容隐，断罪不叙。

诸番国遣使奉贡，仍具贡物，报市舶司称验，若有夹带，不与抽分者，以漏舶论。

诸海门镇守军官，辄与番邦回舶头目等人，通情渗泄舶货者，杖一百七，除名不叙。

诸中卖宝货、耗蠹国财者，禁之。

诸云南行使贝法，官司商贾辄以他贝入境者，禁之。

诸大臣谋危社稷者，诛。

诸无故议论谋逆，为倡者处死，和者流。

诸潜谋反乱者处死，安主及两邻知而不首者同罪，内能悔过自首者免罪给赏，不应捕人首告者官之。

诸谋反已有反状，为首及同情者陵迟处死，为从者处死，知情不首者减为从一等流远，并没入其家。其相须连坐者，各以其罪罪之。

诸父谋反，子异籍不坐。

诸谋反事觉，捕治得实，行省不得擅行诛杀，结案待报。

诸匿反叛不首者，处死。

诸妖言惑众，啸聚为乱，为首及同谋者处死，没入其家。为所诱惑相连而起者，杖一百七。

诸假托神异，狂谋犯上者，处死。

诸乱言犯上者处死，仍没其家。

诸指斥乘舆者，非特恩，必坐之。

诸妄撰词曲，诬人以犯上恶言者，处死。

诸职官辄指斥诏旨乱言者，虽会赦，仍除名不叙。

诸子孙弑其祖父母、父母者，陵迟处死，因风狂者处死。

诸醉后殴其父母，父母无他子，告乞免死养老者，杖一百七，居役百日。

诸子弑其继母者，与嫡母同。

诸部内有犯恶逆，而邻佑、社长知而不首，有司承告而不问，皆罪之。

诸子弑其父母，虽瘐死狱中，仍支解其尸以徇。

诸殴伤祖父母、父母者，处死。

诸谋杀已改嫁祖母者，仍以恶逆论。

诸挟仇殴死义父，及杀伤幸获生免者，皆处死。

诸图财杀伤义母者，处死。

诸为人子孙，或因贫困，或信巫觋说诱，发掘祖宗坟墓，盗其财物，卖其茔地者，验轻重断罪。移弃尸骸，不为祭祀者，同恶逆结案。买者知情，减犯人罪二等，价钱没官；不知情，临事详审，有司仍不得出给卖坟地公据。

诸为人子孙，为首同他盗发掘祖宗坟墓，盗取财物者，以恶逆论，虽遇大赦原免，仍刺字徙远方屯种。

诸妇殴舅姑者，处死。

诸因奸殴死其夫及其舅姑者，陵迟处死。

诸弟杀其兄者，处死。

诸父子同谋杀其兄，欲图其财而收其嫂者，父子并陵迟处死。

诸兄因争，殴其弟，弟还殴其兄，邂逅致死，会赦，仍以故杀论。

诸嫂叔争，杀死其嫂者，处死。

诸因争虐杀其兄者，虽死仍戮其尸。

诸因争移怒，戮伤其兄者，于市曹杖一百七，流远。

诸挟仇殴死其伯叔母者，处死。

诸因争，兄弟同谋殴死诸父者，皆处死。

诸挟仇，故杀其从父，偶获生免者，罪与已死同。

诸妻因争,杀其夫者,处死。

诸妇人问医人买毒药杀其夫者,医人同处死。

诸妻杀伤其夫,幸获生免者,同杀死论。

诸婿因醉,杀其妇翁,偶获生免者,罪与已死同。

诸奴杀伤本主者,处死。

诸奴诬詈其主不逊者,杖一百七,居役二年,役满日归其主。

诸奴故杀其主者,陵迟处死。

诸奴殴死主婿者,处死。

诸挟仇杀伤人一家,俱获生免者,与已死同。其同谋悔过不至者,减等论。

诸以奸尽杀其母党一家者,陵迟处死。

诸兄挟仇,与子同谋杀其弟一家者,皆处死。

诸支解人,煮以为食者,以不道论,虽瘐死,仍徵烧埋银给苦主。

诸魇魅大臣者,处死。

诸妻魇魅其夫,子魇魅其父,会大赦者,子流远,妻从其夫嫁卖。

诸造蛊毒中人者,处死。

诸采生人支解以祭鬼者,陵迟处死,仍没其家产。其同居家口,虽不知情,并徙远方。已行而不曾杀人者,比强盗不曾伤人、不得财,杖一百七,徒三年。谋而未行者,九十七,徒二年半。其应死之人,能自首或捕获同罪者,给犯人家产,应捕者减半。

诸和奸者,杖七十七,有夫者,八十七。诱奸妇逃者,加一等,男女罪同,妇人去衣受刑,未成者,减四等。强奸有夫妇人者死,无夫者杖一百七,未成者减一等,妇人不坐。其媒合及容止者,各减奸罪三等,止理见发之家,私和者减四等。

诸指奸不坐。

诸无夫妇人有孕,称与某人奸,即同指奸,罪止本妇。

诸宿卫士与宫女奸者,出军。

诸翁欺奸男妇,已成者处死,未成者杖一百七,男妇归宗。和奸者皆处死。男妇虚执翁奸已成,有司已加翁拷掠,男妇招虚者,处死;虚执翁奸未成,已加翁拷掠,男妇招虚者,杖一百七,发付夫家从其嫁卖。妇告或翁告同。若男妇告翁强奸已成,却问得翁欲欺奸未成,男妇妄告重事,笞三十七,归宗。

诸欺奸义男妇,杖一百七,欺奸不成,杖八十七,妇并不坐。妇及其夫异居当差,虽会赦,仍异居。

诸男妇与奸夫谋诬翁欺奸,买休出离者,杖一百七,从夫嫁卖,奸夫减一等,买休钱没官。

诸与弟妻奸者,各杖一百七,奸夫流远,奸妇从夫所欲。

诸嫂寡守志,叔强奸者,杖九十七。

诸与同居侄妇奸,各杖一百七,有官者除名。

诸强奸侄妇未成者,杖一百七。

诸与兄弟之女奸,皆处死。与从兄弟之女奸,减一等。与族兄弟之女奸,减二等。

诸居父母丧,欺奸父妾者,各杖九十七,妇人归宗。

诸奸私再犯者,罪加二等,妇人听其夫嫁卖。

诸因奸偷递家财,止以奸论。

诸雇人之妻为妾,年满而归,雇主复与通,即以奸论。因又与杀其夫者,皆处死。

诸子犯奸,父出首,仍坐之,诸奸不理首原。

诸奸生男女,男随父,女随母。

诸僧尼道士女冠犯奸,断后并勒还俗。

诸强奸人幼女者处死,虽和同强,女不坐。凡称幼女,止十岁以下。

诸年老奸人幼女,杖一百七,不听赎。

诸十五岁未成丁男和奸十岁以下女,虽和同强,减死,杖一百七,女不坐。

诸强奸十岁以上女者,杖一百七。

诸强奸妻前夫男妇未成,及强奸妻前夫女已成,并杖一百七,妻离之。

诸三男强奸一妇者,皆处死,妇人不坐。

诸职官犯奸者,如常律,仍除名,但有禄人犯者同。

诸职官求奸未成者,笞五十七,解见任,杂职叙。

诸职官因谲部民妻,致其夫弃妻者,杖六十七,罢职,降二等杂职叙,记过。

诸职官强奸部民妻未成,杖一百七,除名不叙。

诸职官因奸,买部民妾,奸非奸所捕获,止以买部民妾论,笞三十七,解职别叙。

诸监临官与所监临囚人妻奸者,杖九十七,除名。

诸职官与倡优之妻奸,因娶为妾者,杖七十七,罢职不叙。

诸监临令人奸污所部寡妇者,杖八十七,除名。

诸蛮夷官,擅以籍没妇人为妻者,杖八十七,罢职记过,妇人笞四十七。

诸主奸奴妻者,不坐。

诸奴有女,已许嫁为良人妻即为良人,其主辄欺奸者,杖一百七,其妻纵之者,笞五十七,其女夫家仍愿为婚者,减元议财钱之半,不愿者,追还元下聘财,令父收管,为良改嫁。

诸奴奸主女者,处死。

诸以僴从与命妇奸,以命妇从奸夫逃者,皆处死。

诸强奸主妻者,处死。

诸奴与主妾奸者,各杖九十七。

诸良民窃奴婢生子,子随母还主,奴窃良民生子,子随母为良,仍异籍当差。

诸奴婢相奸,笞四十七。

诸夫受财,纵妻为倡者,夫及奸妇、奸夫各杖八十七,离之。若夫受财,勒妻妾为倡者,妻量情论罪。

诸和奸,同谋以财买休,却娶为妻者,各杖九十七,奸妇归其夫。

诸夫妻不睦,夫以威虐逼其妻指与人奸者,杖七十七,妻不坐,离之。

诸婿诬妻父与女奸者,杖九十七,妻离之。

诸夫指奸而弃其妻,所指奸夫辄停妻而娶之者,两离之。

诸奸夫、奸妇同谋杀其夫者,皆处死,仍于奸夫家属徵烧埋银。

诸因奸杀其本夫,奸妇不知情,以减死论。

诸妻与人奸,同谋药死其夫,偶获生免者,罪与已死同,依例结案。

诸妇人为首,与众奸夫同谋,亲杀其夫者,陵迟处死,奸夫同谋者如常法。

诸夫获妻奸,妻拒捕,杀之无罪。

诸与无夫妇奸,约为妻,却殴死正妻者,处死。

诸与奸妇同谋药死其正妻者,皆处死。

诸妻妾与人奸,夫于奸所杀其奸夫及其妻妾,及为人妻杀其强奸之夫,并不坐。若于奸所杀其奸夫,而妻妾获免,杀其妻妾,而奸夫获免者,杖一百七。

诸奸夫杀死奸妇者,与故杀常人同。

诸求奸不从,殴死其妇,以强盗持仗杀人论。

诸两奸夫与一奸妇,皆有宿约,其先至者因斗,杀其后至者,以故杀论。

诸盗贼共盗者,并赃论,仍以造意之人为首,随从者各减一等。

或二罪以上俱发，从其重者论之。

诸窃盗初犯，刺左臂，谓已得财者。再犯刺右臂，三犯刺项。强盗初犯刺项，并充景迹人，官司以法拘检关防之。其蒙古人有犯，及妇人犯者，不在刺字之例。

诸评盗贼者，皆以至元钞为则，除正赃外，仍追倍赃。其有未获贼人，及虽获无可追偿，并于有者名下追徵。

诸犯徒者，徒一年，杖六十七；一年半，杖七十七；二年，杖八十七；二年半，杖九十七；三年，杖一百七。皆先决讫，然后发遣合属，带镣居役。应配役人，随有金银铜铁洞冶、屯田、堤岸、桥道一切等处就作，令人监视，日计工程，满日放还，充景迹人。

诸盗未发而自首者，原其罪，能捕获同伴者，仍依例给赏。其于事主有所损伤，及准首再犯，不在原免之例。

诸杖罪以下，府州追勘明白，即听断决。徒罪，总管府决配，仍申合干上司照验。流罪以上，须牒廉访司官，审覆无冤，方得结案，依例待报。其徒伴有未获，追会有不完者，如复审既定，赃验明白，理无可疑，亦听依上归结。

诸强盗持仗但伤人者，虽不得财，皆死。不曾伤人，不得财，徒二年半，但得财，徒三年；至二十贯，为首者死，余人流远。不持仗伤人者，惟造意及下手者死。不曾伤人，不得财徒一年半，十贯以下徒二年。每十贯加一等，至四十贯，为首者死，余人各徒三年。若因盗而奸，同伤人之坐，其同行人止依本法，谋而未行者，于不得财罪上，各减一等坐之。

诸窃盗始谋而未行者，笞四十七。已行而不得财者，五十七。得财十贯以下，六十七。至二十贯，七十七。每二十贯加一等，一百贯，徒一年，每一百贯加一等，罪止徒三年。

诸盗库藏钱物者，比常盗加一等，赃满至五百贯以上者流。

诸盗驼马牛驴骡，一陪九。盗骆驼者，初犯为首九十七，徒二年半，为从八十七，徒二年。再犯加等。三犯不分首从，一百七，出军。盗马者，初犯为首八十七，徒二年，为从七十七，徒一年半。再犯加等,罪止一百七,出军。盗牛者,初犯为首七十七,徒一年半,为从六十七,徒一年。再犯加等,罪止一百七,出军。盗驴骡者,初犯为首六十七,徒一年,为从五十七,刺放。再犯加等,罪止徒三年。盗羊猪者,初犯为首五十七,刺放,为从四十七,刺放。再犯加等,罪止徒三年。盗系官驼马牛者,比常盗加一等。

诸剧贼既款附得官,复以捕贼为由,虐取民财者,计赃论罪,流远。

诸强盗再犯,仍刺。

诸强盗杀伤事主,不分首从,皆处死。

诸强夺人财,以强盗论。

诸以药迷瞀人,取其财者,以强盗论。

诸白昼持仗,剽掠得财,殴伤事主;若得财,不曾伤事主,并以强盗论。

诸官民行船,遭风著浅,辄有抢虏财物者,比同强盗科断。若会赦,仍不与真盗同论,徵赃免罪。

诸强盗出外国,其边臣执以来献者,赐金帛以旌之。

诸盗乘舆服御器物者,不分首从,皆处死。知情领卖,克除价钱者,减一等。

诸盗官钱,追徵未尽,到官禁系既久,实无可折偿者,除之。

诸守库军,但盗库中财物者,处死,会赦者仍刺之。

诸内藏典守,辄盗库中财物者,处死。

诸造钞库工匠,私藏合毁之钞出库者,杖一百七。监临失关防者,笞三十七。

诸盗印钞库钞者,处死。

诸检昏钞行人,盗取昏钞,为监临搜获,不得财者,以盗库藏钱物不得财,加等论,杖七十七。

诸烧钞库合干检钞行人,辄盗昏钞出库分使者,刺断。

诸盗局院官物,虽赃不满贯,仍加等,杖七十七,刺字。

诸工匠已关出库物料,成造及额余外,不曾还官,因盗出局者,断罪,免刺。

诸盗已到仓官粮,而未离仓事觉者,以不得财论,免刺。

诸盗官员符节,比常盗加一等,计赃坐罪。

诸盗官府文卷,作故纸变卖者,杖七十七,同窃盗,刺字。买卷人,笞四十七。

诸图财谋故杀人多者,陵迟处死,仍验各贼所杀人数,于家属均徵烧埋银。

诸图财陷溺人于死,幸获生免者,罪与已死同。

诸图财杀死他人奴婢,即以图财杀人论。

诸奴盗主财而逃,送其逃者,辄杀其奴,而取其财,即以强盗杀人论。

诸发冢,已开冢者同窃盗,开棺椁者同强盗,毁尸骸者同伤人,仍于犯人家属徵烧埋银。

诸挟仇发冢,盗弃其尸者,处死。

诸发冢得财不伤尸,杖一百七,刺配。

诸盗发诸王、驸马坟寝者,不分首从,皆处死。看守禁地人,杖一百七,三分家产,一分没官,同看守人杖六十七。

诸事主杀死盗者,不坐。诸寅夜潜入人家,被殴伤而死者,勿论。

诸于迥野盗伐人材木者,免刺,计赃科断。

诸被胁从上盗,至盗所,复逃去,不以为从论。诸窃盗赃不满贯,断罪,免刺。

诸子为盗,父杀之,不坐。

诸为盗,补经刺断,再犯奸私,止以奸为坐,不以为盗再犯论。

诸奴婢数为盗,应识过于门者,其主不知情,不得辄书于其主之门。

诸被诱胁上盗,不曾分赃,而容隐不首者,杖六十七,免刺。

诸先盗亲属财,免刺,再盗他人财,止作初犯论。

诸先犯诱奸妇人在逃,后犯窃盗,二事俱发,以诱奸为重,杖从奸,刺从盗。

诸喑哑为盗,不论喑哑。

诸诈称搜税,拦头剽夺行李财物者,以盗论,刺断,充景迹人。

诸盗米粮,非因饥馑者,仍刺断。

诸盗塔庙神像服饰,无人看守者,断罪,免刺。

诸事主及盗私相休和者,同罪。所盗钱物头匹、倍赃等,没官。

诸窃盗应徒,若有祖父母、父母年老,无兼丁侍养者,刺断免徒。再犯而亲尚存者,候亲终日,发遣居役。

诸女直人为盗,刺断同汉人。

诸年饥民穷,见物而盗,计赃断罪,免刺配及徵倍赃。

诸窃盗,一岁之中频犯者,从一重论刺断。

诸为盗,以所得赃与人博不胜,失所得赃,事觉,追正赃,仍坐博者罪。

诸父以子同盗,子年未出幼,不曾分赃,免罪。

诸年饥,迫其子若婿同持仗行劫,子若婿减死一等,坐免刺,充景迹人。

诸父为人诱为盗,疾不能往,命其子从之,而分其赃者,父减为从一等,免刺,子以为从论。

诸兄逼未成丁弟同上盗,减为从一等论。仍罚赎。

诸兄弟同盗,罪皆至死,父母老而乏养者,内以一人情罪可逭者,免死养亲。

诸兄弟同盗,皆刺。

诸父子兄弟频同上盗,从凡盗首从论。

诸父子兄弟同为强盗者,皆处死。

诸夫谋为强盗,妻不谏,反从之盗者,减为从一等论罪。

诸亲属相盗,谓本服缌麻以上亲,及大功以上共为婚姻之家,犯盗止坐其罪,并不在刺字、倍赃、再犯之限。其别居尊长于卑幼家窃盗,若强盗及卑幼于尊长家行窃盗者,缌麻小功减凡人一等,大功减二等,期亲减三等,强盗者准凡盗论,杀伤者各依故杀伤法。若同居卑幼将人盗己家财物者,五十贯以下,笞二十七,每五十贯加一等,罪止五十七,他人依常盗减一等。

诸姑表侄盗姑夫财,同亲属相盗论。

诸女在室,丧其父,不能自存,有祖父母而不之恤,因盗祖父母钱者,不坐。

诸弟为首强劫从兄财,即以强盗论。

诸尝过房他人子孙以为子孙,辄盗所过房之家财物者,即以亲属相盗论。

诸奴盗主财,应流远,而主求免者听。

诸奴盗主财,断罪,免刺。

诸盗雇主财者,免刺,不追倍赃。盗先雇主财者,同常盗论。

诸佃客盗地主财,同常盗论。

诸同主奴相盗,断罪,免刺配,不追倍赃。

诸盗同受雇人财,不以同居论。

诸赁屋与房主同居,而盗房主财者,与常盗论。

诸盗同本财者,笞五十七,不以真盗计赃论。

诸巡捕军兵因自为盗者,比常盗加一等论罪。若自相觉察,告捕到官,或曾共为盗,首获同伴者,免罪给赏。

诸军人为盗,刺断,免充景迹人,仍追赏钱给告者。

诸守库藏军人,辄为首诱引外人偷盗官物,但经二次三次入库为盗,及提铃把门军人,受赃纵贼者,皆处死。为从者,杖一百七,刺字流远。

诸见役军人在逃,因为窃盗得财,杖一百七,仍刺字,杖从逃军,刺从盗。

诸军人在路夺人财物,又迫逐人致死非命者,为首杖一百七,为从七十七,徵烧埋银给苦主。

诸妇人为盗,断罪,免刺配及景迹人,免徵倍赃,再犯并坐其夫。

诸妇人寡居与人奸,盗舅姑财与奸夫,令娶己为妻者,奸非奸所捕获,止以同居卑幼盗尊长财为坐,笞五十七,归宗,奸夫杖六十七。

诸为僧窃取佛像腹中装者,以盗论。

诸僧道为盗,同常盗,刺断,徵倍赃,还俗充景迹人。

诸僧道盗其亲师祖、师父及同师兄弟财者,免刺,不追倍赃,断罪还俗。

诸幼小为盗,事发长大,以幼小论。未老疾为盗,事发老疾,以老疾论。其所当罪,听赎,仍免刺配,诸犯罪亦如之。

诸年未出幼,再犯窃盗者,仍免刺赎罪,发充景迹人。

诸窃盗年幼者为首,年长者为从,为首仍听赎免刺配,为从依常律。

诸掏摸人身上钱物者,初犯、再犯、三犯,刺断徒流,并同窃盗法,仍以赦后为坐。

诸以七十二局欺诱良家子弟、富商大贾,博塞钱物者,以窃盗论,计赃断配。

诸夜发同舟囊中装,取其财者,与窃盗真犯同论。

诸略卖良人为奴婢者,略卖一人,杖一百七,流远;二人以上,处死;为妻妾子孙者,一百七,徒三年;因而杀伤人者,同强盗法。若略而未卖者,减一等,和诱者又各减一等,及和同相卖为奴婢者,各一百七。略诱奴婢,货卖为奴婢者,各减诱略良人罪一等;为妻妾子孙者,七十七,徒一年半;知情娶卖及藏匿受钱者,各递减犯人罪一等。假以过房乞养为名,因而货卖为奴婢者,九十七,引领牙保知情,减二等,价没官,人给亲。如无元买契券,有司辄给公据者,及承告不即追捕者,并笞四十七。关津主司知而受财纵放者,减犯人罪三等,除名不叙,失检察者笞二十七。如能告获者,略人每人给赏三十贯,和诱每人二十贯,以至元钞为则,于犯人名下追徵,无财者徵及知情安主,牙保应捕人减半。其事未发而自首者,若同党能悔过自首,擒获其徒党者,并原其罪,仍给赏之半。再犯及因略伤人者,不在首原之例。

诸妇人诱卖良人，罪应徒者，免徒。

诸职官诱略良人为奴，革后不首，仍除名不叙，所诱略人给亲。

诸兄盗牛，胁其弟同宰杀者，弟不坐。

诸白昼剽夺驿马，为首者处死，为从减一等流远。

诸盗亲属马牛，事未觉自首，愿偿价，不从，既送官，仍以自首论免刺。

诸强盗行劫为主所逐，分散奔走，为首者杀伤邻人，为从者不知，不以杀伤事主不分首从论，为首者处死，为从者杖一百七，刺配。

诸窃盗弃财拒捕，殴伤事主者，杖一百七，免刺。

诸为盗先窃后强，会赦，其下手杀伤事主者，不赦，余仍刺而释之。

诸盗贼分赃不均，从贼欲首，为首贼所杀者，仍以谋故杀人论。

诸盗贼闻赦，故杀捕盗之人者，不赦。

诸藏匿强窃盗贼，有主谋纠合，指引上盗，分受赃物者，身虽不行，合以为首论。若未行盗，及行盗之后知情藏匿之家，各减强窃从贼一等科断，免刺，其已经断，怙终不改者，与从贼同。

诸谋欲图人所质之田，辄遣人强劫赎田之价者，主谋、下手一体刺断，其卑幼为尊长驱役者免刺。

诸盗贼应徵正赃及烧埋银，贫无以备，令其折庸。凡折庸，视各处庸价而会之。庸满，发元籍，充景迹人。妇人日准男子工价三分之二，官钱役于旁近之处，私钱役于事主之家。

诸盗贼得财，用于酒肆倡优之家，不知情，止于本盗追徵。其所盗即官钱，虽不知情，于所用之家追徵。若用买货物，还其货物，徵元赃。

诸奴婢盗人牛马，既断罪，其赃无可徵者，以其人给物主，其主愿赎者听。

诸盗官钱，追徵未尽，到官禁系既久，实无可折偿者，除之。

诸系官人口盗人牛马，免徵倍赃。

诸盗贼正赃已徵给主,倍赃无可追理者,免徵。

诸盗贼正赃,或典质于人,典主不知情,而归其赃,仍徵还元价。

诸遐荒盗贼,盗驼马牛驴羊,倍赃无可徵者,就发配役出军。

诸盗先犯后发,与后犯先发罪同者,勿论。

诸先犯强盗刺断,再犯窃盗,止依再犯窃盗刺配。

诸出军贼徒在逃,初犯杖六十七,再犯加二等,罪止一百七,仍发元流所出军。

诸强窃盗充景迹人者,五年不犯,除其籍。其能告发,及捕获强盗一名,减二年,二名比五年,窃盗一名减一年,应除籍之外,所获多者,依常人获盗理赏,不及数者,给凭通理。籍既除,再犯,终身拘籍之。凡景迹人缉捕之外,有司毋差遣出入,妨其理生。

诸景迹人,有不告知邻佑,辄离家经宿,及游惰不事生产作业者,有司究之,邻佑有失觉察者,亦罪之。

诸景迹人受命捕盗,既获其盗,却挟恨杀其盗而取其财,不以平人杀有罪贼人论。

诸色目人犯盗,免刺科断,发本管官司设法拘检,限内改过者,除其籍。无本管官司发付者,从有司收充景迹人。

诸为盗经刺,自除其字,再犯非理者,补刺。五年不再犯,已除籍者,不补刺,年未满者仍补刺。

诸盗贼赦前擅去所刺字,不再犯,赦后不补刺。

诸应刺左右臂,而臂有雕青者,随上下空歇之处刺之。

诸犯窃盗已经刺臂,却遍文其身,覆盖元刺,再犯窃盗,于手背刺之。

诸累犯窃盗,左右项臂刺遍,而再犯者,于项上空处刺之。

诸子盗父首、弟盗兄首、婿盗翁首,并同自首者免罪。

诸奴盗主首者,断罪免刺,不徵倍赃,仍付其主为奴。

诸胁从上盗,而不受赃者,止以不首之罪罪之,杖六十七,不刺。

诸为盗悔过,以所盗赃还主者免罪。

诸为盗得财者,闻有涉疑根捕,却以赃还主者,减二等论罪,免徒刺及倍赃。

诸窃盗因事主盘诘,而自首服,其赃未还主者,计赃减二等论罪,刺字。

诸盗贼,为首者自首,免罪;为从不首,仍全科。

诸无服之亲,相首为盗,止科其罪,免刺配倍赃。

诸窃盗悔过,以赃还主不尽,其余赃犹及刺罪者,仍刺之。

元史卷一〇五
志第五三

刑法四

诈伪　诉讼　斗殴　杀伤　禁令
杂犯　捕亡　恤刑　平反

诸主谋伪造符宝及受财铸造者,皆处死。同情转募工匠及受募刻字者,杖一百七。伪造制敕者,与符宝同。

诸妄增减制书者,处死。

诸近侍官辄诈传上旨者,杖一百七,除名不叙。

诸伪造省府印信文字,但犯制敕者处死。若伪造省府劄付者,杖一百七,再犯流远。知情不首者,八十七。其文理讹谬不堪行用者,九十七。若伪造司县印信文字,追呼平民,勒取财物者,初犯杖七十七,累犯不悛者一百七。诸伪造宣慰司印信契本,及商税务青由欺冒商贾者,杖一百七。

诸赦前伪造省印,赦后不曾销毁,杖七十七,有官者夺所受宣敕,除名不叙。

诸掾属辄造省官押字,盗用省印,卖放官职者,虽会赦,流远。

诸伪造税物杂印,私熬颜色,伪税物货者,杖八十七。告捕得实者,徵中统钞一百贯充赏。物主知情,减犯人罪一等,其匿税之物,一半没官,于没官物内一半付告人充赏;不知情者不坐,物给元主。其捕获人擅自脱放者,减犯人罪二等,受财者与犯人同罪。

诸省部小史，为人误毁行移检扎，辄自刻印信，伪补署押，求盖本罪，无他情弊者，杖七十七，发元籍。

诸僧道伪造诸王印信及令旨抄题者，处死。

诸盘获伪造印信之人，同获强盗给赏。

诸告获私造历日者，赏银一百两。如无太史院历日印信，便同私历造者，以违制论。

诸受财卖他人敕牒，及收买转卖者，杖一百七，刺面发元籍，买者杖八十七，发元籍。

诸职官被差，以疾辄令人代乘驿传而往者，仗六十七，代者笞五十七。

诸公差，于官船夹带从人，冒支分例者，笞一十七，记过，支过分例米，追徵还官。

诸诈称使臣，伪写给驿文字，起马匹舟船者，杖一百七。有司失觉察，辄凭无印信关牒倒给者，判署官笞三十七，首领官吏四十七。

诸职官诈传上司言语，擅起驿马者，杖六十七。脱脱禾孙依随擅给驿马者，笞五十七，并解职别叙，记过；驿官二十七，还职。

诸诈称按部官，恐吓官吏者，杖六十七。

诸诈称监临长官署置差遣，欺取钱物者，杖八十七，钱物没官。诸诈称奉使所委官，听理民讼者，杖九十七。诈称随行令史者，笞五十七。

诸伪造宝钞，首谋起意，并雕板抄纸，收买颜料，书填字号，窝藏印造，但同情者皆处死，仍没其家产。两邻知而不首者，杖七十七。坊正、主首、社长失觉察，并巡捕军兵，各笞四十七。捕盗官及镇守巡捕军官各三十七，未获贼徒，依强盗立限缉捕。买使伪钞者，初犯杖一百七，再犯加徒一年，三犯科断流远。

诸捕获伪钞，赏银五锭，给银不给钞。

诸父子同造伪钞者，皆处死。

诸父造伪钞,子听给使,不与父同坐。子造伪钞,父不同造,不与子同坐。

诸夫伪造宝钞者,妻不坐。

诸伪造宝钞,印板不全者,杖一百七。

诸伪造宝钞,没其家产,不及其妻子。

诸赦前收藏伪钞,赦后行使者,杖一百七。不曾行使而不首者,减一等。

诸伪造钞罪应死者,虽亲老无兼丁,不听上请。

诸捕获伪造宝钞之人,虽已身故,其应得赏钱仍给其亲属。

诸奴婢买使伪钞,其主陈首者,不在理赏之例。

诸挑剜禅褙宝钞者,不分首从,杖一百七,徒一年,再犯流远。年七十以上者,呈禀定夺,毋辄听赎。买使者减一等。

诸烧造伪银者,徒。

诸造卖伪银,买主不知情,价钱给主,伪银内销,提真银没官,依本犯科罪。

诸伪造各仓支发粮筹者,笞五十七,已支出官粮者,准盗系官钱物科罪。仓官人等有犯者,依监主自盗法,赃重者从重论。

诸冒支官钱,计赃以枉法论,并除名不叙。

诸冒名入仕者,杖六十七,夺所受命,追俸发元籍,会赦不首,笞四十七,仍追夺之。

诸奴受主命冒充职官者,杖九十七。其主及同僚相容隐者,八十七。

诸子冒父官居职任事者,杖七十七,犯在革前,革后不出首者,笞四十七,并追回所受宣敕,及支过俸禄还官。

诸边臣辄以子婿诈称招徕蛮獠,保充土官者,除名不叙,拘夺所授官。

诸军官承袭,伪增年者,监察御史、廉访司纠察之,滥保官吏,并坐罪。

诸职官妄报出身履历者,除名不叙。

诸译史、令史,有过不叙,诈称作阙,别处补用者,笞五十七,罢役不叙。

诸输纳官物,辄增改朱钞者,杖六十七,罢之。

诸有司长官,辄以追到盗赃支使,却虚立给主文案者,虽会赦,解职,降先职二等叙。承吏,除名不叙。

诸帅府上功文字,诈添有功军人名数,主谋者杖八十七,除名不叙,随从书写者笞五十七。

诸诈以军功受举入仕者,罢之,仍夺所受命。

诸擅改已奏官员选目姓名者,虽会赦,除名发元籍。

诸曹吏辄于公牍改易年月,图逭罪责者,笞五十七,罢役别叙,记过。

诸哗强之人,辄为人伪增籍面者,杖八十七,红泥粉壁识过其门。

诸蒙古译史,能辨出诈伪文字二起以上者,减一资升转。

诸告人罪者,须明注年月,指陈实事,不得称疑。诬告者抵罪反坐,越诉者笞五十七。本属官司有过,及有冤抑,屡告不理,或理断偏屈,并应合回避者,许赴上司陈之。

诸诉讼本争事外,别生余事者,禁。其本争事毕,别诉者听。

诸军民风宪官有罪,各从其所属上司诉之。

诸民间杂犯,赴有司陈首者听。

诸告言重事实,轻事虚,免坐;轻事实,重事虚,反坐。

诸中外有司,发人家录私书,辄兴狱讼者,禁之。若本宗事须引用证验者,仍听追照。其构饰傅会,以文致人罪者,审辨之。除本宗外,余事并勿听理。

诸教令人告缌麻以上亲,及奴婢告主者,各减告者罪一等。若教令人告子孙,各减所告罪二等。其教令人告事虚应反坐,或得实应赏者,皆以告者为首,教令为从。

诸老废笃疾,事须争诉,止令同居亲属深知本末者代之。若谋反大逆,子孙不孝,为同居所侵侮,必须自陈者听。

诸致仕得代官,不得已与齐民讼,许其亲属家人代诉,所司毋侵挠之。

诸妇人辄代男子告辨争讼者,禁之。若果寡居,及虽有子男,为他故所妨,事须争讼者,不在禁例。

诸子证其父,奴讦其主,及妻妾弟侄不相容隐,凡干名犯义,为风化之玷者,并禁止之。

诸亲属相告,并同自首。

诸妻讦夫恶,比同自首原免。凡夫有罪,非恶逆重事,妻得相容隐,而辄告讦其夫者,笞四十七。

诸妻曾背夫而逃,被断复诬告其夫以重罪者,抵罪反坐,从其夫嫁卖。

诸职官同僚相言者,并解职别叙,记过。

诸告人罪者,自下而上,不得越诉。诸府州司县应受理而不受理,虽受理而听断偏屈,或迁延不决者,随轻重而罪罚之。

诸诉官吏受赂不法,径赴宪司者,不以越诉论。

诸陈诉有理,路府州县不行,诉之省部台院,省部台院不行,经乘舆诉之。未诉省部台院,辄经乘舆诉者,罪之。

诸职官诬告人枉法赃者,以其罪罪之,除名不叙。

诸奴婢告其主者处死,本主求免者,听减一等。

诸以奴告主私事,主同自首,奴杖七十七。

诸斗殴,以手足击人伤者,笞二十七,以他物者三十七。伤及拔发方寸以上,四十七。若血从耳目出及内损吐血者,加一等。折齿、毁缺耳鼻、眇一目及折手足指,若破骨及汤火伤人者,杖六十七。折二齿二指以上,及髡发,并刃伤、折人肋、眇人两目、堕人胎,七十七。以秽物污人头面者,罪亦如之。折跌人肢体,及瞎其目者,九十七。辜内平复者,各减二等。即损二事以上,及因旧患,令至笃疾,若断舌及毁败人阴阳者,一百七。

诸诉殴詈,有阑告者勿听,违者究之。

诸保辜者,手足殴伤人,限十日。以他物殴伤者,二十日,以刃及汤火伤人者,三十日。折跌肢体及破骨者,五十日。殴伤不相须,余条殴伤,及杀伤者准此。限内死者,各依杀人论。其在限外,及虽在限内,以他故死者,各依本殴伤法。他故,谓别增余患而死者。

诸倡女斗伤良人,辜限之外死者,杖七十七,单衣受刑。

诸殴伤人,辜限外死者,杖七十七。

诸以非理殴伤妻妾者,罪以本殴伤论,并离之。若妻不为父母悦,以致非理殴伤者,罪减三等,仍离之。

诸职官殴妻堕胎者,笞三十七,解职,期年后降先品一等,注边远一任,妻离之。

诸以非理苦虐未成婚男妇者,笞四十七,妇归宗,不追聘财。

诸舅姑非理陵虐无罪男妇者,笞四十七,男妇归宗,不追聘财。

诸蒙古人与汉人争,殴汉人,汉人勿还报,许诉于有司。诸蒙古人斫伤他人奴,知罪愿休和者听。

诸以他物伤人,致成废疾者,杖七十七,仍追中统钞一十锭,付被伤人充养济之资。

诸因斗殴,斫伤人成废疾者,杖八十七,徵中统钞一十锭,付被告人充养济之资。为父还殴致伤者,徵其钞之半。

诸豪横辄诬平人为盗,捕其夫妇男女,于私家拷讯监禁,非理陵虐者,杖一百七,流远。其被害有致残废者,人徵中统钞二十锭,充养赡之赀。

诸职官辄将义男去势以充阉官进纳者,杖一百七,除名不叙,记过,义男归宗。

诸以微故残伤义男肢体废疾者,加凡人折跌肢体一等论,义男归宗,仍徵中统钞五百贯充养赡之赀。

诸尊长辄以微罪刺伤弟侄双目者,与常人同罪,杖一百七,追徵赡养钞二十锭给苦主，免流，识过于门；无罪者仍流。

诸弟虽听其兄之仇，同谋剜其兄之眼，即以弟为首，各杖一百七，流远，而弟加远。

诸卑幼挟仇，辄刺伤尊长双目成废疾者，杖一百七，流远。

诸以刃刺破人两目成笃疾者，杖一百七，流远，仍徵中统钞二十锭，充养赡之赀，主使者亦如之。

诸挟仇伤人之目者，若一目元损，又伤其一目，与伤两目同论，虽会赦，仍流。

诸因争误瞎人一目者，杖七十七，徵中统钞五十两，充医药之赀。

诸脱脱禾孙辄殴伤往来使臣者，笞四十七，解职记过。

诸职官辄以他物殴伤使臣者，杖六十七。

诸司属官辄殴本管上司幕官者，笞四十七，解职记过。

诸方镇僚属辄以他物殴伤主帅者，杖六十七，幕官使酒骂长官者，笞四十七，并解职别叙，记过。

诸按部官因争辩辄殴有司官，有司官还殴者，各笞三十七，解职。

诸监临官挟怨当听扯捽属官，属官辄殴之者，笞四十七，解职。

诸方面大臣不能以正率下，辄与幕属公堂斗争，虽会赦，并罢免，记过，赦前无招者还职。

诸职官辄殴伤所监临，以所殴伤法论罪，记过。

诸职官殴伤同署长官者，笞五十七，解见任，降先品一等叙，仍记过名。

诸有司长官辄殴同位正官者，笞三十七，殴佐贰官者，二十七，并解职记过。

诸同僚改除，复以私忿相殴詈者，皆罢其所受新命。

诸在闲职官辄殴詈本籍在任长官者，杖六十七。

诸职官相殴，其官等，从所伤轻重论罪。

诸军官纵酒,因戏而怒,故殴伤有司官者,笞三十七,记过。

诸幕僚因公,辄以恶言詈长官者,笞四十七,长官辄还殴者,笞一十七,并记过名。

诸职官乘醉当街殴伤平人者,笞四十七,记过。

诸职官闲居与庶民相殴者,职官减一等,听罚赎。

诸以他物殴伤职官者,加一等,笞五十七。

诸小民恃年老殴詈所属官长者,杖六十七,不听赎。

诸恶少无赖辄殴伤禁近之人者,杖七十七。

诸杀人者死,仍于家属徵烧埋银五十两给苦主,无银者徵中统钞一十锭,会赦免罪者倍之。

诸部民殴死官长,主谋及下手者皆处死,同殴伤非致命者,杖一百七,流远,均徵烧埋银。

诸杀人,还自杀不死者,仍处死。

诸杀人,从而加功,无故杀之情者,会赦仍释之。

诸斗殴杀人,先误后故者,即以故杀论。

诸因斗殴,以刃杀人,及他物殴死人者,并同故杀。

诸因争,以刃伤人幸获生免者,杖一百七。

诸持刃方杀人,人觉而逃,却移怒杀所解劝者,与故杀同。

诸有司徵科急,民弗堪,致杀其徵科者,仍以故杀论。

诸醉中欲杀其妻不得,移怒杀死其解纷之人者,处死。

诸欲诱倡女逃,不从辄杀之者,与杀常人同。

诸斗殴杀人者,结案待报。

诸人杀死其父,子殴之死者,不坐,仍于杀父者之家,徵烧埋银五十两。

诸蒙古人因争及乘醉殴死汉人者,断罚出征,并全徵烧埋银。

诸因哄争,一人误踩死小儿,一人殴人致死,殴者结案,踩者杖一百七,并徵烧埋银。

诸有人戏调其妻,夫遇而殴之,因伤而死者,减死一等论罪,仍徵烧埋银。

诸殴死应捕杀恶逆之人者,免罪,不徵烧埋银。

诸以他物伤人,伤毒流注而死,虽在辜限之外,仍减杀人罪三等坐之。

诸因争,以头触人,与人俱仆,肘抵其心,邂逅致死者,杖一百七,全徵烧埋银。

诸出使从人殴死馆夫者,以殴杀论。

诸因戏言相殴致伤人命者,杖一百七。

诸父亡,母复纳他人为夫,即为义父。若逐其子出居于外,即同凡人,其有所斗殴杀伤,即以凡人斗殴杀伤论。

诸彼此有罪之人,相格致死者,与杀常人同。

诸职官以微故殴死齐民者,处死。

诸职官受赃,为民所告,辄殴死告者,以故杀论。

诸军官,因公乘怒,辄命麾下殴人致死者,杖八十七,解职,期年后降先品一等叙,徵烧埋银给苦主,若会赦,仍殿降徵银。

诸阄帅侵盗系官钱粮,怒吏发其奸,辄令人殴死者,以故杀论,虽会大赦,仍追夺不叙,倍徵烧埋银。

诸局院官辄以微故殴死匠人者,处死。

诸父无故以刃杀其子者,杖七十七。

诸子不孝,父与弟侄同谋置之死地者,父不坐,弟侄杖一百七。

诸女已嫁,闻女有过,辄杀其女者,笞五十七,追还元受聘财,给夫别娶。

诸父有故殴其子女邂逅致死者,免罪。

诸后夫殴死前夫之子者,处死。

诸妻故杀妾子者,杖九十七,从其夫嫁卖。

诸男妇虽有过,舅姑辄加残虐致死者,杖一百七。

诸子不孝,父杀其子,因及其妇者,杖七十七,妇元有妆奁之物,尽归其父母。

诸以细故杀其弟者,处死。

诸兄以立继之子主谋杀其嫡弟者,主谋、下手皆处死,其田宅人口财物尽归死者妻、子,其子归宗。

诸弟先殴其兄,兄还杀其弟,即兄杀有罪之弟,不以凡人斗杀论。

诸因争,误殴死异居弟者,杖七十七,征烧埋银之半。

诸因争,故杀族弟者,与杀常人同。

诸妹为尼与人私,兄闻而谏之,不从,反诉詈扯捽其兄,兄杀之,即兄杀有罪之妹,不以凡人斗杀论。

诸兄殴弟妻,因伤而死者,杖一百七,征烧埋银。

诸嫂溺死其小姑者,以故杀论。

诸因争,殴死族兄弟之子者,杖一百七。故以刃杀之者,处死,并征烧埋银。

诸殴死兄弟之子,而图其财者,处死。

诸夫妇同谋杀其兄弟之子者,皆处死。

诸尊长误殴卑幼致死者,杖七十七,异居者,仍征烧埋银。

诸以微过,辄杀其妻者,处死。

诸因夫妻反目,辄药死其妻者,与故杀常人同。

诸妻悖慢,其舅姑、其夫殴之致死者,杖七十七。

诸夫卧疾,妻不侍汤药,又诉詈其舅姑,以伤其夫之心,夫殴之,邂逅致死者,不坐。

诸夫恶妻而爱妾,辄求妻微罪而杀之者,处死。

诸风闻涉疑,故杀定婚妻者,与杀凡人同论。

诸妻以残酷殴死其妾者,杖一百七,去衣受刑。

诸舅以无实之罪,故杀其甥者,与杀常人同论。

诸因争挟仇,殴死其婿者,与杀常人同。

诸奴殴詈其主,主殴伤奴致死者,免罪。

诸故杀无罪奴婢,杖八十七,因醉杀之者,减一等。

诸殴死拟放良奴婢者,杖七十七。

诸谋杀已放良奴婢者,与故杀常人同。

诸良人以斗殴杀人奴,杖一百七,徵烧埋银五十两。

诸良人戏杀他人奴者,杖七十七,徵烧埋银五十两。

诸奴殴死其弟,弟亦为同主奴,主乞贷死者听。

诸异主奴婢相犯死者,同常人;同主相犯至重刑者,仍依例结案。

诸地主殴死佃客者,杖一百七,徵烧埋银五十两。

诸醉中误认他人为仇人,故杀致命者,虽误同故。

诸奴受本主命,执仇杀人者,减死流远。

诸挟仇杀人会赦,为首下手者不赦,为从不曾下手者免死,徒一年。

诸以老病杀人者,不以老病免。

诸谋故杀人年七十以上,并枷禁归勘结案。

诸两家之子,昏暮奔还,中路相迎,撞仆于地,因伤致死者,不坐,仍徵钞五十两给苦主。

诸十五以下小儿,过失杀人者,免罪,徵烧埋银。

诸十五以下小儿,因争毁伤人致死者,听赎,徵烧埋银给苦主。

诸瞽者殴人因伤致死,杖一百七,徵烧埋银给苦主。

诸病风狂,殴伤人致死,免罪,徵烧埋银。

诸庸医以针药杀人者,杖一百七,徵烧埋银。

诸飏砖石剥邻之果,误伤人致死者,杖八十七,徵烧埋银。

诸军士习射,招箭者不谨,致被伤而死,射者不坐,仍徵烧埋银。

诸过误踏死小儿,杖七十七,徵烧埋银给苦主。

诸昏夜驰马,误触人死,杖七十七,徵烧埋银。

诸驱车走马,致伤人命者,杖七十七,徵烧埋银。

诸昏夜行车,不知有人在地,误致轹死者,笞三十七,徵烧埋银之半给苦主。

诸幼小自相作戏,误伤致死者,不坐。

诸戏伤人命,自愿休和者听。

诸两人作戏争物,一人放手,一人失势跌死,放者不坐。

诸以物戏惊小儿,成疾而死者,杖六十七,追徵烧埋银五十两。

诸以戏与人相逐,致人跌伤而死者,其罪徒,仍徵烧埋银给苦主。

诸骆驼在牧,啮人而死者,牧人笞一十七,以骆驼给苦主。

诸驿马在野,啮人而死者,以其马给苦主,马主别买当役。

诸奴故杀其子女,以诬其主者,杖一百七。

诸因争,以妻前夫男女溺死,诬赖人者,以故杀论。

诸后夫置毒饮食,与前夫子女食而死者,与药死常人同。

诸故杀无罪子孙,以诬赖仇人者,以故杀常人论。

诸杀人无苦主者,免徵烧埋银,犯人财产人口并付其妻子,仍为民当差。

诸杀有罪之人,免徵烧埋银。

诸图财谋故杀人多者,皆陵迟处死,验各贼所杀人数,于家属均徵烧埋银。

诸同居相殴而死,及杀人罪未结正而死者,并不徵烧埋银。

诸杀人者,被杀之人或家住他所,官徵烧埋银移本籍,得其家属给之。

诸斗殴杀人,应徵烧埋银,而犯人贫窭,不能出备,并其余亲属无应徵之人,官与支给。

诸致伤人命,应征烧埋银者,止征银价中统钞一十锭。

诸因争,同殴死人,会赦应倍徵烧埋银者,为首致命徵中统钞一十锭,为从均徵一十锭。

诸殴死人,虽不见尸,招证明白者,仍徵烧埋银。

诸僧道杀人,烧埋银于常住追徵。

诸庸作殴伤人命，徵烧埋银不及庸作之家。

诸奴殴人致死，犯在主家，于本主徵烧埋银，不犯在主家，烧埋银无可徵者，不徵于其主。

诸度量权衡不同者，犯人笞五十七。司县正官，初犯罚俸一月，再犯笞二十七，三犯别议，仍记过名。路府州县达鲁花赤长官提调失职，初犯罚俸二十日，再犯别议。

诸奏目及官府公文并用国字，其有袭用畏兀字者禁之。

诸但降诏旨条画，民间辄刻小本卖于市者，禁之。

诸内外应佩符职官，辄以符付其傔从佩服者，禁之。

诸官员朝会，服其朝服，私致敬于人臣者罚。

诸随朝文武百官朝贺不至者，罚中统钞十贯，失仪者罚中统钞八贯。

诸宰相出入，辄敢冲犯者，罪之。

诸章服，惟蒙古人及宿卫之士，不许服龙凤文，余并不禁。谓龙，五爪二角者。

职官一品、二品许服浑金花，三品服金答子，四品、五品服云袖带襕，六品、七品服六花，八品、九品服四花，职事散官从一高。

命妇一品至三品服浑金，四品、五品服金答子，六品以下惟服销金并金纱答子。

首饰，一品至三品许用金珠宝玉，四品、五品用金玉真珠，六品以下用金，惟耳环用珠玉。

同籍者，不限亲疏，期亲虽别籍并出嫁同。

车舆并不得用龙凤文，一品至二品许用间金妆饰、银螭头、绣带、青幔，四品、五品用素狮头、绣带、青幔，六品至九品用素云头、素带、青幔。

内外有出身考满应入流见役人员，服用与九品同。受各投下令旨、钧旨，有印信见任人员，亦与九品同。

庶人惟许服暗花纻丝、丝绸绫罗、毛毳，不许用赭黄，帽笠不得饰以金玉，靴不得裁置花样。首饰许用翠花金钗箆各一事，惟耳环许用金珠碧甸，余并用银。车舆，黑油齐头平顶皂幔。

诸色目人，除行营帐外，余并与庶人同。

职官致仕与见任同，解降者依应得品级，不叙者与庶人同。

父祖有官，既殁年深，非犯除名不叙，其命妇及子孙与见任同。

诸乐人、工艺人等服用，与庶人同，凡承应妆扮之物，不拘上例。

皂隶公使人，惟许服绸绢。

倡家出入，止服皂背，不许乘坐车马。

应服色等第，上得兼下，下不得僭上。违者，职官解见任，期年后降一等叙，余人笞五十七。违禁之物，付告捉人充赏。御赐之物，不在禁限。

诸官员以黄金饰甲者禁之，违者甲匠同罪。

诸常人鞍辔画虎兔者听，画云龙犀牛者禁之。

诸段匹织造周身大龙者，禁之。胸背小龙者，勿禁。

诸市造鞍辔箭镞靴履及诸杂带，用金为饰者，禁之。

诸郡县达鲁花赤及诸投下擅造军器者，禁之。

诸神庙仪仗，止以土木纸彩代之，用真兵器者禁。

诸都城小民造弹弓及执者，杖七十七，没其家财之半，在外郡县不在禁限。

诸打捕及捕盗巡马弓手、巡盐弓手，许执弓箭，余悉禁之。

诸汉人持兵器者，禁之，汉人为军者不禁。

诸卖军器者，卖与应执把之人者不禁。

诸民间有藏铁尺、铁骨朵，及含刀铁挝杖者，禁之。

诸私藏甲全副者，处死。不成副者，笞五十七，徒一年。零散甲片不堪穿系御敌者，笞三十七。枪若刀若弩私有十件者，处死。五件以上，杖九十七，徒三年。四件以下，七十七，徒二年。不堪使用，笞五十七。弓箭私有十副者，处死。五副以上，杖九十七，徒三年。四副以下，七十七，徒二年。不成副，笞五十七。凡弓一、箭三十，为一副。

　　诸岳渎祠庙，辄敢触犯作践者，禁之。
　　诸伏羲、娲皇、尧、舜、禹、汤、后土等庙，军马使臣敢沮坏者，禁之。
　　诸名山大川寺观祠庙，并前代名人遗迹，敢拆毁者，禁之。
　　诸改寺为观，改观为寺者，禁之。
　　诸祠庙寺观，模勒御宝圣旨及诸王令旨者，禁之。
　　诸为子行孝，辄以割肝、刲股、埋儿之属为孝者，并禁止之。
　　诸民间丧葬，以纸为屋室，金银为马，杂彩衣服帷帐者，悉禁之。
　　诸坟墓以砖瓦为屋其上者，禁之。
　　诸家庙春秋祭祀，辄用公服行礼者，禁之。
　　诸民间祖宗神主，称皇字者，禁之。
　　诸小民房屋，安置鹅项衔脊，有鳞爪瓦兽者，笞三十七，陶人二十七。
　　诸职官居见任，虽有善政，不许立碑，已立而犯赃污者毁之，无治状以虚誉立碑者毁之。
　　诸夜禁，一更三点，钟声绝，禁人行。五更三点，钟声动，听人行。违者笞二十七，有官者听赎。其公务急速，及疾病死丧产育之类不禁。
　　诸有司晓钟未动，寺观辄鸣钟者，禁之。
　　诸江南之地，每夜禁钟以前，市井点灯买卖，晓钟之后，人家点灯读书工作者，并不禁。其集众祠祷者，禁之。
　　诸犯夜拒捕，斫伤徼巡者，杖一百七。

　　诸城郭人民，邻甲相保，门置水瓮，积水常盈，家设火具，每物须备,大风时作,则传呼以徇于路。有司不时点视,凡救火之具不备者,罪之。

诸遗火延烧系官房舍,杖七十七,延烧民房舍,笞五十七。因致伤人命者,杖八十七。所毁房舍财畜,公私俱免徵偿。烧自己房舍者,笞二十七,止坐失火之人。

诸煎盐草地,辄纵野火延烧者,杖八十七。因致阙用者,奏取圣裁。邻接管民官,专一关防禁治。

诸纵火围猎,延烧民房舍钱谷者,断罪勒偿,偿未尽而会赦者,免徵。

诸故烧太子诸王房舍者,处死。

诸故烧官府廨宇,及有人居止宅舍,无问舍宇大小,财物多寡,比同强盗,免刺,杖一百七,徒三年;因伤人命,同杀人。其无人居止空房,并损坏财物,及田场积聚之物,同窃盗,免刺,计赃断罪。因盗取财物者,同强盗,刺断,并追陪所烧物价;伤人命者,仍徵烧埋银。再犯者决配,役满,徙千里之外。

诸挟仇放火,随时扑灭,不曾延燎者,比强盗不曾伤人不得财,杖七十七,徒一年半,免刺,虽亲属相犯,比同常人。

诸每月朔望二弦,凡有生之物,杀者禁之。

诸郡县岁正月五月,各禁宰杀十日,其饥馑去处,自朔日为始,禁杀三日。

诸每岁,自十二月至来岁正月,杀母羊者,禁之。

诸宴会,虽达官,杀马为礼者,禁之。其有老病不任鞍勒者,亦必与众验而后杀之。

诸私宰牛马者,杖一百,徵钞二十五两,付告人充赏。两邻知而不首者,笞二十七。本管头目失觉察者,笞五十七。有见杀不告,因胁取钱物者,杖七十七。若老病不任用者,从有司辨验,方许宰杀。已病死者,申验开剥,其筋角即付官,皮肉若不自用,须投税货卖,违者同匿税法。有司禁治不严者,纠之。

诸私宰官马牛,为首杖一百七,为从八十七。

诸勋力私宰马牛者,减正犯人二等论罪。

诸牛马驴骡死,而筋角不尽实输官者,一副以上笞二十七,五副以上四十七,十副以上杖六十七,仍徵所犯物价付告人充赏。

诸毁伤体肤以行丐于市者,禁之。

诸城郭内外放鸽带铃者,禁之。

诸诸王、驸马及诸权贵豪右侵占山场,阻民樵采者,罪之。

诸关讯不严,受财故纵者,罪之。

诸江河津渡,或明知潮信已到,及风涛将起,贪索渡钱,淹延不渡,以致中流覆溺,伤害人命者,为首处死,为从减一等。

诸弃俗出家,不从有司体覆,辄度为僧道者,其师笞五十七,受度者四十七,发元籍。

诸以白衣善友为名,聚众结社者,禁之。

诸色目僧尼女冠,辄入民家强行抄化者,禁之。

诸僧道伪造经文,犯上惑众,为首者斩,为从者各以轻重论刑。

诸以非理迎赛祈祷,惑众乱民者,禁之。

诸俗人集众鸣铙作佛事者,禁之。

诸军官鸠财聚众,张设仪卫,鸣锣击鼓,迎赛神社,以为民倡者,笞五十七,其副二十七,并记过。

诸阴阳家天文图谶应禁之书,敢私藏者,罪之。

诸阴阳家伪造图谶,释老家私撰经文,凡以邪说左道诬民惑众者,禁之,违者重罪之。在寺观者,罪及主守,居外者,所在有司察之。

诸妄言禁书者,徒。

诸阴阳家者流,辄为人燃灯祭星,蛊惑人心者,禁之。

诸妄言星变灾祥,杖一百七。

诸阴阳法师,辄入诸王、公主、驸马家者,禁之。

诸以阴阳相法书符咒水,凡异端之术,惑乱人听,希求仕进者,禁之,违者罪之。

诸写匿名文书,所言重者处死,轻者流,没其妻、子,与捕获人充赏。事主自获者不赏。

诸写匿名文字,讦人私罪,不涉官事者,杖七十七。

诸投匿名文字于人家,胁取钱物者,杖八十七,发元籍。

诸见匿名文书,非随时败获者,即与烧毁;辄以闻官者,减犯人二等论罪。凡匿名文字,其言不及官府,止欲讦人罪者,如所讦论。

诸民间子弟不务生业,辄于城市坊镇演唱词话,教习杂戏,聚众淫谑,并禁治之。

诸弄禽蛇、傀儡,藏挟撇钹、倒花钱、击鱼鼓,惑人集众,以卖伪药者,禁之,违者重罪之。

诸弃本逐末,习用角觝之戏,学攻刺之术者,师弟子并杖七十七。

诸乱制词曲,为讥议者,流。

诸赌博钱物,杖七十七,钱物没官,有官者罢见任,期年后杂职内叙。开张博房之家,罪亦如之,再犯加徒一年。应捕故纵,笞四十七,受财者同罪。有司纵令攀指平人,及在前同赌人,罪及官吏。赌饮食者,不坐。

诸赌博钱物,同赌之人自首者,勿论。

诸赌博,因事发露,追到摊场,赌具赃证明白者,即以本法科论,不以展转攀指革拨。

诸故纵牛马食践田禾者,禁之。

诸所在镇守蒙古、汉军,各立营所。无故辄入人家,求索酒食及纵头匹食践田禾桑果,罪及主将。

诸藩王无都省文书,辄于各处徵收差发,强取饮食草料,为民害者,禁之。

诸有虎豹为害之处,有司严勒官兵及打捕之人,多方捕之。其有不应捕之人,自能设机捕获者,皮肉不须纳官,就以充赏。

诸职官违例放鹰,追夺当日所服用鞍马衣物没官。

诸所拨各官围猎山场,并毋禁民樵采,违者治之。

诸年谷不登,人民愁困,诸王达官应出围猎者,并禁止之。

诸田禾未收,毋纵围猎,于迤北不耕种之地围猎者听。

诸军人受财,伪造火印,将所管官马盗换与人者,杖九十七,追赃没官。

诸年谷不登,百姓饥乏,遇禁地野兽,搏而食之者,毋辄没入。

诸打捕鹰坊官,以合进御膳野物卖价自私者,计赃以枉法论,除名不叙。

诸舟车之靡、器服之奇,方面大臣非锡贡,不得擅进。

诸阑遗人口到监,即移所称籍贯,召主识认。半年之上无主识认者,匹配为户,付有司当差。残疾老病,给以文引而纵遣之。头匹有主识认者,征还已用草料价钱,然后给主。无主识认,则籍其毛齿而收养之。

诸阑遗奴婢,私相配合,虽生育子女,有主识认者,各归其主,无本主者,官与收系。

诸隐藏阑遗鹰犬者,笞三十七,没其家财之半。其收拾阑遗鹰犬之人,因以为民害者,罪之。

诸锄获宿藏之物,在他人地内者,与地主中分,在官地内者,一半纳官,在己地内者即同业主。得古器珍宝之物者,闻官进献,约量给价,若有诈伪隐匿,断罪追没。

诸监临官辄举贷于民者,取与俱罪之。

诸称贷钱谷,年月虽多,不过一本一息,有辄取赢于人,或转换契券,息上加息,或占人牛马财产,夺人子女以为奴婢者,重加之罪,仍偿多取之息,其本息没官。

诸典质,不设正库,不立信贴,违例取息者,禁之。

诸关厢店户,居停客旅,非所知识,必问其所奉官府文引,但有可疑者,不得容止,违者罪之。

诸官户行钱商船,辄竖旗号,置弓箭锣鼓,揭钱主衙门职名,往来江河者,禁之。

诸经商及因事出外,必从有司会问邻保,出给文引,违者究治。

诸投下并其余有印信衙门,并不得滥给文引。

诸有毒之药,非医人辄相卖买,致伤人命者,买者、卖者皆处死,不曾伤人者,各杖六十七,仍追至元钞一百两,与告人充赏。不通医术,制合伪药,于市井货卖者,禁之。

诸下海使臣及舶商,辄以中国生口、宝货、戎器、马匹遗外番者,从廉访司察之。

诸商贾收买金银下番者,禁之,违者罪之。

诸海滨豪民,辄与番商交通贸易铜钱下海者,杖一百七。

诸倡妓之家所生男女,每季不过次月十日,会其数以上于中书省。有未生堕其胎、已生辄残其命者,禁之。

诸倡妓之家,辄买良人为倡,而有司不审,滥给公据,税务无凭,辄与印税,并严禁之,违者痛绳之。

诸斗争折辨,辄提大名字者,罪之。

诸职官因公失口乱言者,笞二十七。

诸快意中,或酒后,及害风狂疾,失口乱言,别无情理者,免罪。

诸恶少无赖,结聚朋党,陵轹善良,故行斗争,相与罗织者,与木偶连锁,巡行街衢,得后犯人代之,然后决遣。

诸恶少白昼持刀剑于都市中,欲杀本部官长者,杖九十七。

诸无赖军人,辄受财殴人,因夺取钱物者,杖八十七,红泥粉壁识过其门,免徒。

诸先作过犯,曾经红泥粉壁,后犯未应迁徒者,于元置红泥粉壁,添录过名。

诸豪右权移官府,成行乡井,淫暴贪虐,累犯不悛者,徙远恶之地屯种。

诸频犯过恶、累断不改者,流远。

诸凶人残害良善,强将男子去势,绝灭人后,幸获生免者,杖一百七,流远。

诸贵势之家,奴隶有犯,辄私置铁枷,钉项禁锢,及擅刺其面者,禁之。

诸获逃奴,辄刺面劓鼻,非理残苦者,禁之。

诸无故擅刺其奴者,杖六十七。

诸啰哩回回为民害者,从所在有司禁治。

诸失盗,捕盗官不立限捕盗,却令他户陪偿事主财物者,罚俸两月,仍立限追捕。

诸强盗杀人,三限不获,会赦,捕盗官合得罪罚革拨,仍令捕盗,任满不获,解由内通行开写,依例黜降。

诸他境盗,入境逃藏,捕盗官辄分彼疆此界,不即捕捉者,笞四十七,解职别叙,记过。

诸已断流囚,在禁未发,反狱殴伤禁子,已逃复获者,处死;未出禁者,杖一百七,发已拟流所。

诸解发凶徒,经过州县止宿,不寄收牢房,辄于逆旅监系,以致脱监在逃者,长押官笞二十七,还役;防送官四十七,记过。

诸囚徒反狱而逃,主守减犯人罪二等,提牢官又减主守四等。随时捉获及半以上者,罚俸一月。

诸奴婢背主而逃,杖七十七;诱引窝藏者,六十七。邻人、社长、坊里正知不首捕者,笞三十七;关讯应捕人受赃脱放者,以枉法论。寺观、军营、势家影蔽,及投下冒收为户者,依藏匿论,自首者免罪。

诸告获逃奴者,于所将财物内,三分取一,付告获人充赏。

诸逃奴拒捕,不曾致伤人命者,杖一百七。

诸狱囚,必轻重异处,男女异室,毋或参杂,司狱致其慎,狱卒去其虐,提牢官尽其诚。

诸在禁囚徒,无亲属供给,或有亲属而贫不能给者,日给仓米一升,三升之中给粟一升,以食有疾者。凡油炭席荐之属,各以时具。其饥寒而衣粮不继,疾患而医疗不时,致非理死损者,坐有司罪。

诸各处司狱司看守囚徒,夜支清油一斤。

诸路府州县,但停囚去处,于鼠耗粮内放支囚粮。

诸在禁无家属囚徒,岁十二月至于正月,给羊皮为披盖,裤袜及薪草为暖匣熏炕之用。

诸狱讼,有必听候归对之人,召保知在,如无保识,有司给粮养济,勿寄养于民家。

诸流囚在路,有司日给米一升,有疾命良医治之,疾愈随时发遣。

诸狱医,囚之司命,必试而后用之,若有弗称,坐掌医及提调官之罪。

诸狱囚病至二分,申报渐增至九分,为死证,若以重为轻,以急为缓,误伤人命者,究之。

诸狱囚有病,主司验实,给医药,病重者去枷锁杻,听家人入侍。职事散官五品以上,听二人入侍。犯恶逆以上及强盗至死,奴婢杀主者,给医药而已。

诸有司,在禁囚徒饥寒,衣食不时,病不督医看候,不脱枷杻,不令亲人入侍,一岁之内死至十人以上者,正官笞二十七,次官三十七,还职;首领官四十七,罢职别叙,记过。

诸孕妇有罪,产后百日决遣,临产之月,听令召保,产后二十日,复追入禁。无保及犯死罪者,产时令妇人入侍。

诸犯死罪,有亲年七十以上,无兼丁侍养者,许陈请奏裁。

诸有罪年七十以上、十五以下,及笃废残疾罚赎者,每笞杖一,罚中统钞一贯。

诸疑狱,在禁五年之上不能明者,遇赦释免。

诸官吏平反冤狱,应赏者,从有司保勘,廉访司体覆,而后议之。其有冒滥不实者,罪及保勘体覆官吏。

诸路府军民长官,因收捕反叛,辄罗织平民,强奸室女,杀虏人口财产,并覆人之家,其同僚能理平民之冤,正犯人之罪,归其住房,活其死命者,于本官上优升一等迁用。凡职官能平反重刑一起以上,升等同。

诸职官能平反冤狱一起之上,与减一资。

诸路府曹吏,能平反冤狱者,于各道宣慰司部令史补用。

元史卷一〇六

表第一

后妃表

后妃之制，厥有等威，其来尚矣。元初，因其国俗，不娶庶姓，非此族也，不居嫡选。当时史臣以为舅甥之贵，盖有周姬、齐姜之遗意，历世守之，固可嘉也。然其居则有曰斡耳朵之分，没，复有继承守宫之法。位号之清，名分之渎，则亦甚矣。累朝尝诏有司修有后妃传，而未见成书。内廷事秘，今莫之考，则其氏名之仅见简牍者，尚可遗而不录乎？且一代之制可存焉，阙疑而慎言，斯可矣。作《后妃表》。

太祖	太宗	定宗	宪宗
孛儿台旭真大皇后	正宫孛剌合真皇后	斡兀立海迷失三皇后	火里差皇后　火鲁剌部人。
弘吉烈氏。至元三年，追谥谥光	脱列哥那六皇后　乃马真	至元三年，追谥钦淑皇后。	忽台皇后　弘吉剌

氏，按陈从孙女。至元二年，追谥贞节皇后。		
也速儿皇后　贞节姝也。		
出卑三皇后　岁己未，从宪宗南伐，七月宪宗崩，九月八日后亦薨于f六盘。		
明里忽都鲁皇后　泰定三年，诏守班秃昔帐。		

献；至大二年，加谥光献翼圣皇后。	
氏。岁壬寅，大宗崩，后摄国，凡四年。至元二年，追谥昭慈皇后。	
昂灰二皇后	忽鲁浑皇后
阔里桀担皇后	乞里吉忽帖尼二皇后
脱忽思皇后	秃纳吉纳六皇后
帖木伦皇后	业里迄纳妃子　灭里之母。
亦怜真八剌皇后	
不颜浑秃皇后	
忽胜海妃子	
右大斡耳朵	
忽兰皇后	
哈儿八真皇后	
亦乞剌真皇后	
脱忽思忽察儿皇后	

也真妃子	也里忽秃妃子	察真妃子	哈剌真妃子	右第二斡耳朵	也速皇后	忽鲁哈剌皇后	阿失伦皇后	秃儿哈剌皇后	察儿皇后	阿昔迷失皇后	完者忽都皇后	浑鲁忽歹妃子	忽鲁灰妃子	剌伯妃子

右第三斡耳朵	也速干皇后	忽答罕皇后	哈答皇后	斡者忽思皇后	燕里皇后	秃干妃子	完者妃子	金莲妃子	完者台妃子	奴伦妃子	卯真妃子	锁郎哈妃子	右第四斡耳朵	八不别及妃子

右见《岁赐录》，不知所守斡耳朵，故附于此。

世祖	成宗	武宗	仁宗
帖古伦大皇后 右大斡耳朵 察必皇后 弘吉列氏，鲁忠武王按陈那颜女也。中统初，立为皇后，至元十年授册宝。寻又上尊号曰贞懿昭圣顺天睿文光应皇后。十八年崩。三十一年，上尊谥曰昭睿顺圣皇后。后性明敏，达于事机，至元之政，左右弥缝，当时以为盖有力焉。	卜鲁罕皇后 伯岳吾氏。驸臣普化之孙，附马脱忽思怨之女。元贞初，立为皇后，大德三年授册宝。十一年帝崩，武宗立，废后，徙东安州，寻赐死。成宗晚年多疾，后居中用事，而能信任相臣哈剌哈孙，以卒成大德之治，识者犹有取焉。 失怜答里元妃 弘吉列氏，追尊谥曰贞慈静懿皇后，配享成庙。	真哥皇后 弘吉列氏，泰定四年，上尊谥曰宣慈惠圣皇后。 速哥失里皇后 真哥妹也。 完者罕皇后 妃子亦乞列氏 明宗母也。天历二年，追谥仁献章圣皇后。 妃子唐兀氏 文宗母也。天历二年，追谥文献昭圣皇后。	阿纳失里大皇后 弘吉烈氏。皇庆二年，册为皇后。延祐七年，上尊谥曰庄懿慈圣皇后。 答里麻失里皇后

忽帖尼皇后

南必皇后　弘吉列氏。至元
二十年，纳为皇后。 时世祖春
秋高，后颇预政，相臣常不得
见帝，辄因后奏事焉。
　　右第二斡耳朵
塔剌海皇后
奴罕皇后
　　右第三斡耳朵
伯要兀真皇后
阔阔伦皇后
　　右第四斡耳朵
八八罕妃子
　　右见《岁赐录》，不知所
守斡耳朵。
速哥答答思皇后　泰定三年，

英宗	泰定	明宗	文宗
速哥八剌皇后 亦启烈氏。至治元年，册为皇后。崩，谥曰庄静懿圣皇后。	八不罕皇后 弘吉剌氏，泰定元年册为皇后，衰王买住罕女也。	按出罕皇后	卜答失里皇后 弘吉剌氏，鲁国公主桑哥吉剌女也。天历元年，立为皇后。二年，授册宝。至顺三年，尊为皇太后，临朝称制。元统元年，又尊为大皇太后。至元六年，黜大皇太后之号，徙东安州，卒徙所。
牙八忽都鲁皇后	亦怜真八剌皇后 昌国公主益里海涯女也。	月鲁沙皇后	
朵而只班皇后	忽剌皇后	不颜忽都皇后	
撒不忽妃子 诏守世祖忽辇耳朵。	也速皇后	八不沙皇后	
	撒答八剌皇后 帝姊寿宁公主女也。	野苏皇后	
	卜颜怯里迷失皇后	脱忽思皇后	
	失烈帖木儿皇后		
	铁你皇后		

烈祖	顺宗	睿宗	裕宗	显宗
宣懿皇后 诸月伦。至元二年,追上尊谥。	答已妃子 弘吉列氏。大德十一年,尊为皇太后。延祐二年,上尊号曰仪天兴圣慈仁昭懿寿元合德泰宁福庆皇太后。至治二年,又尊太皇太后,加徽文崇尊号。至治三年崩,谥文宗祐圣慈仁昭懿寿元皇太后。	唆鲁和帖尼妃子 怯烈氏。至元二年,追上尊谥曰庄圣皇后;至大三年,加谥曰显懿庄圣皇后。	伯蓝也怯赤妃子 弘吉列氏。至元三十一年,尊为皇太后。大德四年崩,谥曰徽仁裕圣皇后。	普颜怯里迷失妃子 泰定元年,尊为皇太后,追尊谥曰献淑圣皇后。
			安真迷失妃子	拜拜海妃子
				怨上海妃子

必罕皇后 八不罕妹也。

速哥答里皇后 必罕妹也。

曰昭献元圣皇后。后性聪慧，

然不事检饰，及正位东朝，淫

恣益甚，内则黑驴母列夫八

用事，则幸臣夫列门，纽邻

等及时宰迭木帖儿怙宠作非，

淆乱朝政。及英宗立，群幸诛，

而后势稍少衰焉。

元史卷一〇七
表第二

宗室世系表

自昔帝王之兴，莫不众建子弟，以蕃王室，所以崇本支，隆国势也。观其属籍有图，玉牒有纪，大统小宗，秩乎不紊，盖亦慎矣。然以唐室之盛，自玄宗之后，诸王不出阁而史已失其世次，况后世乎。元之宗系，藏之金匮石室者甚秘，外廷莫能知也。其在史官，固惮其简陋，而考诸简牍，又未必尽得其详，则因其所可知，而阙其所不知，亦史氏之法也。作《宗室世系表》。

脱奔呼哩博寨葛				
键妻阿兰				
果火	博合睹撒里吉			

始祖孛端叉儿 一子。	八林昔黑剌秃哈 必畜 一子。	咩麻笃敦 七子。	既拏笃儿斤 一子。	海都 一子。
			某	
			某	
			某	
			某	
			某	
			纳真 今兀鲁兀、忙兀，其子孙也。	

海都位

海都	拜住忽怨儿 一子。	敦必乃 六子。	葛木虎 今那哈合儿，其子孙也。
			葛忽剌忽哩担

						蒙哥睹睹黑颜		
							聂昆大司	
							烈祖也速该	
							答里真	
				篾斤八剌哈哈，其子孙也。	八里丹　四子。			
今大八鲁剌斯，其子孙也。	合产　今小八鲁剌斯，其子孙也。	哈剌喇歹　今博歹阿替，其子孙也。	葛亦浑　今阿答里急，其子孙也。	葛不律寒　七子。				忽都鲁咩聂儿

忽鲁剌罕				
合丹八都儿				
掇端斡赤斤				
忽兰八都儿 庶子 也。				
	察剌哈宁昆 收兄拜住忽妻,生一子。	直擎斯 今大丑兀秃,其子孙也。		
	獠忽真兀秃迭葛 今昔只兀剌,其子孙也。			

答里真位

答里真	大纳那那	小哥大王

宁王阔阔出	也里干大王	哈鲁罕王	宣靖王买奴
			阿鲁大王
		宁海王亦思蛮	
		宁海王拔都儿	
		宁海王阿海	

烈祖神元皇帝,五子:长太祖皇帝;次二搠只哈儿王;次三哈赤温大王;次四铁木哥斡赤斤,所谓皇太弟国王斡嗔那颜那者也;次五别里古台王。

搠只哈儿王位

搠只哈儿淄川王也苦	爱哥阿不干王	齐王八不沙		
移相哥大王	势都儿王	必烈虎大王	伯木儿王	齐王龙帖木儿
			黄兀儿王	齐王月鲁帖木儿

	别儿帖木儿王
脱忽大王	

哈赤温大王位

哈赤温	济南王按只吉歹	哈丹大王	陇王忽剌出	济南王胜纳哈儿
		察忽剌大王	济南王也里只	
		忽列虎儿王	吴王木嗬子	西宁王阿答里迷失
		吴王朵列捏	济阳王波皮	

铁木哥斡赤斤国王位

铁木哥斡赤斤	斡端大王	阿木鲁大王
赤斤	爱牙哈赤王	

只不干大王	塔察儿国王	寿王乃蛮台	孛罗大王	辽王脱脱
		也不干大王		卯罕大王
		汇速儿昔歹大王		本伯大王
		奥速海大王		也只大王
		蔡剌海大王		不只儿大王
		孛罗万大王	西宁王搠鲁蛮	
	帖木迭儿王	八乞出大王		
		袭剌谋大王		
		拨里昔歹大王	八里牙大王	
			三宝大王	
撒答昔大王				
哈失歹大王				

蔡只剌大王				
寿王脱里出	爱牙哈赤大王	别里帖帖木儿大王	襄家大王	
			斡罗思罕王	
斡鲁台大王	哈八儿都大王	某大王	忽剌歹大王	
	帖实大王	脱帖大王		
	气都哥大王	脱帖木儿大王	燕锡大王	
			也坚黄兀儿王	忻都大王
白虎大王				

别里古台大王位

别里古台也速不花大王	广宁王瓜都	帖木儿大王	
		乃颜大王	脱铁木儿大王
口温不花大王	灭里昔歹大王	潢蔡大王	
		抹札儿王	

		撒里蛮王		
		阇阇出大王	广宁王彻里帖木儿	定王薛彻干	定王蔡儿台
	龛吉剌歹王	塔出大王	宁王浑按蔡		
罕秃忽大王	霍历极大王				

太祖皇帝，六子：长木赤太子；次二蔡合台太子；次三太宗皇帝；次四拖雷，即睿宗也；次五兀鲁赤，无嗣；次六阔列坚太子。

木赤太子位

木赤	拔都大王	
	撒里答大王	
	忙哥帖木儿王	
	脱脱蒙哥王	
	宁肃王脱脱	肃王宽撤
	伯忽大王	

月即列大王

札尼列大王

察合台太子位

察合台	也速蒙哥王	合剌旭烈大王	阿鲁忽大王	八剌大王	兖王买住韩	威远王阿只吉	威远王忽都铁木儿	越王秃剌
							赤因铁木儿	
							南答失里王	
						帖木而不花王		

阔列坚太子位

阔列坚	河间王怨察	怨鲁歹大王	也不干大王	八八大王	允秃思帖木儿王
					合赟帖木儿王

八八剌大王	安定王脱欢	安定王朵儿只班
也灭干大王	伯答罕王	

大宗皇帝，七子：长定宗皇帝，次二阔端太子，次三阔出太子，次四哈剌察儿王，次五合失大王，次六合丹大王，次七灭里大王。

按《宪宗纪》有云：太宗以子月良不材，故不立为嗣。今考《经世大典》《帝系篇》及《岁赐表》，并不见月良各字次序，故不敢列之《世表》，谨著于此，以俟知者。

阔端太子位

阔端	灭里吉歹王	也速不花大王		
	蒙哥都大王	亦怜真大王		
	只必帖木儿王			
	帖必烈大王			
	曲列鲁大王	汾阳王别帖木儿	荆王也速也不干	

隔出太子位

隔出	昔列门太子	孛罗赤大王	靖远王哈歹	襄宁王也速不干
			襄宁王阿鲁灰	

哈剌察儿王位

哈剌察儿脱脱大王	月别吉
	沙蓝朵儿只

合失大王位

合失	海都大王	汝宁王察八儿	汝宁王完者帖木儿	汝宁王忽剌台

合丹大王位

合丹	睹尔赤王	小薛大王	星吉班大王
	也不干大王	陇王火郎撒	
	也迭儿大王		
	也孙脱大王		
	火你赤大王	咬住大王	
		那海大王	

灭里大王位

灭里	脱忽忽大王	俺都剌大王	爱牙赤大王	阳翟王太平
			阳翟王秃满	阳翟王曲春
				阳翟王帖木儿赤

定宗皇帝,三子:长忽察大王,次二脑忽太子,次三禾忽大王。

忽察大王位

忽察	亦儿监藏王
	完者也不干王

脑忽太子位

脑忽			

禾忽大王位

禾忽	南平王秃鲁		

睿宗皇帝，十一子：长宪宗皇帝，次二忽睹都，次三失其名，次四世祖皇帝，次五失其名，次六旭烈兀大王，次七阿里不哥大王，次八拔绰大王，次九末哥大王，次十岁都哥大王，次十一雪别台大王。

忽睹都大王位

| 忽睹都 | | | | |

旭烈兀大王位

旭烈兀	阿八哈王	阿鲁大王	靖远王合赞	
			广平王哈儿班答	豳王出伯	豳王喃忽里
	亦怜真朵儿只王	脱脱木儿王	某	亦怜真八的王

阿里不哥大王位

阿里不哥	威定王玉木忽尔		
	乃剌忽不花大王	魏王孛颜帖木儿	
		完者帖木儿王	

剌甘失甘大王	冀王孛罗	铁木儿脱	
	定王药木忽儿	某	燕大王
	镇宁王那海		

拔绰大王位

拔绰				
薛必烈杰儿大王	楚王牙忽都	楚王脱烈铁木儿	楚王八都儿	燕帖木儿王
				速哥帖木儿王
				朵罗不花王

末哥大王位

末哥		
昌章大王	伯帖木儿大王	永宁王伯颜木儿

岁都哥大王位

岁都哥	速不歹大王	荆王脱脱木儿	荆王也速不坚
		哈鲁孙大王	

雪别台大王位

雪别台	某	月鲁帖木儿	
		买间也先	

宪宗皇帝，五子：长班秃大王；次二阿速歹大王；次三王龙答失大王；次四河平王昔里吉；次五辩都，早卒无嗣。

班秃大王位

班秃

阿速歹大王位

阿速歹

王龙答失大王位

王龙答失撒里蛮王	
卫王完泽	郯王彻彻秃

河平王昔里吉位

昔里吉	兀鲁思不花王		
并王晃火帖木儿	嘉王火儿忽		
	答沙亦思的王		
	完者帖木儿王		

世祖皇帝，十子：长朵而只王；次二皇太子真金，即裕宗也；次三安西王忙哥剌；次四北安王那木罕，无后；次五云南王忽哥赤；次六爱牙赤大王；次七西平王奥鲁赤；次八宁王阔阔出；次九镇南王脱欢；次十忽都鲁帖木儿王。

朵儿只王位

朵儿只		

安西王忙哥剌位

忙哥剌	安西阿难答	月鲁帖木儿王
	按檀不花	

云南王忽哥赤位

忽哥赤	营王也先帖木儿

爱牙赤大王位

爱牙赤	阿木干大王	也的古不花王
	孛颜帖木儿王	

西平王奥鲁赤位

奥鲁赤	镇西武靖王铁木儿不花	云南王老的罕	豫王阿忒纳纳失里
			乞八大王
			亦只班大王
		武靖王搠思班	
	西平王八的麻亦儿的加贡哥班大王		

宁王阔阔出位

阔阔出	宁王薛彻秃
	宁王阿都赤

镇南王脱欢位

脱欢	镇南王老章	镇南王脱木不花	镇南王孛罗不花
		威顺王宽彻普化	
		宣让王帖木儿不花	
	文济王蛮子		
	宣德王不答失里		

忽都鲁帖木儿王位

忽都鲁帖木儿	阿八也不干王	八鲁朵而只王

裕宗皇帝,三子:长晋王甘麻剌,即显宗也;次二答剌麻八剌太子,即顺宗也;次三成宗皇帝。
显宗皇帝,三子:长梁王松山,次二泰定皇帝,次三湘宁王迭里哥儿不花。

梁王松山位

松山	梁王王禅	云南王帖木儿不花

湘宁王迭里哥儿不花位

迭里哥儿不花	湘宁王八剌失里

顺宗皇帝，三子：长魏王阿木哥，次二武宗皇帝，次三仁宗皇帝。

魏王阿木哥位

阿木哥	脱不花大王					
	蛮子大王					
	西靖王阿鲁					
	魏王孛罗帖木儿					
	唐兀台王					
	答儿蛮失里王					
	孛罗大王					

成宗皇帝，一子：皇太子德寿，早薨，无后。

武宗皇帝，二子：长明宗皇帝，次文宗皇帝。

仁宗皇帝，二子：长英宗皇帝；次安王兀都思不花，早陨，无后。

英宗皇帝,无子。

泰定皇帝,四子;长皇太子阿里吉八,次二晋王八的麻亦儿间卜,次三小薛太子,次四允丹藏卜太子,俱早陨,无后。

明宗皇帝,二子;长子顺皇帝,次宁宗皇帝。

文宗皇帝,三子;长皇太子阿剌忒答剌,早薨,无后;次二燕帖古思太子;次三太平讷太子;俱早陨,无后。

宁宗皇帝,早世,无子。

顺皇帝,三子;长皇太子爱猷识理达腊;余二子,早世。

按《十祖世系录》云:始祖孛端叉儿收急里忽统叉儿收急鲁人民民户时,尝得一怀妊妇人曰播只来,纳之,其所生遗腹儿,因其母名名曰播只来,自后别为一种,亦号达靼。今以非始祖亲子,故不列之《世表》,附著于此云。

元史卷一○八
表第三

诸王表

昔周封列国七十，而同姓者五十三人；汉申丹书之信，而外戚侯者恩覃广矣。《诗》曰："大邦维屏，大宗维翰。"其此之谓乎？元兴，宗室驸马，通称诸王，岁赐之颁，分地之人，所以尽夫展亲之义者，亦宜且渥。然初制简朴，位号无称，惟视印章，以为轻重。厥后遂有国邑之名，而赐印之等犹前日也。得诸掌故，具著于篇。作《诸王表》。

金印兽纽	
燕王	真金，中统二年封，至元十四年册为皇太子。

金印螭纽		
安西王	安	忙哥剌，至元九年封，出镇长安。
	西	阿难答，至元十七年袭封。大德十一年诛。

封号	事迹
王	月鲁帖木儿，至治三年封。
北安王	那木罕，至元十九年赐印。大德五年薨。延祐七年，赐谥昭定。
镇南王	脱欢，至元二十一年，封，出镇扬州。二十二年，奉旨征安南。大德五年薨。老章，大德五年袭封。脱不花，□□□年袭封。帖木儿不花，□□□年袭封，天历二年，改封宣让王。孛罗不花，天历二年袭封。
怀宁王	海山，大德八年封，出镇称海。十一年，立为皇帝。
秦王	阿剌忒答纳，天历二年立为皇太子，其年薨。忙哥剌，至元十年诏安西王益封秦王，别赐金印。其府在长安者为安西，在六盘者为开成，皆听为宫邸。十七年薨。廿四年，中书奏，王次子按檀不花袭秦王印，诏阿难答袭秦为安西王，其秦王印宜上之。然其后犹称秦王阿难答。
晋王	甘麻剌，至元二十九年，由梁王改封，出镇大斡耳朵。大德六年薨，谥献武，即显宗也。也孙帖木儿，大德六年袭封。至治三年，立为皇帝。八的麻亦儿间卜，泰定元年封，天历元年殒于上都。

王		王	
梁王	甘麻剌,至元二十七年封,出镇云南。二十九年,改封晋王。 松山,至元三十年封,以皇曾孙出镇云南。 王禅,泰定元年由云南王进封。天历元年,帅师与太平王燕帖木儿战于柳林,兵败见杀。	北宁王	选里哥儿不花,大德十一年封,至大二年徙封湘宁王。
		湘宁王	选里哥儿不花,至大二年徙封。 八剌失里,至治三年袭封。
越王	秃剌,大德十一年从仁宗平内难有功封。至大二年,以怨望诛。	阳翟王	秃满,至大元年封。 曲春。 太平,泰定元年袭封。 帖木儿赤。
营王	也先帖木儿,大德十一年由北平王进封。	云阳王	
郧王	塔思不花,至大四年封。 聂古解驸马,由北平王进封。 拙忽难驸马,至大元年袭封。	恩平王	塔思不花,至大四年封。

王号	说明
北平王	聂古歹驸马，□□□年封，后进封郇王。 那木罕，至元二年封，十九年改封北安王。
安远王	丑汉驸马，皇庆元年改封。
汝宁王	察八儿，延祐元年封。 忽剌台，泰定元年袭封。
宣德王	不答失里，皇庆二年封。
文王	蛮子。
宁王	阔阔出，大德十一年由宁远王进封。 薛彻秃，皇庆二年由宁远王进封。阿都赤。
齐王	八不沙，大德十一年封。 王龙帖木儿，□□□年由恩王改封。 月鲁帖木儿，泰定元年封。
楚王	牙忽都，大德十一年由镇远王进封。 朵列帖木儿，至大□年封。延祐二年，被黜。天历元年，复故封。八都儿。
幽王	出伯，大德十一年由威武西宁王进封。 嗬忽里，延祐七年袭封。
济	朵列纳，大德十一年封，皇庆元年改封吴王。

王			济　王	王龙帖木儿，延祐三年封，□□□年进封恩王。
魏　王	阿木哥。字罗帖木儿。		保恩　王	恩王。
鲁　王	蛮子台驸马，由济宁王进封。阿不歹驸马，大德十一年袭封。阿里加失立，至大四年袭封。桑哥八剌驸马，元统元年袭封。		武宁　王	彻彻秃，泰定三年封，至顺二年进封郯王。
定　王	要木忽尔，至大元年由定远王进封。薛彻干，至治三年封。察里台，泰定四年封。		威顺　王	宽彻普普化，□□□年赐金印。
陇　王	火郎撒，至大元年封。忽鲁歹。忻都察。		威靖　王	火里兀察儿驸马，泰定皇后父也，泰定二年封。

赵王	主忽驸马，至大元年封。 阿鲁秃□□，延祐元年封。 马札罕驸马，泰定元年封。	西安王	阿忒纳答失里，天历元年封。
嘉王	晃火帖木儿，延祐四年封，后徙封并王。 火儿忽。	宣让王	帖木儿不花，天历二年由镇南王改封。
荆王	也速不坚。 脱脱木儿。 脱火赤儿，□□□年封，至顺二年来朝。	西宁王	忽答里迷失，天历二年封。 速来蛮，天历三年封。
昌王	忽邻驸马。 阿失驸马，延祐四年封。 八剌失里驸马，□□□年封。 沙蓝朵儿□□□□年由懿德王进封。	柳城王	亦怜真八，天历三年封。
卫王	完泽，至大三年由卫安王进封。	西靖	阿鲁，至顺元年封。

国邑名	受封
衮王	买住罕，至大三年封。
广宁王	爪都，中统三年封，至元十三年赐印。
宁王	彻里帖木儿。按浑察，至顺元年封。
保宁王	斡即，天历二年封。
无国邑名	移相哥大王，□□□年赐印。

金印驼纽

国邑名	受封
吴王	朵列纳，皇庆元年由济王徙封。波皮，□□□年封，天历三年改封济阴王。木南子，天历三年由济阴王徙封。
河间王	兀古带，至元二年封。
寿王	脱里出乃蛮歹，至大元年封。
河平王	昔里吉，至元四年封。

王号	事迹
云王	忽哥赤。
云南王	也先帖木儿，至元十七年袭封。老的，至大二年封。
济南王	也只里，至元二十四年封。
威武西宁王	出伯，大德八年封，十一年进封豳王。
镇宁王	孛罗，大德九年封，延祐四年进封冀王。那怀，至大三年封。
卫安	完泽，大德九年封，至大三年进封卫王。
周王	禾失剌，延祐二年封，天历元年立为皇帝。
安王	兀都思不花，延祐二年封，七年降封顺阳王，寻被杀。
辽王	脱脱，延祐三年封。牙纳失里。
冀王	孛罗。延祐四年，由镇远王进封。
恩王	月鲁帖木儿，延祐四年封。玉龙帖木儿，由保恩王进封。

王号	说明
威定王	药木忽尔，大德九年由定远王徙封。
宁肃王	脱脱，至大元年封。
襄宁王	也速不干，至大元年封。阿鲁灰。
安南王	迭哥儿不花，至大四年封。
武阳	
岐王	脱脱木儿驸马，延祐四年由濮阳王进封。琐南管卜，泰定四年封。
并王	晃火帖木儿，泰定二年由嘉王徙封。
怀王	脱帖木儿，泰定三年封，天历元年立为皇帝。
豫王	阿忒思纳失里，天历元年封。
肃王	宽彻，天历二年封。

王号	人名及事迹	王号	人名及事迹
王	朵儿只班。	郏王	彻彻秃，至顺二年由武宁王进封。
安定王	脱欢，皇庆二年封。	邠王	卜颜帖木花，至顺二年封。
永丰郡王	丑汉驸马，皇庆元年封，旋改封安远王。	鄜王	懿怜只班，至顺□年封，至顺三年立为皇帝。
安德王	不答失里，皇庆二年封。	庆王	
永宁王	卜颜帖木儿。		
	卯泽，至顺元年封。	沈王	高丽王昛，大德十一年以驸马封。
汾阳王	别帖帖木儿，延祐七年封。		高丽王璋，延祐六年以驸马袭封。
			高丽王暠，泰定三年以驸马袭封。

封号	说明
威远王	巴都帖木儿，至治三年封。
武平王	帖古思不花，泰定三年封。 秃满帖木儿，延祐五年封。 不花帖木儿，至顺元年封。
宁海王	阔阔出。 亦思蛮。 八都儿，延祐五年。 阿海。
昭武王	合伯驸马，大德十年封。
顺阳	兀都思不花，延祐七年由安王降封，寻见杀。
无国名者	按只吉歹大王。
驸马高丽国王	王谌，至元□□年封。

王	延安王 也不干。	济宁王 蛮子台驸马，后进封鲁王。	高唐王 阔里吉思驸马。	高昌王 纽林的斤驸马，延祐三年封。 帖睦尔普化，至治口年封，天历二年让其弟。 籛吉，天历二年袭封。 太平奴，至顺三年封。 琐南藏卜，至治元年封，后出家。泰定四年	
缅国王				安南国王 陈光昞。	

印	王	名
	兰王	还俗,复封。
无国邑名		也速不花,至元二年赐印。
		玉龙答失大王,至元三年赐印。
		帖失帖木儿王,大德二年。
		南木忽里王,至大元年。
		斡罗温孙王,延祐二年。
		察兀都儿王,延祐四年。
		八八刺大王,延祐元年。
		别失帖木儿王,泰定元年。
金镀银银印龟纽		
	宁远王	阔阔出,至元二十一年封,大德十一年进封宁王。
		彻彻笃,延祐七年封,□年进封宁王。
	镇	牙忽都,至元二十一年封,大德十一年
金镀银印驼纽		
	西平王	奥鲁赤,至元□年封。
		八刺麻力。
		管不八。
	镇西武靖王	铁木儿不花,大德元年封。

封号	受封者	别封号	别封受封者
武靖王	捌思班。		
云南王	忽哥赤，至元五年封，出镇云南。	进封楚王。	
南王	王禅，延祐七年封，泰定元年进封梁王。 帖木儿不花，泰定元年袭封。	靖远王	合赞，至元二十七年。
威顺王	宽彻普化，泰定三年封，分镇武昌。	定远王	药木忽儿，大德二年封。
宣靖王	买奴，泰定二年由泰宁王徙封，分镇益都。	肃远王	帖木儿不花，至元二十八年封。
绥宁王	阿都赤，泰定三年封。	镇东王	也先铁木儿，至元二十八年封。
靖王	阔不花，泰定四年封。	泰宁王	买奴，至治二年封，泰定二年徙封宣靖王。

王号	事迹
宁王	亦连真多儿加，泰定元年封。
无国邑	完泽大王，□□□年赐印，大德九年改封卫安王。

银印龟纽

王号	事迹
南平王	秃剌，至元九年封，仍赐金银符各五。
永丰郡王	孛罗。
安王	木剌忽驸马。
广平王	哈班，天历二年封。
靖恭王	脱邻忽怨都鲁，至顺元年封。
懿德王	沙蓝朵儿驸马，至顺元年封，后进封昌王。
宁海王	

邑名	
宁昌郡王	唆都哥驸马，至元二十二年封。不怜吉歹驸马。
宣宁郡王	帖木儿不花，至大四年封。阿怜帖木儿，至顺元年封。
怀仁郡王	亦思丹，至大四年封。
保德郡王	
宁濮郡王	昌吉驸马。
驸马濮阳	脱脱木儿，大德十年封，延祐四年进封岐王。
南平王	拜答寒大王，至元七年赐印，仍赐海青金符。顾答大王。帖木儿大王。伯帖木儿大王。孛罗赤大王。月鲁帖木儿王，延祐六年。
广宁王	爪都，中统二年封。
建昌王	

王	无	国	邑	名	者
	不花駙馬，至元四年。				
		别乞帖木儿王，至元十七年。			
			恠里歹郡王，至元十一年。		
				阿浑帖木儿王。	
					完者也不干王。
					那木忽思大王。
					合必赤大王。
					八八大王。延祐四年诏复以世祖所赐印，赐
					其子合癸帖木儿王。
					忽都鲁帖木儿王。
					出伯大王，至元二十五年，后改封威武西
					靖王。
					昌昔駙馬，后改封宁濮郡王。
					岳忽难王，大德二年赐印。

元史卷一〇九

表第四

诸公主表

昔者史臣有言，妇人内夫家，虽天姬之贵，史氏犹外而弗详。然元室之制，非勋臣世族及封国之君则莫得尚主，是以世联戚畹者，亲视诸王，其藩翰屏垣之寄，盖亦重矣。则其世次，顾可以弗之著耶？且秦汉以来，惟帝姬得号公主，而元则诸王之女亦概称焉，是又不可不知也。惜乎记载弗备，所可见者，仅此而已。作《诸公主表》。

昌国公主位	赵国公主位	鲁国公主位	郓国公主位
昌国大长公主帖木伦，烈祖女，适昌忠武王孛秃。主薨，继	赵国大长公主阿剌海别吉，大祖女，适赵武毅王孛要合。	鲁国大长公主也速不花，睿宗女也，适皇舅鲁武忠王按嫩	秃满伦公主，适亦乞里歹附马。囊吉八忽公主，适赤窟孙怀都

附马。

采真公主,适都爱弟爱不哥附马,

郡国大长公主忙哥台,适爱不哥子宁濮郡王昌吉。

大长公主桑哥不剌,适爱不哥子岐王脱脱木儿。

礼牙不八剌公主,适附马。

那颜子斡陈附马。

鲁国公主薛只干,大祖孙女,适斡陈孙纳陈附马。

适斡陈孙纳陈男斡罗真附马。

鲁国大长公主完泽,适斡陈男斡罗真附马。

鲁国大长公主襄家真,世祖女,适纳孛子帖木儿,再适帖木儿孙蛮子台。

宗女,适蛮子台,成宗女也。

鲁国大长公主南阿不剌,裕宗女,适蛮子台。

里吉,继室以赵国大长公主爱牙迷失,成宗女也。

鲁国懿文鹤福真寿大长公主祥哥剌吉,顺宗女,适帖木儿子调阿不剌。

鲁国大长公主普纳,适帖木儿子桑哥不剌。

室以大祖女昌国大长公主火臣别吉。

昌国大长公主亦怜思,适孛秃子帖坚干,继室以昌国大长公主茶伦。

昌国大长公主爱,宗宗,适帖木阔女,适孛秃子昌定王阔儿哈。

吾鲁鲁真公主,世祖女,适帖木儿子孛花。

昌国大长公主也孙真,适锁儿哈子昌靖王术机忽怜陈。

鲁鲁罕公主,适孛秃弟宁昌郡王爱都哥,继室以鲁鲁公主。

王爱都哥。

昌国大长公主伯雅伦,宪宗女,

高昌公主位	高丽公主位	阿普伦公主位	带鲁罕公主位
适札忽尔陈子昌忠宣王愿邻。 继室以昌国大长公主不答失里。		肃雍贤公主朵儿只班，适调渭 阿八剌子阿里嘉实利。	
大长公主桑哥八剌，适襄家合 子赵王马札罕。		大长公主拜塔沙，适按陈裔孙 买住罕。	
普颜可里美思公主，适唆都哥 子宁昌郡王不邻吉歹。		合忽普都公主，适按陈裔孙安 远王丑汉。	
昌国大长公主益里海涯，成宗 女，适愿邻子昌王阿木。继室 以昌国大长公主买的，宪宗孙 女也。		唆儿哈罕公主，太宗女，适按 陈孙纳合。	
昌国大长公主烟合牙，适昌王 八剌。 八剌里。		韩可真公主，适火忽孙不只儿。	
昌国大长公主月鲁，适八剌夫 里子昌王沙蓝朵儿。 奴兀伦公主，安西王女，适愿 邻弟琐郎哈。		不鲁罕公主，适袜薛禅孙脱罗 禾。继室以宗女阔阔伦公主。	

帝鲁罕公主，适拔都驸马。

撒思蛮蛮公主，适拔都子阿术鲁驸马。

脱烈公主位

脱烈公主，适阿尔思兰子也先不花附马。

八八公主，适也先不花子忽纳马。

□公主，适忽纳答儿子剌海涯里那附马。

各公主位

□□公主，适忒不歹附马。

阿昔伦公主，适阿脱脱附马。

撒只蛮公主，适阿脱脱弟忽都虎驸马。

独木罕公主位

独木罕公主，适蔡忽驸马。

伯要真公主，适蔡忽子也先附马。

也里倜公主，适也先子送木送儿附马。

□公主位

□□公主，适忒不歹驸马。

也立可敦公主，大祖女，适亦都护巴而忠的斤。

巴巴哈儿公主，定宗女，适巴而忠阿而忠的斤子都护火赤哈儿的斤。

不鲁罕公主，大宗孙女，适火赤哈儿子高昌王纽林的斤。主襄，继室以其妹八又公主。又襄，继室以兀剌真公主，世祖之孙安西王阿难答女也。

朵而只思蛮公主，大宗之子阔端之女，适高昌王帖睦儿补化。

延安公主位

火鲁公主，适答驸马。

齐国大长公主忽都鲁揭里迷失，世祖之女而适高丽王愖，即王眶也。

蓟国大长公主高丽王卜答失利，显宗女，适沈王璋，即王璋也。

濮国长公主高丽王妃亦怜只班，世祖之孙适沈王也帖木儿女，适沈王王熹。主熹，继室以曹国长公主，高丽王妃金童，顺宗女王女也。

□国公主，适沈王王熹。

□国公主，显宗之子梁王松山女，适沈王王暠。

□□公主位

□□公主，适塔出附马。

完者台公主，适永宁王卯泽。	□□公主，适忒不乃曾孙塔塞驸马。	
	□□公主，适塔塞子哈丹驸马。	
	□□公主，适哈丹子朵怨驸马。	
英寿大长公主妥安辉，世祖孙女也。		
寿宁大长公主，显宗女，泰定皇帝伯姊也。		
明慧贞懿大长公主不答昔你，明宗之女。		
□□公主，适合纳那颜孙奔忒古儿驸马。		
买买公主		
阿剌夕公主		

阔阔干公主，适脱水禾赤驸马。	□□公主，适术真伯驸马。	
脱脱灰公主，世祖孙女，适秃满答儿驸马。	□□公主，适术真伯子别合剌驸马。	
□□公主，适别迷失驸马。	□□公主，适别合剌子塔八驸马。	
□□公主，适沙蓝驸马。		
延安公主，适延安王也不干。		

木答里公主	雪雪的斤公主	阿失禿公主	夫憐答里公主

元史卷一一〇
表第五上

三公表一

古者三公之職，燮亮天地，變理陰陽，以論道經邦者也。元初，以太師、太傅、太保為三公，自木華黎國王始為太師，后凡為三公者，皆國之元勳，而漢人則惟劉秉忠嘗為太保，其后鮮有聞矣。其制又有大司徒、司徒、太尉，司空之屬，然其置否不常，人品或混，故置者又或開府不開府焉。若夫東宮，亦嘗置三師，三少，而不恒有也。今固不得而悉著之，惟自木華黎而下，得拜三公者若干人，作《三公表》。

太祖皇帝

太師	太傅	太保

											木华黎	木华黎	木华黎	木华黎
元年	二年	三年	四年	五年	六年	七年	八年	九年	十年	十一年	十二年	十三年	十四年	十五年
丙寅	丁卯	戊辰	己巳	庚午	辛未	壬申	癸酉	甲戌	乙亥	丙子	丁丑	戊寅	己卯	庚辰

辛巳	十六年					木华黎		
壬午	十七年					木华黎		
癸未	十八年					木华黎		
甲申	十九年							
乙酉	二十年							
丙戌	二十一年							
丁亥	二十二年							
戊子								

太宗皇帝

		阿海	秃怀	明安
己丑	元年			
庚寅	二年	按《和林广记》多载国初之事，内有太师阿海、太傅秃怀、太保明安之名，		
辛卯	三年	及他公牍所报，亦间见之；然拜罢岁月之先后，不可考矣。故著于此。		
壬辰	四年			

	五年	癸巳
	六年	甲午
	七年	乙未
	八年	丙申
	九年	丁酉
	十年	戊戌
	十一年	己亥
	十二年	庚子
	十三年	辛丑
		壬寅
		癸卯
		甲辰
		乙巳

定宗皇帝

丙午	元年				
丁未	二年				
戊申	三年				
己酉					
庚戌					

宪宗皇帝

辛亥	元年				
壬子	二年				
癸丑	三年				
甲寅	四年				
乙卯	五年				

干支	年	
丙辰	六年	
丁巳	七年	
戊午	八年	
己未	九年	

世祖皇帝

干支	年	
庚申	中统元年	
辛酉	二年	
壬戌	三年	
癸亥	四年	
甲子	至元元年	刘秉忠
乙丑	二年	刘秉忠
丙寅	三年	刘秉忠
丁卯	四年	刘秉忠

戊辰	五年		刘秉忠
己巳	六年		刘秉忠
庚午	七年		刘秉忠
辛未	八年		刘秉忠
壬申	九年		刘秉忠
癸酉	十年		刘秉忠
甲戌	十一年		刘秉忠
乙亥	十二年		
丙子	十三年		
丁丑	十四年		
戊寅	十五年		
己卯	十六年		
庚辰	十七年		
辛巳	十八年		
壬午	十九年		

癸未 二十年	甲申 二十一年	乙酉 二十二年	丙戌 二十三年	丁亥 二十四年	戊子 二十五年	己丑 二十六年	庚寅 二十七年	辛卯 二十八年	壬辰 二十九年	癸巳 三十年	甲午 三十一年

成宗皇帝					
乙未	元贞元年				月赤察儿
丙申	二年				月赤察儿
丁酉	大德元年				月赤察儿
戊戌	二年				月赤察儿
己亥	三年				月赤察儿
庚子	四年	月赤察儿	完泽		
辛丑	五年	月赤察儿			
壬寅	六年	月赤察儿			
癸卯	七年	月赤察儿			
甲辰	八年				
乙巳	九年				
丙午	十年				

		哈剌哈孙	塔剌海
丁未	十一年		
武宗皇帝			
戊申	至大元年		
己酉	二年		
庚戌	三年	乞台普济	三宝奴
	三年		阿剌不花
辛亥	四年	忽鲁忽答	脱儿赤颜
		乞台普济	脱儿赤颜
		帖可	
仁宗皇帝			
壬子	皇庆元年	帖可	阿撒罕
			曲出

			曲出		伯忽		阿撒罕		二年	癸丑
			曲出		伯忽		阿撒罕		延祐元年	甲寅
			曲出		伯忽		阿撒罕		二年	乙卯
			曲出		伯忽		铁木迭儿		三年	丙辰
			曲出		伯忽		铁木迭儿		四年	丁巳
			曲出		伯忽				五年	戊午
			曲出		伯忽		铁木迭儿		六年	己未
			曲出		朵儿		铁木迭儿		七年	庚申

英宗皇帝

			曲出		朵儿		铁木迭儿		至治元年	辛酉
			曲出		朵儿		铁木迭儿		二年	壬戌
					朵儿				三年	癸亥

泰定皇帝

甲子	泰定元年	伯忽	朵儿	伯颜察儿
乙丑	二年	按塔出	朵儿	秃忽鲁
丙寅	三年		朵儿	秃忽鲁
丁卯	四年		朵儿	秃忽鲁

文宗皇帝

戊辰	天历元年	燕铁木儿	伯答沙	伯颜
己巳	二年	燕铁木儿	伯答沙	伯颜
庚午	至顺元年	燕铁木儿	伯答沙	伯颜
辛未	二年	燕铁木儿	伯答沙	伯颜